网络安全法和
网络安全等级保护 2.0

主　编　夏　冰
副主编　王沛栋　郑秋生
主　审　王志奇

电子工业出版社
Publishing House of Electronics Industry
北京·BEIJING

内 容 简 介

本书围绕网络安全法和网络安全等级保护内容展开。

网络安全法部分，首先指出国家网络空间安全战略，梳理五大目标、四个原则、九项战略任务之间的关系。重点从国家、网络运营者、公民个人角度对网络安全法进行解读，剖析角色主体的安全责任和义务，明确网信、公安等部门在网络安全法的监管职责和工作内容。最后列举网络安全法相关配套法规并给出典型执法案例，提供借鉴和参考。

网络安全等级保护部分，对网络安全等级保护工作的主要内容、工作流程、工作方法、政策法规依据、技术标准等内容进行全面解读；对网络安全等级保护定级备案、安全建设整改、等级测评、监督检查等工作进行详细解释；对信息安全管理和风险评估、网络安全事件管理和应急响应、网络安全监测预警和信息通报等国家网络安全核心工作进行具体描述；同时，对网站安全监管，网络安全保障工作综治考核，融合大数据、物联网、工业控制系统、云计算等技术的新型智慧城市安全监管逐一说明。

本书主要面向关键信息基础设施主管部门、运营部门、建设使用部门学习网络安全法、网络安全等级保护系列政策和法规的人员，面向企事业单位开展风险评估、通报预警、网络安全事件处置、网络安全保障工作全国综治考核评价的人员，面向网络安全相关部门开展监督管理、执法检查工作的人员，也可以供信息安全管理人员、信息安全专业人员、信息安全服务人员、网络安全等级保护测评师等参考。

未经许可，不得以任何方式复制或抄袭本书之部分或全部内容。
版权所有，侵权必究。

图书在版编目（CIP）数据

网络安全法和网络安全等级保护 2.0 / 夏冰主编. —北京：电子工业出版社，2017.10
ISBN 978-7-121-32765-0

Ⅰ.① 网… Ⅱ.① 夏… Ⅲ.① 计算机网络－科学技术管理法规－研究－中国 Ⅳ.① D922.174

中国版本图书馆 CIP 数据核字（2017）第 233717 号

策划编辑：章海涛
责任编辑：章海涛
印　　刷：北京虎彩文化传播有限公司
装　　订：北京虎彩文化传播有限公司
出版发行：电子工业出版社
　　　　　北京市海淀区万寿路 173 信箱　邮编　100036
开　　本：787×1092　1/16　印张：18　字数：460 千字
版　　次：2017 年 10 月第 1 版
印　　次：2024 年 1 月第 24 次印刷
定　　价：49.00 元

凡所购买电子工业出版社图书有缺损问题，请向购买书店调换。若书店售缺，请与本社发行部联系，联系及邮购电话：（010）88254888，88258888。
质量投诉请发邮件至 zlts@phei.com.cn，盗版侵权举报请发邮件至 dbqq@phei.com.cn。
本书咨询联系方式：192910558（QQ 群）。

前　言

网络安全靠人民，网络安全为人民。2017年6月1号实施的《中华人民共和国网络安全法》（以下称《网络安全法》）是国家安全法律制度体系中一部重要法律，是网络安全领域的基本大法。《网络安全法》完善了国家、网络运营者、公民个人等角色的网络安全义务和责任，将原来散见于各种法规、规章中的网络安全规定上升到人大法律层面，并对网络运营者等主体的法律义务和责任做了全面规定。

《网络安全法》规定，我国实行网络安全等级保护制度。网络安全等级保护制度是国家信息安全保障工作的基本制度、基本国策和基本方法，是促进信息化健康发展，维护国家安全、社会秩序和公共利益的根本保障。国家法规和系列政策文件明确规定，实现并完善网络安全等级保护制度，是统筹网络安全和信息化发展，完善国家网络安全保障体系，强化关键信息基础设施、重要信息系统和数据资源保护，提高网络综合治理能力，保障国家信息安全的重要手段。

网络安全等级保护包括系统定级、系统备案、建设整改、等级测评和监督检查5个常规动作，贯穿信息系统的全阶段、全流程，是当今发达国家保护关键信息基础设施、保障网络安全的通行做法。对信息系统分级实施保护，在网络安全等级保护基础上，重点保护关键信息基础设施，能够有效地提高我国网络安全建设的整体水平，有利于保障网络安全与信息化同步规划、同步建设、同步使用；有利于为信息系统网络安全建设和管理提供系统性、针对性、可行性的指导和服务，有效控制网络安全建设成本；有利于优化网络安全资源的配置。

随着云计算、移动互联、大数据、物联网、工业控制系统、人工智能等新技术不断涌现，传统信息系统安全的边界和防护发生了变化。起到支撑、传输作用的基础信息网络和各类应用组成的信息系统本质没有发生变化，网络安全等级保护仍然适用。但是，计算机信息系统的概念已经不能涵盖全部，特别是互联网快速发展带来大数据价值的凸显，这些都要求等级保护外延的拓展。新的系统形态、新业态下的应用、新模式背后的服务以及重要数据和资源统统进入了等级保护视野。具体对象则囊括大型互联网企业、基础网络、重要信息系统、网站、大数据中心、云计算平台、物联网系统、移动互联网、工业控制系统、公众服务平台等，网络安全等级保护进入了2.0时代。在2.0时代下，等级保护的内涵在信息系统安全等级保护的基础之上，风险评估、网络安全事件应急处置、网络安全监测与通报预警、网络安全保障工作综治考核、政府网站监管、新型智慧城市监管等与网络安全密切相关的措施将被全部纳入网络安全等级保护制度范畴内。

为了便于国家关键信息基础设施主管部门、运营部门、建设部门学习网络安全法、网络安全等级保护系列政策和法规内容，便于各级党委政府、企事业单位开展网络安全风险评估、网络安全监测和通报预警、网络安全事件处置、网络安全保障工作全国综治考核评价，便于网信部门、网络安全保卫部门开展监督检查工作，在河南省公安厅网络安全保卫总队的指导下，河南省信息安全等级保护工作协调小组办公室组织编写该书。

  本书由中原工学院的夏冰教授统筹协调，负责书稿的主体编写。中原工学院郑秋生教授、河南省委网信办王沛栋副研究员、河南省网络安全保卫总队的刘晓、河南省鼎信信息安全等级测评有限公司的陈宇也参与了本书的编写并提供建设性建议，在此表示感谢。河南省网络安全保卫总队的王志奇调研员对书稿审查投入大量精力，在此表示由衷的感谢。本书的编写还得到计算机信息系统安全评估河南省工程实验室和郑州市网络安全创新团队的项目资金支持，在此表示感谢。

  由于水平有限，书中难免有不足之处和错误，敬请读者批评指正。

作　者

目 录

第1章 国家网络空间安全战略 ... 1
1.1 网络空间的新作用和新机遇 ... 1
1.2 网络空间安全面临严峻的新挑战 ... 3
1.3 战略目标与原则 ... 4
1.3.1 五大目标 ... 4
1.3.2 四项原则 ... 5
1.4 九项战略任务 ... 6
1.5 战略意义影响深远 ... 9
1.5.1 中国领导的中国自信 ... 9
1.5.2 国家网络强国的战略基石 ... 10
1.5.3 国家网络治理的解决之道 ... 10
1.5.4 网络空间安全的战略支撑点 ... 10
1.5.5 网络空间安全的中国特色 ... 11

第2章 网络安全法 ... 13
2.1 立法背景与意义 ... 13
2.2 基本内容 ... 14
2.2.1 相关概念 ... 14
2.2.2 法律框架 ... 15
2.3 法律特色 ... 18
2.3.1 网络安全基本大法 ... 18
2.3.2 三项基本原则 ... 19
2.3.3 六大显著特征 ... 19
2.3.4 九类网络安全保障制度 ... 20
2.3.5 惩罚措施 ... 23
2.3.6 全社会参与者 ... 24
2.4 十大热点话题 ... 25

第3章 从不同角度看《网络安全法》 ... 29
3.1 国家角度 ... 29
3.2 国家网信部门角度 ... 32
3.3 国家公安部门角度 ... 34
3.4 网络用户角度 ... 36
3.5 网络运营者角度 ... 37
3.5.1 承担社会责任 ... 38
3.5.2 网络安全的责任主体 ... 38
3.5.3 做好网络安全运行工作 ... 38
3.5.4 做好个人信息保护 ... 39

		3.5.5 违法信息传播的阻断	40
		3.5.6 网络经营者可能涉及的具体罪名	40
3.6	网络产品和安全服务提供者角度		42
		3.6.1 服务要符合国标的强制性要求	42
		3.6.2 产品销售许可制度	43
		3.6.3 限制发布网络安全信息	44
		3.6.4 禁止网络犯罪和支持协助犯罪	44
		3.6.5 安全服务人员行业准入制度	44
3.7	关键信息基础设施运营者角度		45
		3.7.1 关键基础设施的范围	45
		3.7.2 具有中国特色的网络安全管理机制	46
		3.7.3 严格的日常安全保护义务	46
		3.7.4 特殊的安全保障义务	47
		3.7.5 重点行业需要关注的十项重点工作	48

第 4 章 《网络安全法》配套法律法规 ... 50

4.1	个人信息和重要数据出境安全评估办法		50
		4.1.1 基本概念	50
		4.1.2 立法目的	51
		4.1.3 哪些出境数据需要评估	51
		4.1.4 哪些数据禁止出境	52
		4.1.5 评估频率和责任主体	52
		4.1.6 网络运营者需要关注什么	53
4.2	网络产品和服务安全审查办法		54
		4.2.1 审查对象	54
		4.2.2 审查用户	54
		4.2.3 审查内容	55
		4.2.4 审查工作流程	55
		4.2.5 第三方机构管理	56
4.3	互联网新闻信息服务管理规定		56
		4.3.1 出台背景	56
		4.3.2 作用意义	57
		4.3.3 主要内容	58
		4.3.4 重点内容	59
4.4	个人信息保护法规		59
		4.4.1 网络安全法	59
		4.4.2 两院关于侵犯公民个人信息入刑的主要内容	61
		4.4.3 两院关于侵犯公民个人信息入刑的规定	64
		4.4.4 侵犯公民个人信息犯罪典型案例	66
4.5	关键信息基础设施安全保护条例		66
		4.5.1 安全保护意识的三种思维方式	67
		4.5.2 关键信息基础设施保护范围	67
		4.5.3 运营者履行的安全保护	68

　　　　4.5.4　核心部门的责任 ·· 69
4.6　互联网论坛社区服务管理规定 ··· 70
　　　　4.6.1　互联网论坛社区服务管理规定的出台背景 ··· 70
　　　　4.6.2　互联网论坛社区服务提供者要做什么 ··· 70
　　　　4.6.3　互联网论坛社区服务提供者不能做什么 ·· 71
　　　　4.6.4　真实身份认证 ·· 72
4.7　网络安全法执法典型案例 ·· 72

第 5 章　网络安全等级保护 2.0 时代 ·· 77

5.1　等级保护 2.0 时代 ·· 77
　　　　5.1.1　网络安全的现状 ·· 77
　　　　5.1.2　如何理解等级保护 2.0 ··· 79
　　　　5.1.3　开展等级保护的重要意义 ·· 81
5.2　信息安全和等级保护 ·· 82
　　　　5.2.1　信息安全保障 ·· 82
　　　　5.2.2　信息安全模型 ·· 82
　　　　5.2.3　等级保护 ·· 86
5.3　网络安全等级保护的基本内容 ··· 88
　　　　5.3.1　角色及其职责 ·· 88
　　　　5.3.2　工作环节 ·· 89
　　　　5.3.3　实施过程的基本要求 ·· 91
　　　　5.3.4　实施等级保护的基本原则 ·· 92
5.4　信息安全等级保护的政策依据 ··· 93
　　　　5.4.1　国家法律和政策依据 ·· 93
　　　　5.4.2　公安机关开展等级保护工作的依据 ·· 94
5.5　信息安全等级保护的标准体系 ··· 96
　　　　5.5.1　信息安全等级保护相关标准体系 ·· 99
　　　　5.5.2　信息安全等级保护主要标准简介 ··· 103
5.6　信息安全等级保护的发展历程和工作现状 ·· 106

第 6 章　等级保护 ·· 107

6.1　定级 ··· 107
　　　　6.1.1　基本工作概述 ·· 107
　　　　6.1.2　如何理解定级对象 ·· 109
　　　　6.1.3　如何理解安全保护等级 ·· 110
　　　　6.1.4　定级工作如何开展 ·· 113
　　　　6.1.5　等级如何审批和变更 ·· 117
6.2　备案 ··· 118
　　　　6.2.1　备案需要什么资料 ·· 118
　　　　6.2.2　备案工作流程 ·· 118
　　　　6.2.3　如何受理备案 ·· 119
　　　　6.2.4　公安机关受理备案要求 ·· 119
　　　　6.2.5　定级不准怎么办 ·· 120
6.3　建设整改 ··· 120

		6.3.1 基本工作概述	120
		6.3.2 如何整改安全管理制度	124
		6.3.3 如何整改安全技术措施	127
		6.3.4 如何制定整改方案	131
	6.4	等级测评	132
		6.4.1 基本工作概述	133
		6.4.2 测评工作流程有哪些	134
		6.4.3 测评指标知多少	141
		6.4.4 测评结果是如何研判的	142
		6.4.5 谁来开展等级测评	144
		6.4.6 如何规避测评风险	146
		6.4.7 读懂测评报告	148
	6.5	网络安全等级保护	151
		6.5.1 体系架构	151
		6.5.2 等级保护指标数量	153

第7章 信息安全管理和风险评估 155

	7.1	信息安全管理	155
		7.1.1 基本概念	155
		7.1.2 基本内容	156
		7.1.3 安全管理原则	158
		7.1.4 安全管理方法	159
		7.1.5 重点单位信息安全管理	159
		7.1.6 不履行信息网络安全管理义务罪	160
	7.2	信息安全治理	161
		7.2.1 安全治理行动原则和模型	161
		7.2.2 安全治理过程	162
	7.3	信息安全风险管理	163
		7.3.1 风险管理常见名称	163
		7.3.2 安全风险管理过程	164
	7.4	信息安全风险评估	166
		7.4.1 法规依据	166
		7.4.2 信息安全风险评估基本内容	167
		7.4.3 风险评估准备阶段	169
		7.4.4 资产识别阶段	169
		7.4.5 威胁识别阶段	171
		7.4.6 脆弱性识别阶段	173
		7.4.7 风险分析阶段	173
		7.4.8 风险评估所需资料	174
	7.5	信息安全风险处置	176
		7.5.1 风险处置流程	176
		7.5.2 风险降低	178
		7.5.3 风险保留	178

7.5.4	风险规避	179
7.5.5	风险转移	179
7.5.6	风险接受	179
7.5.7	风险沟通	179
7.5.8	风险监视	180

第8章 网络安全事件管理和应急响应 ... 181

8.1 法规依据 ... 181
- 8.1.1 中华人民共和国突发事件应对法 ... 181
- 8.1.2 中华人民共和国网络安全法 ... 182
- 8.1.3 国家突发公共事件总体应急预案 ... 183
- 8.1.4 突发事件应急预案管理办法 ... 184
- 8.1.5 信息安全技术信息安全事件分类分级指南 ... 185
- 8.1.6 国家网络安全事件应急预案 ... 185

8.2 网络安全事件的分类分级管理 ... 186
- 8.2.1 七类网络安全事件 ... 186
- 8.2.2 四级网络安全事件 ... 186

8.3 组织机构和保障措施 ... 188
- 8.3.1 多层组织机构 ... 188
- 8.3.2 十大保障措施 ... 188

8.4 监测和预警 ... 190
- 8.4.1 预警分级 ... 190
- 8.4.2 预警监测 ... 190
- 8.4.3 预警研判和发布 ... 190

8.5 网络安全事件应急处置 ... 191
- 8.5.1 发生事件要及时报告 ... 191
- 8.5.2 四级别应急响应 ... 191
- 8.5.3 应急结束后的通报制度 ... 192

8.6 如何制定应急响应预案 ... 192
- 8.6.1 总则 ... 192
- 8.6.2 角色及职责 ... 193
- 8.6.3 预防、监测和预警机制 ... 193
- 8.6.4 应急处置流程 ... 194
- 8.6.5 保障措施和监督管理 ... 196

8.7 如何做好网络安全事件应急预案 ... 196
- 8.7.1 做到六个必须 ... 196
- 8.7.2 抓好七个关键点 ... 198
- 8.7.3 防止三大问题出现 ... 200
- 8.7.4 做好网络安全事件的日常管理工作 ... 200

第9章 网络安全监测预警和信息通报 ... 202

9.1 法规依据 ... 202
- 9.1.1 中华人民共和国网络安全法 ... 202
- 9.1.2 关于加快推进网络与信息安全信息通报机制建设的通知 ... 203

- 9.1.3 十三五国家信息化规划 204
- 9.1.4 关于加强网络安全信息通报预警工作的指导意见 204
- 9.1.5 关于加强智慧城市网络安全管理工作的若干意见 204
- 9.1.6 互联网网络安全信息通报实施办法 205

9.2 信息通报中心 205
- 9.2.1 信息通报中心组建 205
- 9.2.2 信息通报中心职责 205
- 9.2.3 信息通报中心成员与职责 206
- 9.2.4 建立信息通报日常工作机制 207

9.3 信息通报中心工作规范 208
- 9.3.1 信息通报中心工作内容 208
- 9.3.2 信息通报内容和方式 208
- 9.3.3 网络安全事件通报处置 209
- 9.3.4 信息通报机制 209
- 9.3.5 签订网络安全承诺书 209

第 10 章 网络安全保障工作综治考核 211

10.1 背景和意义 211

10.2 综治考评法规依据 212
- 10.2.1 综治工作（平安建设）考核评价实施细则 212
- 10.2.2 健全落实社会治安综合治理领导责任制规定 213
- 10.2.3 网络安全保障工作全国综治考核评价 213
- 10.2.4 加强社会治安防控体系建设 214

10.3 网络安全保障工作考核指标 214
- 10.3.1 信息安全等级保护工作 214
- 10.3.2 网络与信息安全通报预警工作 215
- 10.3.3 重要信息系统和政府网站发生的案（事）件情况 215
- 10.3.4 综合防控和打击网络规范犯罪情况 216
- 10.3.5 网络社会治安防控体系建设 216
- 10.3.6 信息安全服务管理工作 216

第 11 章 网络安全监管 218

11.1 公安机关监督检查工作的法规依据 218
- 11.1.1 中华人民共和国计算机信息系统安全保护条例 218
- 11.1.2 中华人民共和国警察法 219
- 11.1.3 关于信息安全等级保护工作的实施意见 219
- 11.1.4 信息安全等级保护管理办法 219
- 11.1.5 公安机关信息安全等级保护检查工作规范 220
- 11.1.6 关于开展信息安全等级保护专项监督检查工作的通知 220

11.2 公安机关的监督检查工作内容 220
- 11.2.1 工作目的 220
- 11.2.2 信息安全等级保护监督检查内容 220
- 11.2.3 检查方式和检查要求 222
- 11.2.4 公安机关对不符合监督检查工作要求的处理 223

- 11.3 政府和互联网网站的安全监管工作 ······ 224
  - 11.3.1 网站安全管理的重要性和紧迫性 ······ 224
  - 11.3.2 网站安全现状和常见威胁分析 ······ 224
  - 11.3.3 政府网站监管工作的法规依据 ······ 226
  - 11.3.4 公安机关的网站监管工作内容 ······ 229
- 11.4 新型智慧城市安全监管 ······ 233
  - 11.4.1 智慧城市概述 ······ 233
  - 11.4.2 新型智慧城市 ······ 235
  - 11.4.3 国家政策和标准体系 ······ 238
  - 11.4.4 智慧城市中的新一代信息技术 ······ 240
  - 11.4.5 智慧城市中的新技术安全 ······ 246
  - 11.4.6 智慧城市安全监管 ······ 253
  - 11.4.7 公安机关要做好智慧城市网络安全监管工作 ······ 255

附录 A 中华人民共和国网络安全法 ······ 256
- 第一章 总则 ······ 256
- 第二章 网络安全支持与促进 ······ 257
- 第三章 网络运行安全 ······ 258
- 第四章 网络信息安全 ······ 260
- 第五章 监测预警与应急处置 ······ 261
- 第六章 法律责任 ······ 262
- 第七章 附则 ······ 264

附录 B 互联网论坛社区服务管理规定 ······ 265

附录 C 关键信息基础设施安全保护条例 ······ 267
- 第一章 总则 ······ 267
- 第二章 支持与保障 ······ 268
- 第三章 关键信息基础设施范围 ······ 268
- 第四章 运营者安全保护 ······ 269
- 第五章 产品和服务安全 ······ 270
- 第六章 监测预警、应急处置和检测评估 ······ 270
- 第七章 法律责任 ······ 271
- 第八章 附则 ······ 272

参考文献 ······ 273

第1章 国家网络空间安全战略

信息技术广泛应用和网络空间兴起发展，极大促进了经济社会繁荣进步，同时带来了新的安全风险和挑战。网络空间安全（以下称"网络安全"）事关人类共同利益，事关世界和平与发展，事关各国国家安全。为贯彻落实习近平总书记关于推进全球互联网治理体系变革的"四项原则"和构建网络空间命运共同体的"五点主张"，阐明中国关于网络空间发展和安全的重大立场，指导中国网络安全工作，维护国家在网络空间的主权、安全、发展利益，2016年12月27日，经中央网络安全和信息化领导小组批准，国家互联网信息办公室发布《国家网络空间安全战略》。

网络空间（Cyberspace）是指由互联网、通信网、计算机系统、自动化控制系统、数字设备及其承载的应用、服务和数据等组成的空间。《国家网络空间安全战略》的重要意义是协调推进全面建成小康社会、全面深化改革、全面依法治国、全面从严治党战略布局的重要举措，是实现"两个一百年"奋斗目标、实现中华民族伟大复兴中国梦的重要保障。

网络安全战略主要包括机遇与挑战、目标、原则和战略任务4部分。

1.1 网络空间的新作用和新机遇

网络空间对我们的信息传播、生产生活、经济发展、文化发展、社会治理、交流合作和国家主权产生深刻影响。正在全面改变人们的生产生活方式，深刻影响人类社会历史发展进程。《国家网络空间安全战略》指出网络空间有7个新作用，新作用也是新机遇。

1. 信息传播的新渠道

网络技术的发展，突破了时空限制，拓展了传播范围，创新了传播手段，引发了传播格局的根本性变革。相对于传统的电视、电话、报刊，更精准、更有效、更快捷、更有影响力的新渠道出现在大众面前，主要包括微信、微博、博客、网络视频、网络社区、IPTV、移动电视、手机。网络已成为人们获取信息、学习交流的新渠道，成为人类知识传播的新载体。

2. 生产生活的新空间

当今世界，网络深度融入人们的学习、生活、工作等方方面面，网络教育、创业、医疗、购物、金融等日益普及，越来越多的人通过网络交流思想、成就事业、实现梦想。世界因互联网而更多彩，生活因互联网而更丰富。

2015年"双十一"活动中，天猫的总成交金额达到912.17亿元，比2014年翻一番，其中移动端占比68%。滴滴打车、在线学习、网上挂号等日益紧密地与我们的工作、学习、生活结合在一起。所谓中国新四大发明"高铁、网购、移动支付、共享单车",其中三个都与互联网产业的发展息息相关。中国网购人群数量和网络购物交易额已经全球居首。

3．经济发展的新引擎

互联网日益成为创新驱动发展的先导力量,信息技术在国民经济各行业广泛应用,推动传统产业改造升级,催生了新技术、新业态、新产业、新模式,促进了经济结构调整和经济发展方式转变,为经济社会发展注入了新的动力。

党的十八大以来,国家高度重视互联网产业发展。诸如跨境电商、物联网、分享经济、大数据、云计算等大量互联网催生的新产品、新业态竞相涌现,凸显互联网产业发展的成绩,表明基于互联网技术的新市场、新业态正在成为中国经济的又一抹亮色。第40次《中国互联网络发展状况统计报告》显示,2017年上半年商务交易类应用持续高速增长,网络购物、网上外卖和在线旅行预订用户规模分别增长10.2%、41.6%和11.5%。互联网技术以及随之而来的生产、消费、思维模式等的变革,已经深深地影响和改变着每个人。

4．文化繁荣的新载体

网络促进了文化交流和知识普及,释放了文化发展活力,推动了文化创新创造,丰富了人们精神文化生活,已经成为传播文化的新途径、提供公共文化服务的新手段。网络文化已成为文化建设的重要组成部分。

网上图书馆、博物馆、展览馆、剧场等,通过网络来传播经典,推动优秀传统文化瑰宝和当代文化精品网络传播。实施网络精品阅读工程,积极开展网上经典阅读、好书推荐等活动,丰富大众知识。同时,开办教育网站、外语网站、双语网站、文学网站、戏曲网站、科普网站,构建特色网站群,满足不同网民群体的精神文化需求。

5．社会治理的新平台

网络在推进国家治理体系和治理能力现代化方面的作用日益凸显,电子政务应用走向深入,政府信息公开共享,推动了政府决策科学化、民主化、法治化,畅通了公民参与社会治理的渠道,成为保障公民知情权、参与权、表达权、监督权的重要途径。

近年来,各地政府按照"简化手续、优化程序、在线运行、限时办结、把审批变成服务"的要求,打造线上线下政务服务大厅,严格执行审批程序和时限规定,地方政务服务中心实行集中式审批等做法得到群众认可。2016年调查结果显示,63.1%的受访者认为现在找政府办事比以前更容易了,较2015年提高了2.53个百分点。"互联网+政务"已成为常态。

6．交流合作的新纽带

信息化与全球化交织发展,促进了信息、资金、技术、人才等要素的全球流动,增进了不同文明交流融合。网络让世界变成了地球村,国际社会越来越成为你中有我、我中有你的命运共同体。

2016年11月16日,在第三届世界互联网大会上,习近平总书记提出:互联网发展是无国界、无边界的,利用好、发展好、治理好互联网必须深化网络空间国际合作,携手构建网络空间命运共同体。互联网连接了各行各业与所有人群,增加了有价值信息的需求,互联网让知识的交换和共享更加便捷,促进全球快速流动。

7. 国家主权的新疆域

网络空间已经成为与陆地、海洋、天空、太空同等重要的人类活动新领域，国家主权拓展到网络空间，网络空间主权成为国家主权的重要组成部分。尊重网络空间主权，维护网络安全，谋求共治，实现共赢，正在成为国际社会共识。

网络空间作为人类生活新空间，发展不平衡、规则不健全、秩序不合理等问题日益凸显，网络战阴霾密布，西方一些国家利用信息技术优势干涉别国内政、从事大规模网络监听等活动时有发生。面对网络安全这一全球性问题与挑战，任何国家都难以独善其身，必须携手应对、共同治理。这是自"构建人类命运共同体"理念首次被写入联合国决议之后，中国在全球重要治理领域对命运共同体理念的延伸和完善，彰显了中国对全球治理的重大贡献。

1.2 网络空间安全面临严峻的新挑战

《国家网络空间安全战略》指出，当前网络安全形势日益严峻，国家政治、经济、文化、社会、国防安全及公民在网络空间的合法权益面临严峻风险与挑战。

1．网络渗透危害政治安全

政治稳定是国家发展、人民幸福的基本前提。利用网络干涉他国内政、攻击他国政治制度、煽动社会动乱、颠覆他国政权，以及大规模网络监控、网络窃密等活动严重危害国家政治安全和用户信息安全。典型的例子如希拉里"邮件门"，美国民主党委员会的信息系统可能遭到俄罗斯攻击，致使总统候选人希拉里的邮件泄露，直接影响了美国大选的进程和结果。另外，朴槿惠"闺蜜事件"、阿拉伯的"茉莉花革命"都是网络安全问题引发的。

2．网络攻击威胁经济安全

网络和信息系统已经成为关键基础设施乃至整个经济社会的神经中枢，遭受攻击破坏、发生重大安全事件，将导致能源、交通、通信、金融等基础设施瘫痪，造成灾难性后果，严重危害国家经济安全和公共利益。典型案例如美国东海岸发生大规模的断网事件，大半个美国的网络陷入瘫痪。世界上首例由恶意软件而引发的大规模断电事件，造成乌克兰70万家庭断电。黑客入侵孟加拉银行盗走支付交易凭证，通过国际银行结算系统 SWIFT 最终转出8100万美元。

3．网络有害信息侵蚀文化安全

网络上各种思想文化相互激荡、交锋，优秀传统文化和主流价值观面临冲击。网络谣言、颓废文化和淫秽、暴力、迷信等违背社会主义核心价值观的有害信息侵蚀青少年身心健康，败坏社会风气，误导价值取向，危害文化安全。网上道德失范、诚信缺失现象频发，网络文明程度亟待提高。例如一位自称上海女孩的网友发帖称，第一次去江西农村男友家过年，因一顿年夜饭难以忍受农村的贫穷落后，连夜赶回上海。这篇帖子挑起了城乡差异、地域歧视等热门话题，在网上引发轩然大波。

4．网络恐怖和违法犯罪破坏社会安全

恐怖主义、分裂主义、极端主义等势力利用网络煽动、策划、组织和实施暴力恐怖活动，

直接威胁人民生命财产安全、社会秩序。计算机病毒、木马等在网络空间传播蔓延，网络欺诈、黑客攻击、侵犯知识产权、滥用个人信息等不法行为大量存在，一些组织肆意窃取用户信息、交易数据、位置信息以及企业商业秘密，严重损害国家、企业和个人利益，影响社会和谐稳定，如备受关注的"徐玉玉遭电信诈骗身亡"案。

5. 网络空间的国际竞争方兴未艾

国际上争夺和控制网络空间战略资源、抢占规则制定权和战略制高点、谋求战略主动权的竞争日趋激烈。个别国家强化网络威慑战略，加剧网络空间军备竞赛，世界和平受到新的挑战。

2017年8月18日，美国总统特朗普宣布美军网络司令部升格，即从目前的二级功能司令部升格为美军第十个联合作战司令部。可以预计，美方将加速此前已经纳入议事日程的跨域联合机动作战概念的持续完善，加速以俄罗斯、中国、伊朗、朝鲜为假想敌的模拟作战与推演能力的建设，加速推进积极防御、网络空间自卫反击以及国家级的网络空间威慑能力的建设。国家安全是最高意识形态的网络攻防对抗。

6. 网络空间机遇和挑战并存

坚持积极利用、科学发展、依法管理、确保安全，坚决维护网络安全，最大限度利用网络空间发展潜力，更好惠及13亿多中国人民，造福全人类，坚定维护世界和平。

比如，"互联网+"在实体经济乃至社会上下、各行各业掀起了创新的浪潮。同时需清醒地认识到，无论对于消费者、企业，还是政府监管部门，都意味着新的信息安全风险与挑战，安全风险涉及法律、制度等问题都将逐渐暴露出来。"互联网+"火热的背后暗藏潜在的风险，网络安全便是众多风险中重之又重的一方面。随着"互联网+"的推进，众多传统行业逐步数据化、在线化、移动化、远程化，同时更多消费者卷入互联网，产生的数据和信息必将呈爆炸式增长；除此之外，在物联网和物理信息系统的发展下，网络从"人"和"机"的连接延伸至"人、机、物"的连接，将产生新的自物理世界的巨量传感数据，这些数据涉及整个社会、军事及国民经济的方方面面，与国家经济发展甚至整个国家安全都息息相关，在这样的新环境下，如何保障并提升信息安全，为社会经济健康发展保驾护航，是挑战更是机遇。

1.3 战略目标与原则

1.3.1 五大目标

国家的总体安全观是指国家政权、主权、统一和领土完整、人民福祉、经济社会可持续发展和国家其他重大利益相对处于没有危险和不受内外威胁的状态，以及保障持续安全状态的能力。《国家网络空间安全战略》提出了在总体国家安全观指导下，通过统筹国内国际两个大局和统筹发展安全两件大事的基础上，推进网络空间"和平、安全、开放、合作、有序"的发展战略目标。

和平：信息技术滥用得到有效遏制，网络空间军备竞赛等威胁国际和平的活动得到有效控制，网络空间冲突得到有效防范。

安全：网络安全风险得到有效控制，国家网络安全保障体系健全完善，核心技术装备安全可控，网络和信息系统运行稳定可靠。网络安全人才满足需求，全社会的网络安全意识、基本防护技能和利用网络的信心大幅提升。

开放：信息技术标准、政策和市场开放、透明，产品流通和信息传播更加顺畅，数字鸿沟日益弥合。不分大小、强弱、贫富，世界各国特别是发展中国家都能分享发展机遇、共享发展成果、公平参与网络空间治理。

合作：世界各国在技术交流、打击网络恐怖和网络犯罪等领域的合作更加密切，多边、民主、透明的国际互联网治理体系健全完善，以合作共赢为核心的网络空间命运共同体逐步形成。

有序：公众在网络空间的知情权、参与权、表达权、监督权等合法权益得到充分保障，网络空间个人隐私获得有效保护，人权受到充分尊重。网络空间的国内和国际法律体系、标准规范逐步建立，网络空间实现依法有效治理，网络环境诚信、文明、健康，信息自由流动与维护国家安全、公共利益实现有机统一。

"和平与安全"是构建"开放、合作、有序"网络空间的前提，维持国际和平与安全是《联合国宪章》的宗旨，只有在"和平与安全"得到充分保证的前提下，才能构建"开放、合作、有序"的网络空间。互联网时代，一个和平、安全、开放、合作、有序的网络空间，对一国乃至世界和平与发展越来越具有重大战略意义。

1.3.2 四项原则

《国家网络空间安全战略》整体构建了维护网络空间和平与安全的"四项原则"，即"尊重维护网络空间主权、和平利用网络空间、依法治理网络空间、统筹网络安全与发展"。"四项原则"以维护网络空间和平与安全为宗旨，不但反映了互联网时代世界各国共同构建网络空间命运共同体的价值取向，而且反映出互联网时代"安全与发展"为一体双翼的主潮流，集中体现了习近平在第二届世界互联网大会上提出的推进全球互联网治理体系的"四项原则"：尊重网络主权，维护和平安全，促进开放合作，构建良好秩序。

1. 尊重维护网络空间主权

网络空间主权不容侵犯，尊重各国自主选择发展道路、网络管理模式、互联网公共政策和平等参与国际网络空间治理的权利。各国主权范围内的网络事务由各国人民自己做主，各国有权根据本国国情，借鉴国际经验，制定有关网络空间的法律法规，依法采取必要措施，管理本国信息系统及本国疆域上的网络活动；保护本国信息系统和信息资源免受侵入、干扰、攻击和破坏，保障公民在网络空间的合法权益；防范、阻止和惩治危害国家安全和利益的有害信息在本国网络传播，维护网络空间秩序。任何国家都不搞网络霸权、不搞双重标准，不利用网络干涉他国内政，不从事、纵容或支持危害他国国家安全的网络活动。

2. 和平利用网络空间

和平利用网络空间符合人类的共同利益。各国应遵守《联合国宪章》关于不得使用或威胁使用武力的原则，防止信息技术被用于与维护国际安全与稳定相悖的目的，共同抵制网络空间军备竞赛、防范网络空间冲突。坚持相互尊重、平等相待，求同存异、包容互信，尊重彼此在网络空间的安全利益和重大关切，推动构建和谐网络世界。反对以国家安全为借口，利用技术优势控制他国网络和信息系统、收集和窃取他国数据，更不能以牺牲别国安全谋求自身所谓的绝对安全。

3. 依法治理网络空间

全面推进网络空间法治化，坚持依法治网、依法办网、依法上网，让互联网在法治轨道上健康运行。依法构建良好的网络秩序，保护网络空间信息依法有序自由流动，保护个人隐私，保护知识产权。任何组织和个人在网络空间享有自由、行使权利的同时，必须遵守法律，尊重他人权利，对自己在网络上的言行负责。

4. 统筹网络安全与发展

没有网络安全就没有国家安全，没有信息化就没有现代化。网络安全和信息化是一体之两翼、驱动之双轮。正确处理发展和安全的关系，坚持以安全保发展，以发展促安全。安全是发展的前提，任何以牺牲安全为代价的发展都难以持续。发展是安全的基础，不发展是最大的不安全。没有信息化发展，网络安全也没有保障，已有的安全甚至会丧失。

国家主权是一个国家独立自主地处理对内对外事务的最高权力，是国家的固有属性。"网络空间主权"是国家主权在网络空间的继承和延伸，必须得到各国的尊重和维护；其次，网络空间是人类共同的精神家园，"和平利用网络空间"应当在遵循《联合国宪章》倡导的主权平等原则基础上，确保网络空间在和平的环境中加以利用；再次，"依法治理网络空间"必须靠法治的力量，个人、组织、国家在网络空间行使自由的同时，必须遵守各国法律和公序良俗；最后，"统筹网络安全与发展"一定要处理好"前提"与"保障"的辩证关系，"安全是发展的前提，发展是安全的保障"。

1.4 九项战略任务

为了保障网络空间"五大战略目标"的实现，《国家网络空间安全战略》提出了基于和平利用与共同治理网络空间的"九大任务"：坚定捍卫网络空间主权、坚决维护国家安全、保护关键信息基础设施、加强网络文化建设、打击网络恐怖和违法犯罪、完善网络治理体系、夯实网络安全基础、提升网络空间防护能力、强化网络空间国际合作。

1. 坚定捍卫网络空间主权

根据宪法和法律法规管理我国主权范围内的网络活动，保护我国信息设施和信息资源安全，采取包括经济、行政、科技、法律、外交、军事等一切措施，坚定不移地维护我国网络空间主权。坚决反对通过网络颠覆我国国家政权、破坏我国国家主权的一切行为。

2. 坚决维护国家安全

防范、制止和依法惩治任何利用网络进行叛国、分裂国家、煽动叛乱、颠覆或者煽动颠覆人民民主专政政权的行为；防范、制止和依法惩治利用网络进行窃取、泄露国家秘密等危害国家安全的行为；防范、制止和依法惩治境外势力利用网络进行渗透、破坏、颠覆、分裂活动。

3. 保护关键信息基础设施

国家关键信息基础设施是指关系国家安全、国计民生，一旦数据泄露、遭到破坏或者丧失功能可能严重危害国家安全、公共利益的信息设施，包括但不限于提供公共通信、广播电视传输等服务的基础信息网络，能源、金融、交通、教育、科研、水利、工业制造、医疗卫生、社会保障、公用事业等领域和国家机关的重要信息系统，重要互联网应用系统等。采取一切必要措施保护关键信息基础设施及其重要数据不受攻击破坏。坚持技术和管理并重、保护和震慑并举，着眼识别、防护、检测、预警、响应、处置等环节，建立实施关键信息基础设施保护制度，从管理、技术、人才、资金等方面加大投入，依法综合施策，切实加强关键信息基础设施安全防护。

关键信息基础设施保护是政府、企业和全社会的共同责任，主管、运营单位和组织要按照法律法规、制度标准的要求，采取必要措施保障关键信息基础设施安全，逐步实现先评估后使用。加强关键信息基础设施风险评估。加强党政机关以及重点领域网站的安全防护，基层党政机关网站要按集约化模式建设运行和管理。建立政府、行业与企业的网络安全信息有序共享机制，充分发挥企业在保护关键信息基础设施中的重要作用。

坚持对外开放，立足开放环境下维护网络安全。建立实施网络安全审查制度，加强供应链安全管理，对党政机关、重点行业采购使用的重要信息技术产品和服务开展安全审查，提高产品和服务的安全性和可控性，防止产品服务提供者和其他组织利用信息技术优势实施不正当竞争或损害用户利益。

4. 加强网络文化建设

加强网上思想文化阵地建设，大力培育和践行社会主义核心价值观，实施网络内容建设工程，发展积极向上的网络文化，传播正能量，凝聚强大精神力量，营造良好网络氛围。鼓励拓展新业务、创作新产品，打造体现时代精神的网络文化品牌，不断提高网络文化产业规模水平。实施中华优秀文化网上传播工程，积极推动优秀传统文化和当代文化精品的数字化、网络化制作和传播。发挥互联网传播平台优势，推动中外优秀文化交流互鉴，让各国人民了解中华优秀文化，让中国人民了解各国优秀文化，共同推动网络文化繁荣发展，丰富人们的精神世界，促进人类文明进步。

加强网络伦理、网络文明建设，发挥道德教化引导作用，用人类文明优秀成果滋养网络空间、修复网络生态。建设文明诚信的网络环境，倡导文明办网、文明上网，形成安全、文明、有序的信息传播秩序。坚决打击谣言、淫秽、暴力、迷信、邪教等违法有害信息在网络空间传播蔓延。提高青少年网络文明素养，加强对未成年人上网保护，通过政府、社会组织、社区、学校、家庭等方面的共同努力，为青少年健康成长创造良好的网络环境。

5. 打击网络恐怖和违法犯罪

加强网络反恐、反间谍、反窃密能力建设，严厉打击网络恐怖和网络间谍活动。

坚持综合治理、源头控制、依法防范，严厉打击网络诈骗、网络盗窃、贩枪贩毒、侵害公民个人信息、传播淫秽色情、黑客攻击、侵犯知识产权等违法犯罪行为。

6. 完善网络治理体系

坚持依法、公开、透明管网治网，切实做到有法可依、有法必依、执法必严、违法必究。健全网络安全法律法规体系，制定出台网络安全法、未成年人网络保护条例等法律法规，明确社会各方面的责任和义务，明确网络安全管理要求。加快对现行法律的修订和解释，使之适用于网络空间。完善网络安全相关制度，建立网络信任体系，提高网络安全管理的科学化、规范化水平。

加快构建法律规范、行政监管、行业自律、技术保障、公众监督、社会教育相结合的网络治理体系，推进网络社会组织管理创新，健全基础管理、内容管理、行业管理以及网络违法犯罪防范和打击等工作联动机制。加强网络空间通信秘密、言论自由、商业秘密，以及名誉权、财产权等合法权益的保护。

鼓励社会组织等参与网络治理，发展网络公益事业，加强新型网络社会组织建设。鼓励网民举报网络违法行为和不良信息。

7. 夯实网络安全基础

坚持创新驱动发展，积极创造有利于技术创新的政策环境，统筹资源和力量，以企业为主体，产学研用相结合，协同攻关、以点带面、整体推进，尽快在核心技术上取得突破。重视软件安全，加快安全可信产品推广应用。发展网络基础设施，丰富网络空间信息内容。实施"互联网+"行动，大力发展网络经济。实施国家大数据战略，建立大数据安全管理制度，支持大数据、云计算等新一代信息技术创新和应用。优化市场环境，鼓励网络安全企业做大做强，为保障国家网络安全夯实产业基础。

建立完善国家网络安全技术支撑体系。加强网络安全基础理论和重大问题研究。加强网络安全标准化和认证认可工作，更多地利用标准规范网络空间行为。做好等级保护、风险评估、漏洞发现等基础性工作，完善网络安全监测预警和网络安全重大事件应急处置机制。

实施网络安全人才工程，加强网络安全学科专业建设，打造一流网络安全学院和创新园区，形成有利于人才培养和创新创业的生态环境。办好网络安全宣传周活动，大力开展全民网络安全宣传教育。推动网络安全教育进教材、进学校、进课堂，提高网络媒介素养，增强全社会网络安全意识和防护技能，提高广大网民对网络违法有害信息、网络欺诈等违法犯罪活动的辨识和抵御能力。

8. 提升网络空间防护能力

网络空间是国家主权的新疆域。建设与我国国际地位相称、与网络强国相适应的网络空间防护力量，大力发展网络安全防御手段，及时发现和抵御网络入侵，铸造维护国家网络安全的坚强后盾。

9. 强化网络空间国际合作

在相互尊重、相互信任的基础上，加强国际网络空间对话合作，推动互联网全球治理体系变革。深化同各国的双边、多边网络安全对话交流和信息沟通，有效管控分歧，积极参与全球和区域组织网络安全合作，推动互联网地址、根域名服务器等基础资源管理国际化。

支持联合国发挥主导作用，推动制定各方普遍接受的网络空间国际规则、网络空间国际反恐公约，健全打击网络犯罪司法协助机制，深化在政策法律、技术创新、标准规范、应急响应、关键信息基础设施保护等领域的国际合作。

加强对发展中国家和落后地区互联网技术普及和基础设施建设的支持援助，努力弥合数字鸿沟。推动"一带一路"建设，提高国际通信互联互通水平，畅通信息丝绸之路。搭建世界互联网大会等全球互联网共享共治平台，共同推动互联网健康发展。通过积极有效的国际合作，建立多边、民主、透明的国际互联网治理体系，共同构建和平、安全、开放、合作、有序的网络空间。

10. 如何理解九大任务

"九大任务"具有整体性和协同性的特征。

一是整体性。"九大任务"不是数个有关和平利用与治理网络空间规范的机械组合，而是各个相关网络空间安全治理规则的有机结合。首先，"坚定捍卫网络空间主权"和"坚决维护国家安全"是主权国家必须坚守的底线；其次，"保护关键信息基础设施"和"夯实网络安全基础"是主权国家社会稳定与国家安全的保障；再次，"加强网络文化建设"有利于扩大正能量在网络空间的辐射力和感染力；第四，"打击网络恐怖和违法犯罪"和"完善网络治理体系"是切实维护广大民群众网络合法权益，确保国家网络利益不受侵犯的根本保证；第五，"提升网络空间防护能力"是中国应对复杂网络空间挑战的基本需要；第六，"强化网络空间国际合作"是构建网络空间命运共同体的必由之路。

二是协同性。"九大任务"确立的基本任务不是各自为政、相互对立的，而是在整个战略体系中相互影响、相互作用、相互协调的。比如，从坚决捍卫国家网络空间主权和国家安全、保护关键基础设施、夯实网络安全基础，到提升网络空间防护能力、打击网络恐怖和违法犯罪等，均体现了高度的协调统一。

1.5 战略意义影响深远

中国作为全球网民数量第一的网络大国和经济体量第二的经济大国，为实现国家网络空间安全提供了战略配置。"五大目标"是网络强国建设方向，"四项原则"是网络空间经略路线，"九大任务"是网络安全工作规划。《国家网络空间安全战略》的发布，成为中国从网络大国走向网络强国的标志性事件和里程碑文献。

1.5.1 中国领导的中国自信

自从国家成立中央网络安全与信息化领导小组以来，国家网络空间的发展环境和治理格局发生了根本性变化。特别是提出"没有网络安全就没有国家安全，没有信息化就没有现代化"的论断，为国家空间安全战略奠定了基调。乌镇世界互联网大会上提出的四项原则是全球网络空间治理体系变革的底线，即：尊重网络主权、维护和平安全、促进开放合作、构建良好秩序。为共同构建网络空间命运共同体提出五点主张，即：第一，加快全球网络基础设施建设，促进互联互通；第二，打造网上文化交流共享平台，促进交流互鉴；第三，推动网络经济创新发展，促进共同繁荣；第四，保障网络安全，促进有序发展；第五，构建互联网治理体系，促进公平正义。四项原则和五点主张是国家对发展大势的总体把握和准确判断，体现国家在面对新的发展机遇积极进取、敢于担当的中国自信。

1.5.2 国家网络强国的战略基石

《国家网络空间安全战略》将"网络安全为人民，网络安全靠人民"的服务宗旨作为核心主线。在"网络安全为人民"方面，国家提出充分保障公民在网络空间领域的合法权益，充分尊重人权，有效保护网络空间个人隐私安全，让网络发展惠及 13 亿多中国民众，加强对未成年人上网保护，加强网上思想文化阵营建设，发展积极向上的网络文化、传播正能量、营造良好网络氛围等角度贯彻"情为民所系"的群众发展路线。在"网络安全靠人民"方面，国家通过政府、社会组织、社区、学校、家庭等方面的共同努力，为青少年健康成长创造良好的网络环境；通过实施网络安全人才工程，加强网络安全学科专业建设，打造一流网络安全学院和创新园区，形成有利于人才培养和创新创业的生态环境。上述措施为建设网络强国奠定坚固基石，从而全面推动生产方式、生活方式、工作方式、决策方式、管理方式等方面的变革，进而引起思维方式和观念变革，推动社会发生结构变革。

1.5.3 国家网络治理的解决之道

《国家网络空间安全战略》从推进全球互联网治理体系变革着手，统筹国际和国内大局，提出尊重维护网络空间主权、和平利用网络空间、依法治理网络空间、统筹网络安全与发展四项原则，体现了国家治理网络的大国之道。

网络空间独立自主之道。国家提出尊重网络空间主权原则，符合《联合国宪章》确立的主权平等原则，是在网络空间方面的应用。各国在主权范围内开展网络事务管理，反对任何网络霸权和双重标准，反对任何利用网络干涉他国内政，坚决打击危及国家安全的网络活动。

网络空间互惠互利之道。独立自主并不是闭网锁国，而是要加强广泛交流与合作、推动和平开发和利用，要构建更加开放共享、互惠互利的网络空间。

网络空间依法治国之道。《中共中央关于全面推进依法治国若干重大问题的决定》指出，加强互联网领域立法，完善网络信息服务、网络安全防护、网络社会管理等方面的法规。网络空间的开放、自由更加需要依法管网、依法办网、依法上网。

网络空间科学发展之道。网络安全和信息化是成就网络强国的"一体之两翼"、"驱动之双轮"，正确处理发展和安全的关系，坚持以安全保发展，以发展促安全，才能实现网络强国之梦。

1.5.4 网络空间安全的战略支撑点

网络空间安全战略已经成为国际社会共同思考的新课题，主权是网络空间安全的战略支撑点。面对网络空间的风险与挑战，需要各主权国家基于自身情况准确应对，因此需要各国依据本国国情，制定网络空间的法律法规，依法采取必要措施，管理本国信息系统及本国国土上的网络活动，保护本国信息系统和信息资源免受侵入、干扰、攻击和破坏，保障公民在网络空间的合法权益。因此，以尊重网络空间主权为战略支撑点，不仅能提升我国自身的网络强国战略，还可以促进网络空间实现平等尊重、创新发展。

1.5.5 网络空间安全的中国特色

我国的《国家网络空间安全战略》与国际上其他国家发布的战略相比，既有相通之处，也体现了中国特色。

1．网络空间具有国家主权

如何管理网络空间是一个国家的内部事务，哪些信息在网络上传播，必要时采取哪些措施来管控信息在网络上的流动，对网络产品和服务进行怎么的审查，都属于行使网络空间主权的方式，他国应该予以理解和尊重。

2．网络空间安全与国家政治安全紧密相关

《国家网络空间安全战略》将利用网络干涉他国内政、攻击他国政治制度、煽动社会动乱、颠覆他国政权等活动视为对国家安全的受邀威胁。因此，战略第一条就提出要坚决反对通过网络颠覆我国国家政权、破坏我国国家主权的一切行为。

3．网络安全核心技术装备、产品、服务要可控和可信

《国家网络空间安全战略》提出"核心技术装备安全可控"。在战略任务中第三项提出"提高产品和服务的安全性和可控性"，第七项提出"加快安全可信产品推广应用"。通过确保使用的技术、产品、服务没有安全隐患，安全风险才能控制到最低。

4．建立网络安全审查、等级保护、风险评估、漏洞发现等安全制度和机制

《国家网络空间安全战略》从国家层面配置落实一系列制度和机制来建立国家网络安全防御体系，建立完善国家网络安全技术支撑体系。做好网络安全审查制度、较为完善的等级保护、以网络执法大检查的风险评估、解决网络安全根本性问题的漏洞发现等工作，完善网络安全监测预警和网络安全重大事件应急处置机制。

5．网络空间的和平利用和合作

《国家网络空间安全战略》提出，要深化同各国的双边、多边网络安全对话交流和信息沟通，有效管控分歧，积极参与全球和区域组织网络安全合作，推动互联网地址、根域名服务器等基础资源管理国际化。推动制定各方普遍接受的网络空间国际规则、网络空间国际反恐公约，健全打击网络犯罪司法协助机制，深化在政策法律、技术创新、标准规范、应急响应、关键信息基础设施保护等领域的国际合作。

6．支持鼓励企业创新发展

《国家网络空间安全战略》提出，掌握大量信息和网络资源的企业要尽责和政府一起保

护好国家关键信息基础设施，要尽快在核心技术上取得突破，要做大做强，国家会继续加大相应措施和举措力度，力争在国际上能对等竞争。

7．加强对关键信息基础设施的保护

《国家网络空间安全战略》提出 14 个属于国家关键信息集成设施的大行业领域，即：公共通信、广播电视传输等服务的基础信息网络，能源、金融、交通、教育、科研、水利、工业制造、医疗卫生、社会保障、公用事业等领域和国家机关的重要信息系统，重要互联网应用系统（如阿里巴巴、腾讯、百度）等。采取一切必要措施保护关键信息基础设施及其重要数据不受攻击破坏。对于关键信息基础设施的保护，国家还会出台系列细则。

8．夯实网络安全基础

从创造创新政策环境、优化市场环境、实施国家大数据战略、完善国家网络安全技术支撑体系、实施网络安全人才工程、办好网络安全宣传周活动提高全民网络安全意识等方面，夯实网络安全基础。

第 2 章　网络安全法

2015 年 6 月，第十二届全国人大常委会第十五次会议初次审议了《中华人民共和国网络安全法（草案）》。2015 年 7 月 6 日至 8 月 5 日，该草案面向社会公开征求意见。2016 年 6 月，第十二届全国人大常委会第二十一次会议对草案二次审议稿进行了审议，随后将《中华人民共和国网络安全法（草案二次审议稿）》面向社会公开征求意见。10 月 31 日，网络安全法草案三次审议稿提请全国人大常委会审议。2016 年 11 月 7 日，十二届全国人大常委会经表决高票（154 票赞成、0 票反对、1 票弃权）通过了《中华人民共和国网络安全法》（以下简称《网络安全法》）。作为我国的网络安全基本法，《网络安全法》是网络安全领域"依法治国"的重要体现，对保障我国网络安全有着重大意义。

《网络安全法》共七章七十九条，2017 年 6 月 1 日起正式施行。

2.1　立法背景与意义

1. 立法背景

"没有网络安全就没有国家安全"。网络安全已经成为关系国家安全和发展、关系广大人民群众切身利益的重大问题。网络已经深刻地融入了经济社会生活的各个方面，网络安全威胁也随之向经济社会的各个层面渗透，网络安全的重要性随之不断提高。

党的十八大以来，以习近平同志为核心的党中央从总体国家安全观出发，对加强国家网络安全工作作出了重要的部署，对加强网络安全法制建设提出了明确的要求，制定《网络安全法》是适应我们国家网络安全工作新形势、新任务，落实中央决策部署，保障网络安全和发展利益的重大举措，是落实国家总体安全观的重要举措。中国是网络大国，也是面临网络安全威胁最严重的国家之一，迫切需要建立和完善网络安全的法律制度，提高全社会的网络安全意识和网络安全保障水平，使我们的网络更加安全、更加开放、更加便利，也更加充满活力。

在这样的形势下，制定网络安全法是维护国家广大人民群众切身利益的需要，是维护网络安全的客观需要，是落实国家总体安全观的重要举措。

2. 立法意义

《网络安全法》是国家安全法律制度体系中的一部重要法律，是网络安全领域的基本大法，与之前出台的《国家安全法》、《反恐怖主义法》等属同一位阶。《网络安全法》对于确立国家网络安全基本管理制度具有里程碑式的重要意义。

《网络安全法》是落实国家总体安全观的重要举措。"没有网络安全就没有国家安全，没有信息化就没有现代化。"《网络安全法》是适应我国网络安全工作新形势、新任务，落实中央决策部署，保障网络安全和发展利益的重大举措。《网络安全法》中明确提出了有关国家网络空间安全战略和重要领域安全规划等问题的法律要求，有助于推进与其他国家和行为体就网络安全问题展开有效的战略博弈。

《网络安全法》助力网络空间治理，护航"互联网+"。《网络安全法》的出台将成为新的起点和转折点，公民个人信息保护进入正轨，网络暴力、网络谣言、网络欺诈等"毒瘤"生存的空间将被大大挤压，而"四有"中国好网民从道德自觉走向法律规范，用法律武器维护自己的合法权益，为"互联网+"的长远发展保驾护航。

《网络安全法》完善了网络安全义务和责任。《网络安全法》将原来散见于各种法规、规章中的规定上升到人大法律层面，对网络运营者等主体的法律义务和责任做了全面规定。

2.2 基本内容

2.2.1 相关概念

为了统一术语，《网络安全法》给出了相关概念。

1. 网络

网络是指由计算机或者其他信息终端及相关设备组成的按照一定的规则和程序对信息进行收集、存储、传输、交换、处理的系统。

2. 网络安全

网络安全是指通过采取必要措施，防范对网络的攻击、侵入、干扰、破坏和非法使用以及意外事故，使网络处于稳定可靠运行的状态，以及保障网络数据的完整性、保密性、可用性的能力。

从这个概念来讲，网络安全包括传统的网络安全、数据安全，是范围更大的网络安全，更加侧重网络运行安全、信息安全。

3. 网络运营者

网络运营者是指网络的所有者、管理者和网络服务提供者。

网络运营者是网络安全法中非常重要的概念，是关键义务主体或核心义务主体，出现31次。如几大电信运营商、BAT等企业以及国家机关中的网络执法部门都属于网络运营者的范畴。同时，关键信息基础设施也是一种网络运营者。

《网络安全法》去掉了草案中关于"包括基础电信运营者、网络信息服务提供者、重要信息系统运营者等"的规定，可能考虑到在互联网飞速发展的现今，对于"网络运营者"这一概念只规定内涵而对其外延采用开放的描述方式，似乎是一种更聪明也是更合乎时宜的做法。需要注意的是，是否被认定为"网络运营者"主要取决于企业是否成为了网络信息系统的所有者和管理者，以及企业的业务是否提供了各类网络服务，特别是互联网信息服务。

4. 网络数据

网络数据是指通过网络收集、存储、传输、处理和产生的各种电子数据。

5. 个人信息

个人信息是指以电子或者其他方式记录的能够单独或者与其他信息结合识别自然人个人身份的各种信息，包括但不限于自然人的姓名、出生日期、身份证件号码、个人生物识别信息、住址、电话号码等。

从定义中可以看出，网络安全法中个人信息多侧重自然人的信息，对虚拟人的信息如用户名、密码、IP、MAC、上网时间、Cookies 等信息还没有明确定义。个人信息不同于个人数据、个人隐私，自然人的健康、犯罪、私人等活动信息，网络安全法中并没有提到。

6. 关键信息基础设施

国家需要对公共通信和信息服务、能源、交通、水利、金融、公共服务、电子政务等重要行业和领域，以及其他一旦遭到破坏、丧失功能或者数据泄露，可能严重危害国家安全、国计民生、公共利益的关键信息基础设施进行保护。

《网络空间安全战略》中进一步明确，公共通信、广播电视传输等服务的基础信息网络，能源、金融、交通、教育、科研、水利、工业制造、医疗卫生、社会保障、公用事业等领域和国家机关的重要信息系统，重要互联网应用系统（如阿里巴巴、腾讯、百度）等 14 个大行业领域属于国家关键信息基础设施。

《关键信息基础设施安全保护条例（征求意见稿）》中对关键信息基础设施范围进行了更具体的界定。下列单位运行、管理的网络设施和信息系统，一旦遭到破坏、丧失功能或者数据泄露，可能严重危害国家安全、国计民生、公共利益的，应当纳入关键信息基础设施保护范围：

（一）政府机关和能源、金融、交通、水利、卫生医疗、教育、社保、环境保护、公用事业等行业领域的单位；

（二）电信网、广播电视网、互联网等信息网络，以及提供云计算、大数据和其他大型公共信息网络服务的单位；

（三）国防科工、大型装备、化工、食品药品等行业领域科研生产单位；

（四）广播电台、电视台、通讯社等新闻单位；

（五）其他重点单位。

2.2.2 法律框架

《网络安全法》全文共七章七十九条，包括：总则、网络安全支持与促进、网络运行安全、网络信息安全、监测预警与应急处置、法律责任以及附则。从主体对象角度，可将各条款分为 10 大类。

1. 网络安全法的目标和范围

第一条：网络安全法的目的。

第二条：网络安全法的管辖权。

2. 国家角度

第三条：网络安全法的原则、方针、实现路径。

第四条：解决顶层设计问题。

第五条：国家采取多种手段保护网络安全风险和威胁，解决行业力量不足问题。
第六条：构建网络安全的良好环境。
第七条：网络空间治理的国际合作态度。
第八条：赋予国家相关部门网络安全的监督职责。
第十二条：国家保护公民、法人和其他组织依法使用网络的权利，同时履行义务。
第十三条：未成年人保护。
第十四条：保护举报人的合法权益。
第十五条：国家强化标准体系建设。
第十六条：国家加大投入，解决投入不足问题。
第十七条：建设网络安全社会化服务体系。
第十八条：鼓励和支持创新。
第十九条：网络安全宣传教育。
第二十条：促进网络安全人才培养。

3．网络用户角度

第十一条：行业组织规范和自律。
第十二条：权利和义务。
第十四条：有权对网络安全违法行为进行举报。
第二十六条：开展安全认证、检测、风险评估，发布的网络安全信息应遵守国家规定。
第二十七条：违法网络安全的范围定义。
第二十九条：情报交换和风险评估。
第四十六条：严禁网络犯罪。

4．网络运营者角度

第九条：遵纪守法、履行义务、接受监督、承担责任。
第二十一条：实行网络安全等级保护制度。
第二十四条：实名制要求、网络身份认证，贯彻落实真实身份的用户服务
第二十五条：网络安全事件的应急处置和报告。
第二十八条：提供合法的侦查协助。
第四十条：建立用户信息保护制度。
第四十一条：强化个人信息保护，收集使用个人信息要合法、正当、必要。
第四十二条：个人信息保护责任，不得泄露、篡改、毁损。
第四十三条：要合理合法支持个人删除权和更正权。
第四十四条：不得窃取、非法获取、非法出售个人信息。
第四十七条：具有违法信息传播的阻断义务。
第四十九条：建立投诉、举报制度。
第五十六条：较大安全风险或者安全事件的约谈。

5．关键信息基础设施的运营者角度

第三十一条：定义，落实国家等级保护制度，突出保护重点。

第三十二条：工作规划、实施安全保护工作。

第三十三条：建设三同步原则。

第三十四条：关键信息基础设施运营者的义务。

第三十五条：网络产品和服务的采购，应通过国家安全审查。

第三十六条：采购网络产品和服务，应签订保密协议。

第三十七条：个人信息和重要数据应境内存储。

第三十八条：每年至少一次风险评估。

6．网络产品和服务提供者角度

第十条：网络安全和数据安全的要求。

第十六条：加大投入、知识产权保护、支持国家网络安全技术创新项目。

第十七条：支持网络安全认证、检测和风险评估等安全服务。

第十八条：网络数据保护和利用、公共数据资源开发、网络安全管理方式创新。

第二十一条：网络安全等级保护制度。

第二十二条：产品服务的强制性准入要求和义务。

第二十三条：网络关键设备和网络安全专用产品的强制性认证或检测。

第三十五条：网络产品和服务需通过国家安全审查。

第三十六条：产品和服务的保密协议。

第三十七条：境外数据传输需进行安全评估。

第三十八条：开展风险检测评估工作。

第四十八条：电子信息发送和应用软件下载的安全。

7．国家网信部门角度

第八条：统筹协调网络安全工作和相关监督管理工作。

第十四条：具有对危害网络安全行为举报的处置权利。

第二十三条：主导安全专用产品目录、安全认证、安全检测工作。

第三十条：赋予获取维护网络安全的各种信息的权利。

第三十五条：主导国家安全审查。

第三十七条：主导数据境外传输的安全评估工作。

第三十九条：统筹协调关键信息基础设施的安全风险检测、安全应急演练、网络安全信息共享。

第五十条：违规违法信息的处置、阻断的权利。

第五十一条：统筹协调网络安全监测预警和信息通报工作。

第五十三条：协调建立网络安全风险评估、应急工作。

第七十三条：对第三十条的约束、权利约束。

8．有关部门角度

第八条：赋予网络安全保护和监督管理职责和权利。

第十四条：保护举报人的合法权益。

第十五条：组织制定产品、服务和运行安全的国家标准、行业标准。

第十九条：组织、指导、督促网络安全宣传教育。

第二十三条：制定、公布安全产品目录、开展安全认证和安全监测工作。

第三十条：赋予获取维护网络安全的各种信息的权利。

第三十五条：在网信协同下开展国家安全审查。

第三十七条：在网信协同下开展安全评估。

第三十九条：配合做好网络安全信息共享。

第四十九条：对网络运营者依法实施监督检查。

第五十条：违规违法信息的处置、阻断的权利。

第五十一条：建立网络安全监测预警与信息通报制度。

第五十三条：建立网络安全风险评估、应急工作机制。

第五十四条：开展网络安全风险监测和评估。

第五十六条：省级以上人民政府有关部门可以启动安全事件约谈。

第六十九条：违反有关部门要求，可以进行处罚。

第七十三条：对第三十条的约束、权利约束。

9. 公安部门角度

第八条：赋予网络安全保护和监督管理权利。

第十四条：举报处置权利。

第二十八条：侦查协助制度。

第六十三条：第二十七条网络犯罪的处罚权利。

第六十四条：第四十四条个人信息违法的处罚权利。

第六十七条：第四十六条违法网站、通信群组、违法信息发布违法的处罚权利。

第六十九条：不提供侦查协助的单位的处罚。

第七十四条：境外违法的制裁措施。

10. 个人信息角度

第二十二条：个人信息收集必须明示并取得用户同意，并遵守相关法律法规。

第三十七条：个人享有信息的数据主权。

第四十一条：个人信息的使用和收集必须合法、正当、必要。

第四十二条：不得泄露、篡改、毁损其收集的个人信息。

第四十三条：个人具有信息的删除权和更正权。

第四十四条：严禁个人信息的非法获取、非法出售和提供。

第四十五条：安全监管部门必须对个人信息进行保密。

第六十四条：违反个人信息的处罚。

2.3 法律特色

2.3.1 网络安全基本大法

《网络安全法》是我国网络安全领域的基础性法律，是我国第一部网络安全领域的法律，也是我国第一部保障网络安全的基本法。《网络安全法》与现有《国家安全法》、《保密法》、《反恐怖主义法》、《反间谍法》、《刑法修正案（九）》、《治安管理处罚法》、《电子签名法》等属同等地位的法律。

2.3.2 三项基本原则

第一，网络空间主权原则。《网络安全法》第一条"立法目的"开宗明义，明确规定要维护我国网络空间主权。网络空间主权是一国国家主权在网络空间中的自然延伸和表现。习近平总书记指出，《联合国宪章》确立的主权平等原则是当代国际关系的基本准则，覆盖国与国交往的各个领域，其原则和精神也应该适用于网络空间。各国自主选择网络发展道路、网络管理模式、互联网公共政策和平等参与国际网络空间治理的权利应当得到尊重。第二条明确规定，《网络安全法》适用于我国境内网络以及网络安全的监督管理。这是我国网络空间主权对内最高管辖权的具体体现。

第二，网络安全与信息化发展并重原则。习近平总书记指出，安全是发展的前提，发展是安全的保障，安全和发展要同步推进。网络安全和信息化是一体之两翼、驱动之双轮，必须统一谋划、统一部署、统一推进、统一实施。《网络安全法》第三条明确规定，国家坚持网络安全与信息化并重，遵循积极利用、科学发展、依法管理、确保安全的方针；既要推进网络基础设施建设，鼓励网络技术创新和应用，又要建立健全网络安全保障体系，提高网络安全保护能力，做到"双轮驱动、两翼齐飞"。

第三，共同治理原则。网络空间安全仅仅依靠政府是无法实现的，需要政府、企业、社会组织、技术社群和公民等网络利益相关者的共同参与。《网络安全法》坚持共同治理原则，要求采取措施鼓励全社会共同参与，政府部门、网络建设者、网络运营者、网络服务提供者、网络行业相关组织、高等院校、职业学校、社会公众等应根据各自的角色参与网络安全治理工作。

2.3.3 六大显著特征

第一，明确了网络空间主权的原则。没有网络安全就没有国家安全，没有网络主权就没有网络空间安全。网络主权原则根植于《联合国宪章》和国家法理的基本准则。网络空间主权主要表现为三方面：一是对内的最高权，各国有权自主选择网络发展道路、网络管理模式、互联网公共政策；二是对外的独立权，各国有平等参与国际网络空间治理的权利；三是防止危害国家的网络安全，不搞网络霸权，不干涉他国内政，不从事、纵容或支持维护他国国家安全的网络活动。根据国家网络空间主权原则，国家不仅有权对其领土境内的关键基础设施基、重要数据、网络空间活动和信息通信网络监管理行使主权，也可依法对境外个人或组织对我国境内的网络破坏活动行使司法管辖权，即具有域外的效力。

第二，明确了网络产品和服务提供者的安全义务。《网络安全法》第二十二条明确规定，网络产品、服务应当符合相关国家标准的强制性要求。网络产品、服务的提供者不得设置恶意程序；发现其网络产品、服务存在安全缺陷、漏洞等风险时，应当立即采取补救措施，按照规定及时告知用户并向有关主管部门报告。网络产品、服务的提供者应当为其产品、服务持续提供安全维护；在规定或者当事人约定的期限内，不得终止提供安全维护。网络产品、服务具有收集用户信息功能的，其提供者应当向用户明示并取得同意；涉及用户个人信息的，还应当遵守本法和有关法律、行政法规关于个人信息保护的规定。

第三，明确了网络运营者的安全义务。《网络安全法》将原来散见于各种法规、规章中的规定上升到人大法律层面，对网络运营者等主体的法律义务和责任做了全面规定，确定了相关法定机构对网络安全的保护和监督职责，明确了网络运营者应履行的安全义务，平衡了涉及国家、企业和公民等多元主体的网络权利与义务，协调政府管制和社会共治网络治理的关系，形成了以法律为根本治理基础的网络治理模式。

第四，进一步完善了个人信息保护规则。《网络安全法》明确运营者在收集个人信息时必须合法、正当、必要，收集应当与个人订立合同；个人信息一旦泄露、损坏、丢失，必须告知和报告，同时个人具有对其信息的删除权和更正权（删除权的两种情形：违反法律法规、约定的合同期限已满）。《网络安全法》首次给予个人信息交易一定的合法空间。

第五，建立了关键信息基础设施安全保护制度。以立法的形式将国家主权范围内的关键信息基础设施列为国家重要基础性战略资源加以保护，已经成为各主权国家网络空间安全法治建设的核心内容和基本实践。《网络安全法》首次将关键信息基础设施安全保护制度以立法形式进行保护。

第六，确立了关键信息基础设施重要数据跨境传输的规则。隶属于数据主权的概念，即数据本地化存储，通常是指主权国家通过制定法律或规则限制本国数据向境外流动。任何本国或者外国公司在采集和存储与个人信息和关键领域相关数据时，必须使用主权国家境内的服务器。《网络安全法》第三十七条标志着中国正式开始基于网络主权原则对数据跨境传输进行法律限制。

2.3.4　九类网络安全保障制度

为了更好地履行《网络安全法》，运营者需要建立对应制度，分别是网络安全等级保护制度、网络产品和服务采购制度、网络产品和服务的强制性准入制度、网络安全产品和关键设备的强制性认证和检测制度、网络安全风险评估制度、用户实名制度、网络安全监测预警和信息通报制度、网络安全事件应急预案制度、开展网络安全认证、监测、风险评估制度、关键信息基础设施运行安全保护制度、用户信息保护制度、合法侦查犯罪协助制度、关键信息基础设施重要数据境内留存制度、网络安全信息管理制度、网络信息安全投诉、举报制度。

1. 网络安全等级保护制度

《网络安全法》第二十一条规定，国家实行网络安全等级保护制度。经过20多年的发展，国家确定实施网络安全等级保护制度从国家制度上升为国家法律。同时第三十一条规定，对可能严重危害国家安全、国计民生、公共利益的关键信息基础设施，在网络安全等级保护制度的基础上，实行重点保护。网络运营者要从定级备案、安全建设、等级测评、安全整改、监督检查角度，严格落实网络安全等级保护制度。

2. 网络产品和服务安全制度

与网络安全产品和服务有关的安全制度主要涉及市场准入制度、强制性安全检测制度、强制性安全认证制度。2016年底，国家互联网信息办公室会同相关部门出台的《网络产品和服务安全审查办法》，采用企业承诺与社会监督相结合，第三方评价与政府监管相结合，实验室检测、现场检查、在线监测、背景调查相结合的方式，对网络产品和服务及其提供者进行网络安全审查。重点审查网络产品和服务的安全性、可控性，主要包括：产品和服务被非法控制、干扰和中断运行的风险；产品及关键部件研发、交付、技术支持过程中的风险；产品和服务提供者利用提供产品和服务的便利条件非法收集、存储、处理、利用用户相关信息的风险；产品和服务提供者利用用户对产品和服务的依赖，实施不正当竞争或损害用户利益的风险；其他可能危害国家安全和公共利益的风险。

3．关键信息基础设施运行安全保护制度

《网络安全法》第三十一条规定，"国家对公共通信和信息服务、能源、交通、水利、金融、公共服务、电子政务等重要行业和领域，以及其他一旦遭到破坏、丧失功能或者数据泄露，可能严重危害国家安全、国计民生、公共利益的关键信息基础设施，在网络安全等级保护制度的基础上，实行重点保护，关键信息基础设施的具体范围和安全保护办法由国务院制定。"这是我国首次在法律层面提出关键信息基础设施的概念和重点保护范围。

为了强化对关键信息基础设施安全保护的责任，《网络安全法》从国家主体和关键信息基础设施运营者两大层面，分别明确了对关键信息基础设施安全保护的法律义务和责任。在国家层面，《网络安全法》第三十二条规定，"按照国务院规定的职责分工，负责关键信息基础设施安全保护工作的部门分别编制并组织实施本行业、本领域的关键信息基础设施安全规划，指导和监督关键信息基础设施运行安全保护工作。"

在关键信息基础设施运营者方面，《网络安全法》第三十四条专门设定了关键信息基础设施的运营者应当履行的四大安全保护义务：一是设置专门安全管理机构和安全管理负责人；二是定期对从业人员进行网络安全教育、技术培训和技能考核；三是对重要系统和数据库进行容灾备份；四是制定网络安全事件应急预案，并定期进行演练。另外设定了一项兜底性条款，即"以及法律、行政法规规定的其他义务"。

4．网络安全风险评估制度

《网络安全法》第三十八条规定，关键信息基础设施的运营者应当自行或者委托网络安全服务机构对其网络的安全性和可能存在的风险每年至少进行一次检测评估，并将检测评估情况和改进措施报送相关负责关键信息基础设施安全保护工作的部门。同时，《网络安全法》第二十一条规定，国家实行网络安全等级保护制度。建议今后运营者开展网络安全等级保护测评工作，这样既满足风险评估，同时满足网络安全等级保护制度。

5．用户实名制度

《网络安全法》立法确立了网络实名制在我国的实施，第二十四条规定，网络运营者为用户办理网络接入、域名注册服务，办理固定电话、移动电话等入网手续，或者为用户提供信息发布、即时通信等服务，在与用户签订协议或者确认提供服务时，应当要求用户提供真实身份信息。用户不提供真实身份信息的，网络运营者不得为其提供相关服务。

在此之前，我国已经有相关的法律法规对实名制进行规定。2016年1月1日实施的《中华人民共和国反恐怖主义法》规定，电信、互联网、金融、住宿、长途客运、机动车租赁等业务经营者、服务提供者，应当对客户身份进行查验。对身份不明或者拒绝身份查验的，不

得提供服务。2015年的《互联网用户账号名称管理规定》规定，互联网信息服务提供者应当按照"后台实名、前台自愿"的原则，要求互联网信息服务使用者通过真实身份信息认证后注册账号。2016年的《移动互联网应用程序信息服务管理规定》要求，移动互联网应用程序提供者按照"后台实名、前台自愿"的原则，对注册用户进行基于移动电话号码等真实身份信息认证。

6．网络安全事件应急预案制度

《网络安全法》第二十五条规定，网络运营者应当制定网络安全事件应急预案，及时处置系统漏洞、计算机病毒、网络攻击、网络侵入等安全风险；在发生危害网络安全的事件时，立即启动应急预案，采取相应的补救措施，并按照规定向有关主管部门报告。建议应急预案制度应覆盖所有网络安全场景、对相关人员开展应急预案培训、结合发生的安全事件和面临的安全风险，制定符合自身组织架构的网络安全应急预案，并在预案中明确内部及业务部门的应急响应责任，准备措施以及应对突发事件的配合机制，并组织演练。

7．网络安全监测预警和信息通报制度

《网络安全法》第五十一条规定，国家建立网络安全监测预警和信息通报制度。国家网信部门应当统筹协调有关部门加强网络安全信息收集、分析和通报工作，按照规定统一发布网络安全监测预警信息。这是从国家层面要建立安全态势感知与信息通报制度，说明了将来会出台国家层面的"网络安全监测预警和信息通报制度"。习近平总书记在2016年4月19日讲到，"全天候全方位感知网络安全态势。知己知彼，才能百战不殆"，同时指出，"感知网络安全态势是最基本最基础的工作。要全面加强网络安全检查，摸清家底，认清风险，找出漏洞，通报结果，督促整改。要建立统一高效的网络安全风险报告机制、情报共享机制、研判处置机制，准确把握网络安全风险发生的规律、动向、趋势。要建立政府和企业网络安全信息共享机制，把企业掌握的大量网络安全信息用起来。"

《网络安全法》第五十二条规定，负责关键信息基础设施安全保护工作的部门应当建立健全本行业、本领域的网络安全监测预警和信息通报制度，并按照规定报送网络安全监测预警信息。这条主要从行业层面讲安全态势感知与信息通报制度，行业主管部门要在国家指导下出台行业层面的"网络安全监测预警和信息通报制度"。

8．用户信息保护制度

《网络安全法》第四十条规定，网络运营者应当对其收集的用户信息严格保密，并建立健全用户信息保护制度。同时，第二十二条规定，网络产品、服务具有收集用户信息功能的，其提供者应当向用户明示并取得同意；涉及用户个人信息的，还应当遵守本法和有关法律、行政法规关于个人信息保护的规定。

《网络安全法》对保护个人信息有了明确规定，如"网络运营者不得泄露、篡改、毁损其收集的个人信息"，"任何个人和组织不得窃取或者以其他非法方式获取个人信息，不得非法出售或者非法向他人提供个人信息"等。

9．关键信息基础设施重要数据境内留存制度

《网络安全法》第三十七条规定，关键信息基础设施的运营者在中华人民共和国境内运营中收集和产生的个人信息和重要数据应当在境内存储。因业务需要，确需向境外提供的，

应当按照国家网信部门会同国务院有关部门制定的办法进行安全评估；法律、行政法规另有规定的，依照其规定。

第三十七条是与数据主权有关的规定。数据主权也被称为数据本地化存储，指主权国家通过制定法律或规则限制本国数据向境外流动。任何本国或者外国公司在采集和存储与个人信息和关键领域相关数据时，必须使用主权国家境内的服务器。据国际电信联盟 ITU 的统计，2015 年全球通过互联网的跨境数据量超过 1 ZB（1 万亿 GB），如果没有数据主权的保护和跨境流动的法律机制，将可能直接影响个人的隐私和自由，乃至一个国家的经济运行，危及国家安全。俄罗斯、澳大利亚等国通过立法的形式对数据的流动进行动态调整和控制。欧盟规定：如果雇员的个人数据转移到欧盟以外的其他国家，采集这些数据时，雇员必须得到通知，否则不能转移出境。

对于涉及国家安全和社会稳定的数据提出本地化要求是一个趋势，也符合国际上的立法惯例。但是，如果数据本地化要求过于泛化，会对企业（尤其是跨国企业）的业务带来负担。因此，下一步有关部门制定对关键信息基础设施的认定和数据跨境传输的安全评估办法时，如何把握数据安全和商业便利两者的平衡关系非常重要。

对数据本地化的法律规制，除了《网络安全法》的规定，以下数据（或设施）亦明确有本地化的法律要求：

- ❖ 我国网络安全和保密相关的法律禁止涉及国家秘密和国家安全的数据跨境传输。
- ❖ 征信数据（《征信业管理条例》第 24 条）。
- ❖ 个人金融信息（《中国人民银行关于银行业金融机构做好个人金融信息保护工作的通知》第 6 条）。
- ❖ 地图数据（《地图管理条例》第 34 条）。
- ❖ 网络出版服务所需的必要的技术设备（《网络出版服务管理规定》第 8 条）。
- ❖ 网约车业务相关数据和信息（《网络预约出租汽车经营服务管理暂行办法》27 条）。

2.3.5 惩罚措施

《网络安全法》在第六章规定了详尽的法律责任，大致规定了 14 种惩罚手段，分别是约谈、断网、改正、警告、罚款、暂停相关业务、停业整顿、关闭网站、吊销相关业务许可证、吊销营业执照、拘留、职业禁入、民事责任、刑事责任。

对网络运营者，根据违法行为的情形，主要的法律责任承担形式包括：责令改正、警告、罚款、责令暂停相关业务、停业整顿、关闭网站、吊销相关业务许可证或者吊销营业执照，对直接负责的主管人员等进行罚款等；有关机关还可以把违法行为记录到信用档案。对于违反法律第二十七条的人员，法律还建立了职业禁入的制度。

除了以上行政处罚外，网络运营者还应当包括违法行为所导致的民事责任和刑事责任。网络运营者如果因违反《网络安全法》的行为给他人造成损失的，该行为具有民事上的可诉性，网络运营者应当承担相应的民事责任。

我国《刑法修正案（九）》规定的拒不履行信息网络安全管理义务罪，指网络服务提供者不履行法律、行政法规规定的信息网络安全管理义务，经监管部门责令采取改正措施而拒不改正，具有法律规定的情形之一的，构成本罪。

《网络安全法》为网络运营者设定了诸多的网络安全保护义务（如网络安全等级保护和关键信息基础设施保护等），如果由于不履行法律的规定而导致严重后果的，可能受到刑事的追诉，从而承担拒不履行信息网络安全管理义务罪的后果。下面给出几个比较典型的惩罚措施。

1．约谈

《网络安全法》第五十六条明确，省级以上人民政府有关部门在履行网络安全监督管理职责中，发现网络存在较大安全风险或者发生安全事件的，可以按照规定的权限和程序对该网络运营者的法定代表人或者主要负责人进行约谈。

2．断网

《网络安全法》第五十八条明确规定，因维护国家安全和社会公共秩序，处置重大突发社会安全事件的需要，经国务院决定或者批准，可以在特定区域对网络通信采取限制等临时措施。"在特定区域对网络通信采取限制等临时措施"被业界很多人解读为断网。

3．拘留

拘留适用范围为，对从事危害网络安全的活动，或者提供专门用于从事危害网络安全活动的程序、工具，或者为他人从事危害网络安全的活动提供技术支持、广告推广、支付结算等帮助，设立用于实施违法犯罪活动的网站、通讯群组，或者利用网络发布涉及实施违法犯罪活动的信息，尚不构成犯罪的，由公安机关没收违法所得，依据情节严重情况，可处五日以下或者五日以上十五日以下拘留。

4．罚款

如果被罚款对象是运营者，范围为最低一万，最高一百万。如果被罚款对象是个人，范围最低五千元，最高十万元。为了打击违法犯罪，《网络安全法》同时规定了违法所得或采购金额的一倍以上十倍以下罚款，大大提高了犯罪成本。执行罚款的部门主要由运营者的主管部门、公安部门组成。

5．职业禁入

《网络安全法》要求关键信息基础设施的运营者设置专门的安全管理机构和安全管理负责人，并对该负责人和关键岗位的人员进行安全背景审查。如果发现受到治安管理处罚的人员，五年内不得从事网络安全管理和网络运营关键岗位的工作；受到刑事处罚的人员，终身不得从事网络安全管理和网络运营关键岗位的工作。

2.3.6　全社会参与者

1．监管者

《网络安全法》第八条明确规定，国家网信部门负责统筹协调网络安全工作和相关监督管理工作。国务院电信主管部门、公安部门和其他有关机关依照本法和有关法律、行政法规的规定，在各自职责范围内负责网络安全保护和监督管理工作。县级以上地方人民政府有关部门的网络安全保护和监督管理职责，按照国家有关规定确定。

从《网络安全法》中可以看出网络安全的治理层级，可分为领导机构、规划机构、协调机构、关键基础设施主管机构。

- 统筹领导机构：中央国家安全领导机构。
- 统筹规划机构：国务院和各级人民政府（网络安全相关事务，制定关键信息基础设施的具体范围和安全保护方法，可以在特定区域对网络通信采取限制等临时措施）。
- 统筹协调机构：网信办（负责协调网络安全工作和相关监督管理工作，协调关键信息基础设施的安全保护）。
- 国家关键基础设施主管机构：各部委（电信主管部门、公安部门、其他有关机关在各自职责范围内的网络安全职责）。

2. 监管对象

非政府网络要素参与者就是通常意义上的监管对象。非政府网络要素参与者包括国家机关政务网络的运营者、网络运营者、电子信息发送服务提供者、应用软件下载服务提供者、关键信息基础设施的运营者、网络产品或者服务的提供者、被收集者、行业组织、大众传播媒介、企业和高校、职教培训机构、安全认证或者安全检测机构、安全管理负责人、关键岗位人员、从业人员等。

2.4 十大热点话题

2017年5月31日，在《网络安全法》施行前，网信办网络安全协调局围绕记者提出的十个热点信息进行回应。这些热点信息，可以很好地把握《网络安全法》的精髓。

1. 准备工作进展情况

问：《网络安全法》于6月1日起施行，有关准备工作进展如何？

答：《网络安全法》将于6月1日起正式施行，这在网络安全历史上具有里程碑意义。《网络安全法》的公布和施行不仅从法律上保障了广大人民群众在网络空间的利益，有效维护了国家网络空间主权和安全，有利于信息技术的应用，有利于发挥互联网的巨大潜力。《网络安全法》公布后，各部门、各地方以及广大企业、科研单位和院校开展了多种形式的学习宣传贯彻活动，法律所确定的重要理念、基本要求正在深入人心。目前，有关部门正在按照法律要求抓紧研究起草相关制度文件，包括关键信息基础设施保护办法、个人信息和重要数据出境安全评估办法、网络关键设备和网络安全专用产品目录等。其中，《网络产品和服务安全审查办法（试行）》等配套制度文件已经公开发布。国家标准化部门正抓紧组织制定《个人信息安全规范》等国家标准。总体上看，各项工作都在按计划推进。

2. 是否会制造贸易壁垒

问：据报道，近期有外国协会和机构建议推迟实施《网络安全法》，担心《网络安全法》会制造贸易壁垒、限制国外企业和技术产品进入中国市场，你对此有什么评论？

答：借鉴国际通行做法，根据本国国情，制定相关法律、行政法规，并依法对网络进行管理，完全是各国主权范围内的事情。

制定和实施《网络安全法》，其目的是要维护国家网络空间主权和国家安全、社会公共利益，保护公民、法人和其他组织的权益，而不是要限制国外企业、技术、产品进入中国市场，不是要限制数据依法有序自由流动。

3. 关键信息基础设施保护

问：关键信息基础设施保护是《网络安全法》新设立的一项重要制度，6月1日后这一制度如何实施？

答：《中华人民共和国立法法》要求，法律规定明确要求有关国家机关对专门事项作出配套的具体规定的，有关国家机关应当自法律施行之日起一年内作出规定。目前，有关部门正在按照《网络安全法》的要求，抓紧制定相关配套规定，其中关键信息基础设施保护办法有望近期公开征求意见，个人信息和重要数据出境安全评估办法正在根据各方面意见修改完善。建议相关企业、机构等抓紧做好法律实施的准备工作，自觉用法律规范网络行为。

4. 关键信息基础设施的范围

问：关键信息基础设施的范围如何确定？中国将采取什么措施加强关键信息基础设施保护？

答：关键信息基础设施保护制度的目的是要确保涉及国家安全、国计民生、公共利益的信息系统和设施的安全，与等级保护制度相比所涉及的范围相对较小。从各国的情况看，具体明确关键信息基础设施相当复杂，是一个在实践中不断完善、不断调整的过程。目前，国家互联网信息办公室正会同有关部门按照《网络安全法》的要求，抓紧研究制定相关指导性文件和标准，指导相关行业领域明确关键信息基础设施的具体范围。

加强关键信息基础设施保护首先是按照《网络安全法》的要求，抓紧制定相关配套制度和标准，要重点做好以下几方面工作：一是加强关键信息基础设施保护工作的统筹，强化顶层设计和整体防护，避免多头分散、各自为政的情况发生；二是建立完善责任制，政府主要加强指导监管，关键信息基础设施运营者要承担起保护的主体责任；三是加强对从业人员的网络安全教育、技术培训和技能考核，切实提高网络安全意识和水平；四是做好网络安全信息共享、应急处置等基础性工作，提升关键信息基础设施保护能力；五是加强关键信息基础设施保护中的国际合作。

5. 数据跨境流动

问：《网络安全法》规定，关键信息基础设施运营者在中华人民共和国境内收集产生的个人信息和重要数据应当在境内存储。这种规定会不会限制数据跨境流动，影响国际贸易？

答：《网络安全法》作出这样的规定的目的是维护国家网络安全，保护人民群众利益。落实法律要求要把握以下几点：一，这是对关键信息基础设施运营者提出的要求，而不是对所有网络运营者的要求；二，不是所有的数据，只限于个人信息和重要数据，这里的重要数据是对国家而言的，而不是针对企业和个人的；三，对于确需出境的数据，法律作了制度上的安排，经过安全评估认为不会危害国家安全和社会公共利益的，可以出境；四，经个人信息主体同意的，个人信息可以出境。特别要说明的是，拨打国际电话、发送国际电子邮件、通过互联网跨境购物以及其他个人主动行为，视为已经个人信息主体同意。

《网络安全法》关于数据境内留存和出境评估的规定，不是要阻止数据跨境流动，更不是要限制国际贸易。当今数据跨境流动已经成为经济全球化的前提，是推进"一带一路"建设的必要条件，我们愿同各国就此问题开展交流合作，共同促进数据依法有序自由跨境流动，充分保障个人信息安全和国家网络安全。

6. 安全审查是否形成技术壁垒

问：《网络产品和服务安全审查办法（试行）》已经正式发布，这个办法的实施会不会给国外企业带来不公平待遇，形成事实上的技术壁垒？

答：《网络产品和服务安全审查办法（试行）》规定，对可能影响国家安全的网络产品和服务进行安全审查，其目的是提高网络产品和服务的安全可控水平，防范供应链安全风险，维护国家安全和公共利益。

安全审查的重点是产品和服务的安全性、可控性，包括产品被非法控制、干扰和中断运行的风险，产品提供者非法收集用户信息的风险等。

安全审查不针对特定国家和地区，没有国别差异，审查不会歧视国外技术和产品，不会限制国外产品进入中国市场。相反，安全审查会提高消费者对使用产品的信心，扩大企业市场空间。

7. 如何执行国家的强制性要求

问：《网络安全法》规定，"网络关键设备和网络安全专用产品应当按照相关国家标准的强制性要求，由具备资格的机构安全认证合格或者安全检测符合要求后，方可销售或者提供"，请问这条如何执行？

答：国家互联网信息办公室、工业和信息化部、公安部、国家认监委即将发布第一批网络关键设备和网络安全专用产品目录。列入这一目录的设备和产品应该按照有关国家标准的强制性要求，由具备资格的机构进行认证或检测。此前，已经按照国家有关规定检测符合要求或认证合格的，在有效期内无须进行认证或检测。

8. 个人隐私与网上言论自由

问：《网络安全法》规定，"网络运营者应当加强对其用户发布的信息的管理，发现法律、行政法规禁止发布或者传输的信息的，应当立即停止传输该信息"，这是否会侵害个人隐私，妨碍网上言论自由？

答：中国坚持积极利用、科学发展、依法管理、确保安全的方针，在推进互联网发展、加强互联网管理过程中，充分保障人权和言论自由，充分尊重广大人民群众的知情权、参与权、表达权和监督权。同时，强调任何人、任何机构都应该对自己在网上的言行负责，个人的自由不应以损害他人的自由和社会公共利益为代价，任何人和机构都有义务自觉维护网络秩序，自觉维护网络安全。

对这条规定有两点理解：一，针对的是用户公开发布的信息，而不是个人通信信息，不会损害个人隐私；二，要求停止传输的是违法信息，不存在妨碍言论自由问题。

9. 管控国外网站

问：《网络安全法》要求，采取技术措施和其他必要措施阻断来源于境外的非法信息的传播。这一要求是不是意味着要严格管控国外网站，限制信息跨境流动？

答：现实世界中，无论是企业还是个人，进入哪个国家都要遵从哪个国家的法律法规要求，违法行为都将受到法律的制裁。网络空间也不例外，在中国境内网络上传播的信息必须符合中国法律法规的规定。

中国坚持依法治网，采取技术措施和其他必要措施阻断违法信息在境内传播，是国家网络空间主权的体现，是维护国家安全和广大人民群众利益的客观要求。我们支持信息跨境自由流动，但要以不损害他国网络空间主权为条件，阻断违法信息进入本国网络空间与支持信息跨境自由流动不矛盾。

10．如何理解安全可信

问：《网络安全法》提出要推广安全可信的网络产品和服务，"安全可信"是什么含义？

答：安全可信与自主可控、安全可控一样，至少包括以下三方面的含义：

一是保障用户对数据可控，产品或服务提供者不应该利用提供产品或服务的便利条件非法获取用户重要数据，损害用户对自己数据的控制权；

二是保障用户对系统可控，产品或服务提供者不应通过网络非法控制和操纵用户设备，损害用户对自己所拥有、使用设备和系统的控制权；

三是保障用户的选择权，产品和服务提供者不应利用用户对其产品和服务的依赖性，限制用户选择使用其他产品和服务，或停止提供合理的安全技术支持，迫使用户更新换代，损害用户的网络安全和利益。

安全可信没有国别和地区差异，国内外企业和产品都应该符合安全可信的要求。

第 3 章 从不同角度看《网络安全法》

2017年8月25日,全国人大常委会"一法一决定"执法检查组第一次全体会议在北京召开,执法检查组将重点对以下内容进行检查:强化关键信息基础设施保护及落实网络安全等级保护制度情况;治理网络违法有害信息,维护网络空间良好生态情况;落实公民个人信息保护制度,查处侵犯公民个人信息及相关违法犯罪情况等。可见,《网络安全法》是今后一段时间的检查重点。

为了便于《网络安全法》的学习,本章从国家、监管部门、网络用户、网络运营者角度全面分析来解读《网络安全法》的相关条款。

3.1 国家角度

《网络安全法》主要涉及立法目的、属地管辖权、权利和责任义务。

1. 立法目的

《网络安全法》开篇第一条就阐述了立法的目的:为了保障网络安全,维护网络空间主权和国家安全、社会公共利益,保护公民、法人和其他组织的合法权益,促进经济社会信息化健康发展,制定本法。

最大亮点就在于网络空间主权。以前在讲"合法权益"时主要指国家安全、社会公共利益,保护公民、法人和其他组织,现在包括了国家空间主权。网络空间主权的具体体现是指国家能够从本国国情出发,制定出台关于互联网信息网络的法律法规或政策规定,有权对本国的信息设施及相关活动行使管辖权,有权依法保护境内信息设施及其上的信息免受攻击和破坏,有权防范、阻止违法信息在境内网络中传播。

2. 立法属地管辖权

《网络安全法》第二条规定,在中华人民共和国境内建设、运营、维护和使用网络,以及网络安全的监督管理,适用本法。

从"境内"这个核心词可以看出,《网络安全法》对我国境内网络和网络安全进行监督管理,境外是无法掌控和防范的,这是一种属地管辖权,而不是属人管辖权。

《网络安全法》采取了有限的域外管辖原则,依照第七十五条,境外的主体实施入侵或攻击境内关键信息基础设施的活动,造成严重后果的,依法追究法律责任,且中国执法机关可实施财产冻结等制裁措施,这是为应对日益严重的全球网络安全威胁的需要。

3. 发展方针和实现路径

《网络安全法》第三条规定,国家坚持网络安全与信息化发展并重,遵循积极利用、科学发展、依法管理、确保安全的方针，推进网络基础设施建设和互联互通，鼓励网络技术创新和应用，支持培养网络安全人才，建立健全网络安全保障体系，提高网络安全保护能力。

"积极利用、科学发展、依法管理、确保安全"十六字方针，也是我国在十八届三中全会中提出的网信事业发展的十六字方针。要处理好网络安全与信息化发展间的关系，从基础设施、科技创新、人才培养、安全保障方面着手，给出网络安全发展的实现路径，提高我国网络安全保护能力。

4．解决顶层设计

《网络安全法》第四条，国家制定并不断完善网络安全战略，明确保障网络安全的基本要求和主要目标，提出重点领域的网络安全政策、工作任务和措施。

2016年12月27日，经中央网络安全和信息化领导小组批准，国家互联网信息办公室发布《国家网络空间安全战略》。国家网络空间安全战略，也称为网络安全战略，主要包括机遇与挑战、目标、原则和任务，通常意义上是指先制定国家网络安全战略，再推进网络安全综合性立法。可见，我国对网络安全法需要的迫切程度。

5．解决行业自身能力不足

《网络安全法》第五条规定，国家采取措施，监测、防御、处置来源于中华人民共和国境内外的网络安全风险和威胁，保护关键信息基础设施免受攻击、侵入、干扰和破坏，依法惩治网络违法犯罪活动，维护网络空间安全和秩序。

在网络空间主权下，《网络安全法》赋予了国家在打击境内外攻击、惩治违法犯罪的权利，同时解决行业力量在防范网络安全面临的不足问题。

6．构建良好的网络安全环境

《网络安全法》第六条规定，国家倡导诚实守信、健康文明的网络行为，推动传播社会主义核心价值观，采取措施提高全社会的网络安全意识和水平，形成全社会共同参与促进网络安全的良好环境。

正如《国家网络空间安全战略》所说，"网络上各种思想文化相互激荡、交锋，优秀传统文化和主流价值观面临冲击。网络谣言、颓废文化和淫秽、暴力、迷信等违背社会主义核心价值观的有害信息侵蚀青少年身心健康，败坏社会风气，误导价值取向，危害文化安全。网上道德失范、诚信缺失现象频发，网络文明程度亟待提高。"因此，需要从立法角度，约束网络行为，传播正能量，共同参与并形成网络安全的良好环境。

7．网络空间治理态度

我国提出"尊重维护国家空间主权、和平利用网络空间、依法治理网络空间"的基本原则，和平利用网络空间符合人类的共同利益。《网络安全法》第七条规定，国家积极开展网络空间治理、网络技术研发和标准制定、打击网络违法犯罪等方面的国际交流与合作，推动构建和平、安全、开放、合作的网络空间，建立多边、民主、透明的网络治理体系。

网络空间主权不容侵犯，尊重各国自主选择发展道路、网络管理模式、互联网公共政策和平等参与国际网络空间治理的权利。各国主权范围内的网络事务由各国人民自己做主，各国有权根据本国国情，借鉴国际经验，制定有关网络空间的法律法规，依法采取必要措施，管理本国信息系统及本国疆域上的网络活动；保护本国信息系统和信息资源免受侵入、干扰、攻击和破坏，保障公民在网络空间的合法权益；防范、阻止和惩治危害国家安全和利益的有害信息在本国网络传播，维护网络空间秩序。任何国家都不搞网络霸权、不搞双重标准，不利用网络干涉他国内政，不从事、纵容或支持危害他国国家安全的网络活动。

各国应遵守《联合国宪章》关于不得使用或威胁使用武力的原则，防止信息技术被用于与维护国际安全与稳定相悖的目的，共同抵制网络空间军备竞赛、防范网络空间冲突。坚持相互尊重、平等相待，求同存异、包容互信，尊重彼此在网络空间的安全利益和重大关切，推动构建和谐网络世界。反对以国家安全为借口，利用技术优势控制他国网络和信息系统、收集和窃取他国数据，更不能以牺牲别国安全谋求自身所谓的绝对安全。

推进网络空间法治化，坚持依法治网、依法办网、依法上网，让互联网在法治轨道上健康运行。依法构建良好网络秩序，保护网络空间信息依法有序自由流动，保护个人隐私，保护知识产权。任何组织和个人在网络空间享有自由、行使权利的同时，必须遵守法律，尊重他人权利，对自己在网络上的言行负责。

8．国家出台未成年人网络保护法

《网络安全法》第十三条规定，国家支持研究开发有利于未成年人健康成长的网络产品和服务，依法惩治利用网络从事危害未成年人身心健康的活动，为未成年人提供安全、健康的网络环境。

网络上的颓废文化和淫秽、暴力、迷信等违背社会主义核心价值观的有害信息侵蚀青少年身心健康，败坏社会风气，误导价值取向，危害文化安全。鉴于此，2016 年 9 月，国家互联网信息办公室出台了《未成年人网络保护条例（草案征求意见稿）》。

9．建立和完善国家网络安全标准体系建设

《网络安全法》第十五条规定，国家建立和完善网络安全标准体系。国务院标准化行政主管部门和国务院其他有关部门根据各自的职责，组织制定并适时修订有关网络安全管理以及网络产品、服务和运行安全的国家标准、行业标准。国家支持企业、研究机构、高等学校、网络相关行业组织参与网络安全国家标准、行业标准的制定。

目前，网络安全等级保护系统标准即将出台。国家标准通常包括推荐性和强制性。我们实行的信息系统安全等级保护制度属于推荐性标准，但是在《网络安全法》第二十一条中规定了国家实行网络安全等级保护制度。如果是推荐性质，违法了《网络安全法》，则标准和法律之间如何打破平衡。

10．网络安全人才培养

国家支持企业和高等学校、职业学校等教育培训机构开展网络安全相关教育与培训，采取多种方式培养网络安全人才，促进网络安全人才交流。

网络安全人才在全球范围内都处于短缺的状态。国家目前正在实施网络安全人才工程，加强网络安全学科专业建设，打造一流网络安全学院和创新园区，形成有利于人才培养和创新创业的生态环境。2015 年 7 月，"网络空间安全"一级学科获批，越来越多的高校开设专门的网络安全学院。2016 年 9 月，武汉市人民政府建设国家网络安全创新园区。目前，与网络安全人才培养有关的比赛、会议如火如荼，出现了一批以培养专业网络安全人员为目标的新型创业型企业。2017 年 8 月，中央网信办、教育部联合发文，决定在 10 年内支持建设 4～6 所一流网络安全学院。2017 年 9 月 16 日，中央网信办、教育部公布了"一流网络安全学

院建设示范项目高校"名单，西安电子科技大学、东南大学、武汉大学、北京航空航天大学、四川大学、中国科学技术大学、战略支援部队信息工程大学等7所高校入围首批一流网络安全学院建设示范项目。

11. 网络安全监测预警和信息通报制度

《网络安全法》第五十一条规定，国家建立网络安全监测预警和信息通报制度。国家网信部门应当统筹协调有关部门加强网络安全信息收集、分析和通报工作，按照规定统一发布网络安全监测预警信息。

国家加大顶层设计力度，从国家层面建立网络安全态势检测预警和信息通报制度。利用大数据分析和云计算技术，开展资产感知、脆弱性感知、安全事件感知和异常行为感知。通过加强网络安全信息的合作、分享，提高保障能力，建立分析报告和情报共享、研判处置和通报应急工作机制。要求被监管者一旦发生安全事件一定杜绝心存侥幸的心态，严厉打击瞒报、少报的现象。

3.2 国家网信部门角度

《网络安全法》在条例中多次赋予国家网信部门开展主导工作，这些工作既是义务，更多的还是权利。

1. 统筹协调网络安全和监督管理

《网络安全法》第八条赋予网信部门负责统筹协调网络安全工作和相关监督管理工作，开启网络安全"1+X"模式。

第十四条赋予网信部门对收到举报的危害网络安全的行为应当及时依法作出处理的权利。任何个人和组织有权对危害网络安全的行为向网信、电信、公安等部门举报。收到举报的部门应当及时依法作出处理；不属于本部门职责的，应当及时移送有权处理的部门。同时，要求有关部门应当对举报人的相关信息予以保密，保护举报人的合法权益。

第三十条赋予网信部门用于维护网络安全的需要，履行网络安全职责而获取的网络各种信息的权利。

第五十条赋予网信部门处置、阻断违规违法信息的权利。国家网信部门和有关部门依法履行网络信息安全监督管理职责，发现法律、行政法规禁止发布或者传输的信息的，应当要求网络运营者停止传输，采取消除等处置措施，保存有关记录；对来源于中华人民共和国境外的上述信息，应当通知有关机构采取技术措施和其他必要措施阻断传播。

为了防止网信部门滥用职权，《网络安全法》规定，在履行网络安全保护职责中获取的信息用于其他用途的，对直接负责的主管人员和其他直接责任人员依法给予处分；同时，对网信部门和有关部门的工作人员玩忽职守、滥用职权、徇私舞弊，尚不构成犯罪的，依法给予处分。

2. 安全专用产品管理、认证和检测

第二十三条要求国家网信部门会同国务院有关部门制定、公布网络关键设备和网络安全专用产品目录，并推动安全认证和安全检测结果互认，避免重复认证、检测。今后，网络关键设备和网络安全专用产品如果要想进入市场，必须进入国家网信部门发布的产品部门，必

须经过安全认证和安全结果检测。

2017年6月1日,国家网信办发布《网络关键设备和网络安全专用产品目录(第一批)》的公告。其中,网络关键设备主要为路由器、交换机、服务器(机架式)和可编程逻辑控制器(PLC)。网络安全专用产品为数据备份一体机、防火墙、Web应用防火墙、入侵检测系统、入侵防御系统、安全隔离与信息交换产品、反垃圾邮件产品、网络综合审计系统、网络脆弱性扫描产品、安全数据库系统、网站恢复产品(硬件)。从产品目录中来看,国家侧重的是技术指标,而不是哪个厂家的具体产品,最终要通过颁发的证书来体现。

3. 国家安全审查

第三十五条要求,国家网信部门会同国务院有关部门,在关键信息基础设施的运营者采购网络产品和服务,可能影响国家安全的,应当通过组织的国家安全审查。

网络安全审查针对所有可能威胁我国国家安全的国内外所有的产品和服务,不只是针对外国企业的产品和服务,这种安全审查对于切实维护关键信息基础设施供应链安全是非常必要的。2016年8月,美国商会等46家来自美洲、欧洲、亚洲和大洋洲等地区的国际企业团体联名致函,针对ICT产品和服务的安全审查和要求,提出"这些规定可能削弱安全,并且可能构成世界贸易组织所定义的技术性贸易壁垒"。针对这个请求,我国的回应是:根据WTO《技术性贸易壁垒协议》的规定,国家安全要求可以构成技术性贸易壁垒的合法例外,所以如果将这种安全审查上升到国家安全的层面,便不会构成技术性贸易壁垒。《网络安全法》规定的网络安全审查制度是国家安全审查制度的一部分,针对的是关键信息基础设施,不是针对所有的商业性网络信息系统,是为了国家安全的目标,只要不超过必需的限度,不构成技术性贸易壁垒。

4. 数据境外传输安全评估

第三十七条规定,关键信息基础设施的运营者在中华人民共和国境内运营中收集和产生的个人信息和重要数据应当在境内存储。因业务需要,确需向境外提供的,应当按照国家网信部门会同国务院有关部门制定的办法进行安全评估;法律、行政法规另有规定的,依照其规定。

美国商会等46家针对数据主权的问题提出异议,认为这些规定没有额外的安全益处,反而会阻碍经济增长,并且会对外国公司和中国公司进入市场造成障碍。我国的回应是,域外国家也有数据本地存储的类似规定,一般规定个人数据在得到不低于本国保护水准时可以跨境移转。我国的《网络安全法》只适用于"关键信息基础设施",仅仅是个人数据、重要数据。对于技术数据、政府数据和商业数据没有涉及,这就看关键信息基础设施的运营者怎么理解重要数据,还需要关键信息基础设施的运营者出台细节说明。

5. 安全风险评估检测

借助网络安全服务机构或自身力量,网信部门可统筹协调有关部门,对关键信息基础设施进行安全风险抽查检测,针对发现的安全风险提出改进措施。关于安全评估内容具体参考第七章。

6. 网络安全应急演练

网信部门要定期组织关键信息基础设施的运营者开展网络安全应急演练,提高应对网络安全事件的水平和协同配合能力。网络安全应急处置应当按照事件发生后的危害程度、影响范围等因素对网络安全事件进行分级，并规定相应的应急处置措施。

2017年6月，中央网信办公布了《国家网络安全事件应急预案》，适用于网络安全事件的应对工作。其中，网络安全事件是指由于人为原因、软硬件缺陷或故障、自然灾害等，对网络和信息系统或者其中的数据造成危害，对社会造成负面影响的事件，可分为有害程序事件、网络攻击事件、信息破坏事件、信息内容安全事件、设备设施故障、灾害性事件和其他事件。同时，网络安全事件被分为4级：特别重大网络安全事件、重大网络安全事件、较大网络安全事件、一般网络安全事件。具体参考本书第8章。

7．网络安全信息共享

网络安全信息共享制度有利于提出国家整体安全防护水平、及时处置网络安全突发事件。通过网络安全信息共享工作的开展，可以进一步支持和协助网络安全事件的应急处置与网络功能的恢复。国家赋予网信部门协调、促进有关部门、关键信息基础设施的运营者以及有关研究机构、网络安全服务机构等之间的网络安全信息共享的责任。

8．网络安全监测预警和信息通报

《网络安全法》第五十一条指出，国家建立网络安全监测预警和信息通报制度。从国家层面上建立网络安全预警和信息通报制度，需要多方合作。

为了便于开展工作，《网络安全法》赋予国家网信部门统筹协调有关部门开展监测预警的权利和义务。同时，为便于网络安全信息收集、分析和通报工作，国家网信部门需制定并发布统一的网络安全监测预警信息。各部门、各行业以及负责关键信息基础设施安全保护工作的部门，在国家网络安全预警和信息通报制度的背景下，建立健全本行业、本领域的网络安全监测预警和信息通报制度，并按照规定报送网络安全监测预警信息。

3.3 国家公安部门角度

《网络安全法》第八条赋予公安部门依照有关法律、行政法规的规定，在各自职责范围内负责网络安全保护和监督管理工作。从网络安全法上看，国家公安部门主要履行下列权利和义务。

1．对举报危害网络安全的行为进行处置

任何个人和组织，一旦发现利用网络从事危害国家安全、荣誉和利益，煽动颠覆国家政权、推翻社会主义制度，煽动分裂国家、破坏国家统一，宣扬恐怖主义、极端主义，宣扬民族仇恨、民族歧视，传播暴力、淫秽色情信息，编造、传播虚假信息扰乱经济秩序和社会秩序，以及侵害他人名誉、隐私、知识产权和其他合法权益等活动，均可以进行举报。同时，国家立法对举报人的相关信息予以保密，保护举报人的合法权益。

2．打击违法网络犯罪

国家公安部门有权对下列违法网络犯罪进行处罚和打击：打击危害网络安全的活动，如非法侵入他人网络、干扰他人网络正常功能、窃取网络数据。打击专门提供程序、工具用于从事侵入网络、干扰网络正常功能及防护措施、窃取网络数据等危害网络安全活动。打击明知他人从事危害网络安全的活动的，仍然为其提供技术支持、广告推广、支付结算等帮助。一旦发现并掌握证据，则没收违法所得，对当事人或组织进行罚款、拘留。

为了进一步威慑网络犯罪，实现行业禁止准入制度。受到治安管理处罚的人员，五年内不得从事网络安全管理和网络运营关键岗位的工作；受到刑事处罚的人员，终身不得从事网络安全管理和网络运营关键岗位的工作。

3. 打击个人信息违法

个人信息违法主要包括窃取或者以其他非法方式获取、非法出售或者非法向他人提供个人信息的行为，都属于违法。个人信息，是指以电子或其他方式记录的能够单独或与其他信息结合识别自然人身份的各种信息，包括与确定自然人相关的生物特征、位置、行为等信息，如姓名、出生日期、身份证号、个人账号信息、住址、电话号码、指纹、虹膜等。

除了上述自然人相关的特征之外，单独或与其他信息结合识别自然人身份包括：使用标识符，如姓名、识别号码、位置数据、网上标识符，或通过与该个人生理、心理、基因、精神、经济、文化或社会身份特定相关的一个或多个因素，可直接或间接识别出个人，这些信息今后也属于个人信息的范畴。

4. 关闭用于实施违法犯罪活动的网站、通讯群组

《网络安全法》第六十七条规定，公安机关对设立用于实施违法犯罪活动的网站、通讯群组，或者利用网络发布涉及实施违法犯罪活动的信息，进行拘留和罚款，同时可关闭用于实施违法犯罪活动的网站、通讯群组。这一条也可以这样理解，为了网络安全的需要，公安机关可以监控网站、通讯群组，网站运营者和社交网站运营者需要进行技术协助和配合。

5. 打击境外违法犯罪

依据网络空间主权原则，国家公安机关依法对境外的机构、组织、个人从事攻击、侵入、干扰、破坏等危害中华人民共和国的关键信息基础设施的活动，开展违法犯罪的打击。对造成严重后果的，依法追究法律责任，并对该机构、组织、个人采取冻结财产或者其他必要的制裁措施。

6. 赋予网络安全等级保护更大的执法力度

《网络安全法》第二十一条规定，国家实行网络安全等级保护制度。这是等级保护工作的鲜明旗帜，是从国家层面对等级保护工作的法律认可，是网络安全法关于等级保护工作最重要的一条，简单点就是单位不做等级保护工作就是违法。等级保护制度有涉密和非涉密两种类型。《信息安全等级保护管理办法》（公通字〔2007〕43号）中指出，国家公安部门主导非涉密等级保护工作，也就意味着今后网络安全等级保护工作仍由公安机关主导。

《网络安全法》的实施赋予公安机关更多、更大的执法权力，如果网络运营者不履行本法第二十一条、第二十五条规定的网络安全保护义务的，由有关主管部门责令改正，给予警告；拒不改正或者导致危害网络安全等后果的，处一万元以上十万元以下罚款，对直接负责的主管人员处五千元以上五万元以下罚款。

3.4　网络用户角度

《网络安全法》中的网络用户包括公民、法人和其他组织。

1．网络用户能做什么

上网权是用户的基本权利。《网络安全法》第十二条赋予公民、法人和其他组织依法使用网络的权利。为了更好地使用网络，国家在促进网络接入普及，提升网络服务水平方面作出系列努力，如降费提速措施。

《网络安全法》第十四条赋予任何个人和组织有权对危害网络安全的行为向网信、电信、公安等部门举报。收到举报的部门应当及时依法作出处理；不属于本部门职责的，应当及时移送有权处理的部门。有关部门应当对举报人的相关信息予以保密，保护举报人的合法权益。

发现网络运营者违反法律、行政法规的规定或者双方的约定收集、使用其个人信息的，有权要求网络运营者删除其个人信息；发现网络运营者收集、存储的其个人信息有错误的，有权要求网络运营者予以更正。

我国《网络安全法》规定的公民对其信息的删除权请求权主要有两种情形：一是当事人发现网络运营商违反法律、行政法规或违反双方的约定收集和使用其信息；二是网络运营商所收集的个人信息的特定目的已经消灭或双方约定的期限已经届满。在这两种情形下，当事人均有权要求网络运营商删除和停止使用其个人信息。公民对其错误信息的更正权是指，当事人发现网络运营商收集、存储的其个人信息有错误或者有缺失的，有权要求其补充或更正。

2．网络用户不能做什么

网络不是法外之地。网络攻击、网络诈骗、网络虚假信息是违法，同样网络上的任何文字、图片、声音都可以作为证据，都可以作为判断是否违法的数据源。法律是一种约束，国家在保障用户基本上网权利的同时，用了很多限定字来约束用户，要求用户必修履行的义务。

《网络安全法》第十二条规定，在享受上网权利的同时，任何个人和组织使用网络应当遵守宪法法律，遵守公共秩序，尊重社会公德，不得危害网络安全，不得利用网络从事危害国家安全、荣誉和利益，煽动颠覆国家政权、推翻社会主义制度，煽动分裂国家、破坏国家统一，宣扬恐怖主义、极端主义，宣扬民族仇恨、民族歧视，传播暴力、淫秽色情信息，编造、传播虚假信息扰乱经济秩序和社会秩序，以及侵害他人名誉、隐私、知识产权和其他合法权益等活动。

《网络安全法》第二十七条规定，任何个人和组织不得从事非法侵入他人网络、干扰他人网络正常功能、窃取网络数据等危害网络安全的活动；不得提供专门用于从事侵入网络、干扰网络正常功能及防护措施、窃取网络数据等危害网络安全活动的程序、工具；明知他人从事危害网络安全的活动的，不得为其提供技术支持、广告推广、支付结算等帮助。

《网络安全法》第四十八条规定，任何个人和组织发送的电子信息、提供的应用软件，不得设置恶意程序，不得含有法律、行政法规禁止发布或者传输的信息。

如果是依法负有网络安全监督管理职责的部门工作人员，还必须对在履行职责中知悉的个人信息、隐私和商业秘密严格保密，不得泄露、出售或者非法向他人提供。

网络义务是约束，违反就是违法，要受到法律的制裁。公民、法人和其他组织一定要增强网民网络安全意识，从源头上切断网络违法行为，否则要受到《网络安全法》的处罚。

3. 个人信息保护

个人信息保护立法的目的在于保护具有使用价值的个人信息，而不是所有的个人数据。因此，《网络安全法》对"网络数据"和"个人信息"的含义进行了文意解释："网络数据，是指通过网络收集、存储、传输、处理和产生的各种电子数据"；"个人信息，是指以电子或者其他方式记录的能够单独或者与其他信息结合识别自然人个人身份的各种信息，包括但不限于自然人的姓名、出生日期、身份证件号码、个人生物识别信息、住址、电话号码等。"

个人信息权和个人隐私权的关系。隐私是与公共利益、群众利益无关，为当事人不愿意他人知道或他人不便制度的私人信息，当事人不愿意他人干涉或他人不便干涉的私人活动，当事人不愿意他人侵入或者他人不便侵入的私人空间。

未来网上聊天记录、邮件往来等都可以作为证据进行留存取证，网络纠纷和安全问题更便于追溯。这对网民网上消费生活信心的极大提升，意味着以后涉及互联网领域的官司可能越来越好打了。

《网络安全法》以法律形式明确了"网络实名制"。这给遏制如今网络谣言肆意传播、网络暴力泛滥等乱象，提供了法治基础。"前台匿名、后台实名"的原则也充分保护个人隐私，如个人上网发帖子照样可以匿名或用网名，只是在涉及执法时后台能追踪调查到个人。

为了便于量刑，加大个人信息保护力度，《最高人民法院、最高人民检察院关于办理侵犯公民个人信息刑事案件适用法律若干问题的解释》于 2017 年 6 月 1 日起施行。司法解释明确，向特定人提供公民个人信息，以及通过信息网络或者其他途径发布公民个人信息的，应当认定为刑法规定的"提供公民个人信息"；非法获取、出售或者提供行踪轨迹信息、通信内容、征信信息、财产信息等个人信息五十条以上的，即构成犯罪，处三年以下有期徒刑或者拘役，并处或者单处罚金。

3.5 网络运营者角度

网络运营者是指网络的所有者、管理者和网络服务提供者。"网络运营者"包含三类主体，即网络的所有者、网络的管理者以及网络服务提供者。《网络安全法》对于"网络运营者"这一概念只规定内涵而对其外延采用开放的描述方式，似乎是一种更聪明也是更合乎时宜的做法。但正因为这一合乎时宜的做法导致了大家对于这一概念的解读特别是对于"网络运营者"的范围产生了分歧。

根据《网络安全法》对网络的定义，可以理解网络即指基于终端、设备等硬件而建立起来的信息系统。网络所有者、网络管理者是指前述信息系统的所有者和管理者，如移动、联通、电信等基础电信网络的所有者和管理者。网络服务提供者指的则是依托网络这个信息系统的各类服务提供者，网络服务包括了网络信息服务、网络接入服务以及其他网络服务。《互联网信息服务管理办法》指出互联网信息服务分为经营性和非经营性两类。国家对经营性互联网信息服务实行许可制度（一般称为 ICP 许可），对非经营性互联网信息服务实行备案制度（一般称为 ICP 备案）。未取得许可或者未履行备案手续的，不得从事互联网信息服务。

根据《电信业务分类目录（2015 年版）》的规定，像电商这类提供经营性互联网信息服务的，需要获得通信管理部门的《中华人民共和国电信与信息服务业务经营许可证》才能开展经营，非经营性互联网信息服务实行备案制度，在所有国内合法的网站上都能在网页的最底端找到ICP备案号码，也就是说，在国内开设网站实际上就是在提供非经营性的互联网信息服务，就是在提供互联网信息服务。"网络信息服务"是网络服务的子概念，网络信息服务的提供者也是网络服务的提供者。

3.5.1 承担社会责任

在《网络安全法》中，网络运营者的责任与义务受到了前所未有的重视和强化。从篇幅上看，全文法条共计七十九条，其中有三十四条内容涉及网络运营者或者与其相关；从法律责任确认上看，总计十七条法条中有九条属于明确网络运营者法律责任的法律条款。《网络安全法》对网络运营者给予严格的法律约束，将更大程度保证网络运营者摆正运营思路、履行自身义务，达到促进网络空间安全稳定的目的。

网络运营者开展经营和服务活动，必须遵守法律、行政法规，尊重社会公德，遵守商业道德，诚实信用，履行网络安全保护义务，接受政府和社会的监督，承担社会责任。

同时，在《网络安全法》中可以看到网络运营者具有双重身份：一是市场主体，与网络用户是平等主体间的民事合同关系；二是担任重要的监管职能（对用户发布的信息进行管理，发现非法传输信息的，不但采取相应措施，而且要向有关主管部门报告）。原因在于技术壁垒给监管部门带来挑战，用户保护自身权利的能力有限。尽管双重身份觉得地位更高，但责任和权利义务更复杂。

3.5.2 网络安全的责任主体

新颁布的《网络安全法》在第七十六条中明确给出定义，"网络运营者包括网络的所有者、管理者和网络服务的提供者。"法律明确了网络运营者不仅包括提供网络服务的运营商，也包括网络设施的所有方和管理方。网络的所有者，确定的是网络及其设施的所有权归属一方；管理者，指网络及其设施的行政管理者；网络服务提供者，指网络电信服务商和网络运行维护的一方。例如，在政府和企事业单位的网络运营中，不仅由代管网络设施运行的相关公司和个人承担网络安全责任，政府和相关企事业单位同样承担网络安全责任。

国家、网络运营者、网络用户是《网络安全法》主要涉及的三方权利主体，其中网络运营者是网络空间形成和运行的核心主体，是连接国家和网络用户的关键节点。网络运营者在信息网络传播活动中具有极其重要的作用和地位，对网络安全维护有着不同于国家和普通网络用户的主体责任。只有网络运营者积极做好网络安全的维护工作，才能保证我国信息网络空间的健康发展。

3.5.3 做好网络安全运行工作

1. 严格执行网络安全等级保护制度

网络运营者应当按照网络安全等级保护制度的要求，履行下列安全保护义务，保障网络免受干扰、破坏或者未经授权的访问，防止网络数据泄露或者被窃取、篡改：

（一）制定内部安全管理制度和操作规程，确定网络安全负责人，落实网络安全保护责任；

（二）采取防范计算机病毒和网络攻击、网络侵入等危害网络安全行为的技术措施；

（三）采取监测、记录网络运行状态、网络安全事件的技术措施，并按照规定留存相关的网络日志不少于六个月；

（四）采取数据分类、重要数据备份和加密等措施；

（五）法律、行政法规规定的其他义务。

2．实名制用户服务机制

网络运营者为用户办理网络接入、域名注册服务，办理固定电话、移动电话等入网手续，或者为用户提供信息发布、即时通信等服务，在与用户签订协议或者确认提供服务时，应要求用户提供真实身份信息。用户不提供真实身份信息的，网络运营者不得为其提供相关服务。

为了从全局角度配合实名制的推广，国家实施网络可信身份战略，支持研究开发安全、方便的电子身份认证技术，推动不同电子身份认证之间的互认。

3．做好网络安全事件应急处置

网络运营者应当制定网络安全事件应急预案，及时处置系统漏洞、计算机病毒、网络攻击、网络侵入等安全风险；在发生危害网络安全的事件时，立即启动应急预案，采取相应的补救措施，并按照规定向有关主管部门报告。

建议网络运营者，通过部署网站和系统漏洞监测、扫描类的产品或服务，及时发现漏洞，并在第一时间通过升级补丁或完善应用系统来补救。

4．做好合法的侦查协助工作

网络运营者应当为公安机关、国家安全机关依法维护国家安全和侦查犯罪的活动提供技术支持和协助。

如果公安机关需要，网络运营者有义务提供采集的用户数据和网络数据。由侦查人员自己进行侦查取证是获取犯罪证据的最佳方式。但是在涉及计算机犯罪时，由侦查人员单独进行网络犯罪的侦查取证通常是不可能的。网络犯罪的高科技性以及网络技术的日新月异要求网络犯罪侦查必须有高超的网络技术作基础，侦查人员不可能对网络技术样样精通。因此，侦查人员在进行网络犯罪侦查时，需要由存储计算机数据的个人或者网络服务商提供技术协助，才能完成网络犯罪的侦查取证工作。

3.5.4 做好个人信息保护

《网络安全法》规定，网络运营商应当建立健全用户信息保护制度，收集、使用个人信息必须符合合法、正当、必要的原则，目的明确的原则，知情同意的原则等，同时规定了网络运营商应遵守对收集信息的安全保密原则、公民信息境内存放原则、泄露报告制度等。对于关键信息基础设施运营者，要求其遵守公民信息境内存放原则，确需向境外提供的信息，应进行相应的安全评估。对于网络产品、服务的提供者，要求其收集个人信息时应向用户明示并取得同意，还要遵守相关公民个人信息保护的规定。以上规定进一步规范了网络运营商、关键信息基础设施运营者、网络产品、服务的提供者等相关信息采集主体必须履行的法律责任，明确了个人信息的使用权边界，有助于从源头上遏制非法使用个人信息的行为。

《网络安全法》规定，公民发现网络运营者违反法律、行政法规的规定或者双方的约定收集、使用其个人信息的，有权要求网络运营者删除其个人信息；发现网络运营者收集、存储的其个人信息有错误的，有权要求网络运营者予以更正。通过引入了删除权和更正制度，进一步提高了个人对隐私信息的管控程度。

《网络安全法》明确了对侵害公民个人信息行为的惩处措施。网络运营者、网络产品或服务提供者以及关键信息基础设施运营者如未能依法保护公民个人信息，最高可被处以五十万元罚款，甚至面临停业整顿、关闭网站、撤销相关业务许可或吊销营业执照的处罚，直接负责的主管人员和其他直接责任人员也会被处以最高十万元的罚款。

《网络安全法》客观上增加了相关运营单位发生信息安全事件的成本。相关运营单位在发生或者可能发生信息泄露、毁损、丢失的情况时，应当立即采取补救措施，告知可能受到影响的用户，并按照规定向有关主管部门报告。由于通知会产生很高的成本，发生泄露问题也会对企业声誉产生极大影响，这就倒逼企业必须提高信息保护能力，确保不会出现用户个人信息的泄露。

需要阐明的一个问题是：公民信息需要保护，不能随意泄露、出卖，但是是否需要完全禁止个人信息的买卖？

对此，《网络安全法》的说法是，不得非法出售或者非法向第三人提供个人信息。我国之前在《关于加强网络信息保护的决定》中在出售个人信息问题上的表述是，"不得出售"个人信息；《网络安全法》"不得出售"中加了"非法"二字。两字之差也意味着，网络运营者出售、提供个人信息的行为不是完全被禁止的，非法出售、提供个人信息的行为才是被禁止的，网络运营者合法出售、提供个人信息的行为则是合法的。《网络安全法》一方面对网络运营者保护个人信息给出强制性要求，另一方面对个人信息的合理化使用让出空间，促进信息社会的数据共享，推动网络信息产业的快速发展。

3.5.5 违法信息传播的阻断

《网络安全法》第四十七条规定：网络运营者应当加强对其用户发布的信息的管理，发现法律、行政法规禁止发布或者传输的信息的，应当立即停止传输该信息，采取消除等处置措施，防止信息扩散，保存有关记录，并向有关主管部门报告。

本款对网络运营者从法律上讲是义务，但是从内容上讲更像是一种权力。网络运营者的责任，会对网络运营者和网络用户之间的关系产生影响，这就迫使网络运营者成为实际上的执法主体。但是网络运营者本身并不具备执法资质和能力，只是具有一定的技术手段。如果对违法信息判断错误，会出现违法和侵权。

3.5.6 网络经营者可能涉及的具体罪名

《网络安全法》第二十七条规定，"任何个人和组织不得从事非法侵入他人网络、干扰他人网络正常功能、窃取网络数据等危害网络安全的活动；不得提供专门用于从事侵入网络、干扰网络正常功能及防护措施、窃取网络数据等危害网络安全活动的程序、工具；明知他人从事危害网络安全的活动的，不得为其提供技术支持、广告推广、支付结算等帮助。"

《网络安全法》第四十四条规定，"任何个人和组织不得窃取或者以其他非法方式获取个人信息，不得非法出售或者非法向他人提供个人信息。"

《网络安全法》第四十五条规定，"依法负有网络安全监督管理职责的部门及其工作人员，必须对在履行职责中知悉的个人信息、隐私和商业秘密严格保密，不得泄露、出售或者非法向他人提供。"

《网络安全法》第四十六条规定，"任何个人和组织应当对其使用网络的行为负责，不得设立用于实施诈骗，传授犯罪方法，制作或者销售违禁物品、管制物品等违法犯罪活动的网站、通讯群组，不得利用网络发布涉及实施诈骗，制作或者销售违禁物品、管制物品以及其他违法犯罪活动的信息。"

通过分析《网络安全法》，网络运营者可能涉及12种犯罪。

1．侵犯公民个人信息罪

本罪规定于现行刑法第二百五十三条之一，单位或个人皆可犯此罪，网络经营者涉嫌此罪是指具有"违反国家有关规定，向他人出售或者提供公民个人信息，情节严重的"或"窃取或者以其他方法非法获取公民个人信息的"行为，"履行职责或者提供服务过程中"犯此罪的，"从重处罚"。

在大数据时代大背景下，涉嫌此罪的案件会层出不穷。

2．侵犯商业秘密罪

本罪规定于现行刑法第二百一十九条，单位或个人皆可犯此罪，网络经营者涉嫌此罪最可能是"以盗窃、或者其他不正当手段获取权利人的商业秘密"或"披露、使用或者允许他人使用以前项手段获取的权利人的商业秘密"给"商业秘密的权利人造成重大损失的"行为。

3．非法侵入计算机信息系统罪

本罪规定于现行刑法第二百八十五条，单位或个人皆可犯此罪，网络经营者涉嫌此罪是指具有"侵入国家事务、国防建设、尖端科学技术领域的计算机信息系统的"行为。

4．非法获取计算机信息系统数据、非法控制计算机信息系统罪

本罪同样规定于现行刑法第二百八十五条，单位或个人皆可犯此罪，网络经营者涉嫌此罪是指"非法侵入计算机信息系统罪"之外，侵入其他的"计算机信息系统或者采用其他技术手段，获取该计算机信息系统中存储、处理或者传输的数据，或者对该计算机信息系统实施非法控制，情节严重的"行为。

5．提供侵入、非法控制计算机信息系统程序、工具罪

本罪同样规定于现行刑法第二百八十五条，单位或个人皆可犯此罪，网络经营者涉嫌此罪是指"提供专门用于侵入、非法控制计算机信息系统的程序、工具，或者明知他人实施侵入、非法控制计算机信息系统的违法犯罪行为而为其提供程序、工具，情节严重的"行为。

6．破坏计算机信息系统罪

本罪规定于现行刑法第二百八十六条，单位或个人皆可犯此罪，网络经营者涉嫌此罪是指"对计算机信息系统功能进行删除、修改、增加、干扰，造成计算机信息系统不能正常运行"或"对计算机信息系统中存储、处理或者传输的数据和应用程序进行删除、修改、增加的操作"后果严重的行为。

7. 网络服务渎职罪

本罪同样规定于现行刑法第二百八十六条，单位或个人皆可犯此罪，网络经营者涉嫌此罪是指"故意制作、传播计算机病毒等破坏性程序，影响计算机系统正常运行，后果严重的"行为。

8. 拒不履行信息网络安全管理义务罪

本罪规定于现行刑法第二百八十六条之一，单位或个人皆可犯此罪，是指网络服务提供者"不履行法律、行政法规规定的信息网络安全管理义务，经监管部门责令采取改正措施而拒不改正"，"致使违法信息大量传播的"或"致使用户信息泄露，造成严重后果的"或"致使刑事案件证据灭失，情节严重的"或"有其他严重情节的"行为。

9. 非法利用信息网络罪

本罪规定于现行刑法第二百八十七条之一，单位或个人皆可犯此罪，网络经营者涉嫌此罪是指具有下列"情节严重的"行为之一的"利用信息网络实施，（一）设立用于实施诈骗、传授犯罪方法、制作或者销售违禁物品、管制物品等违法犯罪活动的网站、通讯群组的；（二）发布有关制作或者销售毒品、枪支、淫秽物品等违禁物品、管制物品或者其他违法犯罪信息的；（三）为实施诈骗等违法犯罪活动发布信息的。"

10. 帮助信息网络犯罪活动罪

本罪规定于现行刑法第二百八十七条之二，单位或个人皆可犯此罪，网络经营者涉嫌此罪是指具有"明知他人利用信息网络实施犯罪，为其犯罪提供互联网接入、服务器托管、网络存储、通信传输等技术支持，或者提供广告推广、支付结算等帮助，情节严重的"行为。

11. 诈骗罪

本罪规定于现行刑法第二百六十六条，网络经营者涉嫌此罪是指具有"利用电信网络技术手段实施诈骗，诈骗公私财物价值三千元以上"的行为。如前所述，按照最新《意见》，网络经营者因不当行为可能被认定为本罪的共犯，并在罪名竞合时择重处罚。

12. 滥用职权罪、玩忽职守罪、徇私舞弊罪

这三类罪规定于现行刑法第三百九十七条，是指负有网络管理职责的"国家机关工作人员滥用职权或者玩忽职守"或者"徇私舞弊"，"致使公共财产、国家和人民利益遭受重大损失的"行为。

3.6　网络产品和安全服务提供者角度

《网络安全法》规定了网络产品和安全服务提供者的安全义务、个人信息保护义务、网络关键设备和网络安全专用产品的安全认证和安全检测制度、网络安全服务活动规范。

3.6.1　服务要符合国标的强制性要求

1. 约束要求

《网络安全法》第二十二条规定，网络产品、服务应当符合相关国家标准的强制性要求。

网络产品、服务的提供者不得设置恶意程序；发现其网络产品、服务存在安全缺陷、漏洞等风险时，应当立即采取补救措施，按照规定及时告知用户并向有关主管部门报告。同时，进一步约束网络产品、服务的提供者应当为其产品、服务持续提供安全维护；在规定或者当事人约定的期限内，不得终止提供安全维护。

网络产品、服务具有收集用户信息功能的，其提供者应当向用户明示并取得同意；涉及用户个人信息的，还应当遵守本法和有关法律、行政法规关于个人信息保护的规定。

特别强调不得设置恶意程序，执行双告知特别是要向有关主管部门报告，不得随意终止提供安全服务。这里还提出了对用户信息收集的相关要求，具体用户信息的含义，请参考前面的重要概念中的解释。

2. 法律责任

《网络安全法》第六十条规定，违反本法第二十二条第一款、第二款和第四十八条第一款规定，有下列行为之一的，由有关主管部门责令改正，给予警告；拒不改正或者导致危害网络安全等后果的，处五万元以上五十万元以下罚款，对直接负责的主管人员处一万元以上十万元以下罚款：

（一）设置恶意程序的；

（二）对其产品、服务存在的安全缺陷、漏洞等风险未立即采取补救措施，或者未按照规定及时告知用户并向有关主管部门报告的；

（三）擅自终止为其产品、服务提供安全维护的。

《网络安全法》第六十四条规定，网络运营者、网络产品或者服务的提供者违反本法第二十二条第三款、第四十一条至第四十三条规定，侵害个人信息依法得到保护的权利的，由有关主管部门责令改正，可以根据情节单处或者并处警告、没收违法所得、处违法所得一倍以上十倍以下罚款，没有违法所得的，处一百万元以下罚款，对直接负责的主管人员和其他直接责任人员处一万元以上十万元以下罚款；情节严重的，并可以责令暂停相关业务、停业整顿、关闭网站、吊销相关业务许可证或者吊销营业执照。

违反本法第四十四条规定，窃取或者以其他非法方式获取、非法出售或者非法向他人提供个人信息，尚不构成犯罪的，由公安机关没收违法所得，并处违法所得一倍以上十倍以下罚款，没有违法所得的，处一百万元以下罚款。

3.6.2 产品销售许可制度

《网络安全法》第二十三条规定，网络关键设备和网络安全专用产品应当按照相关国家标准的强制性要求，由具备资格的机构安全认证合格或者安全检测符合要求后，方可销售或者提供。国家网信部门会同国务院有关部门制定、公布网络关键设备和网络安全专用产品目录，并推动安全认证和安全检测结果互认，避免重复认证、检测。

也就是说，网络产品和安全服务提供者所提供的产品必修经过许可。产品销售许可制度的实施，主要是公安部的计算机信息系统安全专用产品销售许可证，和工信部的电信产品进网许可证；另一个重点是国家会陆续分批次出台网络关键设备和网络安全专用产品目录，该项工作有网信部门负责。今后核心关键在于如何避免重复认证、检测，变相检测，一个产品涉及多部门多名目的认证检测等问题。

3.6.3 限制发布网络安全信息

1．约束要求

《网络安全法》第二十六条规定，开展网络安全认证、检测、风险评估等活动，向社会发布系统漏洞、计算机病毒、网络攻击、网络侵入等网络安全信息，应当遵守国家有关规定。

本条款的核心是网络产品和安全服务提供者，即第三方安全服务要守法；特别提到发布系统漏洞、病毒和攻击、侵入安全信息的，要遵守国家规定（具体规定未来一定会出台）。提供安全服务的厂商要关注这一条款，避免出现类似停业整顿这样的悲剧。

2．法律责任

《网络安全法》第六十二条规定，违反本法第二十六条规定，开展网络安全认证、检测、风险评估等活动，或者向社会发布系统漏洞、计算机病毒、网络攻击、网络侵入等网络安全信息的，由有关主管部门责令改正，给予警告；拒不改正或者情节严重的，处一万元以上十万元以下罚款，并可以由有关主管部门责令暂停相关业务、停业整顿、关闭网站、吊销相关业务许可证或者吊销营业执照，对直接负责的主管人员和其他直接责任人员处五千元以上五万元以下罚款。

3.6.4 禁止网络犯罪和支持协助犯罪

1．约束要求

《网络安全法》第二十七条规定，任何个人和组织不得从事非法侵入他人网络、干扰他人网络正常功能、窃取网络数据等危害网络安全的活动；不得提供专门用于从事侵入网络、干扰网络正常功能及防护措施、窃取网络数据等危害网络安全活动的程序、工具；明知他人从事危害网络安全的活动的，不得为其提供技术支持、广告推广、支付结算等帮助。

本条款规定了网络产品和服务商需要履行的义务之一，核心是禁止网络犯罪和支持协助犯罪。安全产品商和服务商一定要自律。

2．法律责任

《网络安全法》第六十三条规定，违反本法第二十七条规定，从事危害网络安全的活动，或者提供专门用于从事危害网络安全活动的程序、工具，或者为他人从事危害网络安全的活动提供技术支持、广告推广、支付结算等帮助，尚不构成犯罪的，由公安机关没收违法所得，处五日以下拘留，可以并处五万元以上五十万元以下罚款；情节较重的，处五日以上十五日以下拘留，可以并处十万元以上一百万元以下罚款。

单位有前款行为的，由公安机关没收违法所得，处十万元以上一百万元以下罚款，并对直接负责的主管人员和其他直接责任人员依照前款规定处罚。

3.6.5 安全服务人员行业准入制度

《网络安全法》第七十一条规定，有本法规定的违法行为的，依照有关法律、行政法规的规定记入信用档案，并予以公示。第七十四条规定，违反本法规定，给他人造成损害的，依法承担民事责任。违反本法规定，构成违反治安管理行为的，依法给予治安管理处罚；构成犯罪的，依法追究刑事责任。

对违反本法第二十七条规定，受到治安管理处罚的人员，五年内不得从事网络安全管理和网络运营关键岗位的工作；受到刑事处罚的人员，终身不得从事网络安全管理和网络运营关键岗位的工作。

3.7 关键信息基础设施运营者角度

《网络安全法》第三章"网络运行安全"的第二节为"关键信息基础设施的运行安全"，首次明确规定了关键信息基础设施的定义和具体保护措施。这些规定贯彻了习近平总书记的重要讲话精神和《国家安全法》的相关重要规定，对于切实维护我国网络空间主权与网络空间安全具有重大而深远的意义。

习近平总书记明确指出，"金融、能源、电力、通信、交通等领域的关键信息基础设施是经济社会运行的神经中枢，是网络安全的重中之重，也是可能遭到重点攻击的目标"。这些基础设施一旦被攻击，可能导致交通中断、金融紊乱、电力瘫痪等问题，具有很大的破坏性和杀伤力。从世界范围来看，各个国家网络安全立法的核心就是保护关键基础设施。

3.7.1 关键基础设施的范围

关键信息基础设施安全防护关乎国计民生。关键信息基础设施的安全保护已上升至国家战略高度。近年来，关键基础设施领域已然成网络攻击重灾区，尤其是金融、交通、能源行业。"震网"病毒作为第一个专门定向攻击关键基础设施的病毒已作为教科书般的案例，让关键基础设施的安全问题成为全球瞩目的焦点。

关键信息基础设施是指面向公众提供的网络信息服务或支撑能源、交通、水利、金融、公共服务、电子政务、公用事业等重要行业和领域以及其他一旦遭到破坏、丧失功能或者数据泄露，可能严重危害国家安全、国计民生、公共利益的关键信息基础设施。

"关键信息基础设施"是指"一旦遭到破坏、丧失功能或者数据泄露，可能严重危害国家安全、国计民生、公共利益的"信息基础设施。这一定义明确了关键信息基础设施的"关键"就是指事关国家安全、国计民生和公共利益，将关键信息基础设施保护提升到维护国家安全和公共安全的高度，与习近平总书记所强调的关键信息基础设施是"经济社会运行神经中枢"论断相符合，也符合世界各国从国家安全高度保护关键基础设施的通行做法。这既突出了保护重点，避免将过多信息系统纳入监管而增加某些主体负担，也有利于统筹安排关键信息基础设施保护的立法体系。

依据《关键信息基础设施安全保护条例（征求意见稿）》，关键信息基础设施保护范围界定如下：

（一）政府机关和能源、金融、交通、水利、卫生医疗、教育、社保、环境保护、公用事业等行业领域的单位；

（二）电信网、广播电视网、互联网等信息网络，以及提供云计算、大数据和其他大型公共信息网络服务的单位；

（三）国防科工、大型装备、化工、食品药品等行业领域科研生产单位；

（四）广播电台、电视台、通讯社等新闻单位；
（五）其他重点单位。

3.7.2 具有中国特色的网络安全管理机制

特色的网络安全管理机制主要表现为如下三方面。一是在《国家安全法》确立的信息网络产品与服务的国家安全审查制度基础上，进一步提出了关键信息基础设施运营者采购网络产品和服务的网络安全审查制度；二是确立了关键信息基础设施的重要数据跨境安全评估制度；三是确立在网络安全等级保护制度的基础上，实行关键信息基础设施的重点保护。

在主管部门职责方面，明确规定负责关键信息基础设施安全保护工作的部门，要按照国务院规定的职责分工，分别编制并组织实施本行业、本领域的关键信息基础设施安全规划，指导和监督关键信息基础设施运行安全保护工作。这既明确了相关主管部门要在职权范围内切实履行保护关键信息基础设施的职责，也规定了分行业、分领域制定专门保护规划的基本工作方法。

3.7.3 严格的日常安全保护义务

在日常安全维护方面，关键信息基础设施运营者既要遵循网络安全等级保护制度对一般信息系统的安全要求，也要履行更严格的安全保护义务。

《网络安全法》第三十四条规定，除本法第二十一条的规定外，关键信息基础设施的运营者还应当履行下列安全保护义务：

（一）设置专门安全管理机构和安全管理负责人，并对该负责人和关键岗位的人员进行安全背景审查；
（二）定期对从业人员进行网络安全教育、技术培训和技能考核；
（三）对重要系统和数据库进行容灾备份；
（四）制定网络安全事件应急预案，并定期进行演练；
（五）法律、行政法规规定的其他义务。

第二十一条是指国家实行网络安全等级保护制度。网络运营者应当按照网络安全等级保护制度的要求，履行下列安全保护义务，保障网络免受干扰、破坏或者未经授权的访问，防止网络数据泄露或者被窃取、篡改：

（一）制定内部安全管理制度和操作规程，确定网络安全负责人，落实网络安全保护责任；
（二）采取防范计算机病毒和网络攻击、网络侵入等危害网络安全行为的技术措施；
（三）采取监测、记录网络运行状态、网络安全事件的技术措施，并按照规定留存相关的网络日志不少于六个月；
（四）采取数据分类、重要数据备份和加密等措施；
（五）法律、行政法规规定的其他义务。

实行网络安全等级保护制度主要包括：制定内部安全管理制度和操作规程，采取预防性技术措施，监测网络运行状态并留存网络日志以及重要数据备份和加密等。安全保护义务包括对"人"的安全义务和对"系统"的安全义务两方面：对"人"的安全义务包括设置专门的管理机构和负责人、对负责人和关键岗位人员进行安全背景审查、定期对从业人员进行教育培训和技能考核；对"系统"的安全义务包括对重要系统和数据库进行容灾备份、制定网络安全事件应急预案并定期组织演练等。

第三十八条规定了对于关键信息基础设施整体安全性和可能存在的风险，还规定了定期检测评估制度。关键信息基础设施的运营者应当自行或者委托网络安全服务机构对其网络的安全性和可能存在的风险每年至少进行一次检测评估，并将检测评估情况和改进措施报送相关负责关键信息基础设施安全保护工作的部门。

关键信息基础设施的运营者不履行本法第三十四条、第三十八条规定的网络日常安全保护义务的，由有关主管部门责令改正，给予警告；拒不改正或者导致危害网络安全等后果的，处十万元以上一百万元以下罚款，对直接负责的主管人员处一万元以上十万元以下罚款。

3.7.4 特殊的安全保障义务

鉴于关键信息基础设施的重要性，对于其供应链安全和数据留存传输作出了特殊规定。

第三十五条规定，关键信息基础设施的运营者采购网络产品和服务，可能影响国家安全的，应当通过国家网信部门会同国务院有关部门组织的国家安全审查。

第三十六条规定，关键信息基础设施的运营者采购网络产品和服务，应当按照规定与提供者签订安全保密协议，明确安全和保密义务与责任。

规定关键信息基础设施的运营者采购网络产品和服务，可能影响国家安全的，这些网络产品和服务应当通过国家安全审查。国家安全审查属于《国家安全法》第五十九条规定建立的国家安全审查制度的一部分，属于对影响或者可能影响国家安全的"网络信息技术产品和服务"的审查。国家安全审查由国家网信部门会同国务院有关部门组织实施。此外，采购这些网络产品和服务时，关键信息基础设施运营者应当与提供者签订安全保密协议，明确安全和保密义务与责任。

第三十七条规定，关键信息基础设施的运营者在中华人民共和国境内运营中收集和产生的个人信息和重要数据应当在境内存储。因业务需要，确需向境外提供的，应当按照国家网信部门会同国务院有关部门制定的办法进行安全评估；法律、行政法规另有规定的，依照其规定。

如果在特殊安全保障义务方面没有做到，则需要承担法律责任。

关键信息基础设施的运营者不履行本法第三十六条规定的网络安全保护义务的，由有关主管部门责令改正，给予警告；拒不改正或者导致危害网络安全等后果的，处十万元以上一百万元以下罚款，对直接负责的主管人员处一万元以上十万元以下罚款。

关键信息基础设施的运营者违反本法第三十五条规定，使用未经安全审查或者安全审查未通过的网络产品或者服务的，由有关主管部门责令停止使用，处采购金额一倍以上十倍以下罚款；对直接负责的主管人员和其他直接责任人员处一万元以上十万元以下罚款。

关键信息基础设施的运营者违反本法第三十七条规定，在境外存储网络数据或者向境外提供网络数据的，由有关主管部门责令改正，给予警告，没收违法所得，处五万元以上五十万元以下罚款，并可以责令暂停相关业务、停业整顿、关闭网站、吊销相关业务许可证或者吊销营业执照；对直接负责的主管人员和其他直接责任人员处一万元以上十万元以下罚款。

3.7.5 重点行业需要关注的十项重点工作

1. 网络安全等级保护制度

《网络安全法》第二十一条确定，实施网络安全等级保护制度，从国家制度上升为国家法律。第三十一条要求，对可能严重危害国家安全、国计民生、公共利益的关键信息基础设施，在网络安全等级保护制度的基础上，实行重点保护。

2. 网络建设三同步原则

《网络安全法》第三十三条规定，建设关键信息基础设施应当确保其具有支持业务稳定、持续运行的性能，并保证安全技术措施同步规划、同步建设、同步使用。

建议从项目立项、安全需求、安全设计、安全开发、安全测试、系统上线、系统验收、系统废止全生命周期落实三原则。

3. 网络安全事件应急预案，并定期组织演练

应急预案应覆盖所有网络安全场景，对相关人员开展应急预案培训。结合发生的安全事件和面临的安全风险，制定符合自身组织架构的网络安全应急预案，同时，预案中明确内部及业务部门的应急响应责任，准备措施以及应对突发事件的配合机制，并组织演练。

4. 建立健全网络安全监测预警和信息通报制度

充分利用大数据分析和云计算技术，开展资产感知、脆弱性感知、安全事件感知和异常行为感知工作。加强网络安全信息的合作、分享，提高保障能力，建立分析报告和情报共享、研判处置和通报应急工作机制。一定要坚决杜绝心存侥幸、瞒报、少报安全事件的发生。

5. 数据主权工作

根据国家网络空间主权原则，可依法对境外个人或组织对我国境内的网络破环活动行使司法管辖权，即具有域外的效力。

《网络安全法》第七十五条特别规定，"境外的个人或者组织从事攻击、侵入、干扰、破坏等危害中华人民共和国的关键信息基础设施的活动，造成严重后果的，依法追究法律责任；国务院公安部门和有关部门并可以决定对该个人或者组织采取冻结财产或者其他必要的制裁措施。"

6. 落实安全审查制度

对可能影响国家安全的，应当通过国家网信部门会同国务院有关部门组织的国家安全审查。同时，应当按照规定与提供者签订安全保密协议，明确安全和保密义务与责任。

安全产品或服务采用强制性标准要求，并通过具备资格的机构安全认证合格或者安全检测符合要求。

7. 开展内部审计

《网络安全法》规定，重要行业要主动开展审计工作，否则会受到处罚。

不采用三同步、不履行义务、不签署安全保密协议、不开展风险评估，对主管部门处十万元以上一百万元以下罚款，对直接负责的主管人员处一万元以上十万元以下罚款。

使用未经安全审查或者安全审查未通过的网络产品或者服务的，由有关主管部门责令停止使用，处采购金额一倍以上十倍以下罚款；对直接负责的主管人员和其他直接责任人员处一万元以上十万元以下罚款。

在境外存储网络数据，或者向境外提供网络数据的，由有关主管部门责令改正，给予警告，没收违法所得，处五万元以上五十万元以下罚款，并可以责令暂停相关业务、停业整顿、关闭网站、吊销相关业务许可证或者吊销营业执照；对直接负责的主管人员和其他直接责任人员处一万元以上十万元以下罚款。

8．建立实施关键信息基础设施保护制度

制度要坚持技术和管理并重、保护和震慑并举的原则。技术要覆盖安全识别、防护、检测、预警、响应、处置、恢复等环节。行业部门需要在管理、技术、人才、资金等方面加大投入。

9．个人信息安全

重要行业邀请确保其收集的个人信息安全，防止信息泄露、毁损、丢失。

对于个人信息收集或使用环节应以明确、易懂和合理的方式如实公示其收集或使用个人信息的目的、个人信息的收集和使用范围、个人信息安全保护措施等信息，接受公共监督。

在个人信息保护制度实施过程中，要做好审计、权限分配和访问控制，避免因内部工作人员借职权便利，违规查询或批量下载客户个人信息和交易记录。

10．工业控制系统、大数据、云平台、物联网等新技术网络安全

随着技术的发展，行业部门在大数据平台、"互联网+"创新应用、数据中心方面有需求。同时，以生产控制系统为主导的工业控制系统是重中之重，不容忽视。

第 4 章 《网络安全法》配套法律法规

为了配合《网络安全法》的贯彻执行，国家先后出台系列法律法规，共同构筑网络安全基本大法体系。截至 2017 年 6 月，《网络产品和服务安全审查办法（试行）》、《互联网新闻信息服务管理规定》、《互联网新闻信息服务许可管理实施细则》、《互联网信息内容管理行政执法程序规定》、《关键信息基础设施安全保护条例(征求意见稿)》、《网络关键设备和网络安全专用产品目录（第一批）》、《最高人民法院、最高人民检察院关于办理侵犯公民个人信息刑事案件适用法律若干问题的解释》和《互联网论坛社区服务管理规定》等相继出台。

4.1 个人信息和重要数据出境安全评估办法

《网络安全法》第三十七条规定，"关键信息基础设施的运营者在中华人民共和国境内运营中收集和产生的个人信息和重要数据应当在境内存储。因业务需要，确需向境外提供的，应当按照国家网信部门会同国务院有关部门制定的办法进行安全评估。"国家高度重视数据出境引发的流动性安全问题，已经将数据出境安全作为一项核心内容，纳入国家网络安全整体框架中予以考虑，并通过立法的形式为数据出境管理奠定了坚实的法律基础。

2017 年 4 月 11 日，国家互联网信息办公室颁布了《个人信息和重要数据出境安全评估办法（征求意见稿）》（如没有歧义，以下简称《办法》）。考虑到中国立法程序的基本规律，意见稿的结构和大部分内容将会在正式法案中得以保留。《办法》是与法律条文相配套的数据出境安全评估办法，既是对网络安全法的一种延伸，又对网络安全法进行了相应的补充。

4.1.1 基本概念

《办法》明确规定，网络运营者在中华人民共和国境内运营中收集和产生的个人信息和重要数据，应当在境内存储。因业务需要，确需向境外提供的，应当进行安全评估。也就是说，如果办法实施，交通导航、电子商务、社交网络等各类涉及数据收集与跨境传输的企业，都将受到监管。

那么，什么是个人信息？什么是重要数据？怎么理解数据出境？

数据出境，是指网络运营者将在中华人民共和国境内运营中收集和产生的个人信息和重要数据，提供给位于境外的机构、组织、个人。

个人信息，是指以电子或者其他方式记录的能够单独或者与其他信息结合识别自然人个人身份的各种信息，包括但不限于自然人的姓名、出生日期、身份证件号码、个人生物识别信息、住址、电话号码等。

重要数据，是指与国家安全、经济发展，以及社会公共利益密切相关的数据，具体范围参照国家有关标准和重要数据识别指南。

重要数据是从影响因子的权重来区分数据，而不是从用途和归属的角度去分类的。重要数据不仅仅包括业务数据、运营数据、服务数据、个人数据、企业数据、国家数据等，哪些具体数据属于重要数据，国家主管部门后继会出台相关指导性文件。

4.1.2 立法目的

《办法》第一条就表明立法目的，为保障个人信息和重要数据安全，维护网络空间主权和国家安全、社会公共利益，保护公民、法人和其他组织的合法利益，根据《中华人民共和国国家安全法》《中华人民共和国网络安全法》等法律法规，制定本办法。

目前，国际上已形成了成熟、系统的跨境数据流动管理制度框架，如欧盟与美国达成的隐私盾协议（EU-U.S. Privacy Shield）、世界经合组织的《隐私保护和个人数据跨境流通的指南》、亚太经合组织的《跨境隐私规则》等，有效地保障了个人信息和一些重要数据的跨境安全。

我国作为全球数据资源大国，也是数据资源流出大国，迫切需要建立符合自身国情的数据出境监管办法，在确保安全的情况下享受数据红利带来的高效发展。同时，随着国际经济贸易的不断加深，我国优秀的信息服务企业（如跨境金融、跨境电商等）及境外大型跨国公司的数据出境活动日益频繁，其中可能存在涉及我国公民个人隐私甚至涉及我国国家安全、经济发展和社会公共利益相关的重要数据，国家迫切需要对这些企业数据出境行为进行规范和指引。

4.1.3 哪些出境数据需要评估

《个人信息和重要数据出境安全评估办法（征求意见稿）》第九条明确规定，出境数据存在以下情况之一的，网络运营者应报请行业主管或监管部门组织安全评估：

（一）含有或累计含有 50 万人以上的个人信息；

（二）数据量超过 1000 GB；

（三）包含核设施、化学生物、国防军工、人口健康等领域数据，大型工程活动、海洋环境以及敏感地理信息数据等；

（四）包含关键信息基础设施的系统漏洞、安全防护等网络安全信息；

（五）关键信息基础设施运营者向境外提供个人信息和重要数据；

（六）其他可能影响国家安全和社会公共利益，行业主管或监管部门认为应该评估。

国家网信部门统筹协调数据出境安全评估工作，指导行业主管或监管部门组织开展数据出境安全评估。行业主管或监管部门负责本行业数据出境安全评估工作，定期组织开展本行业数据出境安全检查。行业主管或监管部门不明确的，由国家网信部门组织评估。

数据出境安全评估应重点评估以下内容：

（一）数据出境的必要性；

（二）涉及个人信息情况，包括个人信息的数量、范围、类型、敏感程度，以及个人信息主体是否同意其个人信息出境等；

（三）涉及重要数据情况，包括重要数据的数量、范围、类型及其敏感程度等；

（四）数据接收方的安全保护措施、能力和水平，以及所在国家和地区的网络安全环境等；

（五）数据出境及再转移后被泄露、毁损、篡改、滥用等风险；

（六）数据出境及出境数据汇聚可能对国家安全、社会公共利益、个人合法利益带来的风险；

（七）其他需要评估的重要事项。

4.1.4 哪些数据禁止出境

《个人信息和重要数据出境安全评估办法（征求意见稿）》第十一条明确规定，存在以下情况之一的，数据不得出境：

（一）个人信息出境未经个人信息主体同意，或可能侵害个人利益；

（二）数据出境给国家政治、经济、科技、国防等安全带来风险，可能影响国家安全、损害社会公共利益；

（三）其他经国家网信部门、公安部门、安全部门等有关部门认定不能出境的。

4.1.5 评估频率和责任主体

1. 评估频率

网络运营者应根据业务发展和网络运营情况，每年对数据出境至少进行一次安全评估，及时将评估情况报行业主管或监管部门。当数据接收方出现变更，数据出境目的、范围、数量、类型等发生较大变化，数据接收方或出境数据发生重大安全事件时，应及时重新进行安全评估。

年度评估为强制性评估义务，其时间的起算应从上次评估的日期计算。对于网络运营者，需要把握年度评估的时间和流程，以免对正常运营造成不利影响。而对于重新评估事项，新规并未明确何为"较大变化"情形，会对企业评估造成模糊和困扰，因此只能等待进一步的细则或规定出台。

2. 评估机构

网信办统筹协调数据出境安全评估工作，指导行业主管或监管部门组织开展数据出境安全评估。《评估办法》第十一条第三款也提及了网信办、公安部门、安全部门等有关部门有权认定数据是否可以出境。可以理解为，将来网信办将协调各领域监管部门对各自领域内的数据出境监管工作做进一步的分工和细化，包括中国人民银行、银监会、证监会、保监会和国家工商总局等机构均有可能出台相关领域数据出境的配套细则。

行业主管或监管部门组织的安全评估，应当于 60 个工作日内完成，及时向网络运营者反馈安全评估情况，并报国家网信部门。

3. 自我评估

征求意见稿指出，网络运营者在中华人民共和国境内运营中收集和产生的个人信息和重要数据，应当在境内存储。因业务需要，确需向境外提供的，网络运营者应在数据出境前，自行组织对数据出境进行安全评估，并对评估结果负责。数据出境安全评估应遵循公正、客观、有效的原则，保障个人信息和重要数据安全，促进网络信息依法有序自由流动。个人信息出境，应向个人信息主体说明数据出境的目的、范围、内容、接收方及接收方所在的国家或地区，并经其同意。未成年人个人信息出境须经其监护人同意。

4.1.6 网络运营者需要关注什么

1. 境内数据存储分析

存储标准采用属地原则，仅针对境内运营中收集和产生的数据。所有的网络运营者，而非仅仅关键信息基础设施，都是境内存储义务所涵盖的主体。按照《网络安全法》的规定，网络运营者是指网络的所有者、管理者和网络服务提供者。因此，所有涉及网络运营的企业均有新规设定的合规义务。

并不是所有信息都必须在境内存储。个人信息的定义与《网络安全法》所规定的一致，指的是以电子或者其他方式记录的能够单独或者与其他信息结合识别自然人个人身份的各种信息，包括但不限于自然人的姓名、出生日期、身份证件号码、个人生物识别信息、住址、电话号码等。根据《网络安全法》的规定，经过处理无法识别特定个人且不能复原的信息，不属于个人信息之列。

重要数据在此次立法中仅作概括式的表述，确定了重要数据是与国家安全、经济发展以及社会公共利益密切相关的数据，但是其具体范围需参照国家有关标准和重要数据识别指南。可以看出，重要数据的轮廓已日渐清晰，趋向于国计民生、公共利益相关的重大数据资料。但网络运营者仍需要等待指南的出现，才能进一步明确其具体的合规义务。

2. 出台数据出境管理办法

数据出境是指网络运营者将在中华人民共和国境内运营中收集和产生的个人信息和重要数据，提供给位于境外的机构、组织、个人。可以看出，"境外"是物理边界，而"提供"的含义较广，不仅包括境内向境外以任何方式提供，也指境外通过相关方式读取、获取规制数据。

细化数据出境的数据内容，并开展自评估。根据新规的规定，安全评估中必须论述规制数据出境的必要性。如基于公司管理的要求、上市公司披露和申报的要求、开展正当业务的要求等，都可以被视为具有必要性。

出台个人信息管理规范。评估不仅包含个人信息的数量、范围、类型、敏感程度，还包括个人信息主体是否同意其个人信息出境等，如书面同意或者任何能够证明其作出同意之意思表示的合法证据。

3. 密切配合监督管理机构的工作

新规设定的评估机制是以自我评估为主。在数据出境之前，网络运营者须对自己的评估结果负责。对于缺乏独立自我评估能力的网络运营者，建议聘请专业、有经验的第三方服务机构，按照法规要求对企业进行相应评估。

构成新规第九条规定的特别评估数据的，需要向行业主管和监管部门申请安全评估。如主管或监管部门不明确的，应当向网信办申请评估。值得注意的是，法定安全评估的时限为60个工作日，考虑到主管或监管部门一般为政府机构，如商务部、银监会、保监会等，网络运营者在数据合规机制设定时需考虑特别规制数据出境前法定机构评估的时间跨度和难度。

4. 法律责任

新规并未就法律责任进行具体规定，但规定了定期安全检查和举报制度。一旦主管机关查实网络运营者未按照规定履行评估义务，违规者将按照《网络安全法》及有关法律的规定承担行政法律责任和民事责任。

《刑法修正案（九）》专章列明了两项相关罪名："拒不履行信息网络安全管理义务罪"和"出售、非法提供公民个人信息罪"。特别是"拒不履行信息网络安全管理义务罪"，只要网络信息服务提供者不履行相关安全管理义务，经监管部门责令措施拒不改正，具有法定情形的，即构成本罪。

4.2 网络产品和服务安全审查办法

国家互联网信息办公室于 2017 年 5 月 2 日发布《网络产品和服务安全审查办法（试行）》（以下简称《审查办法》），成为首个正式生效的《网络安全法》的重要配套办法，于 2017 年 6 月 1 日与《网络安全法》同日实施。

4.2.1 审查对象

为提高网络产品和服务安全可控水平，防范网络安全风险，维护国家安全，依据《中华人民共和国国家安全法》《中华人民共和国网络安全法》等法律法规，《审查办法》第二条明确规定，关系国家安全的网络和信息系统采购的重要网络产品和服务，应当经过网络安全审查。

审查对象是关系到国家安全的重要网络产品和服务，并非所有网络产品和服务都需要审查，也就是有条件的。而且，重点审查的是网络产品和服务的安全性、可控性。判定是否影响国家安全和公共利益，主要看产品和服务使用后，是否会危害国家政权和主权安全，是否会危害广大人民群众利益，是否会影响国家经济可持续发展及国家其他重大利益。从等级保护制度角度来讲，凡是定级备案的 2 级以上重要信息系统，所使用的重要网络产品和服务都必须经过网络安全审查。

《审查办法》仅仅是一个纲领性规定和指导性文件，还需要执行细化的内容，包括具体信息系统、产品和服务列表等。

4.2.2 审查用户

《审查办法》规定，下面的用户需要开展审查工作。

① 金融、电信、能源、交通等重点行业主管部门。根据国家网络安全审查工作要求，组织开展本行业、本领域网络产品和服务安全审查工作。

② 公共通信和信息服务、能源、交通、水利、金融、公共服务、电子政务等重要行业和领域。

③ 关键信息基础设施运营者。采购的网络产品和服务，可能影响国家安全的，应当经过网络安全审查。网络产品和服务是否影响国家安全，由关键信息基础设施保护工作部门确定。

在《审查办法》征求意见稿中，还提出"党政部门及重点行业。优先采购通过审查的网络产品和服务，不得采购审查未通过的网络产品和服务"。因为争议较大，被删除。

4.2.3 审查内容

网络安全审查重点审查网络产品和服务的安全性、可控性,主要包括:

(一)产品和服务自身的安全风险,以及被非法控制、干扰和中断运行的风险;

(二)产品及关键部件生产、测试、交付、技术支持过程中的供应链安全风险;

(三)产品和服务提供者利用提供产品和服务的便利条件非法收集、存储、处理、使用用户相关信息的风险;

(四)产品和服务提供者利用用户对产品和服务的依赖,损害网络安全和用户利益的风险;

(五)其他可能危害国家安全的风险。

也就是说,不审查网络产品和服务的功能和性能。对网络用户来讲,重点审查网络产品和服务的安全性、可控性,产品和服务提供者不得利用提供产品和服务的便利条件非法获取用户的信息,不能损害用户对自己信息的自主权、支配权;不得非法控制、操纵用户的系统或设备,用户自己的系统要用户自己控制;不得利用广大用户对产品和服务的依赖搞不正当竞争,谋取不正当利益,比如停止必要的安全服务、搞垄断经营等。目的是维护用户信息安全,维护国家安全和广大人民群众的合法权益。

4.2.4 审查工作流程

1. 申请阶段

网络安全审查办公室根据国家有关部门要求、全国性行业协会建议、市场反映和企业申请启动网络安全审查。国家互联网信息办公室会同有关部门成立网络安全审查委员会,负责审议网络安全审查的重要政策,统一组织网络安全审查工作,协调网络安全审查相关重要问题。网络安全审查办公室具体组织实施网络安全审查。

因此,网络产品和服务的供应者、生产者需要确定审查对象,向网络安全审查办公室提交申请。

2. 第三方评价

国家依法认定网络安全审查第三方机构,承担网络安全审查中的第三方评价工作。网络产品和服务的供应者、生产者通过第三方机构,在实验室检测、现场检查、在线监测、背景调查相结合等工作方式下,对网络产品和服务及其供应链进行网络安全审查。

3. 专家评估

网络安全审查委员会聘请相关专家组成网络安全审查专家委员会,在第三方评价基础上,对网络产品和服务的安全风险及其提供者的安全可信状况进行综合评估。

4. 审查结果通报

坚持企业承诺与社会监督相结合,第三方评价与政府持续监管相结合的原则,网络安全审查办公室按照国家有关要求、根据全国性行业协会建议和用户反映等,按程序确定审查对象,组织第三方机构、专家委员会对网络产品和服务进行网络安全审查,并发布或在一定范围内通报审查结果。网络安全审查办公室不定期发布网络产品和服务安全评估报告。

4.2.5 第三方机构管理

鉴于第三方机构负责网络产品和服务的基础评价，决定网络产品和服务是否能够销售，地位作用非常重要，因此必须加强对第三方机构的管理。

1. 国家依法认定

未来第三方机构，一定要满足三大可信，一是主体可信，该机构主体应该具备普遍公信力，不能是"既当运动员，又当裁判员"等；二是资质可信，该机构要有国家认可的资质和技术水平；三是机制可信，测评的流程、机制和标准，首先要按照国家规定，同时作为机构本身，也应当实现机制流程的可控、透明和公正。

2. 客观公正

承担网络安全审查的第三方机构，应当坚持客观、公正、公平的原则，按照国家有关规定，参照有关标准，采取实验室检测、现场检查、在线监测、背景调查相结合方式，重点从产品和服务及其供应链的安全性、可控性，安全机制和技术的透明性等方面进行评价，并对评价结果负责。

3. 安全保密

第三方机构等相关单位和人员对审查工作中获悉的信息等承担安全保密义务，不得用于网络安全审查以外的目的。同时，网络产品和服务提供者应当对网络安全审查工作予以配合，并对提供材料的真实性负责。

4. 举报约束制度

网络产品和服务提供者认为第三方机构等相关单位和人员有失客观公正，或未能对审查工作中获悉的信息承担安全保密义务的，可以向网络安全审查办公室或者有关部门举报。

4.3 互联网新闻信息服务管理规定

为加强互联网信息内容管理，促进互联网新闻信息服务健康有序发展，根据《中华人民共和国网络安全法》《互联网信息服务管理办法》《国务院关于授权国家互联网信息办公室负责互联网信息内容管理工作的通知》，2017年5月2日，国家互联网信息办公室发布1号令，公布新版《互联网新闻信息服务管理规定》（简称《规定》），自2017年6月1日起施行。

《规定》是落实网络安全法中信息安全责任的一个体现。从整体上看，新的《规定》是对网络主权原则的有效落地，也是对网络安全问题的具体化，可以看作《中华人民共和国网络安全法》在互联网新闻信息服务领域的一项细则，"它的实施将有效加强国家对新闻事件发布流程的监管，以及应对突发事件的能力，逐渐营造积极健康、向上向善的网络文化，形成良好的网络信息传播秩序"。

4.3.1 出台背景

随着互联网技术及应用的快速发展，原《规定》的一些制度已不适应互联网新闻信息服务发展和管理的实际,需要及时修订。

一是适应促进发展和规范管理的需要。近年来,互联网新闻信息服务发展迅速,丰富了人民群众的网络生活,但同时也出现了非法网络公关、虚假新闻等行为,严重侵害了用户合法权益,需要完善立法加以规范。

二是适应深入推进依法行政的需要。原《规定》公布实施以来,国家先后制定修订了《网络安全法》等多部法律法规。《规定》作为网信部门监督管理的直接依据,需要严格依照上位法的规定设定相关制度,对不符合上位法规定的制度进行调整。

三是适应互联网信息技术及应用迅猛发展的需要。近年来,互联网行业发展迅猛,新技术新应用不断涌现。微博、微信、客户端等出现和普及,改变了原《规定》主要立足于"门户网站"时代的制定背景。

四是适应管理体制机制调整的需要。根据部门职责调整,互联网新闻信息服务的管理部门已经由"国务院新闻办公室"调整为"国家互联网信息办公室"。

同时,为了应对互联网新闻信息服务迅速发展的形势,需要将原来的国家和省、自治区、直辖市两级管理体制,调整为三级或四级管理体制,充分发挥地方互联网信息办公室的属地管理作用。

4.3.2 作用意义

1. 舆论导向更加鲜明

网络新闻已经成为公众获取信息重要来源,直接影响公众对社会事件的判断,甚至影响年轻读者的价值取向。网络上"负面思维"、"反智倾向"、"审丑情趣"、"拜金主义"等情况较为突出,与一些网络新闻导向偏差、标题误导不无关系。新版《规定》在总则中增加了"发挥舆论监督作用,促进形成积极健康、向上向善的网络文化",对舆论导向提出了明确的要求。同时在运行章节中,明确了互联网新闻信息服务提供者应当转载"国家规定范围内的单位发布的信息","不得歪曲、篡改标题原意和新闻信息内容",无疑对新闻信息不当导向亮明了法规红线。

2. 网络主权充分彰显

网络主权是国家主权的重要组成部分,一个重要体现就是网络新闻信息能够自主掌控管理。一段时间以来,一些境外组织、个人通过在中国设立商业网站、娱乐网站,肆意采编、转载网络新闻信息,有的发布虚假新闻信息,对我网络主权形成危害。新版《规定》提高了申请提供互联网新闻信息服务的许可门槛,规定"任何组织不得设立中外合资经营、中外合作经营和外资经营的互联网新闻信息服务单位","互联网新闻信息服务提供者的采编业务和经营业务应当分开,非公有资本不得介入互联网新闻信息采编业务",同时明确申请互联网新闻信息服务许可,主要负责人、总编辑必须是中国公民,并且总编辑对互联网新闻信息内容负总责等。这些规定从准入、采编、审核等层面严格管控,彰显了国家捍卫网络主权的决心。

3. 公民隐私得到保护

网络时代,隐私信息保护是公众最为关心的问题之一。在网络管理和新闻信息传播过程中,泄露公民隐私、用户信息的问题时有发生,有的故意以质疑方式唆使网民开展"人肉",

对一些当事人造成无辜伤害，成为社会公众深恶痛绝的顽疾。新版《规定》特别强调了公民隐私保护，一方面落实实名制，明确互联网新闻信息服务提供者对不提供真实身份信息的用户，不得为其提供相关服务；另一方面明确责任制，明确互联网新闻信息服务提供者对用户身份信息和日志信息负有保密任务，不得泄露、篡改、毁损，不得出售或非法向他人提供。这两方面规定，为公民隐私保护筑牢了防火墙。

4. 新媒体不再是新闻"自由王国"

原版《互联网新闻信息服务管理规定》颁布于2005年，对此后出现的一些新情况、新媒体没有约束力，致使近年来出现新媒体领域新闻信息混乱的情况。新版《规定》针对这一突出问题，明确提出通过互联网站、应用程序、论坛、博客、微博客、公众账号、即时通信工具、网络直播等形式向社会公众提供互联网新闻信息服务，应当取得互联网新闻信息服务许可，禁止未经许可或超越许可范围开展互联网新闻信息服务活动。同时规定，提供互联网新闻信息传播平台服务的主体，应当审核用户账号信息、服务资质、服务范围等信息，并向网信部门备案。这一举措直接将新媒体转载、发布新闻信息纳入规范管理，并且将管理责任落实到网信部门和平台主体，必将取得预期效果。

5. 新闻网站采编活动更加严格

2014年10月，国家互联网信息办公室和国家新闻出版广电总局联合下发《关于在新闻网站核发新闻记者证的通知》，要求在全国新闻网站正式推行新闻记者证制度，实际明确了新闻网站的记者正式拥有合法的采编权。

新版《规定》再次以部门规章的形式明确了从事互联网新闻信息服务相关从业人员的资格：一般人员应当依法取得相应资质，接受专业培训、考核；从事新闻采编活动从业人员，应当具备新闻采编人员职业资格，持有国家新闻出版广电总局统一颁发的新闻记者证。这预示着新闻网站将和传统媒体同一标准，统一管理，新闻采编活动必须由有资质的记者完成，对于互联网新闻信息服务提档升级具有重要的推动作用。

6. 网信办监督管理执法活动进入快车道

2014年，国务院授权重新组建的国家互联网信息办公室（简称国家网信办、国信办）负责全国互联网信息内容管理工作，并负责监督管理执法。6月1日实施的《网络安全法》，明确了网信部门的执法主体地位。此次新版《规定》进一步明确，国家互联网信息办公室负责全国互联网新闻信息服务的监督管理执法工作，地方互联网信息办公室依据职责负责本行政区域内互联网新闻信息服务的监督管理执法工作，进一步明确了管辖分工。2017年6月1日实施的还有《互联网信息内容管理行政执法程序规定》，可以说，真正意义上的依法管网、依法治网的时代已经到来，网信执法即将进入快车道。

4.3.3 主要内容

《规定》分总则、许可、运行、监督检查、法律责任和附则六章，共二十九条。

第一章是总则，对立法目的、原则、适用范围、监管主体作出规定。

第二章是许可，对从事互联网新闻信息服务许可的条件、材料、受理、决定作出规定。

第三章是运行，对互联网新闻信息服务提供者的日常运行制度作出规范。

第四章是监督检查，对国家互联网信息办公室及地方互联网信息办公室监督执法作出规定。

第五章是法律责任,对违反《规定》的行为的法律责任作出规定。

第六章是附则,对有关术语的定义和公布实施作出规定。

《规定》修订主要的上位法依据包括《网络安全法》《互联网信息服务管理办法》《国务院对确需保留的行政审批项目设定行政许可的决定》等。修订过程中:一是依据《网络安全法》,对用户真实身份登记、个人信息保护、违法信息处置等作了规定;二是依据《互联网信息服务管理办法》,对日常运行管理作了规定;三是依据《国务院对确需保留的行政审批项目设定行政许可的决定》,对互联网新闻信息服务许可管理作出了具体规定。

4.3.4 重点内容

《规定》主要包括互联网新闻信息服务许可管理、网信管理体制、互联网新闻信息服务提供者主体责任等内容。

一是适应信息技术应用发展的实际,对通过互联网站、论坛、博客、微博客、公众账号、即时通信工具、网络直播等形式提供互联网新闻信息服务,进行统一的规范和管理。

二是将许可事项修改为"提供互联网新闻信息服务",包括互联网新闻信息采编发布服务、转载服务、传播平台服务三类,不同于原来的新闻单位设立采编发布、非新闻单位设立转载和新闻单位设立登载本单位新闻信息的三类互联网新闻单位的管理模式。

三是完善了管理体制,将主管部门由"国务院新闻办公室"调整为"国家互联网信息办公室",增加了"地方互联网信息办公室"的职责规定,为省级以下网信部门赋予了互联网新闻信息服务管理职责。

四是强化了互联网新闻信息服务提供者的主体责任,明确了总编辑及从业人员管理、信息安全管理、平台用户管理等要求。

五是增加了用户权益保护的内容,规定了个人信息保护、禁止互联网新闻信息服务提供者及其从业人员非法牟利、著作权保护等相关内容。

4.4 个人信息保护法规

4.4.1 网络安全法

当下,侵犯个人信息、电信网络诈骗等违法犯罪活动多发,其中"违法犯罪活动的网站和通讯群组"和"利用电信网络发布与实施诈骗"是两大"终端"。《网络安全法》有针对性地规定:任何个人和组织不得设立用于实施诈骗,传授犯罪方法,制作或者销售违禁物品、管制物品等违法犯罪活动的网站、通讯群组,不得利用网络发布与实施诈骗,制作或者销售违禁物品、管制物品以及其他违法犯罪活动有关的信息。这两项规定对保护公民网络空间的合法权益、打击网络违法犯罪具有重要意义,也充分体现了我国网络安全立法"以民为本、立法为民"的核心理念。纵观《网络安全法》法律条款,基本大法的保护是全方位的。

1. 信息采集许可

《网络安全法》规定,网络产品、服务具有收集用户信息功能的,其提供者应当向用户明示并取得同意；涉及用户个人信息的，还应当遵守本法和有关法律、行政法规关于个人信息保护的规定。

随着网络安全基本大法的实施，各地各行业随后会出台系列配套关于个人信心保护的规定、规则。

2．个人信息保护

在保护义务上规定，网络运营者不得泄露、篡改、毁损其收集的个人信息，应当采取技术措施和其他必要措施，确保其收集的个人信息安全；防止信息泄露、毁损、丢失。在发生或者可能发生个人信息泄露、毁损、丢失的情况时，应当立即采取补救措施，按照规定及时告知用户并向有关主管部门报告。

同时，网络运营者应当对其收集的用户信息严格保密，并建立健全用户信息保护制度。

3．个人信息使用

网络运营者使用个人信息，应当遵循合法、正当、必要的原则，公开使用规则，明示使用信息的目的、方式和范围，并经被收集者同意。

网络运营者不得提供服务无关的个人信息，不得违反法律、行政法规的规定和双方的约定使用个人信息，并应当依照法律、行政法规的规定和与用户的约定，处理保存的个人信息。

4．用户实名制

互联网给经济社会发展带来巨大红利的同时，也引发了网络谣言这一"副作用"。但是，网络空间不是法外之地，加快网络空间法制化建设，是落实中央全面依法治国战略部署，加强和改进网络管理工作的要求。《网络安全法》规定，网络运营者为用户办理网络接入、域名注册服务，办理固定电话、移动电话等入网手续，或者为用户提供信息发布、即时通信等服务时，应当要求用户提供真实身份信息。

这规定了网络运营者必须履行的义务，核心是实名制。实名制最大程度地实现了信息的真实性、可靠性，成为国家网络安全的一个重要基础，同时能有效预防和打击网上散布谣言、制造恐慌和恶意侵害他人名誉等网络犯罪活动。不过，网络运营者获取用户的信息后，绝不是想干什么就干什么。比如《网络安全法》明确，网络运营者不得收集与其提供的服务无关的个人信息，不得违反法律、行政法规的规定等。

5．个人信息删除权和更正权

个人发现网络运营者违反法律、行政法规的规定或者双方的约定收集、使用其个人信息的，有权要求网络运营者删除其个人信息；发现网络运营者收集、存储的其个人信息有错误的，有权要求网络运营者予以更正。网络运营者应当采取措施予以删除或者更正。

6．执法权限

在执法权限上规定，依法负有网络安全监督管理职责的部门及其工作人员，必须对在履行职责中知悉的个人信息、隐私和商业秘密严格保密，不得泄露、出售或者非法向他人提供；任何个人和组织不得窃取或者以其他非法方式获取个人信息，不得非法出售或者非法向他人提供个人信息。

7. 举报通道

在举报通道上规定，网络运营者应当建立网络信息安全投诉、举报制度，公布投诉、举报方式等信息，及时受理并处理有关网络信息安全的投诉和举报等。

8. 违法处置

《网络安全法》强调了网络运营者等维护个人信息安全的"主体责任"：网络运营者、网络产品或者服务的提供者违反规定，侵害个人信息依法得到保护的权利的，由有关主管部门责令改正，可以根据情节单处或者并处警告、没收违法所得、处违法所得一倍以上十倍以下罚款，没有违法所得的，处 100 万元以下罚款；情节严重的，可以责令暂停相关业务、停业整顿、关闭网站、吊销相关业务许可证或者吊销营业执照。

4.4.2 两院关于侵犯公民个人信息入刑的主要内容

2017 年 3 月 20 日最高人民法院审判委员会第 1712 次会议、2017 年 4 月 26 日最高人民检察院第十二届检察委员会第 63 次会议通过《最高人民法院、最高人民检察院关于办理侵犯公民个人信息刑事案件适用法律若干问题的解释》（以下简称《解释》），为依法惩治侵犯公民个人信息犯罪活动，保护公民个人信息安全和合法权益奠定了刑法支持。意味着一旦侵犯公民个人信息，则会受到刑事处罚。

《解释》自 2017 年 6 月 1 日起施行，其主要内容有 10 项。

1. 明确了"公民个人信息"的范围

基于全面保护公民个人信息的现实需要，《解释》第一条规定"公民个人信息"包括身份识别信息和活动情况信息，即"刑法第二百五十三条之一规定的'公民个人信息'，是指以电子或者其他方式记录的能够单独或者与其他信息结合识别特定自然人身份或者反映特定自然人活动情况的各种信息，包括姓名、身份证件号码、通信通讯联系方式、住址、账号密码、财产状况、行踪轨迹等。"

2. 明确了非法"提供公民个人信息"的认定标准

根据刑法第二百五十三条之一的规定，违反国家有关规定，向他人出售或者提供公民个人信息，是侵犯公民个人信息罪的客观行为方式之一。针对司法实践的情况，《解释》第三条对非法"提供公民个人信息"的认定作了进一步明确。

一是"提供"的认定。在"人肉搜索"案件中，行为人未经权利人同意即将其身份、照片、姓名、生活细节等个人信息公布于众，影响其正常的工作、生活秩序，危害严重。更有甚者，一些行为人恶意利用泄露的个人信息进行各类违法犯罪活动。经研究认为，通过信息网络或者其他途径予以发布，实际是向不特定多数人提供公民个人信息，向特定人提供公民个人信息的行为属于"提供"，基于"举轻明重"的法理，前者更应当认定为"提供"。基于此，《解释》规定，"向特定人提供公民个人信息，以及通过信息网络或者其他途径发布公民个人信息的，应当认定为刑法第二百五十三条之一规定的'提供公民个人信息'。"

二是合法收集公民个人信息后非法提供的认定。根据《网络安全法》的规定，经得被收集者同意，以及做匿名化处理（剔除个人关联），是合法提供公民个人信息的两种情形。基于此，《解释》规定，"未经被收集者同意，将合法收集的公民个人信息向他人提供的，属于刑法第二百五十三条之一规定的'提供公民个人信息',但是经过处理无法识别特定个人且不能复原的除外。"

3. 明确了"非法获取公民个人信息"的认定标准

根据刑法第二百五十三条之一的规定,窃取或者以其他方法非法获取公民个人信息,是侵犯公民个人信息罪的客观行为方式之一。根据司法实践的情况,《解释》第四条对"非法获取公民个人信息"的认定作了进一步明确。

一是规定"违反国家有关规定,通过购买、收受、交换等方式获取公民个人信息"的,属于"非法获取公民个人信息"。

二是根据《网络安全法》规定的收集、使用个人信息的规则,明确违反国家有关规定,"在履行职责、提供服务过程中收集公民个人信息"的,属于"非法获取公民个人信息"。

4. 明确了侵犯公民个人信息罪的定罪量刑标准

侵犯公民个人信息罪的入罪要件为"情节严重"。根据法律精神,结合司法实践,《解释》第五条第一款设十项对"情节严重"的认定标准作了明确规定,大致涉及如下五方面:

一是信息类型和数量。公民个人信息的类型繁多,行踪轨迹信息、通信内容、征信信息、财产信息、住宿信息、交易信息等公民个人敏感信息涉及人身安全和财产安全,被非法获取、出售或者提供后极易引发绑架、诈骗、敲诈勒索等关联犯罪,具有更大的社会危害性。基于不同类型公民个人信息的重要程度,《解释》分别设置了"五十条以上""五百条以上""五千条以上"的入罪标准,以体现罪责刑相适应。

二是违法所得数额。出售或者非法提供公民个人信息往往是为了牟利,基于此,《解释》将违法所得五千元以上的规定为"情节严重"。

三是信息用途。被非法获取、出售或者提供的公民个人信息,用途存在不同,对权利人的侵害程度也会存在差异。基于此,《解释》将"非法获取、出售或者提供行踪轨迹信息,被他人用于犯罪""知道或者应当知道他人利用公民个人信息实施犯罪,向其出售或者提供"规定为"情节严重"。

四是主体身份。公民个人信息泄露案件不少系内部人员作案,诸多公民个人信息买卖案件也可以见到"内鬼"参与的"影子"。为切实加大对此类行为的惩治力度,《解释》明确,"将在履行职责或者提供服务过程中获得的公民个人信息出售或者提供给他人"的,认定"情节严重"的数量、数额标准减半计算。

五是前科情况。曾因侵犯公民个人信息受过刑事处罚或者二年内受过行政处罚,又非法获取、出售或者提供公民个人信息的,行为人屡教不改、主观恶性大,《解释》将其也规定为"情节严重"。

在此基础上,《解释》第五条第二款对侵犯公民个人信息罪的"情节特别严重"的认定标准,即"处三年以上七年以下有期徒刑"量刑档次的适用标准作了明确,主要涉及如下两方面:

一是数量数额标准。根据信息类型不同,非法获取、出售或者提供公民个人信息"五百条以上""五千条以上""五万条以上",或者违法所得五万元以上的,即属"情节特别严重"。

二是严重后果。《解释》将"造成被害人死亡、重伤、精神失常或者被绑架等严重后果""造成重大经济损失或者恶劣社会影响"规定为"情节特别严重"。

5．明确了为合法经营活动而非法购买、收受公民个人信息的定罪量刑标准

从实践来看，非法购买、收受公民个人信息从事广告推销等活动的情形较为普遍。为贯彻体现宽严相济刑事政策，《解释》第六条专门针对此种情形设置了入罪标准，规定为合法经营活动而非法购买、收受敏感信息以外的公民个人信息，具有下列情形之一的，应当认定为"情节严重"：

（一）利用非法购买、收受的公民个人信息获利五万元以上的；

（二）曾因侵犯公民个人信息受过刑事处罚或者二年内受过行政处罚，又非法购买、收受公民个人信息的；

（三）其他情节严重的情形。

6．明确了设立网站、通讯群组侵犯公民个人信息行为的定性

实践中，一些行为人建立网站、通讯群组供他人进行公民个人信息交换、流转、销售，以非法牟利。根据刑法第二百八十七条之一的规定，设立用于实施违法犯罪活动的网站、通讯群组，情节严重的，构成非法利用信息网络罪。

经研究认为，供他人实施非法获取、出售或者提供公民个人信息违法犯罪活动的网站、通讯群组实际上属于"用于实施违法犯罪活动的网站、通讯群组"。因此，《解释》第八条规定："设立用于实施非法获取、出售或者提供公民个人信息违法犯罪活动的网站、通讯群组，情节严重的，应当依照刑法第二百八十七条之一的规定，以非法利用信息网络罪定罪处罚；同时构成侵犯公民个人信息罪的，依照侵犯公民个人信息罪定罪处罚。"

7．明确了拒不履行公民个人信息安全管理义务行为的处理

当前，不少网络运营者因为履行职责或者提供服务的需要，掌握着海量公民个人信息，这些信息一旦泄露将造成恶劣社会影响和严重危害后果。对此，《网络安全法》明确了网络信息安全的责任主体，确立了"谁收集，谁负责"的基本原则。其中，第四十条明确规定，"网络运营者应当对其收集的用户信息严格保密，并建立健全用户信息保护制度。"为进一步促使网络服务提供者切实履行个人信息安全保护义务，《解释》第九条规定："网络服务提供者拒不履行法律、行政法规规定的信息网络安全管理义务，经监管部门责令采取改正措施而拒不改正，致使用户的公民个人信息泄露，造成严重后果的，应当依照刑法第二百八十六条之一的规定，以拒不履行信息网络安全管理义务罪定罪处罚。"

8．明确了侵犯公民个人信息犯罪认罪认罚从宽处理规则

为充分发挥刑法的威慑和教育功能，促使侵犯公民个人信息犯罪行为人积极认罪悔罪，《解释》第十条专门规定，"实施侵犯公民个人信息犯罪，不属于'情节特别严重'，行为人系初犯，全部退赃，并确有悔罪表现的，可以认定为情节轻微，不起诉或者免予刑事处罚；确有必要判处刑罚的，应当从宽处罚。"

9．明确了涉案公民个人信息的数量计算规则

针对公民个人信息数量"计算难"的实际问题，《解释》第十一条专门规定了数量计算规则。具体而言：

一是公民个人信息的条数计算。《解释》规定，"非法获取公民个人信息后又出售或者提供的，公民个人信息的条数不重复计算。""向不同单位或者个人分别出售、提供同一公民个人信息的，公民个人信息的条数累计计算。"

二是批量公民个人信息的数量认定规则。为方便司法实务操作，《解释》规定，"对批量公民个人信息的条数，根据查获的数量直接认定，但是有证据证明信息不真实或者重复的除外。"

10．明确了侵犯公民个人信息犯罪的罚金刑适用规则

侵犯公民个人信息犯罪具有明显的牟利性，行为人实施该类犯罪主要是为了牟取非法利益。因此，有必要加大财产刑的适用力度，让行为人在经济上得不偿失，进而剥夺其再次实施此类犯罪的经济能力。基于此，《解释》第十二条规定，"对于侵犯公民个人信息犯罪，应当综合考虑犯罪的危害程度、犯罪的违法所得数额以及被告人的前科情况、认罪悔罪态度等，依法判处罚金。罚金数额一般在违法所得的一倍以上五倍以下。"

4.4.3 两院关于侵犯公民个人信息入刑的规定

1．刑法第二百五十三条

"侵犯公民个人信息罪"是指违反国家有关规定，向他人出售或者提供公民个人信息，情节严重的，处三年以下有期徒刑或者拘役，并处或者单处罚金；情节特别严重的，处三年以上七年以下有期徒刑，并处罚金。

违反国家有关规定，将在履行职责或者提供服务过程中获得的公民个人信息，出售或者提供给他人的，依照前款的规定从重处罚。

窃取或者以其他方法非法获取公民个人信息的，依照第一款的规定处罚。

单位犯前三款罪的，对单位判处罚金，并对其直接负责的主管人员和其他直接责任人员，依照各该款的规定处罚。

2．刑法第二百八十六条

"拒不履行信息网络安全管理义务罪"是指，网络服务提供者不履行法律、行政法规规定的信息网络安全管理义务，经监管部门责令采取改正措施而拒不改正，有下列情形之一的，处三年以下有期徒刑、拘役或者管制，并处或者单处罚金：

（一）致使违法信息大量传播的；
（二）致使用户信息泄露，造成严重后果的；
（三）致使刑事案件证据灭失，情节严重的；
（四）有其他严重情节的。

单位犯前款罪的，对单位判处罚金，并对其直接负责的主管人员和其他直接责任人员，依照前款的规定处罚。

有前两款行为，同时构成其他犯罪的，依照处罚较重的规定定罪处罚。

3．刑法第二百八十七条

"非法利用信息网络罪"是指，利用信息网络实施下列行为之一，情节严重的，处三年以下有期徒刑或者拘役，并处或者单处罚金：

（一）设立用于实施诈骗、传授犯罪方法、制作或者销售违禁物品、管制物品等违法犯罪活动的网站、通讯群组的；

（二）发布有关制作或者销售毒品、枪支、淫秽物品等违禁物品、管制物品或者其他违法犯罪信息的；

（三）为实施诈骗等违法犯罪活动发布信息的。

单位犯前款罪的，对单位判处罚金，并对其直接负责的主管人员和其他直接责任人员，依照第一款的规定处罚。

有前两款行为，同时构成其他犯罪的，依照处罚较重的规定定罪处罚。

4．刑法解释说明

公民个人信息，是指以电子或者其他方式记录的能够单独或者与其他信息结合识别特定自然人身份或者反映特定自然人活动情况的各种信息，包括姓名、身份证件号码、通信通讯联系方式、住址、账号密码、财产状况、行踪轨迹等。

违反国家有关规定，是指违反法律、行政法规、部门规章有关公民个人信息保护的规定的，应当认定为刑法第二百五十三条之一规定的"违反国家有关规定"。

向特定人提供公民个人信息，以及通过信息网络或者其他途径发布公民个人信息的，应当认定为刑法第二百五十三条之一规定的"提供公民个人信息"。

未经被收集者同意，将合法收集的公民个人信息向他人提供的，属于刑法第二百五十三条之一规定的"提供公民个人信息"，但是经过处理无法识别特定个人且不能复原的除外。

违反国家有关规定，通过购买、收受、交换等方式获取公民个人信息，或者在履行职责、提供服务过程中收集公民个人信息的，属于刑法第二百五十三条之一第三款规定的"以其他方法非法获取公民个人信息"。

5．情节严重程度界定

非法获取、出售或者提供公民个人信息，具有下列情形之一的，应当认定为刑法第二百五十三条之一规定的"情节严重"：

（一）出售或者提供行踪轨迹信息，被他人用于犯罪的；

（二）知道或者应当知道他人利用公民个人信息实施犯罪，向其出售或者提供的；

（三）非法获取、出售或者提供行踪轨迹信息、通信内容、征信信息、财产信息五十条以上的；

（四）非法获取、出售或者提供住宿信息、通信记录、健康生理信息、交易信息等其他可能影响人身、财产安全的公民个人信息五百条以上的；

（五）非法获取、出售或者提供第三项、第四项规定以外的公民个人信息五千条以上的；

（六）数量未达到第三项至第五项规定标准，但是按相应比例合计达到有关数量标准的；

（七）违法所得五千元以上的；

（八）将在履行职责或者提供服务过程中获得的公民个人信息出售或者提供给他人，数量或者数额达到第三项至第七项规定标准一半以上的；

（九）曾因侵犯公民个人信息受过刑事处罚或者二年内受过行政处罚，又非法获取、出售或者提供公民个人信息的；

（十）其他情节严重的情形。

对应为合法经营活动而非法购买、收受的公民个人信息，具有下列情形之一的，应当认定为刑法第二百五十三条之一规定的"情节严重"：

（一）利用非法购买、收受的公民个人信息获利五万元以上的；
（二）曾因侵犯公民个人信息受过刑事处罚或者二年内受过行政处罚，又非法购买、收受公民个人信息的；
（三）其他情节严重的情形。

6．情节特别严重程度界定

在情节严重的基础上，具有下列情形之一的，应当认定为刑法第二百五十三条之一第一款规定的"情节特别严重"：
（一）造成被害人死亡、重伤、精神失常或者被绑架等严重后果的；
（二）造成重大经济损失或者恶劣社会影响的；
（三）数量或者数额达到前款第三项至第八项规定标准十倍以上的；
（四）其他情节特别严重的情形。

4.4.4 侵犯公民个人信息犯罪典型案例

① 邵保明等侵犯公民个人信息案，非法出售户籍信息、手机定位、住宿记录等个人信息，构成侵犯公民个人信息罪。
② 韩世杰、旷源鸿、韩文华等侵犯公民个人信息案，非法查询征信信息牟利，构成侵犯公民个人信息罪。
③ 周滨城等侵犯公民个人信息案，非法购买学生信息出售牟利，构成侵犯公民个人信息罪。
④ 夏拂晓侵犯公民个人信息案，非法买卖网购订单信息，构成侵犯公民个人信息罪。
⑤ 肖凡、周浩等侵犯公民个人信息案，利用黑客手段窃取公民个人信息出售牟利，构成侵犯公民个人信息罪。
⑥ 杜明兴、杜明龙侵犯公民个人信息案，通过互联网非法购买、交换、出售公民个人信息，构成侵犯公民个人信息罪。
⑦ 丁亚光侵犯公民个人信息案，非法提供近2000万条住宿记录供他人查询牟利，构成侵犯公民个人信息罪"情节特别严重"。

4.5 关键信息基础设施安全保护条例

在《网络安全法》第三章"网络运行安全"中，以"关键信息基础设施的运行安全"共计9条（第三十一至三十九条）的对关键信息基础设施安全保护的基本要求、部门分工以及主体责任等问题作了基本法层面的总体制度安排，并规定关键信息基础设施的具体范围和安全保护办法应由国务院制定。正是以此为规范依据，2017年7月11日，国家互联网信息办公室公布备受瞩目的《关键信息基础设施安全保护条例（征求意见稿）》（以下简称《条例》），揭开了中国关键信息基础设施安全保护立法进程的新篇章。

《条例》详细阐明了关键信息基础设施的范围、运营者应履行的职责以及对产品和服务的要求，对政府机关，国家行业主管或监管部门，能源、电信、交通等行业，公安机关以及个人进行要求，明确关键信息基础设施范围，规定运营者安全保护的权利和义务及其负责人的职责，要求建立关键信息基础设施网络安全监测预警体系和信息通报制度，违反本条例将会受到行政处罚、判处罚金甚至要承担刑事责任。

《条例》以八章共计五十五条的篇幅，对于关键信息基础设施保护相关的一系列制度要素作了更具体的规定，涵盖：总则（第一至七条），支持与保障（第八至十七条），关键信息基础设施范围（第十八至二十条），运营者安全保护（第二十一至二十九条），产品和服务安全（第三十至三十五条），监测预警、应急处置和检测评估（第三十六至四十四条），法律责任（第四十五至五十二条）和附则（第五十三至五十五条）。

4.5.1 安全保护意识的三种思维方式

中国互联网协会研究中心将关键信息基础设施保护宏观制度框架，从安全保护意识上分为三种思维方式：动态、全链条式保护思维，核心工作重点保护思维和主体的全面责任思维

1. 动态、全链条式保护思维

《条例》突出了动态的全链条式保护思维，一方面明确规定其制度效力既覆盖关键信息基础设施在我国境内的规划、建设、运营、维护和使用，也覆盖相关的安全保护和监督管理活动；另一方面强调应当坚持顶层设计、整体防护、统筹协调、分工负责，在国家相关部门的指导和监督下，充分发挥运营主体作用，各方积极参与，共同保障关键信息基础设施安全。

2. 核心工作重点保护思维

《条例》突出了核心工作环节的重点保护思维，首先明确了国家、各级人民政府以及各国家机关在关键信息基础设施安全支持与保障环节的各项作为义务，同时明确了关键信息基础设施运营单位在产品和服务环节的一系列义务要求，还明确了国家网信部门和其他有关部门在监测预警、应急处置和检测评估环节的工作要求。

3. 主体的全面责任思维

《条例》突出了各类有关主体的全面责任思维，既强调关键信息基础设施运营单位及其工作人员违反网络安全保护义务应当承担的法律责任，也强调网络安全服务机构、其他有关部门及其工作人员可能的违法责任，还强调其他境内外机构、组织和个人侵害关键信息基础设施安全时所承担的责任形式。

4.5.2 关键信息基础设施保护范围

《条例》在网络安全法相关规定的基础上，更聚焦于关键信息基础设施范围认定中的功能 - 后果定位，在明文列举具体的关键信息基础设施类型之前，突出表明评判设施性质的核心标准在于其是否"一旦遭到破坏、丧失功能或者数据泄露，可能严重危害国家安全、国计民生、公共利益"，凸显了对关键信息基础设施安全保护工作根本价值的深刻认识。关键信息基础设施保护范围界定如下：

（一）政府机关和能源、金融、交通、水利、卫生医疗、教育、社保、环境保护、公用事业等行业领域的单位；

（二）电信网、广播电视网、互联网等信息网络，以及提供云计算、大数据和其他大型公共信息网络服务的单位；

（三）国防科工、大型装备、化工、食品药品等行业领域科研生产单位；
（四）广播电台、电视台、通讯社等新闻单位；
（五）其他重点单位。

对比《网络安全法》三十一条"国家对公共通信和信息服务、能源、交通、水利、金融、公共服务、电子政务等重要行业和领域，以及其他一旦遭到破坏、丧失功能或者数据泄露，可能严重危害国家安全、国计民生、公共利益的关键信息基础设施"，可以发现，关键信息基础设施保护范围在突出核心标准上的范围更大，将行业领域科研生产单位、新闻传播单位等纳入到保护中。

4.5.3 运营者履行的安全保护

《条例》要求运营者履行的安全保护义务主要围绕《网络安全法》给出了具体的要求，增加了对运营者网络安全管理负责人的具体要求，明确了网络安全培训的具体时长要求。具体要求如下：

第二十一条 建设关键信息基础设施应当确保其具有支持业务稳定、持续运行的性能，并保证安全技术措施同步规划、同步建设、同步使用。

第二十二条 运营者主要负责人是本单位关键信息基础设施安全保护工作第一责任人，负责建立健全网络安全责任制并组织落实，对本单位关键信息基础设施安全保护工作全面负责。

第二十三条 运营者应当按照网络安全等级保护制度的要求，履行下列安全保护义务，保障关键信息基础设施免受干扰、破坏或者未经授权的访问，防止网络数据泄漏或者被窃取、篡改：

（一）制定内部安全管理制度和操作规程，严格身份认证和权限管理；
（二）采取技术措施，防范计算机病毒和网络攻击、网络侵入等危害网络安全行为；
（三）采取技术措施，监测、记录网络运行状态、网络安全事件，并按照规定留存相关的网络日志不少于六个月；
（四）采取数据分类、重要数据备份和加密认证等措施。

第二十四条 除本条例第二十三条外，运营者还应当按照国家法律法规的规定和相关国家标准的强制性要求，履行下列安全保护义务：

（一）设置专门网络安全管理机构和网络安全管理负责人，并对该负责人和关键岗位人员进行安全背景审查；
（二）定期对从业人员进行网络安全教育、技术培训和技能考核；
（三）对重要系统和数据库进行容灾备份，及时系统漏洞等安全风险采取补救措施；
（四）制定网络安全事件应急预案并定期进行演练；
（五）法律、行政法规规定的其他义务。

第二十五条 运营者网络安全管理负责人履行下列职责：

（一）组织制定网络安全规章制度、操作规程并监督执行；
（二）组织对关键岗位人员的技能考核；
（三）组织制定并实施本单位网络安全教育和培训计划；
（四）组织开展网络安全检查和应急演练，应对处置网络安全事件；

（五）按规定向国家有关部门报告网络安全重要事项、事件。

第二十六条 运营者网络安全关键岗位专业技术人员实行执证上岗制度。

执证上岗具体规定由国务院人力资源社会保障部门会同国家网信部门等部门制定。

第二十七条 运营者应当组织从业人员网络安全教育培训，每人每年教育培训时长不得少于1个工作日，关键岗位专业技术人员每人每年教育培训时长不得少于3个工作日。

第二十八条 运营者应当建立健全关键信息基础设施安全检测评估制度，关键信息基础设施上线运行前或者发生重大变化时应当进行安全检测评估。

运营者应当自行或委托网络安全服务机构对关键信息基础设施的安全性和可能存在的风险隐患每年至少进行一次检测评估，对发现的问题及时进行整改，并将有关情况报国家行业主管或监管部门。

第二十九条 运营者在中华人民共和国境内运营中收集和产生的个人信息和重要数据应当在境内存储。因业务需要，确需向境外提供的，应当按照个人信息和重要数据出境安全评估办法进行评估；法律、行政法规另有规定的，依照其规定。

4.5.4 核心部门的责任

《条例》第二章对国家、政府、监管部门、行业主管部门、能源、电信、交通、公安部门给出了责任约束。

1. 国家方面

主要包括采取措施，监测、防御、处置来源于中华人民共和国境内外的网络安全风险和威胁，保护关键信息基础设施免受攻击、侵入、干扰和破坏，依法惩治网络违法犯罪活动。国家制定产业、财税、金融、人才等政策，支持关键信息基础设施安全相关的技术、产品、服务创新，推广安全可信的网络产品和服务，培养和选拔网络安全人才，提高关键信息基础设施的安全水平。国家建立和完善网络安全标准体系，利用标准指导、规范关键信息基础设施安全保护工作。国家鼓励政府部门、运营者、科研机构、网络安全服务机构、行业组织、网络产品和服务提供者开展关键信息基础设施安全合作。国家立足开放环境维护网络安全，积极开展关键信息基础设施安全领域的国际交流与合作。

2. 地方政府

地市级以上人民政府应当将关键信息基础设施安全保护工作纳入地区经济社会发展总体规划，加大投入，开展工作绩效考核评价。

3. 国家行业主管或监管部门

国家行业主管或监管部门应当设立或明确专门负责本行业、本领域关键信息基础设施安全保护工作的机构和人员，编制并组织实施本行业、本领域的网络安全规划，建立健全工作经费保障机制并督促落实。

4. 能源、电信、交通等行业

应当为关键信息基础设施网络安全事件应急处置与网络功能恢复提供电力供应、网络通信、交通运输等方面的重点保障和支持。

5．公安机关等部门

依法侦查打击针对和利用关键信息基础设施实施的违法犯罪活动。任何个人和组织不得从事下列危害关键信息基础设施的活动和行为：

（一）攻击、侵入、干扰、破坏关键信息基础设施；

（二）非法获取、出售或者未经授权向他人提供可能被专门用于危害关键信息基础设施安全的技术资料等信息；

（三）未经授权对关键信息基础设施开展渗透性、攻击性扫描探测；

（四）明知他人从事危害关键信息基础设施安全的活动，仍然为其提供互联网接入、服务器托管、网络存储、通讯传输、广告推广、支付结算等帮助；

（五）其他危害关键信息基础设施的活动和行为。

4.6 互联网论坛社区服务管理规定

2017年8月25日，依据《网络安全法》第十二条规定，国家互联网信息办公室公布《互联网论坛社区服务管理规定》（以下简称《规定》），自2017年10月1日起施行。本规定所称互联网论坛社区服务，是指在互联网上以论坛、贴吧、社区等形式，为用户提供互动式信息发布社区平台的服务。《规定》首次明确互联网论坛社区服务提供者开展经营和服务活动，必须遵守法律法规，同时也要尊重社会公德，遵守商业道德，诚实信用，承担社会责任。同时，明确监管执法部门，国家互联网信息办公室负责全国互联网论坛社区服务的监督管理执法工作。地方互联网信息办公室依据职责负责本行政区域内互联网论坛社区服务的监督管理执法工作。

4.6.1 互联网论坛社区服务管理规定的出台背景

国家网信办有关负责人表示，出台《规定》旨在规范互联网论坛社区服务，促进互联网论坛社区行业健康有序发展，保护公民、法人和其他组织的合法权益，维护国家安全和公共利益。

国家互联网信息办公室相关负责人介绍，以百度贴吧、天涯网络、凯迪社区等为代表的互联网论坛社区平台，一直以来保持较高活跃度，为广大网民分享信息内容、讨论兴趣话题提供了便利。但是也存在一些问题，如部分论坛社区平台存在淫秽色情、虚假广告、血腥暴力、侮辱诽谤、泄露个人隐私等违法违规信息，污染网络生态，扰乱互联网信息传播秩序，侵害公众利益。互联网论坛社区服务提供者或其员工，通过有偿删帖、发帖、推送等手段牟取不正当利益。这种行为严重破坏了互联网信息传播秩序和互联网论坛社区服务市场秩序。

在此背景下，国家互联网信息办公室在广泛调研、征求多方意见的基础上，立足解决互联网论坛社区服务中存在的突出问题，制定了本《规定》。

4.6.2 互联网论坛社区服务提供者要做什么

《规定》要求，互联网论坛社区服务提供者应当落实主体责任，建立健全信息审核、公共信息实时巡查、应急处置及个人信息保护等信息安全管理制度，不得利用互联网论坛社区服务发布、传播法律法规禁止的信息；互联网论坛社区服务提供者应当按照"后台实名、前台自愿"的原则，要求用户通过真实身份信息认证后注册账号，并对版块发起者和管理者严格实施真实身份信息备案、定期核验等；互联网论坛社区服务提供者及其从业人员，不得通过发布、转载、删除信息或者干预呈现结果等手段，谋取不正当利益。

互联网论坛社区服务提供者主要履行如下六种义务。

一是建立健全各项信息安全管理制度，不得发布、传播含有法律法规和国家有关规定禁止的信息；与用户签订协议，明确用户不得利用互联网论坛社区服务发布、传播法律法规和国家有关规定禁止的信息，明确论坛社区版块发起者、管理者应当履行与其权利相适应的义务。

二是加强对其用户发布的信息的管理，发现含有法律法规和国家有关规定禁止的信息的，应当立即停止传输该信息，采取消除等处置措施。

三是严格落实用户真实身份信息认证，加强对注册用户虚拟身份信息、版块名称简介等的审核管理，同时做好用户身份信息保护。

四是不得通过发布、转载、删除信息或者干预呈现结果等手段，谋取不正当利益。

五是开展经营和服务活动时，必须遵守法律法规，尊重社会公德，遵守商业道德，诚实信用，承担社会责任。

六是建立健全公众投诉、举报制度，主动接受公众监督，及时处理公众投诉、举报。

4.6.3 互联网论坛社区服务提供者不能做什么

《规定》明确，互联网论坛社区服务提供者及其用户不得发布法律法规和国家有关规定禁止的信息。其中的法律法规包括《网络安全法》、《互联网信息服务管理办法》。

《网络安全法》第十二条规定：任何个人和组织使用网络应当遵守宪法法律，遵守公共秩序，尊重社会公德，不得危害网络安全，不得利用网络从事危害国家安全、荣誉和利益，煽动颠覆国家政权、推翻社会主义制度，煽动分裂国家、破坏国家统一，宣扬恐怖主义、极端主义，宣扬民族仇恨、民族歧视，传播暴力、淫秽色情信息，编造、传播虚假信息扰乱经济秩序和社会秩序，以及侵害他人名誉、隐私、知识产权和其他合法权益等活动。

《互联网信息服务管理办法》第十五条规定：互联网信息服务提供者不得制作、复制、发布、传播含有下列内容的信息：

（一）反对宪法所确定的基本原则的；
（二）危害国家安全，泄露国家秘密，颠覆国家政权，破坏国家统一的；
（三）损害国家荣誉和利益的；
（四）煽动民族仇恨、民族歧视，破坏民族团结的；
（五）破坏国家宗教政策，宣扬邪教和封建迷信的；
（六）散布谣言，扰乱社会秩序，破坏社会稳定的；
（七）散布淫秽、色情、赌博、暴力、凶杀、恐怖或者教唆犯罪的；
（八）侮辱或者诽谤他人，侵害他人合法权益的；
（九）含有法律、行政法规禁止的其他内容的。

4.6.4 真实身份认证

互联网论坛社区是最需要落实真实身份认证制度的地方。

我国网络实名制早在 2012 年《全国人大常委会关于加强网络信息保护的决定》中已经明确，《网络安全法》再次重申了真实身份认证的相关制度。目前，我国实名认证制度是电信实名制与网络实名制的结合，一般用户根据手机号码的实名制就可以完成认证，但对于电商、主播、未成年人等特殊人群，则需要基于身份证等相关信息进行认证，主要体现在《规定》的第九条。

第一，互联网论坛社区服务提供者应当按照"后台实名、前台自愿"的原则，要求用户通过真实身份信息认证后注册账号，并对版块发起者和管理者实施真实身份信息备案、定期核验等。用户不提供真实身份信息的，互联网论坛社区服务提供者不得为其提供信息发布服务。对普通用户可以实行基于移动电话的实名认证，但对于版主、管理者还需要实施真实身份信息备案、定期核验等。按照《网络安全法》、《规定》等法律法规的相关要求，平台不能向未提供真实身份信息的用户提供信息发布服务。

第二，互联网论坛社区服务提供者应当加强对注册用户虚拟身份信息、版块名称简介等的审核管理，不得出现法律法规和国家有关规定禁止的内容。实践中存在个别违法者滥用"前台自愿"的管理原则，违反《互联网用户账号名称管理规定》，在虚拟昵称注册和自建版块介绍中夹杂大量荒诞、色情、诈骗、虚假宣传等相关有害信息。针对网络论坛社区的特点，《规定》要求平台对用户虚拟身份和网络版块简介等作出审核，这将更有利于减少电信诈骗、侵害未成年人权益等违法情况出现。

第三，互联网论坛社区服务提供者应当保护用户身份信息，不得泄露、篡改、毁损，不得非法出售或者非法向他人提供。《规定》重申了《网络安全法》关于个人信息安全的相关规定，强调了平台保护个人信息和身份信息的法律责任。

4.7 网络安全法执法典型案例

2017 年 8 月，本文收录了公安三所网络安全法律研究中心收集了自 2017 年 6 月 1 日起，各地落实《网络安全法》相关规定的典型执法案例，并做了修订和增加。

1. 发布法律法规禁止发布的信息案

2017 年 8 月 11 日，国家网信办指导北京市、广东省网信办分别对腾讯微信、新浪微博、百度贴吧立案，并依法展开调查。经北京市、广东省网信办初查，3 家网站的微信、微博、贴吧平台分别存在有用户传播暴力恐怖、虚假谣言、淫秽色情等危害国家安全、公共安全、社会秩序的信息。3 家网站平台涉嫌违反《网络安全法》等法律法规，对其平台用户发布的法律法规禁止发布的信息未尽到管理义务。

发布于：http://www.cac.gov.cn/2017-08/11/c_1121467425.htm

执法机构：北京市、广东省网信办。

处罚行为：未加强对用户发布的信息的管理，网站中存在法律、行政法规禁止发布或者传输的信息。

案例意义：当前最大的三家网络社交平台腾讯微信、新浪微博、百度贴吧成为国家网信办首次适用《网络安全法》进行立案调查的对象。

2．违法违规信息扩散案

2017年8月11日，东北大学毕业生李文星在BOSS直聘遭遇招聘诈骗、深陷传销组织致死事件引发社会广泛关注。北京市网信办、天津市网信办联合约谈了李文星之死的直接涉事招聘网站BOSS直聘法定代表人，要求该网站整改网站招聘信息。据悉，经相关部门调查，BOSS直聘在为用户提供信息发布服务过程中，违规为未提供真实身份信息的用户提供了信息发布服务；未采取有效措施对用户发布传输的信息进行严格管理，导致违法违规信息扩散。北京市网信办相关负责人表示，BOSS直聘的上述问题已违反《中华人民共和国网络安全法》第二十四条、第四十八条规定。

发布于：http://china.huanqiu.com/hot/2017-08/11116792.html

执法机构：北京市网信办、天津市网信办。

处罚行为：为未提供真实身份信息的用户提供信息发布服务；未采取有效措施对用户发布传输的信息进行严格管理，导致违法违规信息扩散。

处罚措施：责令改正。

法律依据：《网络安全法》第二十四条、六十一条、四十七条、六十八条。

案例意义：网信办依据网络安全法处罚的第一案。

3．未履行网络安全等级测评义务案

2017年7月20日，广东汕头网警支队在对该市网络安全等级保护重点单位进行执法检查时发现，汕头市某信息科技有限公司于2015年11月向公安机关报备的信息系统安全等级为第三级，经测评合格后投入使用，但2016年至今未按规定定期开展等级测评。

该公司之行为已违反《信息安全等级保护管理办法》第十四条第一款和网络安全法第二十一条第（五）项规定，未按规定履行网络安全等级测评义务。根据网络安全法第五十九条规定，广东汕头网警支队依法对该单位给予警告处罚并责令其改正。

发布于：http://www.thepaper.cn/newsDetail_forward_1755140

执法机构：广东汕头网警支队。

处罚行为：未按规定履行网络安全等级测评义务。

处罚措施：警告并责令其改正。

法律依据：《网络安全法》第二十一条、第五十九条第一款。

4．未依法留存用户登录相关网络日志案

重庆公安局网安总队在日常检查中发现，重庆市某科技发展有限公司自《网络安全法》正式实施以来，在提供互联网数据中心服务时，存在未依法留存用户登录相关网络日志的违法行为。公安机关根据《网络安全法》相关规定，决定给予该公司警告处罚，并责令限期15日内进行整改。

发布于：http://news.163.com/17/0801/22/CQPMM7H4000187VI.html

执法机构：重庆公安局网安总队。

处罚行为：未依法留存用户登录相关网络日志。

处罚措施：警告并责令其改正。

法律依据：《网络安全法》第二十一、第五十九条。

案例警示：网络日志留存是公安机关依法追查网络违法犯罪的重要基础和保证，能够准确、及时查询到不法分子的互联网日志，可为下一步循线追踪，查获不法分子打下坚实基础。遵守"日志留存"的相关规定，对网站运营者本身也有着极其重要的安全防护作用，不仅能够留存历史数据，更为未来可能发生的安全威胁消除了隐患。正因如此，《网络安全法》严格规范了网络运营者记录并留存网络日志的法定义务。

5. 网站黑客攻击入侵的网络安全事件案

2017年7月22日，宜宾市翠屏区"教师发展平台"网站因网络安全防护工作落实不到位，导致网站存在高危漏洞，造成网站发生被黑客攻击入侵的网络安全事件。宜宾网安部门在对事件进行调查时发现，该网站自上线运行以来，始终未进行网络安全等级保护的定级备案、等级测评等工作，未落实网络安全等级保护制度，未履行网络安全保护义务。根据《网络安全法》第五十九条第一款之规定，决定给予翠屏区教师培训与教育研究中心和直接负责的主管人员法定代表唐某某行政处罚决定，对翠屏区教师培训与教育研究中心处一万元罚款，对法人代表唐某某处五千元罚款。

发布于：http://news.163.com/17/0811/17/CRIV753F000187VE.html

执法机构：宜宾网安部门。

处罚行为：未落实网络安全等级保护制度，未履行网络安全保护义务。

处罚措施：对直接负责的主管人员罚款5000元，机构罚款1万元。

法律依据：《网络安全法》第二十一条、第五十九条。

6. 法律、行政法规禁止传输信息案

江苏宿迁市华睿科技有限公司服务器内接入一违法网站被民警发现，民警经勘验取证后，立即传唤该公司法人代表王某，要求对提供互联网接入服务的服务器内涉及法律、行政法规禁止传输的信息立即予以停止传输、采取消除等处置措施并保存有关记录，并根据《网络安全法》规定，给予上述公司警告处罚并要求其立即整改到位。

发布于：http://www.sohu.com/a/163690067_700293

执法机构：宿城公安分局。

处罚行为：提供互联网接入服务的服务器内存在涉及法律、行政法规禁止传输的信息。

处罚措施：警告并责令其改正。

法律依据：《网络安全法》第四十七、第六十八条。

7. 未采取危害网络安全行为的技术措施案

2017年6月至7月间，山西忻州市某省直事业单位网站存在SQL注入漏洞，严重威胁网站信息安全，连续被国家网络与信息安全信息通报中心通报。根据《中华人民共和国网络安全法》第二十一条第二款之规定，网络运营者应当按照网络安全等级保护制度的要求，采取防范计算机病毒和网络攻击、网络侵入等危害网络安全行为的技术措施；第五十九条第一款之规定，网络运营者不履行第二十一条规定的网络安全保护义务的，由有关主管部门责令改正，依法予以处置。山西忻州市网警认为，该单位之行为已违反《网络安全法》相关规定，忻州市、县两级公安机关网安部门对该单位进行了现场执法检查，依法给予行政警告处罚并责令其改正。

发布于：http://weibo.com/ttarticle/p/show?id=2309404133545370116717#_011/c_

1121467425.htm

　　执法机构：山西忻州市、县两级公安机关网安部门。

　　处罚行为：未按照网络安全等级保护制度的要求，采取防范计算机病毒和网络攻击、网络侵入等危害网络安全行为的技术措施。

　　处罚措施：警告并责令其改正。

　　法律依据：《网络安全法》第二十一条、第五十九条。

8．未对用户发布的禁止性信息尽到监管义务案

　　浙江省网信办发布消息称，经核查，淘宝网部分店铺存在售卖破坏计算机信息系统工具、售卖违禁管制物品、贩卖非法 VPN 工具、贩卖网络账号等突出问题；同花顺金融网、配音秀网存在导向不正、低俗恶搞等有害信息；蘑菇街互动网、虾米音乐网存在违法违规账号注册等问题。

　　浙江省网信办表示，上述平台和网站未能切实履行网上信息内容管理主体责任，未能对用户发布的禁止性信息尽到监管义务，违反了《网络安全法》《互联网信息服务管理办法》《互联网用户账号名称管理规定》等法律法规。

　　浙江省网信办责令 5 家网站立即开展自查自纠，全面清理有害信息，关闭相应违规账号，要求网站尽快健全信息审核、应急处置、技术支撑等方面的制度机制并限期提交整改报告。同时，对淘宝网提出警告，责令其举一反三，全面整改，下架违法违规商品，对违法违规店铺进行严肃处理；责令同花顺金融网全面开展专项检查，暂停有关系统运行，严肃追究有关人员责任；责令蘑菇街互动网、虾米音乐网暂停新用户注册 7 天。

　　发布于：http://news.xinhuanet.com/2017-08/17/c_1121500651.htm

　　执法机构：浙江省网信办。

　　处罚行为：淘宝网部分店铺存在售卖破坏计算机信息系统工具、售卖违禁管制物品、贩卖非法 VPN 工具、贩卖网络账号；同花顺金融网、配音秀网存在导向不正、低俗恶搞等有害信息；蘑菇街互动网、虾米音乐网存在违法违规账号注册等问题。

　　处罚措施：对淘宝网提出警告并责令其改正；责令同花顺金融网开展专项检查，暂停相关业务，追究有关人员责任；责令蘑菇街互动网、虾米音乐网暂停新用户注册 7 天。

　　法律依据：对淘宝网的处罚依据为《网络安全法》第四十七条、六十八条；对同花顺金融网、配音秀网的处罚依据为《网络安全法》第四十七条、六十八条；《互联网信息服务管理办法》第十六条；对蘑菇街互动网、虾米音乐网的处罚依据为《互联网用户账号名称管理规定》第四至八条，《网络安全法》第二十四条、六十一条。

9．侵犯公民个人信息案

　　浙江省湖州市警方破获了一起特大侵犯公民个人信息案，近百万条公民个人信息被犯罪嫌疑人先后倒卖给当地 10 余家装修公司。2017 年 6 月 5 日，专案组民警在湖州市区将芮某某抓获。从其住处缴获的电脑里，民警找到了大量还未删除的公民个人房产信息。经审查，犯罪嫌疑人芮某某交代了其自 2015 年下半年开始，通过非法手段获取湖州市吴兴区、南浔区、开发区、度假区近 20 个楼盘的购房者信息近 100 万条。这些个人信息被他分别贩卖给当地 10 余家装修公司。根据芮某某提供的线索，专案组乘胜追击，又抓获 16 名犯罪嫌疑人。这也是今年 6 月 1 日《网络安全法》实施后，浙江省破获的首例此类案件。截至目前，这起

案件中，警方已刑事处罚 17 人，等待他们的将是法律的严惩。

发布于：http://zjrb.zjol.com.cn/html/2017-07/13/content_3067078.htm?div=-1

执法机构：浙江省湖州市公安机关网安部门。

处罚行为：通过非法的手段获取公民个人信息，非法提供公民个人信息并获利。

处罚措施：刑事处罚。

法律依据：《网络安全法》第四十一条、四十四条，刑法第二百五十三条。

案件意义：刑法打击该类犯罪的抽象化法条进行了具体化。便捷与风险常常站在对立面。从最原始的诈骗电话、短信，到如今融汇各种技术、"剧情"的诈骗方式，社会的防范意识在增强，不法者的手段也在升级。能不能打赢网络安全这场"持久战"，关键在于守住公民个人信息的"红线"。

10．案例警示

从目前的执法案例中，各地网信部门主要针对网络运营者落实实名制、处置违法信息责任不到位的问题；公安机关主要针对的是网络运营者违反网络安全法第二十一条网络安全等级保护制度相关要求的问题。监管部门各负其责，随着各地公布了各自查处的违反《网络安全法》"第一案"。可以预见，未来会有越来越多的单位会被依据《网络安全法》处罚，会有越来越多的主管单位会依据《网络安全法》对违法单位进行处罚。北京网信办、天津网信办在行动，未来全国各地会有越来越多的网信办加入执法队伍中来。

《网络安全法》相关的执法行为逐渐走向常态。"你们可能一直在违法，只是没有处罚而已"，公开通报并处罚的这几起案例，多因未尽安全保护义务而受罚，也表明了公安部门、网信部门对网络安全事件的"有法可依，有法必依，执法必严，违法必究"的态度和决心。在此，时代确信呼吁广大信息、网络安全工作者，严格落实网络安全法相关条款，履行安全保护义务，加强普法宣传工作，切实提高网络安全防护能力。

第 5 章 网络安全等级保护 2.0 时代

5.1 等级保护 2.0 时代

等级保护在网络安全保障、网络强国建设方面起着至关重要的作用。随着信息技术的不断发展，特别是云计算、物联网等新技术的不断涌现和应用，开展等级保护工作面临着越来越多的新情况、新问题，基础信息网络与重要信息系统面临着日益严峻的威胁与挑战。为了适应新技术的发展，解决云计算、物联网、移动互联和工控领域信息系统的等级保护工作的需要，从 2014 年 3 月开始，由公安部牵头组织开展了信息技术新领域等级保护重点标准申报国家标准的工作，等级保护正式进入了 2.0 时代。

为什么说网络安全建设需要等级保护？先从网络安全现状来看。为了便于读者学习，本书中的信息系统全等级保护和网络安全等级保护等同，核心区别是 2.0 时代。

5.1.1 网络安全的现状

互联网飞速发展，中国进入信息化社会，从老百姓的衣食住行到国家重要基础设施，互联网无处不在，网络安全已经成为与国家、社会、个人息息相关的问题。对于国家而言，互联网安全已经成为国防安全、金融安全之上的第一安全；对于社会而言，没有互联网安全，社会的健康运作和有尊严的人格体系就无法建立；对于个人而言，失去互联网安全，人们将失去社会对于个人隐私的必要遮蔽，而处在一种时时处处被窥视和被算计的危险之中。

为了保障信息化安全、健康发展，我国在 2013 年 11 月 12 日正式成立国家安全委员会，并在 2014 年 2 月 27 日成立中共中央网络安全和信息化领导小组办公室，由国家主席习近平亲自挂帅，信息安全正式提升到国家战略高度。

2014 年 8 月 28 日，工业和信息化部发布《工业和信息化部关于加强电信和互联网行业网络安全工作指导意见》，提出以完善网络安全保障体系为目标，着力提高网络基础设施和业务系统安全防护水平，增强网络安全技术能力，强化网络数据和用户信息保护，推进安全可控关键软硬件应用，为维护国家安全、促进经济发展、保护人民群众利益和建设网络强国发挥积极作用。

2015 年 9 月 23 日，国家主席习近平在西雅图微软公司总部会见出席中美互联网论坛双方主要代表时发表讲话强调，当今时代，社会信息化迅速发展，如何治理互联网、用好互联网是各国都关注、研究、投入的大问题，没有人能置身事外。中国倡导建设和平、安全、开放、合作的网络空间，主张各国制定符合自身国情的互联网公共政策。

但是，我国的网络安全问题依旧突出。如安全意识的缺乏，网络对抗能力较弱，法律、经费和人才等网络安全方面的基础不牢,关键信息基础设施安全防护能力较差等。据 2014 年中国互联网网络安全报告称:我国基础网络仍存在较多漏洞风险,云服务日益成为网络攻击的重点目标;域名系统面临严峻的拒绝服务攻击,针对重要网站的域名解析篡改攻击频发;网络攻击威胁日益向工业互联网领域渗透,已发现我国部分地址感染专门针对工业控制系统的恶意程序事件;分布式反射型的拒绝服务攻击日趋频繁,大量伪造攻击数据包来自境外网络;针对重要信息系统、基础应用和通用软硬件漏洞的攻击利用活跃,漏洞风险向传统领域、智能终端领域泛化演进;网站数据和个人信息泄露现象依然严重,移动应用程序成为数据泄露的新主体移动恶;意程序不断发展演化,环境治理仍然面临挑战。

① 基础网络设备仍存在较多安全漏洞风险。随着基础网络安全防护工作的深入推进,发现和处置的深层次安全风险和事件逐渐增多。2014 年,CNCERT/CC 协调处置涉及基础电信企业的漏洞事件 1578 起,是 2013 年的 3 倍。CNVD 收录与基础电信企业软硬件资产相关的漏洞 825 个,其中与路由器、交换机等网络设备相关的漏洞占比达 66.2%,主要包括内置后门、远程代码执行等类型。这些漏洞可能导致网络设备或节点被操控,出现窃取用户信息、传播恶意代码、实施网络攻击、破坏网络稳定运行等安全事件。

② 云服务日益成为网络攻击的重点目标。我国基础电信企业和许多大型互联网服务商纷纷加快云平台部署,大力推广云服务,大量金融、游戏、电子商务、电子政务等业务迁移至云平台。2014 年,先后发生了多起因电力、机房线路和网络故障导致的云服务宕机事件,针对云平台的攻击事件也逐年增多。

③ 域名系统面临的拒绝服务攻击威胁进一步加剧。据抽样监测,2014 年针对我国域名系统的流量规模达 1 Gbps 以上的拒绝服务攻击事件日均约 187 起,约为 2013 年的 3 倍,攻击目标上至国家顶级域名系统,下至 CDN 服务商的域名解析系统。

④ 针对重要网站的域名解析篡改事件频发。2014 年发生了多起国内政府网站、重要媒体或企事业单位网站的域名解析被篡改的事件。经 CNCERT/CC 对我国政府网站(以.gov.cn 结尾)域名解析情况监测分析,10 月期间测试的 870 万余个域名中,约有 107 万余个域名被解析到境外 IP 地址,其中有 2.9 万个域名的 Web 端口能够访问,部分指向推广游戏、色情、赌博等内容的异常页面,还有部分页面被植入恶意代码,不仅影响网站管理方形象,甚至可能造成大面积网络安全危害。

⑤ 涉及重要行业和政府部门的高危漏洞事件增多。漏洞研究者对重要企事业单位信息系统安全问题的关注程度日益提升,在 2014 年收录的漏洞中,涉及电信行业的占 9.0%,涉及工控系统的占 2.0%,涉及电子政务的占 1.9%,CNCERT/CC 全年向政府机构和重要信息系统部门通报漏洞事件 9068 起,较 2013 年增长 3 倍。

⑥ 基础应用或通用软硬件漏洞风险凸显。2014 年,CNCERT/CC 通报处置通用软硬件漏洞事件 714 起,较 2013 年增长 1 倍。由于基础应用和通用软硬件产品部署广泛,漏洞容易被批量利用,而且定位和修复困难,影响范围可能波及全网,危害程度远大于一般漏洞。2017 年 4 月 8 日,开源加密协议 Op e n S SL 被披露存在内存泄露高危漏洞(CNVD 编号:CNVD-2014-02175,对应 CVE-2014-0160),又称为"心脏出血(HeartBleed)"漏洞。利用该漏洞可窃取服务器敏感信息,实时获取用户的账号和密码,危害波及大量互联网站、电子商务、网上支付、即时聊天、办公系统、邮件系统等。

据抽样统计,我国境内受该漏洞影响的 IP 地址超过 3 万个。2017 年 9 月 25 日,"破壳

（Bash Shell Shock）"漏洞几乎存在目前所有主流 UNIX/Linux 操作系统平台如 Redhat、Fedora、CentOS、Ubuntu、Debian、MAC OS，不仅包括服务器系统，还包括交换机、防火墙、网络设备以及摄像头、IP 电话等许多基于 Linux 的定制系统，影响范围比"心脏出血"漏洞更严重。在我国使用微软操作系统的用户中，超过半数仍在使用 Windows XP 系统，这些用户在未来相当长的一段时间内将面临严重的"零日攻击"风险。

⑦ 漏洞威胁向传统领域泛化演进。随着信息化发展，传统广播电视、公共管理、社会服务等领域与互联网紧密融合，漏洞威胁也在演化跟进。2014 年，CNCERT/CC 处置多起公共服务管理系统存在漏洞风险的事件，涉及公共场所 LED 信息管理、高速公路视频监控、区域车辆 GPS 调度监控等。这些漏洞一旦被利用，将直接影响日常交通管理和公众生活。

⑧ 漏洞威胁向新兴智能设备领域延伸。2014 年，移动互联网与传统产业结合催生智能硬件新业态，智能手环、智能手表等可穿戴设备、互联网电视等产品成为市场热点，智能汽车、智能家居、智慧城市成为新时尚，随着终端设备的功能和性能大幅提升，面临的安全威胁随之增大。例如，国外某著名电动汽车车载控制系统存在安全漏洞，导致攻击者可远程控制车辆，实现开锁、鸣笛、闪灯、开启天窗等操作。2014 年已经发现一些 ADSL 终端、智能监控设备、智能路由器、网络摄像头、机顶盒等联网智能设备被黑客控制发起网络攻击，这些联网智能设备普遍存在弱口令、配置不当等安全问题，很容易被攻击者安装木马变成"肉鸡"长期进行控制。

《中华人民共和国网络安全法》在 2017 年 6 月 1 日施行，作为网络安全基础性法律，在第二十一条明确规定了"国家实行网络安全等级保护制度，要求网络运营者应当按照网络安全等级保护制度要求，履行安全保护义务"；第三十一条规定"对于国家关键信息基础设施，在网络安全等级保护制度的基础上，实行重点保护"。等级保护制度在今天已上升为法律，并在法律层面确立了其在网络安全领域的基础、核心地位，正如业内所言，不做等级保护就是违法了。

从现状可以看出，网络安全的保护对象发展变化，不再局限于传统的信息系统保护，还包括云计算、工业控制系统、国家关键信息基础设施。网络安全等级保护工作内容不再局限于测评整改，还包括漏洞及时预警和应急处置。因此，站在国家战略高度，开展网络安全等级保护工作，是信息化建设的常规工作，是信息安全的重要抓手，也是保障信息安全，维护网络空间安全、国家安全、公共利益和社会稳定的战略工作。

5.1.2 如何理解等级保护 2.0

1994 年，国务院颁布《中华人民共和国计算机信息系统安全保护条例》，在第九条规定，计算机信息系统实行安全等级保护。至今算起来已有 20 多个年头，一路走来，等级保护与国家信息化发展相生相伴，从探索到成熟、从各方质疑到达成广泛共识，已经成为我们国家信息安全领域影响最为深远的保障制度。

1. 2.0 时代，网络安全等级保护在国家网络空间战略发挥重要作用

当前我们国家正面临经济社会结构调整和转型，信息技术已经成为新的引擎，等级保护将继续扮演不可替代的重要角色。同时，网络空间已经成为与陆地、海洋、天空、太空同等重要的人类活动新领域，网络空间主权成为了国家主权的一个新维度。维护网络空间主权的重心在网络空间安全，等级保护的防护核心始终是关键信息基础设施保护。因此，网络安全等级保护将在国家网络空间战略发挥重要作用。

2. 2.0 时代，等级保护制度法制化

《中华人民共和国网络安全法》是我国网络安全方面的基本大法，是网络安全基础性法律。在第二十一条明确规定了"国家实行网络安全等级保护制度"，第三十一条规定"对于国家关键信息基础设施，在网络安全等级保护制度的基础上，实行重点保护"。因此，等级保护制度自 2017 年 6 月 1 日起上升为法律。网络安全等级保护制度法制化，在法律层面确立了其在网络安全领域的基础、核心地位。网络运营者履行网络安全等级保护将是违法行为。

3. 2.0 时代，等级保护保护对象丰富化、具体化

早在 2003 年，中办、国办转发的《国家信息化领导小组关于加强信息安全保障工作的意见》中指出，"要重点保护基础信息网络和关系国家安全、经济命脉、社会稳定等方面的重要信息系统"，这个定义就是网络安全法中的"关键信息基础设施"。所以说，等级保护的核心从未改变。但是，随着云计算、移动互联、大数据、物联网、人工智能等新技术不断涌现，计算机信息系统的概念已经不能涵盖全部，特别是互联网快速发展带来大数据价值的凸显，这些都要求等级保护外延的拓展。新的系统形态、新业态下的应用、新模式背后的服务、重要数据和资源统统进入了等级保护的视野。具体对象囊括了大型互联网企业、基础网络、重要信息系统、网站、大数据中心、云计算平台、物联网系统、移动互联网、工业控制系统、公众服务平台等。

4. 2.0 时代，等级保护内涵精准化

在 2.0 时代之前，等级保护包括 5 个规定动作，即定级、备案、建设整改、等级测评和监督检查。那么在 2.0 时代，等保的内涵将更加精准化。风险评估、安全监测、通报预警、案事件调查、数据防护、灾难备份、应急处置、自主可控、供应链安全、效果评价、综治考核等这些与网络安全密切相关的措施都将全部纳入等级保护制度并加以实施。

5. 2.0 时代，等级保护制度体系更完善，机制更灵活

这些年来，等级保护工作一直是在顶层设计下，以体系化的思路逐层展开、分步实施。2.0 时代，主管部门将继续制定出台一系列政策法规和技术标准，形成运转顺畅的工作机制，在现有体系基础上，建立完善等级保护政策体系、标准体系、测评体系、技术体系、服务体系、关键技术研究体系、教育训练体系等。等级保护也将作为核心，围绕它来构建起安全监测、通报预警、快速处置、态势感知、安全防范、精确打击等为一体的国家关键信息基础设施安全保卫体系，如图 5-1 所示。

可见，等级保护将发挥国家制度优势，集中各方力量应对各种挑战。从"信息安全等级保护制度"到"网络安全等级保护制度"的变更，不难看出，等级保护不仅从信息安全扩大到网络安全，更从国家制度变更为国家法律，表达的是国家对保障网络空间安全的自信。接下来的 2.0 时代，等级保护将根据信息技术发展应用和网络安全态势，不断丰富制度内涵、拓展保护范围、完善监管措施，逐步健全网络安全等级保护制度政策、标准和支撑体系。

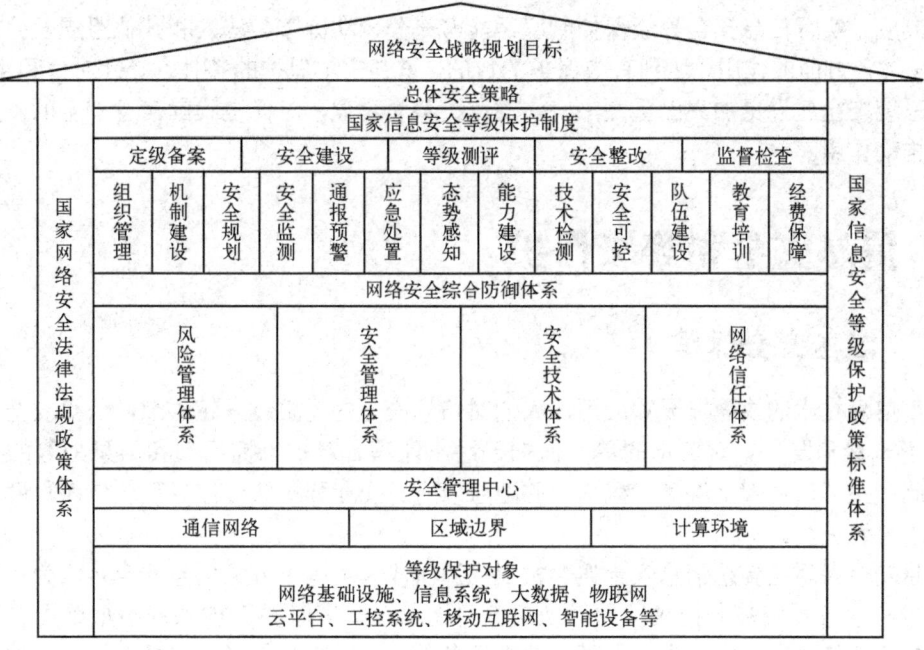

```
                        网络安全战略规划目标
┌─────┬─────────────────────────────────────────────────┬─────┐
│     │               总体安全策略                        │     │
│     │           国家信息安全等级保护制度                  │     │
│     │  定级备案 │ 安全建设 │ 等级测评 │ 安全整改 │ 监督检查  │     │
│ 国   │ 组│机│安│安│通│应│态│能│技│安│队│教│经              │ 国   │
│ 家   │ 织│制│全│全│报│急│势│力│术│全│伍│育│费              │ 家   │
│ 网   │ 管│建│规│监│预│处│感│建│检│可│建│培│保              │ 信   │
│ 络   │ 理│设│划│测│警│置│知│设│测│控│设│训│障              │ 息   │
│ 安   ├───────────────────────────────────────────────┤ 安   │
│ 全   │           网络安全综合防御体系                   │ 全   │
│ 法   │ 风险  │ 安全   │ 安全    │ 网络              │ 等   │
│ 律   │ 管理  │ 管理   │ 技术    │ 信任              │ 级   │
│ 法   │ 体系  │ 体系   │ 体系    │ 体系              │ 保   │
│ 规   ├───────────────────────────────────────────────┤ 护   │
│ 政   │              安全管理中心                       │ 政   │
│ 策   │  通信网络    │   区域边界   │   计算环境         │ 策   │
│ 体   ├───────────────────────────────────────────────┤ 标   │
│ 系   │              等级保护对象                       │ 准   │
│     │ 网络基础设施、信息系统、大数据、物联网              │ 体   │
│     │ 云平台、工控系统、移动互联网、智能设备等            │ 系   │
└─────┴─────────────────────────────────────────────────┴─────┘
```

图 5-1 网络安全等级保护架构

5.1.3 开展等级保护的重要意义

近年来，党中央、国务院高度重视，有关方面协调配合、共同努力，我国信息安全保障工作取得了很大进展。但是从总体上看，我国的信息安全保障工作尚处于起步阶段，基础薄弱，水平不高，存在以下突出问题：

① 信息安全意识和安全防范能力薄弱，信息安全滞后于信息化发展；
② 信息系统安全建设和管理的目标不明确；
③ 信息安全保障工作的重点不突出；
④ 信息安全监督管理缺乏依据和标准，监管措施有待到位，监管体系尚待完善。

随着信息技术的高速发展和网络应用的迅速普及，我国国民经济和社会信息化进程全面加快，信息系统的基础性、全局性作用日益增强，信息资源已经成为国家经济建设和社会发展的重要战略资源之一。保障信息安全，维护国家安全、公共利益和社会稳定，是当前信息化发展中迫切需要解决的重大问题。

实施信息安全等级保护，能够有效地提高我国信息和信息系统安全建设的整体水平，有利于在信息化建设过程中同步建设信息安全设施，保障信息安全与信息化建设相协调；有利于为信息系统安全建设和管理提供系统性、针对性、可行性的指导和服务，有效控制信息安全建设成本；有利于优化信息安全资源的配置，对信息系统分级实施保护，重点保障基础信息网络和关系国家安全、经济命脉、社会稳定等方面的重要信息系统的安全；有利于明确国家、法人和其他组织、公民的信息安全责任，加强信息安全管理；有利于推动信息安全产业的发展，逐步探索出一条适应社会主义市场经济发展的信息安全模式。

信息安全等级保护制度是国家在国民经济和社会信息化的发展过程中，提高信息安全保障能力和水平，维护国家安全、社会稳定和公共利益，保障和促进信息化建设健康发展的一项基本制度。实行信息安全等级保护制度，能够充分调动国家、法人和其他组织及公民的积极性，发挥各方面的作用，达到有效保护的目的，增强安全保护的整体性、针对性和实效性，使信息系统安全建设更加突出重点、统一规范、科学合理，对促进我国信息安全的发展将起到重要推动作用。

5.2 信息安全和等级保护

5.2.1 信息安全保障

随着信息技术的快速发展和应用，人们对信息安全的需求越来越强烈，信息安全的概念也得到了丰富和发展。对信息的单一保护已经不能满足对抗恐怖活动和信息战等的安全需求，因此产生了信息安全保障的概念，并随着政府、企业和军队对信息系统依赖程度的增大而得到了普遍关注。

信息安全保障是传统信息安全概念发展的新阶段。美国军方将信息安全定义为：保护和预防信息和信息系统被非授权访问以及对信息的篡改，同时要保护系统不拒绝用户正常使用。欧共体把信息安全定义为：在既定的密级条件下，网络与信息系统抵御意外事件或恶意行为的能力。这些事件和行为将危及所存储和传输的数据以及由这些网络和系统所提供的服务的可用性、真实性和保密性。综合考虑，信息安全的目标就是保护信息系统中信息的保密性、完整性和可用性。

信息安全保障与通信保密、信息安全两个概念相比，其层次更高，提供的安全保障更全面。信息安全保障不仅要求保证信息在存储、传输和使用过程中的保密性、完整性、真实性、可用性和不可否认性，还要求把信息系统建设成一个具有预警、保护、检测、响应、恢复和反击等六大能力的纵深防御体系。

党中央、国务院高度重视重要信息系统信息安全保障工作，相继下发了《国家信息化领导小组关于加强信息安全保障工作的意见》（中办发〔2003〕27号）、《2006－2020年国家信息化发展战略》（中办发〔2006〕11号）等重要文件。电力、交通、广播电视、银行、证券等事关国计民生的重要行业的重要信息系统信息安全保障能力的基础性、全局性日益凸显。在这些文件的指导下，国家相关部门针对各行业重要信息系统相继开展了信任体系建设、监控体系建设、应急处置机制建设以及等级保护、风险评估等工作，并取得了显著成效。进一步完善行业重要信息系统的信息安全保障工作，维护国家安全和社会稳定，保障和促进信息化健康发展。

5.2.2 信息安全模型

1. PDR 安全模型

PDR 模型源自美国国际互联网安全系统公司 ISS 提出的自适应网络安全模型 ANSM（Adaptive Network Security Model），是一个可量化、可数学证明、基于时间的安全模型，如图 5-2 所示，PDR 的意义如下。

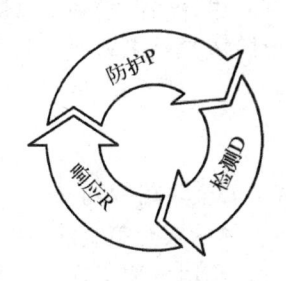

图 5-2 PDR 模型

Protection（保护）：采用一系列手段（识别、认证、授权、访问控制、数据加密）保障数据的保密性、完整性、可用性、可控性和不可否认性等。

Detection（检测）：利用各类工具检查系统可能存在的供黑客攻击、病毒泛滥的脆弱性，即入侵检测、病毒检测等。

Response（响应）：对危及安全的事件、行为、过程及时作出响应处理，杜绝危害的进一步蔓延扩大，力求将安全事件的影响降到最低。

PDR 模型是建立在基于时间的安全理论基础之上的，该理论的基本思想是：信息安全相关的所有活动，无论是攻击行为、防护行为、检测行为还是响应行为，都要消耗时间，因而可以用时间尺度来衡量一个体系的能力和安全性。要实现安全，必须让防护时间大于检测时间加上响应时间：

$$Pt > Dt + Rt$$

Pt：攻击成功所需时间被称为安全体系能够提供的防护时间。
Dt：在攻击发生的同时，检测系统发挥作用，攻击行为被检测出来需要的时间。
Rt：检测到攻击之后，系统会作出应有的响应动作，所需时间被称作响应时间。
如图 5-3 所示，PDR 模型用下列时间关系表达式来说明信息系统是否安全：

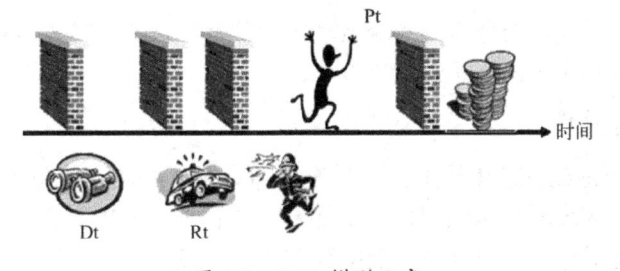

图 5-3 PDR 模型示意

- ❖ $Pt > Dt + Rt$，系统安全，即在安全机制针对攻击、破坏行为作出了成功的检测和响应时，安全控制措施依然在发挥有效的保护作用，攻击和破坏行为未给信息系统造成损失。
- ❖ $Pt < Dt + Rt$，系统不安全，即信息系统的安全控制措施的有效保护作用，在正确的检测和响应作出之前已经失效，破坏和攻击行为已给信息系统造成了实质性破坏和影响。

在 PDR 模型的推动下，以及漏洞扫描、入侵检测（IDS）等产品厂商的宣传下，不少企业意识到了信息系统安全性问题,并且也开始慢慢接受了信息安全这一只有投入没有产出的职能作为公司不可缺少的一部分。此阶段是杀毒软件、防火墙等网络防护工具以及备份软件和磁带机大力发展的时代。

2. PPDR 安全模型

PPDR 模型由 4 个主要部分组成:安全策略(Policy)、保护(Protection)、检测(Detection)和响应(Response)。PPDR 模型是在整体的安全策略的控制和指导下,综合运用防护工具(如防火墙、身份认证、加密等)的同时,利用检测工具(如漏洞评估、入侵检测系统)了解和评估系统的安全状态,通过适当的响应将系统调整到一个比较安全的状态。保护、检测和响应组成了一个完整的、动态的安全循环,如图 5-4 所示。

图 5-4 PPDR 模型

策略是 PPDR 模型的核心,意味着网络安全要达到的目标,决定各种措施的强度。

保护是安全的第一步,包括:制定安全规章(以安全策略为基础制定安全细则)、配置系统安全(配置操作系统、安装补丁等)、采用安全措施(安装使用防火墙、VPN 等)。

检测是对上述二者的补充,通过检测发现系统或网络的异常情况,发现可能的攻击行为。

响应是在发现异常或攻击行为后系统自动采取的行动,目前的入侵响应措施比较单一,主要是关闭端口、中断连接、中断服务等方式。

3. P2DR2 安全模型

P2DR2 安全模型是在 P2DR 模型上的扩充。即策略(Policy)、防护(Protection)、检测(Detection)、响应(Response)和恢复(Restore)。该模型与 P2DR 安全模型非常相似,区别在于将恢复环节提到了与防护、检测、响应环节相同的高度。

4. P2OTPDR2 安全模型

P2OTPDR2 安全模型即策略(Policy)、人(People)、操作(Operation)、技术(Technology)、防护(Protection)、检测(Detection)、响应(Response)和恢复(Restore)。

P2OTPDR2 分为三个层次,最核心的部分是安全策略,安全策略在整个安全体系的设计、实施,维护和改进过程中都起着重要的指导作用,是一切信息安全实践活动的方针和指南。模型的中间层次体现了信息安全的三个基本要素:人员、技术和操作,这构成了整个安全体系的骨架。从本质上讲,安全策略的全部内容就是对这三个要素的阐述。当然,这三个要素中,人是唯一具有能动性的,是第一位的。模型的外围是构成信息安全完整功能的 PDRR 模型的四个环节，信息安全三要素在这四个环节中都有渗透，并最终表现出信息安全完整的目标形态。

P2OTPDR2 模型各层次间的关系如下：在策略核心的指导下，三要素（人、技术、操作）紧密结合协同作用，最终实现信息安全的四项功能（防护、检测、响应、恢复），构成完整的信息安全体系。

5．MAP2DR2 安全模型

MAP2DR2 安全模型以管理为中心、以安全策略为基础、以审计为主导，从而采用防护、侦测、响应、恢复手段构建贯穿整个网络安全事件生命周期的动态网络安全模型。

MAP2DR2 安全模型由 P2DR2 安全模型发展而来，在 P2DR2 安全模型的基础上增加了管理（Management）和审计（Audit），形成了由策略（Policy）、管理（Management）、审计（Audit）、防护（Protection）、检测（Detection）、响应（Response）和恢复（Restore）组成的全面安全防护体系

6．纵深防御模型

信息安全纵深防御（Defense-in-Depth）是在当今高度网络化的环境中实现信息保障的一个重要的战略，并已得到了广泛的应用和实践。纵深防御战略最早出现于美国国家安全局公开发布的信息安全保障技术框架（Information Assurance Technical Framework，IATF）中，为保障美国政府和工业的信息基础设施提供了技术指南。

信息安全保障技术框架（IATF）文件的编制是帮助那些要定义和理解其技术需求、选择满足其需求的方案等的各种读者。其目标读者包括系统安全工程师、用户、科学家、研究者、产品和服务厂商、标准组织以及相关联盟。其目的是提高信息安全保障（IA）技术的意识、表达信息系统（IS）用户的信息安全保障需求、为解决信息安全保障问题提供指南。

对信息安全保障技术框架（IATF）纵深防御战略的理解如下：

纵深防御是一种信息安全保障的策略，在 IATF 中首先提出了纵深防御战略的三个主要层面——人、技术和运行维护，主要讨论了人在技术支持下进行运行维护的信息安全保障问题，如图 5-5 所示。

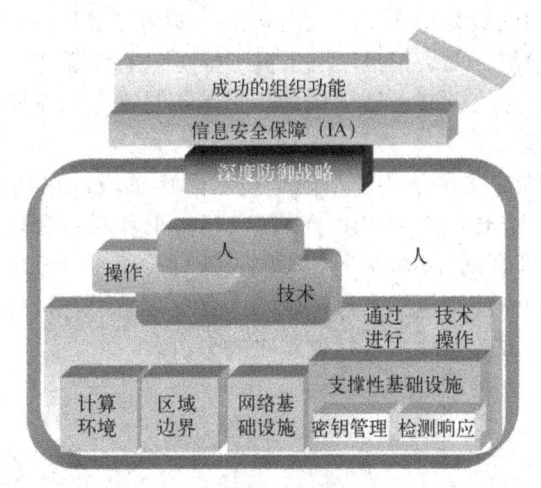

图 5-5 信息安全保障技术框架

纵深防御战略的技术方案，虽然纵深防御战略包含了人、技术和运行维护三个层面，但信息安全保障技术框架（IATF）中主要讨论了纵深防御的技术方面，从技术方面，根据信息安全的需求，将信息系统解构为保护网络和基础设施、保护区域边界、保护计算环境和支撑性基础设施四个基本方面，描述了其分层多点的技术安全保障方案。

（1）保卫网络和基础设施

保卫网络和基础设施方面描述了网络通信的主要类型——用户通信、控制通信和管理通信，以及确保这些网络服务可用和安全的基本要求。一个组织应该同其网络的商业载波提供方建立起明确的服务级别协定（Service Level Agreements，SLA）来限定可靠性、优先级和访问控制的度量标准，从而得以对它的网络和支撑网络的基础设施进行保卫。一个组织必须认识到，它的数据有可能在传输时处于非保护状态下，因此必须采取其他步骤来保护数据的安全性，包括主干网的可用性、无线网络的安全、系统高度互联和VPN、声音网络的安全和多重安全层。

（2）保卫边界/外部连接

保卫边界/外部连接方面关注对流入和流出一个边界的数据进行有效的控制和监视。控制措施包括防火墙、门卫系统、虚拟私有网（VPN）以及标识和鉴别/远程用户访问控制机制等；监视机制包括基于网络的入侵检测系统（IDS）、脆弱性扫描以及局域网病毒检测。这些机制可以单独作用，也可以彼此协调工作，从而为边界内的系统提供保护。虽然边界保护的焦点在于保护边界内部，防止外来攻击，但一个得到保护的边界也可以使用有关的技术和机制来抵御恶意的"内部人士"，这些内部人士可以从边界内部来发动攻击，或者通过开放访问路径或转换信道来为外部的攻击者提供方便，如防火墙、门卫系统、病毒/恶意代码监测系统、IDS、多级安全系统。用来保卫边界的这些IA战略应该灵活地使用那些对安全边界之间以及安全边界和外部系统之间的通信进行管理和控制的政策。IA战略还必须提供管理模块来验证这些政策的一致性。

（3）保卫计算环境

计算环境包括终端用户工作站——台式机和笔记本，工作站中包括周边设备。深度保卫战略的一个基本原则是防止穿透网络并对计算环境的信息的保密性、完整性和可用性造成破坏的计算机攻击，对于那些最终得逞了的攻击来说，早期的检测和有效的响应是很关键的。不断的或周期性的入侵检测、网络扫描以及主机扫描可以验证那些已经配置的保护系统的有效性。这方面还包括基于主机的感应器，包括几乎是实时操作的感应器和离线的感应器。

（4）支撑性基础设施

支撑性基础设施是纵深防御战略的第四个技术焦点领域，包括两类支撑性基础设施：KMI/PKI、检测和响应。KMI/PKI关注用于管理公钥证书和对称密码的技术、服务和过程。IATF推荐了在实现全球信息网（GID）所定义的三个保障级别（基本级、中级和高级）时所需要的功能部件。检测和响应则包括了对可疑的计算机攻击进行报警、检测和特征化，并研究如何对事件进行有效响应并对攻击进行调查式的分析。

5.2.3 等级保护

1. 基本概念

信息安全等级保护是指对国家秘密信息、法人和其他组织及公民的专有信息以及公开信息和存储、传输、处理这些信息的信息系统分等级实行安全保护，对信息系统中使用的信息安全产品实行按等级管理，对信息系统中发生的信息安全事件分等级响应、处置。信息安全等级保护是提高信息安全保障能力和水平，维护国家安全、社会稳定和公共利益，保障和促进信息化建设健康发展的一项基本制度。

依据《计算机信息系统安全保护等级划分准则》，计算机信息系统是由计算机及其相关的和配套的设备、设施（含网络）构成的，按照一定的应用目标和规则对信息进行采集、加工、存储、传输、检索等处理的人机系统。

2．核心内涵

国家通过制定统一的信息安全等级保护管理规范和技术标准，组织公民、法人和其他组织对信息系统分等级实行安全保护，对等级保护工作的实施进行监督、管理。在国家统一政策指导下，各单位、各部门依法开展等级保护工作，有关职能部门对信息安全等级保护工作实施监督管理。实行信息安全等级保护，是在信息安全保障工作中国家意志的体现，具有明显的强制性。

3．等级划分

信息安全等级保护是将全国的信息系统（包括网络）按照重要性和遭受损坏后的危害程度分成五个安全保护等级，从第一级到第五级，逐级增高。各信息系统在坚持自主定级、自主保护的原则下，应当根据信息系统在国家安全、经济建设、社会生活中的重要程度，信息系统遭到破坏后对国家安全、社会秩序、公共利益以及公民、法人和其他组织的合法权益的危害程度等因素确定保护等级。

根据信息系统在国家安全、经济建设、社会生活中的重要程度，以及信息系统遭到破坏后对国家安全、社会秩序、公共利益，以及公民、法人和其他组织的合法权益的危害程度等因素，将信息系统安全等级由低到高分为五个等级。

第一级为自主保护级，适用于一般的信息和信息系统，其受到破坏后，会对公民、法人和其他组织的权益有一定影响，但不危害国家安全、社会秩序、经济建设和公共利益。

第二级为指导保护级，适用于一定程度上涉及国家安全、社会秩序、经济建设和公共利益的一般信息和信息系统，其受到破坏后，会对国家安全、社会秩序、经济建设和公共利益造成一定损害。

第三级为监督保护级，适用于涉及国家安全、社会秩序、经济建设和公共利益的信息和信息系统，其受到破坏后，会对国家安全、社会秩序、经济建设和公共利益造成较大损害。

第四级为强制保护级，适用于涉及国家安全、社会秩序、经济建设和公共利益的重要信息和信息系统，其受到破坏后，会对国家安全、社会秩序、经济建设和公共利益造成严重损害。

第五级为专控保护级，适用于涉及国家安全、社会秩序、经济建设和公共利益的重要信息和信息系统的核心子系统，其受到破坏后，会对国家安全、社会秩序、经济建设和公共利益造成特别严重损害。

4．等级监管

国家通过制定统一的管理规范和技术标准，组织行政机关、公民、法人和其他组织根据信息和信息系统的不同重要程度开展有针对性的保护工作。国家对不同安全保护级别的信息和信息系统实行不同强度的监管政策。

第一级依照国家管理规范和技术标准进行自主保护；

第二级在信息安全监管职能部门指导下依照国家管理规范和技术标准进行自主保护；

第三级依照国家管理规范和技术标准进行自主保护，信息安全监管职能部门对其进行监督、检查；

第四级依照国家管理规范和技术标准进行自主保护，信息安全监管职能部门对其进行强制监督、检查；

第五级依照国家管理规范和技术标准进行自主保护，国家指定专门部门、专门机构进行专门监督。

5．等级保护的五目标

通过实施信息安全等级保护，信息系统需要达到如下五方面的目标：一是信息系统安全管理水平明显提高；二是信息系统安全防范能力明显增强；三是信息系统安全隐患和安全事故明显减少；四是有效保障信息化健康发展；五是有效维护国家安全、社会秩序和公共利益。

6．等级保护制度特点

等级保护制度的特点如下：一是紧迫性，信息安全滞后于信息化发展，重要信息系统的安全保障需求迫切；二是全面性，内容涉及广泛，各单位各部门落实；三是基础性，等级保护是国家的一项基本制度、基本国策；四是强制性，要求公安机关等监管部门进行监督、检查、指导等级保护工作；五是规范性，国家出台系列政策和标准，保障等级保护工作的开展。六是法律性，网络安全等级保护制度上升为国家法律，要求网络运营者必须执行。

5.3 网络安全等级保护的基本内容

5.3.1 角色及其职责

1．国家监管部门

公安机关负责信息安全等级保护工作的监督、检查、指导，是等级保护工作的牵头部门。国家保密工作部门负责等级保护工作中有关保密工作的监督、检查、指导；国家密码管理部门负责等级保护工作中有关密码工作的监督、检查、指导；涉及其他职能部门管辖范围的事项，由有关职能部门依照国家法律法规的规定进行管理；国务院信息化工作办公室及地方信息化领导小组办事机构负责等级保护工作的部门间协调。

2．等级保护协调工作小组

负责信息安全等级保护工作组织领导，制定本地区、本行业开展信息安全等级保护的工作部署和实施方案，并督促有关单位落实，研究、协调、解决等级保护工作中的重要工作事项，及时通报或报告等级保护实施工作的相关情况。

3．信息系统主管部门

负责依照国家信息安全等级保护的管理规范和技术标准，督促、检查和指导本行业、本部门或者本地区信息系统运营、使用单位的信息安全等级保护工作。

4．信息系统运营、使用单位

负责依照国家信息安全等级保护的管理规范和技术标准，确定其信息系统的安全保护等级，有主管部门的，应当报其主管部门审核批准；根据已经确定的安全保护等级，到公安机关办理备案手续；按照国家信息安全等级保护管理规范和技术标准，进行信息系统安全保护的规划设计；使用符合国家有关规定，满足信息系统安全保护等级需求的信息技术产品和信息安全产品，开展信息系统安全建设或者改建工作；制定、落实各项安全管理制度，定期对信息系统的安全状况、安全保护制度及措施的落实情况进行自查，选择符合国家相关规定的等级测评机构，定期进行等级测评；制定不同等级信息安全事件的响应、处置预案，对信息系统的信息安全事件分等级进行应急处置。

5．信息安全服务机构

负责根据信息系统运营、使用单位的委托，依照国家信息安全等级保护的管理规范和技术标准，协助信息系统运营、使用单位完成等级保护的相关工作，包括确定其信息系统的安全保护等级、进行安全需求分析、安全总体规划、实施安全建设和安全改造等。

6．信息安全等级测评机构

负责根据信息系统运营、使用单位的委托或根据国家管理部门的授权，协助信息系统运营、使用单位或国家管理部门，按照国家信息安全等级保护的管理规范和技术标准，对已经完成等级保护建设的信息系统进行等级测评；对信息安全产品供应商提供的信息安全产品进行安全测评。

7．信息安全产品供应商

信息安全产品供应商负责按照国家信息安全等级保护的管理规范和技术标准，开发符合等级保护相关要求的信息安全产品，接受安全测评；按照等级保护相关要求销售信息安全产品并提供相关服务。

8．信息安全等级保护专家组

信息安全等级保护专家组宣传等级保护相关政策、标准；指导备案单位研究拟定贯彻实施意见和建设规划、技术标准的行业应用；参与定级和安全建设整改方案论证、评审；协助发现树立典型、总结经验并推广；跟踪国内外信息安全技术最新发展，开展等级保护关键技术研究；研究提出完善等级保护政策体系和技术体系的意见和建议。

5.3.2 工作环节

根据《信息安全等级保护管理办法》的规定，等级保护主要由5个环节组成：定级、备案、建设整改、等级测评、安全监管。

1．定级

定级是信息安全等级保护的首要环节和关键环节，通过定级可以梳理各行业、各部门、各单位的信息系统类型、重要程度和数量等基本信息，确定分级保护的重点。定级不准，系统备案、建设、整改、等级测评等后续工作都会失去意义，信息系统安全就没有保证。

依据《关于开展全国重要信息系统安全等级保护定级工作的通知》要求，信息系统定级按照自主定级、专家评审、主管部门审批、公安机关备案的工作流程进行。

首先,开展信息系统基本情况的摸底调查。各行业主管部门、运营使用单位开展对所属信息系统的摸底调查,全面掌握信息系统的数量、分布、业务类型、应用或服务范围、系统结构等基本情况,按照《信息安全等级保护管理办法》和《信息系统安全等级保护定级指南》的要求,确定定级对象。各行业主管部门要根据行业特点提出指导本地区、本行业定级工作的具体意见。

其次,初步确定定级对象的安全保护等级,起草定级报告。跨省或者全国统一联网运行的信息系统可以由主管部门统一确定安全保护等级。涉密信息系统的等级确定按照国家保密局的有关规定和标准执行。

第三,专家评审和主管单位审批。初步确定信息系统安全保护等级后,可以聘请专家进行评审。对拟确定为第四级以上信息系统的,由运营使用单位或主管部门请国家信息安全保护等级专家评审委员会评审。运营使用单位或主管部门参照评审意见最后确定信息系统安全保护等级,形成定级报告。当专家评审意见与信息系统运营使用单位或其主管部门意见不一致时,由运营使用单位或主管部门自主决定信息系统安全保护等级。信息系统运营使用单位有上级行业主管部门的,确定的信息系统安全保护等级应当报经上级行业主管部门审批同意。

第四,公安机关备案。公安机关对安全保护等级审核把关,合理确定信息系统安全保护等级。发现定级不准的,应当通知运营使用单位或其主管部门重新审核确定。

2. 备案

信息系统安全保护等级为第二级以上的信息系统运营使用单位或主管部门需要到公安机关办理备案手续,提交有关备案材料及电子数据文件。隶属于中央的在京单位,其跨省或者全国统一联网运行并由主管部门统一定级的信息系统,由主管部门向公安部办理备案手续。跨省或者全国统一联网运行的信息系统在各地运行、应用的分支系统,向当地设区的市级以上公安机关备案。公安机关负责受理备案并进行备案管理。信息系统备案后,公安机关应当对信息系统的备案情况进行审核,对符合等级保护要求的,颁发信息系统安全保护等级备案证明。发现不符合《信息安全等级保护管理办法》及有关标准的,应当通知备案单位予以纠正。

3. 建设整改

信息系统确定等级后,按照等级保护标准规范要求,建立健全并落实符合相应等级要求的安全管理制度,明确落实安全责任;结合行业特点和安全需求,制定符合相应等级要求的信息系统安全技术建设整改方案,开展信息安全等级保护安全技术措施建设。经测评未达到安全保护要求的,要根据测评报告中的改进建议,制定整改方案并进一步进行整改。

4. 等级测评

等级测评工作,是指测评机构依据国家信息安全等级保护制度规定,按照有关管理规范和技术标准,对非涉及国家秘密信息系统安全等级保护状况进行检测评估的活动。选择由省级(含)以上信息安全等级保护工作协调小组办公室审核并备案的测评机构,对第三级(含)以上信息系统开展等级测评工作。等级测评机构依据《信息系统安全等级保护测评要求》等标准对信息系统进行测评,对照相应等级安全保护要求进行差距分析,排查系统安全漏洞和隐患并分析其风险,提出改进建议,按照公安部制订的信息系统安全等级测评报告格式编制等级测评报告。各部门要及时向受理备案的公安机关提交等级测评报告。对于重要部门的第二级信息系统，可以参照上述要求开展等级测评工作。

5．监督检查

公安机关信息安全等级保护检查工作是指公安机关依据有关规定，会同主管部门对非涉密重要信息系统运营使用单位等级保护工作开展和落实情况进行检查，督促、检查其建设安全设施、落实安全措施、建立并落实安全管理制度、落实安全责任、落实责任部门和人员。信息安全等级保护检查工作采取询问情况，查阅、核对材料，调看记录、资料，现场查验等方式进行。每年对第三级信息系统的运营使用单位信息安全等级保护工作检查一次，每半年对第四级信息系统的运营使用单位信息安全等级保护工作检查一次。

5.3.3 实施过程的基本要求

各单位、各部门的重要信息系统要按照"准确定级、严格审批、及时备案、认真整改、科学测评"的要求完成等级保护的定级、备案、整改、测评等工作。

1．准确定级

信息系统的安全保护等级是信息系统本身的客观自然属性，不应以已采取或将采取什么安全保护措施为依据，而是以信息系统的重要性和信息系统遭到破坏后对国家安全、社会稳定、人民群众合法权益的危害程度为依据，确定信息系统的安全等级。定级要站在国家安全、社会稳定的高度统筹考虑信息系统等级，而不仅从行业和信息系统自身安全角度考虑。不能认为信息系统级别定的高，花费的资金和投入的力量多而降低级别。同类信息系统的安全保护等级不能随着部、省、市行政级别的降低而降低。对故意将信息系统安全级别定低，逃避公安、保密、密码部门监管，造成信息系统出现重大安全事故的，要追究单位和人员的责任。在定级实施过程中，各信息系统要依据国家标准或行业指导意见开展系统定级工作。

2．严格审批

公安机关要及时开展监督检查，严格审查信息系统所定级别，严格检查信息系统开展备案、整改、测评等工作。公安机关公共信息网络安全监察部门对定级不准的备案单位，在通知整改的同时，应当建议备案单位组织专家进行重新定级评审，并报上级主管部门审批。备案单位仍然坚持原定等级的，公安机关公共信息网络安全监察部门可以受理其备案，但应当书面告知其承担由此引发的责任和后果，经上级公安机关公共信息网络安全监察部门同意后，同时通报备案单位上级主管部门。

3．及时备案

信息系统运营、使用单位或者其主管部门应当在信息系统安全保护等级确定后30日内，到公安机关公共信息网络安全监察部门办理备案手续。公安机关应当对信息系统的备案情况进行审核，对符合等级保护要求的，应当在收到备案材料之日起的10个工作日内颁发信息系统安全等级保护备案证明；发现不符合本办法及有关标准的，应当在收到备案材料之日起的10个工作日内通知备案单位予以纠正；发现定级不准的，应当在收到备案材料之日起10个工作日内通知备案单位重新审核确定。

4．认真整改

以《信息系统安全等级保护基本要求》为基本目标，针对信息系统安全现状发现的问题进行整改加固，缺什么补什么。做好认真整改工作，落实信息安全责任制，建立并落实各类安全管理制度，开展人员安全管理、系统建设管理和系统运维管理等工作，落实物理安全、网络安全、主机安全、应用安全和数据安全等安全保护技术措施。

5．科学测评

通过对测评机构进行统一的能力评估和严格审核，保证测评机构的水平和能力达到有关标准规范要求。加强对测评机构的安全监督，规范其测评活动，保证为备案单位提供客观、公正和安全的测评服务。

5.3.4 实施等级保护的基本原则

信息安全等级保护的核心是对信息安全分等级、按标准进行建设、管理和监督。信息安全等级保护制度遵循以下基本原则：

1．明确责任，共同保护

通过等级保护，组织和动员国家、法人和其他组织、公民共同参与信息安全保护工作；各方主体按照规范和标准分别承担相应的、明确具体的信息安全保护责任。在重要信息系统安全方面，运营使用单位和主管部门是第一责任部门，负主要责任，信息安全监管部门是第二责任部门，负监管责任。

2．依照标准，自行保护

国家运用强制性的规范及标准，要求信息和信息系统按照相应的建设和管理要求，自行定级、自行保护。

3．同步建设，动态调整

信息系统在新建、改建、扩建时应当同步建设信息安全设施，保障信息安全与信息化建设相适应。因信息和信息系统的应用类型、范围等条件的变化及其他原因，安全保护等级需要变更的，应当根据等级保护的管理规范和技术标准的要求，重新确定信息系统的安全保护等级。等级保护的管理规范和技术标准应按照等级保护工作开展的实际情况适时修订。

4．指导监督，重点保护

国家指定信息安全监管职能部门通过备案、指导、检查、督促整改等方式，对重要信息和信息系统的信息安全保护工作进行指导监督。国家重点保护涉及国家安全、经济命脉、社会稳定的基础信息网络和重要信息系统，主要包括：国家事务处理信息系统（党政机关办公系统）；财政、金融、税务、海关、审计、工商、社会保障、能源、交通运输、国防工业等关系到国计民生的信息系统；教育、国家科研等单位的信息系统；公用通信、广播电视传输等基础信息网络中的信息系统；网络管理中心、重要网站中的重要信息系统和其他领域的重要信息系统。

5.4 信息安全等级保护的政策依据

5.4.1 国家法律和政策依据

1. 法律依据

1994年2月18日中华人民共和国国务院令第147号发布《中华人民共和国计算机信息系统安全保护条例》第九条规定:"计算机信息系统实行安全等级保护。安全等级的划分标准和安全等级保护的具体办法,由公安部会同有关部门制定。"第十七条第一款规定:"公安机关行使监督、检查、指导计算机信息系统安全保护工作的监督职权"。这两条规定明确了四个内容:一是明确公安行使监管信息系统安全保护工作的职权;二是确定了等级保护是计算机信息系统安全保护的一项制度;三是出台配套的规章和技术标准;四是明确公安部门在等级保护工作中的牵头地位。

2017年6月1日实行的《网络安全法》第二十一条规定,国家实行网络安全等级保护制度。第三十一条规定,对可能严重危害国家安全、国计民生、公共利益的关键信息基础设施,在网络安全等级保护制度的基础上,实行重点保护。网络运营者要从定级备案、安全建设、等级测评、安全整改、监督检查角度,严格落实网络安全等级保护制度。

2. 政策依据

《国家信息化领导小组关于加强信息安全保障工作的意见》(中办发〔2003〕27号)明确指出:"实行信息安全等级保护。要重点保护基础信息网络和关系国家安全、经济命脉、社会稳定等方面的重要信息系统,抓紧建立信息安全等级保护制度,制定信息安全等级保护的管理办法和技术指南。要重视信息安全风险评估工作,对网络与信息系统安全的潜在威胁、薄弱环节、防护措施等进行分析评估,综合考虑网络与信息系统的重要性、涉密程度和面临的信息安全风险等因素,进行相应等级的安全建设和管理。"这标志着等级保护从计算机信息系统安全保护的一项制度提升到国家信息安全保障工作的基本制度。明确了"各重要信息系统的安全建设和管理,按照"谁主管谁负责、谁运营谁负责"的要求,由各主管部门和运营单位负责"的信息安全保障责任制。同时,明确指出"各级党委和政府要充分认识加强信息安全保障工作的重要性和紧迫性,高度重视信息安全保障工作,切实加强对信息安全保障工作的领导",确立了各级党委和政府在信息安全保障工作中的领导地位。

2006年5月,中共中央办公厅、国务院办公厅印发了《2006—2020年国家信息化发展战略》,要求"建立和完善信息安全等级保护制度,重点保护基础信息网络和关系国家安全、经济命脉、社会稳定的重要信息系统。加强信息安全风险评估工作。建设和完善信息安全监控体系,提高对网络安全事件应对和防范能力,防止有害信息传播。高度重视信息安全应急处置工作,健全完善信息安全应急指挥和安全通报制度,不断完善信息安全应急处置预案"。到2020年,信息安全的长效机制基本形成,国家信息安全保障体系较为完善,信息安全保障能力显著增强。

2008年8月6日《关于加强国家电子政务工程建设项目信息安全风险评估工作的通知》(发改高技〔2008〕2071号)明确指出"非涉密信息系统的信息安全风险评估应按照《信息安全等级保护管理办法》、《信息系统安全等级保护定级指南》、《信息系统安全等级保护基本要求》、《信息系统安全等级保护实施指南》和《信息安全风险评估规范》等有关要求，可委托同一专业测评机构完成等级测评和风险评估工作，并形成等级测评报告和风险评估报告。"

2012年6月28日，国务院发布《国务院关于大力推进信息化发展和切实保障信息安全的若干意见》(国发〔2012〕23号)明确指出"国家信息安全保障体系基本形成。落实信息安全等级保护制度，开展相应等级的安全建设和管理，做好信息系统定级备案、整改和监督检查"，要落实信息系统单位的备案、整改和监督检查工作，开展相应等级的安全建设和管理。

2014年2月27日，中央网络安全和信息化领导小组宣告成立，体现了中国最高层全面深化改革、加强顶层设计的意志，显示出在保障网络安全、维护国家利益、推动信息化发展方面上的决心。中央网络安全和信息化领导小组规格高、力度大、立意远，可以兼顾到国防军事、国务院系统及意识形态三个安全战略规划，更有力、更权威地统筹指导中国迈向网络强国的发展战略，标志着中国正从网络大国加速向网络强国挺进。

在国家"十三五"规划第28章中明确指出：统筹网络安全和信息化发展，完善国家网络安全保障体系，强化重要信息系统和数据资源保护，提高网络治理能力，保障国家信息安全，要"建立关键信息基础设施保护制度，完善涉及国家安全重要信息系统的设计、建设和运行监督机制。集中力量突破信息管理、信息保护、安全审查和基础支撑关键技术，提高自主保障能力。加强关键信息基础设施核心技术装备威胁感知和持续防御能力建设。完善重要信息系统等级保护制度。健全重点行业、重点地区、重要信息系统条块融合的联动安全保障机制。积极发展信息安全产业。"

5.4.2 公安机关开展等级保护工作的依据

《中华人民共和国计算机信息系统安全保护条例》(国务院令第147号)第九条规定："计算机信息系统实行安全等级保护。安全等级的划分标准和安全等级保护的具体办法，由公安部会同有关部门制定。"第十七条第一款规定："公安机关行使监督、检查、指导计算机信息系统安全保护工作的监督职权"。

《中华人民共和国警察法》第六条第十二款"监督管理计算机信息系统的安全保护工作"。

《关于信息安全等级保护工作的实施意见》(公通字〔2004〕66号)给出了"公安机关按照等级保护的管理规范和技术标准的要求，重点对第三、第四级信息和信息系统的安全等级保护状况进行监督检查"，并指出公安机关等信息安全监管职能部门要建立专门的信息安全等级保护监督检查机构，充实力量，加强建设，抓紧培训，使监督检查人员能够全面掌握信息安全等级保护相关法律规范和管理规范及技术标准，熟练运用技术工具，切实承担信息安全等级保护的指导、监督、检查职责

《信息安全等级保护管理办法》(公通字〔2007〕43号)第二十条规定"公安机关检查发现信息系统安全保护状况不符合信息安全等级保护有关管理规范和技术标准的，应当向运营、使用单位发出整改通知。运营、使用单位应当根据整改通知要求，按照管理规范和技术标准进行整改。整改完成后，应当将整改报告向公安机关备案。必要时，公安机关可以对整改情况组织检查"。

《关于开展全国重要信息系统安全等级保护定级工作的通知》(公通字〔2007〕861号)规定"公安机关和国家保密工作部门负责受理备案并进行备案管理。信息系统备案后，公安

机关应当对信息系统的备案情况进行审核，对符合等级保护要求的，颁发信息系统安全保护等级备案证明"。

《信息安全等级保护备案实施细则》（公信安〔2007〕1360号）第三条规定"地市级以上公安机关公共信息网络安全监察部门受理本辖区内备案单位的备案。隶属于省级的备案单位，其跨地（市）联网运行的信息系统，由省级公安机关公共信息网络安全监察部门受理备案。"

2008年国务院三定方案，公安部新增"监督、检查、指导信息安全等级保护工作"职能。

《关于开展信息系统等级保护安全建设整改工作的指导意见》（公信安〔2009〕1429号）中给出"自2009年起，要对定级备案、等级测评、安全建设整改和自查等工作开展情况进行年度总结，于每年年底前报同级公安机关网安部门，各省（自治区、直辖市）公安机关网安部门报公安部网络安全保卫局。信息系统备案单位每半年要填写《信息安全等级保护安全建设整改工作情况统计表》并报受理备案的公安机关"。

《公安机关信息安全等级保护检查工作规范》（公信安〔2008〕736号）给出"对第三级信息系统每年开展一次技术测评，对第四级信息系统每半年开展一次技术测评。公安机关开展检查前，应当提前通知被检查单位，并发送《信息安全等级保护监督检查通知书》检查时，发现不符合信息安全等级保护有关管理规范和技术标准要求，应当通知其运营使用单位限期整改，并发送《信息系统安全等级保护限期整改通知书》。逾期不改正的，给予警告，并向其上级主管部门通报"。

《信息安全等级保护测评机构管理办法》（公信安〔2013〕755号）指出"省级信息安全等级保护工作协调（领导）小组办公室负责受理本省（区、直辖市）申请单位提出的申请，并对其推荐的等级测评机构进行监督管理"。

《关于进一步推进中央企业信息安全等级保护工作的通知》给出"公安机关要会同国资委、行业主管（监管）部门定期对中央企业开展信息安全等级保护工作情况进行监督检查，推动中央企业重要信息系统安全保护能力逐步达到信息安全等级保护要求"。

《关于开展国家级重要信息系统和重点网站安全执法检查工作的通知》（公传发〔2015〕253号）给出"公安部将开展远程技术检测，查找相关网站存在的安全隐患和漏洞。各级各部门单位接到技术检测反馈结果后，要及时整改到位。对于在限定的期限内整改不到位的网站，公安机关将依法处罚"。同时通知指出"政府部门、企事业单位、非政府组织网站以及大型互联网网站落实国家信息安全等级保护制度，开展信息系统定级备案、等级测评和安全建设整改、安全自查等重要工作的落实情况"。

《关于加强政府网站安全监管工作的指导意见》（公信安〔2014〕353号）指出"各级公安网安部门要建立与本地政府的日常联系渠道，加强对本地政府网站的安全检查。对于不重视政府网站安全保护或不落实整改要求的单位，公安机关要向当地党委政府报告，并督促其落实各项要求，情节严重的，要依法给予处罚；对因落实相关保护措施，造成网站被攻击篡改的，公安机关要依法予以处罚并通报有关部门追究责任"。

《公安机关政府网站安全监管工作规范》（公信安〔2014〕795号）"对网站安全责任和工作要求不落实的，或网站被不法分子攻击、篡改及传播、链接有害信息的，公安机关应督促网站开办单位及时整改，情节严重的，依法追究相关单位及负责人的法律责任，并进行通报"。

《关于加快推进网络与信息安全信息通报机制建设的通知》（公信安〔2015〕21号）指出，

自 2015 年起，中央综治办在综治考核中将地方政府"网络与信息安全信息通报机制建设、网络与信息安全信息通报预警工作"列入考核内容，"信息安全保障"纳入全国综治考核工作，明确要求 2015 年底前各地方政府要建立网络与信息安全信息通报机制，开展网络与信息安全信息通报预警工作。

《关于组织开展 2015 年网络安全保障工作全国综治考核评价的通知》（公信安〔2015〕884 号）指出"从网络社会治安防控体系建设、网络与信息安全通报预警、信息安全等级保护、重要信息系统和政府网站发生的案（事）件情况、综合防控和打击网络违法犯罪情况、信息网络服务管理工作"，六方面共计二十条，给出考核评价指标和得分标准，"要求网安部门的一把手要亲自负责综治考核工作，积极向本地党委政府汇报相关工作情况，争取党委政府重视和支持"。

5.5 信息安全等级保护的标准体系

为推动我国信息安全等级保护工作的开展，十多年来，在公安部领导和支持下，在国内有关专家、企业的共同努力下，全国信息安全标准化技术委员会和公安部信息系统安全标准化技术委员会组织制订了信息安全等级保护工作需要的一系列标准，形成了比较完整的信息安全等级保护标准体系，为开展信息安全等级保护工作提供了标准保障。相关标准与等级保护各工作环节的关系如图 5-6 所示。

标准体系的构成与作用如下。

1. 基础类标准

《计算机信息系统安全保护等级划分准则》是强制性国家标准，是等级保护重要的基础性标准。依据此标准制定出的《信息系统通用安全技术要求》等技术类标准和《信息系统安全管理要求》《信息系统安全工程管理要求》等管理类标准、《操作系统安全技术要求》等产品类标准，共同构成了等级保护基础性标准，为相关标准的制定起到了基础性作用。

2．安全要求类标准

《信息系统安全等级保护基本要求》（以下简称《基本要求》）以及行业标准规范或细则构成了信息系统安全建设整改的安全需求。

① 《基本要求》是在《计算机信息系统安全保护等级划分准则》、技术类标准和管理类标准基础上，总结几年的实践，结合当前信息技术发展的实际情况研究制定的，该标准提出了各级信息系统应当具备的安全保护能力，并从技术和管理两方面提出了相应的措施。

② 信息系统安全等级保护基本要求的行业细则。重点行业可以按照《基本要求》等国家标准，结合行业特点，在公安部等有关部门指导下，确定《基本要求》的具体指标，在不低于《基本要求》的情况下，结合系统安全保护的特殊需求，制定信息系统安全建设整改的行业标准规范或细则，并据此开展安全建设整改工作。

3．定级类标准

《信息系统安全等级保护定级指南》和《信息系统安全等级保护行业定级细则》为确定信息系统安全保护等级提供支持。

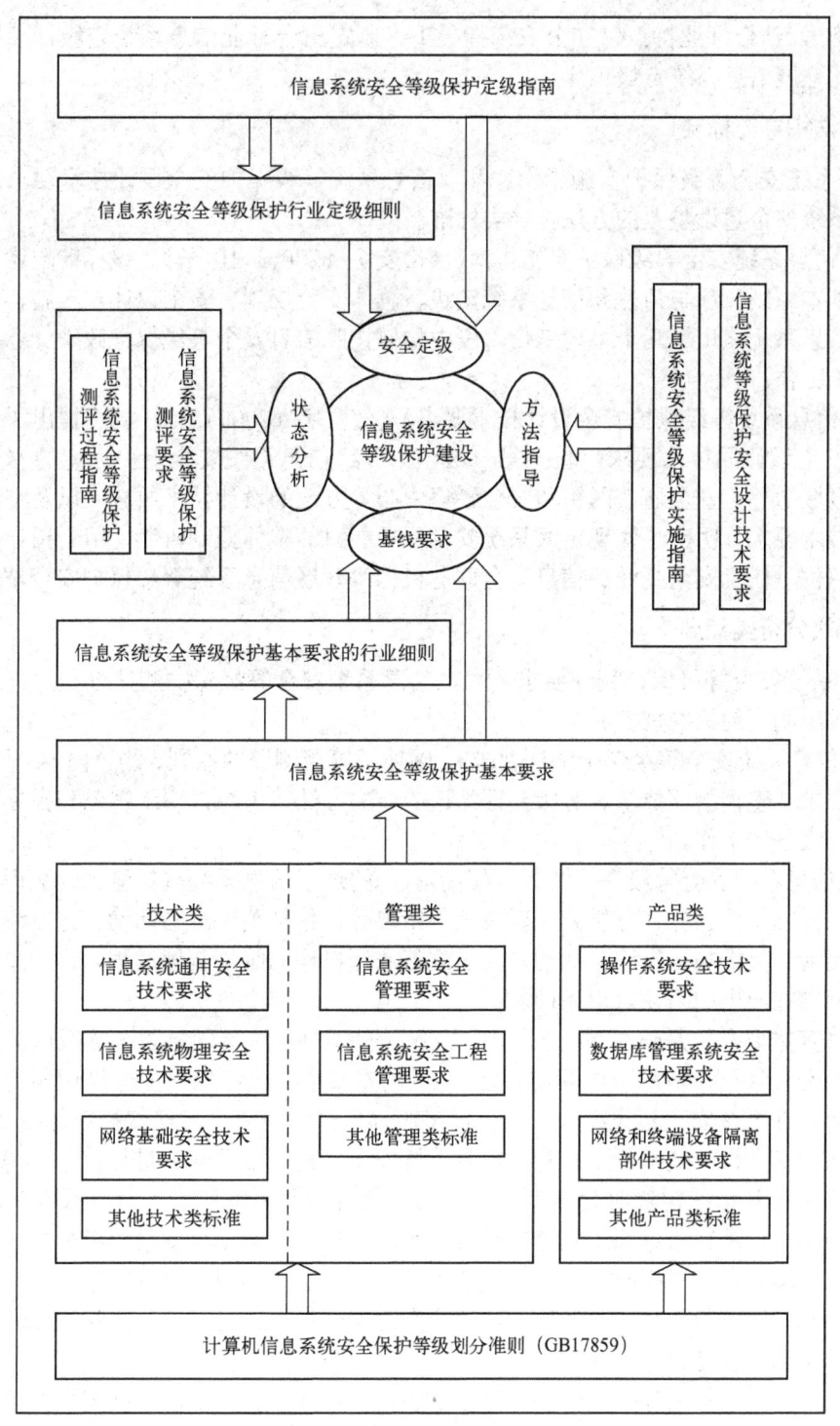

图 5-6 等级保护相关标准与等级保护各工作环节的关系

① 《信息系统安全等级保护定级指南》(GB/T22240—2008),规定了定级的依据、对象、流程和方法以及等级变更等内容,用于指导开展信息系统定级工作。

② 《信息系统安全等级保护行业定级细则》。重点行业可以根据《信息系统安全等级保

护定级指南》，结合行业特点，在公安部指导下，制定出台行业信息系统定级标准规范或细则，并据此开展信息系统定级工作。

4．方法指导类标准

《信息系统安全等级保护实施指南》和《信息系统等级保护安全设计技术要求》构成了指导信息系统安全建设整改的方法指导类标准。

① 《信息系统安全等级保护实施指南》（信安字〔2007〕10 号）。该标准阐述了等级保护实施的基本原则、参与角色和信息系统定级、总体安全规划、安全设计与实施、安全运行与维护、信息系统终止等几个主要工作阶段中如何按照信息安全等级保护政策、标准要求实施等级保护工作。

② 《信息系统等级保护安全设计技术要求》（信安字〔2009〕059 号），提出了信息系统等级保护安全设计的技术要求，包括第一级至第五级信息系统安全保护环境的安全计算环境、安全区域边界、安全通信网络和安全管理中心等方面的设计技术要求，以及定级系统互联的设计技术要求，明确了体现定级系统安全保护能力的整体控制机制，用于指导信息系统运营使用单位、信息安全企业、信息安全服务机构等开展信息系统等级保护安全技术设计。

5．现状分析类标准

《信息系统安全等级保护测评要求》和《信息系统安全等级保护测评过程指南》构成了指导开展等级测评的标准规范。

① 《信息系统安全等级保护测评要求》，阐述了等级测评的原则、测评内容、测评强度、单元测评要求、整体测评要求、等级测评结论的产生方法等内容，用于规范和指导测评人员如何开展等级测评工作。

② 《信息系统安全等级保护测评过程指南》，阐述了信息系统等级测评的测评过程，明确了等级测评的工作任务、分析方法以及工作结果等，包括测评准备活动、方案编制活动、现场测评活动、分析与报告编制活动，用于规范测评机构的等级测评过程。

上述标准在应用中需注意以下问题：

一是《基本要求》是信息系统安全建设整改的基本目标，《信息系统等级保护安全设计技术要求》是实现该目标的方法和途径之一。《基本要求》中不包含安全设计和工程实施等内容，因此，在系统安全建设整改中，可以参照《信息系统安全等级保护实施指南》《信息系统等级保护安全设计技术要求》和《信息系统安全工程管理要求》进行。

二是由于信息系统定级时是根据业务信息安全等级和系统服务安全等级确定的系统安全等级，因此，在进行信息系统安全建设整改时，应根据业务信息安全等级和系统服务安全等级确定《基本要求》中相应的安全保护要求。各单位、各部门在进行信息系统安全建设整改方案设计时，要按照整体安全的原则，综合考虑安全保护措施，建立系统综合防护体系，提高系统的整体保护能力。

三是《信息系统等级保护安全设计技术要求》依据《计算机信息系统安全保护等级划分准则》从"计算环境安全、区域边界安全、通信网络安全和安全管理中心"（一个中心三维防护）四方面给出了五个级别信息系统安全保护设计的技术要求，用于指导信息系统等级保护安全技术设计。该标准不包括信息系统物理安全、安全管理、安全运行维护等方面的安全要求，所以应与《基本要求》等标准配合使用。

5.5.1 信息安全等级保护相关标准体系

信息安全等级保护相关标准大致可以分为四类：基础类、定级类、实施建设类、等级测评类、风险评估类、新技术类和其他类。

1．基础类标准

《计算机信息系统安全保护等级划分准则》（GB17859—1999）。

《信息系统安全等级保护基本要求》（GB/T22239—2008）。

2．信息系统定级

《信息系统安全保护等级定级指南》（GB/T22240—2008）。

3．等级保护实施和建设类

《信息系统安全等级保护实施指南》（信安字〔2007〕10号）。

《信息系统通用安全技术要求》（GB/T20271—2006）。

《信息系统等级保护安全设计技术要求》（信安秘字〔2009〕059号）。

《信息系统安全管理要求》（GB/T20269—2006）。

《信息系统安全工程管理要求》（GB/T20282—2006）。

《信息系统物理安全技术要求》（GB/T21052—2007）。

《网络基础安全技术要求》（GB/T20270—2006）。

《信息系统安全等级保护体系框架》（GA/T708—2007）。

《信息系统安全等级保护基本模型》）（GA/T709—2007）。

《信息系统安全等级保护基本配置》（GA/T710—2007）。

4．等级保护测评类

《信息安全技术　信息系统安全等级保护测评要求》（GB/T28448—2012）。

《信息安全技术　信息系统安全等级保护测评过程指南》（GB/T28449—2012）。

《信息系统安全管理测评》（GA/T713—2007）。

5．风险评估类标准

《信息技术　安全技术　信息安全风险评估实施指南》。

《工业控制系统风险评估实施指南》。

《信息安全技术　信息安全风险评估规范》。

《信息安全风险评估与风险管理系列标准框架研究——可信第三方服务的使用和管理相关标准研究》。

《信息安全风险评估与风险管理系列标准框架研究》。

《信息安全风险评估及风险管理系列标准框架研究报告》。

《信息系统风险评估实施指南》。

6．新技术类标准

（1）工业控制系统安全

《信息安全技术　工业控制系统安全管理基本要求》。

《信息安全技术　工业控制系统安全检查指南》。
《信息安全技术　工业控制系统安全防护技术要求和测试评价方法》。
《信息安全技术　工业控制系统安全分级指南》。

（2）大数据

《大数据平台安全管理产品安全技术要求研究》。
《大数据安全防护标准研究》。

（3）物联网

《信息安全技术　物联网感知层接入通信网的安全要求》。
《信息安全技术　物联网感知设备安全技术要求》。
《信息安全技术　物联网感知层网关安全技术要求》。
《信息安全技术　物联网数据传输安全技术要求》。
《信息安全技术　物联网安全体系架构》。
《物联网安全技术体系》。

（4）移动互联网

《信息安全技术　移动互联网安全审计技术规范》。
《信息安全技术　移动互联网第三方应用服务器安全技术要求》。

（5）无线网络安全

《无线网络安全标准体系研究》。

（6）云计算

《信息安全技术　云计算服务安全指南》。
《信息安全技术　云计算数据中心安全建设指南》。
《信息安全技术　云计算安全审计通用数据接口规范》。
《信息安全技术　可信云计算体系架构及软件规范研究》。
《信息安全技术　用于云计算的授权与鉴别机制》。
《桌面云安全技术要求》。
《信息安全技术　公有云安全指南》。
《云计算安全参考架构》。
《云计算服务安全能力评估方法》。
《信息安全技术　云计算服务安全能力要求》。
《基于云计算的互联网数据中心安全建设指南》。
《云计算身份管理标准研究》。
《政府部门云计算安全要求》。

（7）智慧城市

《信息安全技术　智慧城市建设信息安全保障指南》。
《智慧城市建设信息安全保障指南研究》。
《信息安全技术　智慧城市公共支撑与服务平台安全要求》。

（8）智能终端

《信息安全技术　移动智能终端安全架构》。
《信息安全技术　移动智能终端操作系统安全测试评价方法》。

《信息安全技术　移动智能终端个人信息保护技术要求》。
《信息安全技术　移动智能终端数据存储安全技术要求和测试评价方法》。
《信息安全技术　移动智能终端应用软件安全技术要求和测试评价方法》。
《信息安全技术　移动通信智能终端操作系统安全技术要求（EAL2级）》。

7．安全检测与事件管理类

《信息安全事件管理指南》（GB/Z20985—2007）。
《信息安全事件分类分级指南》（GB/Z20986—2007）。
《信息系统灾难恢复规范》（GB/T20988—2007）。
《信息安全技术　网络安全自监测要求与实施指南》。
《信息安全技术　APT安全监测产品安全技术要求和测试评价方法》。

8．电子政务类

《信息安全技术　基于互联网电子政务信息安全实施指南》。
《信息安全技术　政府部门互联网安全接入技术规范》。
《信息安全管理体系标准的实施与应用研究——信息安全管理体系标准在电子政务中的实施与应用研究》。
《电子政务信息安全管理体系实施指南》。
《信息安全技术　电子政务认证应用技术指南》。
《信息安全技术　电子政务移动办公安全技术规范》。

9．产品类标准

（1）操作系统
《操作系统安全技术要求》（GB/T20272—2006）。
《操作系统安全评估准则》（GB/T20008—2005）。

（2）数据库
《数据库管理系统安全技术要求》（GB/T20273—2006）。
《数据库管理系统安全评估准则》（GB/T20009—2005）。

（3）网络
《网络端设备隔离部件技术要求》（GB/T20279—2006）。
《网络端设备隔离部件测试评价方法》（GB/T20277—2006）。
《网络脆弱性扫描产品技术要求》（GB/T20278—2006）。
《网络脆弱性扫描产品测试评价方法》（GB/T20280—2006）。
《网络交换机安全技术要求》（GA/T684—2007）。
《虚拟专用网安全技术要求》（GA/T686—2007）。

（4）PKI
《公钥基础设施安全技术要求》（GA/T687—2007）。
《PKI系统安全等级保护技术要求》（GB/T21053—2007）。
《信息安全技术　公钥基础设施　PKI系统安全等级保护技术要求》。
《信息安全技术　公钥基础设施　PKI系统安全等级保护评估准则》。

（5）网关

《网关安全技术要求》（GA/T681—2007）。

《信息安全技术　防病毒网关安全技术要求和测试评价方法》。

《信息安全技术　网络安全秩序管理网关产品标准》。

（6）服务器

《服务器安全技术要求》（GB/T21028—2007）。

《计算机信息系统安全等级保护　技术要求　服务器》。

《信息安全技术　移动互联网第三方应用服务器安全技术要求》。

《信息安全技术　服务器安全测评要求》。

《信息安全技术　域名服务器安全技术要求》。

《信息安全技术　邮件服务器安全技术要求》。

（7）入侵检测

《入侵检测系统技术要求和检测方法》（GB/T20275—2006）。

《计算机网络入侵分级要求》（GA/T700—2007）。

（8）防火墙

《防火墙安全技术要求》（GA/T683—2007）。

《信息安全技术　防火墙安全技术要求和测试评价方法》。

《信息系统安全等级保护防火墙安全配置指南（报批稿）》。

《防火墙技术要求和测评方法》（GB/T20281—2006）。

《包过滤防火墙评估准则》（GB/T20010—2005）。

《信息安全技术　Web应用防火墙和主机型防火墙安全技术要求和测试评价方法》。

《信息安全技术　Web应用防火墙安全技术要求与测试评价方法》。

《信息安全技术　个人防火墙技术要求和测试评价方法》。

（9）路由器

《路由器安全技术要求》（GB/T18018—2007）

《路由器安全评估准则》（GB/T20011—2005）

《路由器安全测评要求》（GA/T682—2007）

（10）交换机

《网络交换机安全技术要求》（GB/T21050—2007）。

《交换机安全测评要求》（GA/T685—2007）。

（11）其他产品

《终端计算机系统安全等级技术要求》（GA/T671—2006）。

《终端计算机系统测评方法》（GA/T671—2006）。

《审计产品技术要求和测评方法》（GB/T20945—2006）。

《虹膜特征识别技术要求》（GB/T20979—2007）。

《虚拟专网安全技术要求》（GA/T686—2007）。

《应用软件系统安全等级保护通用技术指南》（GA/T711—2007）。

《应用软件系统安全等级保护通用测试指南》（GA/T712—2007）。

《网络和终端设备隔离部件测试评价方法》（GB/T20277—2006）。

《网络脆弱性扫描产品测评方法》(GB/T20280—2006)。

5.5.2 信息安全等级保护主要标准简介

现将信息安全等级保护标准体系中比较重要的《计算机信息系统安全保护等级划分准则》、《信息系统安全等级保护基本要求》、《信息系统安全等级保护实施指南》、《信息系统安全等级保护定级指南》、《信息系统安全管理要求》、《信息系统通用安全技术要求》、《信息系统等级保护安全设计技术要求》、《信息系统安全工程管理要求》、《信息系统安全等级保护测评要求》、《信息系统安全等级保护测评过程指南》等10个标准作一简要说明。

1.《计算机信息系统安全保护等级划分准则》(GB17859—1999)

本标准对计算机信息系统的安全保护能力划分了五个等级,并明确了各保护级别的技术保护措施要求。本标准是国家强制性技术规范,其主要用途包括:一是规范和指导计算机信息系统安全保护有关标准的制定;二是为安全产品的研究开发提供技术支持;三是为计算机信息系统安全法规的制定和执法部门的监督检查提供依据。

本标准界定了计算机信息系统的基本概念:计算机信息系统是由计算机及其相关的和配套的设备、设施(含网络)构成的、按照一定的应用目标和规则对信息进行采集、加工、存储、传输、检索等处理的人机系统。信息系统安全保护能力五级划分。信息系统按照安全保护能力划分为五个等级:第一级用户自主保护级,第二级系统审计保护级,第三级安全标记保护级,第四级结构化保护级,第五级访问验证保护级。从自主访问控制、强制访问控制、标记、身份鉴别、客体重用、审计、数据完整性、隐蔽信道分析、可信路径、可信恢复等10方面,采取逐级增强的方式提出了计算机信息系统的安全保护技术要求。

2.《信息系统安全等级保护基本要求》(GB/T22239—2008)

根据《信息安全等级保护管理办法》的规定,信息系统按照重要性和被破坏后对国家安全、社会秩序、公共利益的危害性分为五个安全保护等级。不同安全保护等级的信息系统有着不同的安全需求,为此,针对不同等级的信息系统提出了相应的基本安全保护要求,各级别信息系统的安全保护要求构成了《信息系统安全等级保护基本要求》。《基本要求》以《计算机信息系统安全保护等级划分准则》(GB17859—1999)为基础研究制定,提出了各级信息系统应当具备的安全保护能力,并从技术和管理两方面提出了相应的措施,为信息系统建设单位和运营使用单位在系统安全建设中提供参照。

《基本要求》分为基本技术要求和基本管理要求两大类。技术要求又分为物理安全、网络安全、主机安全、应用安全、数据安全及其备份恢复五方面。管理要求分为安全管理制度、安全管理机构、人员安全管理、系统建设管理和系统运行维护管理五方面。

技术类安全要求与信息系统提供的技术安全机制有关,主要通过在信息系统中部署软硬件并正确配置其安全功能来实现。根据保护侧重点的不同,技术类安全要求进一步细分为信息安全类要求(简记为 S)、服务保证类要求(简记为 A)和通用安全保护类要求(简记为 G)。

3.《信息系统安全等级保护实施指南》(信安字〔2007〕10号)

信息系统从规划设计到终止运行要经历几个阶段,《信息系统安全等级保护实施指南》用于指导信息系统运营使用单位,在信息系统从规划设计到终止运行的过程中如何按照信息安全等级保护政策、标准要求实施等级保护工作。可通过该标准了解信息系统实施等级保护的过程、主要内容和脉络，不同角色在不同阶段的作用，不同活动的参与角色、活动内容等。

《实施指南》给出了标准使用范围、规范性引用文件和术语定义，介绍了等级保护实施的基本原则、参与角色和几个主要工作阶段。对于信息系统定级、总体安全规划、安全设计与实施、安全运行与维护和信息系统终止五个工作阶段进行了详细描述和说明。

本标准以信息系统安全等级保护建设为主要线索，定义信息系统等级保护实施的主要阶段和过程，包括信息系统定级、总体安全规划、安全设计与实施、安全运行与维护、信息系统终止等五个阶段，对于每一个阶段，介绍了主要的工作过程和相关活动的目标、参与角色、输入条件、活动内容、输出结果等。

4.《信息系统安全等级保护定级指南》(GB/T22240—2008)

《信息系统安全等级保护定级指南》依据《管理办法》，从信息系统对国家安全、经济建设、社会生活的重要作用，信息系统承载业务的重要性以及业务对信息系统的依赖程度等方面，提出确定信息系统安全保护等级的方法。

给出了信息系统五个安全保护等级的具体定义，将信息系统受到破坏时所侵害的客体和对客体造成侵害的程度等两方面因素作为信息系统的定级要素，并给出了定级要素与信息系统安全保护等级的对应关系。信息系统安全包括业务信息安全和系统服务安全，与之相关的受侵害客体和对客体的侵害程度可能不同，因此，信息系统定级可以分别确定业务信息安全保护等级和系统服务安全保护等级，并取二者中的较高者为信息系统的安全保护等级。

5.《信息系统安全管理要求》(GB/T20269—2006)

《安全管理要求》为信息系统运营使用单位的信息系统安全管理策略制定、信息系统安全管理组织体系建设、信息系统安全管理制度体系建设、信息系统运维及规划建设管理、信息系统安全管理监督检查、信息系统安全管理体系建立和完善等提供指导和参考。在信息系统安全整改阶段进行信息系统等级保护安全管理方案设计的过程中，也可按照《安全管理要求》所规定的各个安全保护等级的安全管理要求，作为建立信息安全管理体系和制定相关信息安全管理制度、措施的基本依据。

《安全管理要求》核心内容主要从以下八方面描述：信息系统安全管理文档体系的建设要求；信息安全管理的组织保证，规定了信息安全管理的领导层、管理层以及执行机构的要求；信息系统安全管理中的风险管理要求；信息系统的环境和资源管理要求；信息系统的运行和维护管理要求；信息系统的业务连续性管理要求，提出备份与恢复、应急处理、安全事件处理的要求；信息系统的监督和检查管理要求；系统生存周期管理要求。

《安全管理要求》主要供下列三类人员使用：信息系统高层管理人员、信息系统使用管理人员和信息系统安全服务人员。

6.《信息系统通用安全技术要求》(GB/T20271—2006)

不同安全保护等级的信息系统具有相应的安全技术要求，各个等级的安全技术要求构成了《信息系统通用安全技术要求》的基本内容。本标准涉及组成各类信息系统的计算机系统、网络系统、应用软件系统及其所使用的信息技术产品和信息安全产品中所涉及的安全技术，其主要用途：一是为信息系统选择安全技术产品和设置安全设备的相应安全机制提供指导；二是为这些产品和设备的相关安全标准的制定提供参考。

按安全技术要素，标准提出了与各安全保护等级信息系统相对应的安全技术要素的安全性要求，并从安全功能和安全保证两方面，对各安全技术要素应具有的安全性提出了要求。涉及40个安全技术要素。其中，安全功能技术要素23个，安全保证技术要素17个。

7.《信息系统等级保护安全设计技术要求》（信安秘字〔2009〕059号）

规定的信息系统安全保护能力等级，以及配套系列标准的安全等级保护技术要求，给出了五个级别信息系统安全保护设计的技术要求，用于指导信息系统运营使用单位、信息安全企业、信息安全服务机构等开展信息系统等级保护安全技术设计。本标准提出了信息系统等级保护安全设计的技术要求，包括第一级至第五级信息系统安全保护环境的安全计算环境、安全区域边界、安全通信网络和安全管理中心等方面的设计技术要求，以及定级系统互联的设计技术要求，明确了体现定级系统安全保护能力的整体控制机制。

本标准突出从"计算环境安全、区域边界安全、通信网络安全和安全管理中心"四方面对信息系统进行安全技术设计。在安全设计中应注意各安全技术和机制之间的相互关联，通过对安全技术、机制和产品的有机集成，使信息系统安全保护技术能力符合其安全等级的保护要求。

8.《信息系统安全工程管理要求》（GB/T20282—2006）

不同安全保护等级的信息系统有着不同的安全工程管理需求，安全工程由安全等级、保证与实施要求两个维度组成，不同等级要求的安全工程对应不同的保证与实施要求。为此，针对不同等级信息系统的具体要求构成了安全工程管理要求体系。保证要求、实施要求、安全工程管理分等级要求和安全工程流程与安全工程要求构成了《信息系统安全工程管理要求》。《工程管理要求》以《计算机信息系统安全保护等级划分准则》为基础研究制定，规定了信息系统安全工程管理的不同要求，为信息系统建设的需求方、实施方与第三方工程实施在系统安全建设中提供参照，各方可以此为依据建立安全工程管理体系。

《工程管理要求》分为保证要求和实施要求两大类，其中保证要求是由资格保证要求和组织保证要求构成，实施要求是由工程实施要求和项目实施要求构成。

9.《信息系统安全等级保护测评要求》（GB/T28448—2012）

《信息系统安全等级保护测评要求》依据《信息系统安全等级保护基本要求》规定了对信息系统安全等级保护进行安全测试评估的内容和方法，用于规范和指导测评人员的等级测评活动。

本标准介绍了等级测评的原则、测评内容、测评强度、结果重用和使用方法。分别规定了对五个等级信息系统进行等级测评的单元测评要求。描述了整体测评的四方面，即安全控制间安全测评、层面间安全测评、区域间安全测评和系统结构测评安全测评。

10.《信息系统安全等级保护测评过程指南》（GB/T28449—2012）

为规范等级测评机构的测评活动，保证测评结论准确、公正，《信息系统安全等级保护测评过程指南》明确了信息系统等级测评的测评过程，阐述了等级测评的工作任务、分析方法以及工作结果等，为信息系统测评机构、运营使用单位及其主管部门在等级测评工作中提供指导。

《测评过程指南》以测评机构对三级信息系统的首次等级测评活动过程为主要线索，定义信息系统等级测评的主要活动和任务,包括测评准备活动、方案编制活动、现场测评活动、分析与报告编制活动等四个活动。其中,测评准备活动包括项目启动、信息收集和分析、工具和表单准备三项任务;方案编制活动包括测评对象确定、测评指标确定、测试工具接入点确定、测评内容确定、测评实施手册开发及测评方案编制六项任务;现场测评活动包括现场测评准备、现场测评和结果记录、结果确认和资料归还三项任务;分析与报告编制活动包括单项测评结果判定、单元测评结果判定、整体测评、风险分析、等级测评结论形成及测评报告编制六项任务。对于每一个活动,介绍了工作流程、主要的工作任务、输出文档、双方的职责等。对于各工作任务,描述了任务内容和输入/输出产品等。

5.6 信息安全等级保护的发展历程和工作现状

我国的等级保护工作发展主要经历了如下五个阶段。

1994年至2003年,政策环境营造阶段。国务院于1994年颁布《中华人民共和国计算机信息系统安全保护条例,规定计算机信息系统实行安全等级保护;2003年,中央办公厅国务院办公厅颁发《国家信息化领导小组关于加强信息安全保障工作的意见》(中办发〔2003〕27号)明确指出实行信息安全等级保护。此文件的出台标志着等级保护从计算机信息系统安全保护的一项制度提升到国家信息安全保障一项基本制度。

2004年至2006年,等级保护工作开展准备阶段。2004年至2006年期间,公安部联合四部委开展了涉及65117家单位共115319个信息系统的等级保护基础调查和等级保护试点工作。通过摸底调查和试点,探索了开展等级保护工作领导组织协调的模式和办法,为全面开展等级保护工作奠定了坚实的基础。

2007年至2010年,等级保护工作正式启动阶段。2007年6月,四部门联合出台了《信息安全等级保护管理办法》。7月四部门联合颁布了《关于开展全国重要信息系统安全等级保护定级工作的通知》,并于7月20日召开了全国重要信息系统安全等级保护定级工作部署专题电视电话会议,标志着我国信息安全等级保护制度历经十多年的探索正式开始实施。

2010年至2017年,等级保护工作规模推进阶段。2010年4月,公安部出台了《关于推动信息安全等级保护测评体系建设和开展等级测评工作的通知》,提出等级保护工作的阶段性目标。2010年12月,公安部和国务院国有资产监督管理委员会联合出台了《关于进一步推进中央企业信息安全等级保护工作的通知》,要求中央企业贯彻执行等级保护工作。至此,我国信息安全等级保护工作全面展开,等级保护工作进入规模化推进阶段。

2017年6月至今,等级保护工作进入法制阶段。《中华人民共和国网络安全法》在第二十一条明确规定了"国家实行网络安全等级保护制度",第三十一条规定"对于国家关键信息基础设施,在网络安全等级保护制度的基础上,实行重点保护"。因此,等级保护制度自2017年6月1日起将上升为法律。网络安全等级保护进入法制化阶段。

第6章 等级保护

根据《信息安全等级保护管理办法》的规定，等级保护主要由五个环节组成：定级、备案、建设整改、等级测评、安全监管。本章主要从定级、备案、建设整改和等级测评四个角度展开，关于安全监管具体见第 11 章。

6.1 定级

定级是等级保护工作的首要环节和关键环节。本章详细系统的介绍国家定级标准和要求、定级对象、定级级别的确定、定级工作流程、等级的审批和变更等内容。

6.1.1 基本工作概述

2007 年 7 月 26 日，公安部、国家保密局、国家密码管理局和国务院信息化工作办公室联合发布《关于开展全国重要信息系统安全等级保护定级工作的通知》（公通字〔2007〕861 号）。该通知为全国重要信息系统等级保护开展定级工作给出要求顶层设计。随后，2008 年 6 月 19 日国家标准发布《信息系统安全保护等级定级指南》（GB/T22240—2008），为全国定级工作给出方法指导。

1. 定级范围

《关于开展全国重要信息系统安全等级保护定级工作的通知》（公通字〔2007〕861 号）中明确指出了我国的重要信息系统定级范围。重要信息系统范围如下：

① 电信、广电行业的公用通信网、广播电视传输网等基础信息网络，经营性公众互联网信息服务单位、互联网接入服务单位、数据中心等单位的重要信息系统。

② 铁路、银行、海关、税务、民航、电力、证券、保险、外交、科技、发展改革、国防科技、公安、人事劳动和社会保障、财政、审计、商务、水利、国土资源、能源、交通、文化、教育、统计、工商行政管理、邮政等行业、部门的生产、调度、管理、办公等重要信息系统。

③ 市（地）级以上党政机关的重要网站和办公信息系统。

④ 涉及国家秘密的信息系统。

2. 定级工作主要内容

（1）开展信息系统基本情况的摸底调查

各行业主管部门、运营使用单位要组织开展对所属信息系统的摸底调查，全面掌握信息系统的数量、分布、业务类型、应用或服务范围、系统结构等基本情况，按照《信息安全等级保护管理办法》和《信息系统安全等级保护定级指南》的要求，确定定级对象。各行业主管部门要根据行业特点提出指导本地区、本行业定级工作的具体意见。

（2）初步确定安全保护等级

各信息系统主管部门和运营使用单位要按照《信息安全等级保护管理办法》和《信息系统安全等级保护定级指南》，初步确定定级对象的安全保护等级，起草定级报告。跨省或者全国统一联网运行的信息系统可以由主管部门统一确定安全保护等级。涉密信息系统的等级确定按照国家保密局的有关规定和标准执行。

（3）评审与审批

初步确定信息系统安全保护等级后，可以聘请专家进行评审。对拟确定为第四级以上信息系统的，由运营使用单位或主管部门请国家信息安全保护等级专家评审委员会评审。运营使用单位或主管部门参照评审意见最后确定信息系统安全保护等级，形成定级报告。当专家评审意见与信息系统运营使用单位或其主管部门意见不一致时，由运营使用单位或主管部门自主决定信息系统安全保护等级。信息系统运营使用单位有上级行业主管部门的，所确定的信息系统安全保护等级应当报经上级行业主管部门审批同意。

（4）备案

根据《信息安全等级保护管理办法》，信息系统安全保护等级为第二级以上的信息系统运营使用单位或主管部门到公安部网站下载《信息系统安全等级保护备案表》和辅助备案工具，持填写的备案表和利用辅助备案工具生成的备案电子数据，到公安机关办理备案手续，提交有关备案材料及电子数据文件。隶属于中央的在京单位，其跨省或者全国统一联网运行并由主管部门统一定级的信息系统，由主管部门向公安部办理备案手续。跨省或者全国统一联网运行的信息系统在各地运行、应用的分支系统，向当地设区的市级以上公安机关备案。

（5）备案管理

公安机关和国家保密工作部门负责受理备案并进行备案管理。信息系统备案后，公安机关应当对信息系统的备案情况进行审核，对符合等级保护要求的，颁发信息系统安全保护等级备案证明。发现不符合《信息安全等级保护管理办法》及有关标准的，应当通知备案单位予以纠正。发现定级不准的，应当通知运营使用单位或其主管部门重新审核确定。各级保密工作部门加强对涉密信息系统定级工作的指导、监督和检查。

3．定级工作要求

（1）加强领导，落实保障

各地区、各部门要加强对本地区、本行业信息安全等级保护工作的组织领导，及时掌握工作进展情况，并可组织成立专家组，明确技术支持力量。信息系统运营使用单位要成立等级保护工作组，落实责任部门、责任人员和经费，保障定级工作顺利进行。

（2）明确责任，密切配合

定级工作由各级公安机关牵头，会同国家保密工作部门、国家密码管理部门和信息化领导小组办事机构共同组织实施。公安机关负责定级工作的监督、检查、指导；国家保密工作部门负责涉密系统定级工作的监督、检查、指导；国家密码管理部门负责定级工作中有关密码工作的监督、检查、指导；信息化领导小组办事机构负责定级工作的部门间协调。各信息系统主管部门组织本行业、本部门信息系统运营使用单位开展定级工作，督促其落实定级工作各项任务。各信息系统运营使用单位依据《信息安全等级保护管理办法》和本通知要求，具体实施定级工作。

（3）动员部署，开展培训

各地区、各部门要按照统一部署广泛进行宣传动员，举办形式多样的培训班、研讨班等，层层培训。公安部会同国家保密局、国家密码管理局、国务院信息化工作办公室对国家有关部委、各省级公安、保密、密码和信息化领导小组办事机构就《信息安全等级保护管理办法》和《信息系统安全等级保护定级指南》等内容进行培训。信息系统主管部门对所管辖的信息系统运营使用单位进行培训。各地参照上述培训模式开展培训工作。

（4）及时总结，提出建议

各地区、各部门要结合本地区、本行业开展定级工作的实际，认真总结经验和不足，提出改进和完善定级方法的意见和建议。各地区、各部门负责等级保护的领导机构要及时总结定级工作经验，形成定级工作总结报告，并及时报送公安部

在通知中明确指出，在"此次定级工作完成后，请各主管部门、运营使用单位按照《信息安全等级保护管理办法》和有关技术标准，继续开展信息系统安全等级保护的系统建设或整改、等级测评、自查自纠等后续工作"，同时要求"各级公安、保密、密码部门要开展等级保护工作的监督、检查和指导"。

6.1.2 如何理解定级对象

1. 基本概念

定级工作开展之前，需要弄清楚下面几个基本概念：什么是定级对象？什么是重要信息系统破坏后影响的客体？客体造成侵害的客观方面是什么？

信息系统，是指由计算机及其相关和配套的设备、设施构成的，按照一定的应用目标和规则对信息进行存储、传输、处理的系统或者网络；信息是指在信息系统中存储、传输、处理的数字化信息。

等级保护对象，是指信息安全等级保护工作直接作用的具体的信息和信息系统。

客体，是指受法律保护的、等级保护对象受到破坏时所侵害的社会关系，如国家安全、社会秩序、公共利益以及公民、法人或其他组织的合法权益。

客观方面，是指对客体造成侵害的客观外在表现，包括侵害方式和侵害结果等。

系统服务，是指信息系统为支撑其所承载业务而提供的程序化过程。

2. 定级对象的基本特征

一个单位内运行的信息系统可能比较庞大，为了体现重要部分重点保护，有效控制信息安全建设成本，优化信息安全资源配置的等级保护原则，可将较大的信息系统划分为若干较小的、可能具有不同安全保护等级的定级对象。

作为定级对象的信息系统应具有如下基本特征：

① 具有唯一确定的安全责任单位。作为定级对象的信息系统应能够唯一地确定其安全责任单位。如果一个单位的某个下级单位负责信息系统安全建设、运行维护等过程的全部安全责任，则这个下级单位可以成为信息系统的安全责任单位；如果一个单位中的不同下级单

位分别承担信息系统不同方面的安全责任,则该信息系统的安全责任单位应是这些下级单位共同所属的单位。

② 具有信息系统的基本要素。作为定级对象的信息系统应该是由相关的和配套的设备、设施按照一定的应用目标和规则组合而成的有形实体。应避免将某个单一的系统组件,如服务器、终端、网络设备等作为定级对象。

③ 承载单一或相对独立的业务应用。定级对象承载"单一"的业务应用是指该业务应用的业务流程独立,且与其他业务应用没有数据交换,且独享所有信息处理设备。定级对象承载"相对独立"的业务应用是指其业务应用的主要业务流程独立,同时与其他业务应用有少量的数据交换,定级对象可能会与其他业务应用共享一些设备,尤其是网络传输设备。

3. 定性对象的确定原则和方法

信息系统包括起支撑、传输作用的基础信息网络和各类应用系统。具体工作中,通常按如下原则确定定级对象:

一是起支撑、传输作用的基础信息网络要作为定级对象。但不是将整个网络作为一个定级对象,而是要从安全管理和安全责任的角度将基础信息网络划分成若干个最小安全域或最小单元去定级。

二是专网、内网、外网等网络系统(包括网管系统)要作为定级对象。同基础信息网络一样,也不能将整个网络系统作为一个定级对象,而是要从安全管理和安全责任的角度将网络系统划分成若干个最小安全域或最小单元去定级。

三是各单位网站要作为独立的定级对象。如果网站的后台数据库管理系统安全级别高,也要作为独立的定级对象。网站上运行的信息系统(如对社会服务的报名考试系统)也要作为独立的定级对象。

四是用于生产、调度、管理、作业、指挥、办公等目的的各类应用系统,要按照不同业务类别单独确定为定级对象,不以系统是否进行数据交换、是否独享设备为确定定级对象条件。不能将某一类信息系统作为一个定级对象去定级。

五是确认负责定级的单位是否对所定级系统负有业务主管责任。也就是说,业务部门应主导对业务信息系统定级,运维部门(如信息中心、托管方)可以协助定级并按照业务部门的要求开展后续安全保护工作。

六是具有信息系统的基本要素。作为定级对象的信息系统应该是由相关的和配套的设备、设施按照一定的应用目标和规则组合而成的有形实体。应避免将某个单一的系统组件(如服务器、终端、网络设备等)作为定级对象。

6.1.3 如何理解安全保护等级

1. 定级工作原则

信息系统定级工作按照"自主定级、专家评审、主管部门审批、公安机关备案"的工作原则进行。

① 自主定级。各行业主管部门、运营使用单位按照《信息安全等级保护管理办法》和《信息系统安全等级保护定级指南》的要求,自主确定确定定级对象和定级级别。

② 专家评审。初步确定信息系统安全保护等级后,可以聘请专家进行评审。对拟确定

为第四级以上信息系统的，由运营使用单位或主管部门请国家信息安全保护等级专家评审委员会评审。运营使用单位或主管部门参照评审意见最后确定信息系统安全保护等级，形成定级报告。当专家评审意见与信息系统运营使用单位或其主管部门意见不一致时，由运营使用单位或主管部门自主决定信息系统安全保护等级。

③ 主管单位审批。信息系统运营使用单位有上级行业主管部门的，所确定的信息系统安全保护等级应当报经上级行业主管部门审批同意。

④ 公安机关备案。公安机关对安全保护等级审核把关，合理确定信息系统安全保护等级。发现定级不准的，应当通知运营使用单位或其主管部门重新审核确定。

2．定级要素

信息系统的安全保护等级由两个定级要素决定：等级保护对象受到破坏时所侵害的客体和对客体造成侵害的程度。

（1）受侵害的客体

等级保护对象受到破坏时所侵害的客体包括以下三方面：① 公民、法人和其他组织的合法权益；② 社会秩序、公共利益；③ 国家安全。

《信息系统安全等级保护定级指南》明确指出，在确定作为定级对象的信息系统受到破坏后所侵害的客体时，要按照如下顺序执行。首先判断是否侵害国家安全，然后判断是否侵害社会秩序或公众利益，最后判断是否侵害公民、法人和其他组织的合法权益。

同时，各行业可根据本行业业务特点，分析各类信息和各类信息系统与国家安全、社会秩序、公共利益以及公民、法人和其他组织的合法权益的关系，从而确定本行业各类信息和各类信息系统受到破坏时所侵害的客体。

（2）对客体的侵害程度

对客体的侵害程度由客观方面的不同外在表现综合决定。由于对客体的侵害是通过对等级保护对象的破坏实现的，因此，对客体的侵害外在表现为对等级保护对象的破坏，通过危害方式、危害后果和危害程度加以描述。

等级保护对象的危害方式表现为对信息安全的破坏和对信息系统服务的破坏，其中信息安全是指确保信息系统内信息的保密性、完整性和可用性等，系统服务安全是指确保信息系统可以及时、有效地提供服务，以完成预定的业务目标。

信息安全和系统服务安全受到破坏后，可能产生以下危害后果：影响行使工作职能，导致业务能力下降，引起法律纠纷，导致财产损失，造成社会不良影响，对其他组织和个人造成损失，其他影响等。

等级保护对象受到破坏后对客体造成侵害的程度归结为以下三种：造成一般损害、造成严重损害、造成特别严重损害。

3．定级要素和保护等级

《信息安全等级保护管理办法》第六条规定："国家信息安全等级保护坚持自主定级、自主保护的原则。信息系统的安全保护等级应当根据信息系统在国家安全、经济建设、社会生活中的重要程度，信息系统遭到破坏后对国家安全、社会秩序、公共利益以及公民、法人和其他组织的合法权益的危害程度等因素确定。"

保护等级和客体受侵害的程度对应关系如表6-1所示。

表 6-1 定级要素与安全保护等级的关系

受侵害的客体	对客体的侵害程度		
	一般侵害	严重侵害	特别严重侵害
公民、法人和其他组织的合法权益	第一级	第二级	第三级
社会秩序、公共利益	第二级	第三级	第四级
国家安全	第三级	第四级	第五级

注意，在即将实施的《网络安全等级保护定级指南》中，公民、法人和其他组织的合法权益收到特别严重侵害后，级别由第二级调整到三级。

不同危害后果的三种危害程度描述如下。

① 一般损害：工作职能受到局部影响，业务能力有所降低但不影响主要功能的执行，出现较轻的法律问题，较低的财产损失，有限的社会不良影响，对其他组织和个人造成较低损害。

② 严重损害：工作职能受到严重影响，业务能力显著下降且严重影响主要功能执行，出现较严重的法律问题，较高的财产损失，较大范围的社会不良影响，对其他组织和个人造成较严重损害。

③ 特别严重损害：工作职能受到特别严重影响或丧失行使能力，业务能力严重下降且或功能无法执行，出现极其严重的法律问题，极高的财产损失，大范围的社会不良影响，对其他组织和个人造成非常严重损害。

4．各类系统定级的处理方法

信息系统的安全保护等级是信息系统本身的客观自然属性，不应以已采取或将采取什么安全保护措施为依据，而是以信息系统的重要性和信息系统遭到破坏后对国家安全、社会稳定、人民群众合法权益的危害程度为依据，确定信息系统的安全等级。

针对不同的信息系统，建议参考以下原则定级。

第一级信息系统：一般适用于乡镇所属信息系统、县级某些单位中一般的信息系统、小型私营、个体企业、中小学的信息系统。

第二级信息系统：一般适用于县级某些单位中的重要信息系统，地市级以上国家机关、企业、事业单位内部一般的信息系统，如非涉及工作秘密、商业秘密、敏感信息的办公系统和管理系统等。

第三级信息系统：一般适用于地市级以上国家机关、重要企事业单位内部重要的信息系统。例如涉及工作秘密、商业秘密、敏感信息的办公系统和管理系统，重要领域、重要部门跨省、跨市或全国（省）联网运行的用于生产、调度、管理、作业、指挥等方面的重要信息系统，跨省或全国联网运行的重要信息系统在省、地市的分支系统，中央各部委、省（区、市）门户网站和重要网站，跨省连接的网络系统等。

第四级信息系统：一般适用于国家重要领域、重要部门中的特别重要系统以及核心系统，如全国铁路、民航、电力等部门的调度系统，银行、证券、保险、税务、海关等重要行业、部门中的涉及国计民生的核心系统。

第五级信息系统：一般适用于国家重要领域、重要部门中的极端重要系统。

5. 新建系统的定级工作

新建系统要坚持三同步原则，做到"同步规划、同步设计、同步实施"。建设、运营单位要先定级，按照所定级别的基本保护要求同步建设。要站在国家安全、社会稳定的高度统筹考虑信息系统等级，而仅从行业和信息系统自身安全角度考虑。要应避免将某个单一的系统组件（如服务器、终端、网络设备等）作为定级对象，避免将所有的业务系统网络作为一个定级对象。要避免同类信息系统的安全保护等级，不能随着部、省、市行政级别的降低而降低。在定级不明确的情况，可通过咨询等级保护建设领导小组、行业主管部门等相关意见后再确定。

6.1.4 定级工作如何开展

信息系统安全包括业务信息安全和系统服务安全，与之相关的受侵害客体和对客体的侵害程度可能不同，因此，信息系统定级也应由业务信息安全和系统服务安全两方面确定。从业务信息安全角度反映的信息系统安全保护等级称业务信息安全保护等级。从系统服务安全角度反映的信息系统安全保护等级称系统服务安全保护等级。

确定信息系统安全保护等级的一般流程如下：

<1> 确定作为定级对象的信息系统。
<2> 确定业务信息安全受到破坏时所侵害的客体。
<3> 根据不同的受侵害客体，从多方面综合评定业务信息安全被破坏对客体的侵害程度。
<4> 依据表2，得到业务信息安全保护等级。
<5> 确定系统服务安全受到破坏时所侵害的客体。
<6> 根据不同的受侵害客体，从多方面综合评定系统服务安全被破坏对客体的侵害程度。
<7> 依据表3，得到系统服务安全保护等级。
<8> 将业务信息安全保护等级和系统服务安全保护等级的较高者确定为定级对象的安全保护等级。

定级工作流程如图6-1所示。

1. 政策学习和摸底调查

（1）指导思想

在《关于开展全国重要信息系统安全等级保护定级工作的通知》（公通字〔2007〕861号）中明确指出：各行业主管部门、运营使用单位要组织开展对所属信息系统的摸底调查，全面掌握信息系统的数量、分布、业务类型、应用或服务范围、系统结构等基本情况。按照《信息安全等级保护管理办法》和《信息系统安全等级保护定级指南》的要求，确定定级对象。各行业主管部门要根据行业特点提出指导本地区、本行业定级工作的具体意见。

（2）政策学习

单位在开展系统定级之前，需要了解学习定级有关工作文件，通过这些文件的学习，可以初步掌握等级保护的作用、目的、方法和工作流程。定级有关工作文件主要包括：

❖ 《中华人民共和国计算机信息系统安全保护条例》（国务院令第147号）。

```
            ┌─────────────────────────┐
            │ 1. 调查摸底，确定定级对象 │
            └────────────┬────────────┘
         ┌───────────────┴───────────────┐
         ▼                               ▼
┌──────────────────────┐      ┌──────────────────────┐
│2.确定业务信息安全受  │      │5.确定系统服务安全受  │
│破坏时所侵害的客体    │      │破坏时所侵害的客体    │
└──────────┬───────────┘      └──────────┬───────────┘
           ▼                             ▼
┌──────────────────────┐      ┌──────────────────────┐
│3. 综合评定对客体的   │      │6. 综合评定对客体的   │
│   侵害程度           │      │   侵害程度           │
└──────────┬───────────┘      └──────────┬───────────┘
           ▼                             ▼
┌──────────────────────┐      ┌──────────────────────┐
│4. 确定业务信息安全等级│     │7. 确定系统服务安全等级│
└──────────┬───────────┘      └──────────┬───────────┘
           └──────────────┬──────────────┘
                          ▼
            ┌─────────────────────────┐
            │8. 确定定级对象的安全保护等级│
            └─────────────────────────┘
```

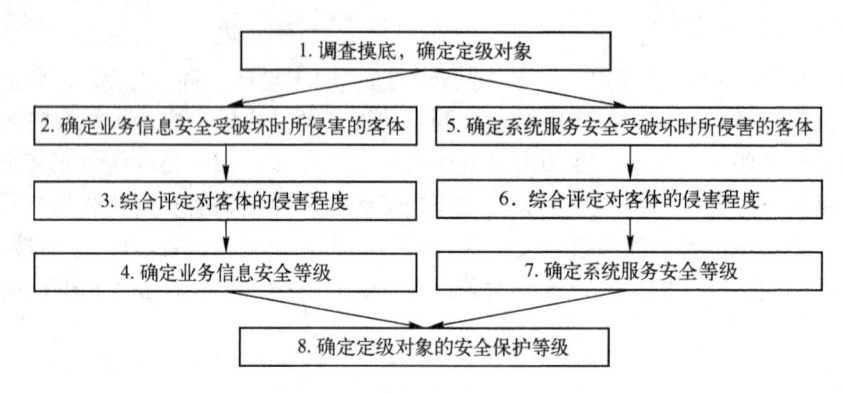

图 6-1　确定保护等级工作流程

- ❖ 《计算机信息系统安全保护等级划分准则》(GB17859—1999)。
- ❖ 《信息安全技术　信息系统安全保护等级定级指南》(GB/T22240—2008)。
- ❖ 《信息安全技术　信息系统安全等级保护实施指南》(GB/T25058—2010)。
- ❖ 《关于信息安全等级保护工作的实施意见》(公通字〔2004〕66 号)。
- ❖ 《信息安全等级保护管理办法》(公通字〔2007〕43 号)。
- ❖ 《关于开展全国重要信息系统安全等级保护定级工作的通知》(公通字〔2007〕861 号)。
- ❖ 本行业信息系统安全等级保护政策、法规、指导意见。

（3）摸底调查

信息系统摸底调查主要是全面掌握信息系统的数量、分布、业务类型、应用或服务范围、系统结构等基本情况，主要工作包括如下。

① 识别信息系统的基本信息。调查本单位信息系统的行业特征、主管机构、业务范围、地理位置以及信息系统基本情况，获得信息系统的背景信息和联络方式。

② 识别信息系统的管理框架。调查本信息系统的组织管理结构、管理策略、部门设置和部门在业务运行中的作用、岗位职责，获得支持信息系业务运营的管理特征和管理框架方面的信息，从而明确信息系统的安全责任主体。

③ 识别信息系统的网络及设备部署。了解信息系统的物理环境、网络拓扑结构和硬件设备的部署情况，在此基础上明确信息系统的边界，即确定定级对象及其范围。

④ 识别信息系统的业务种类和特性。了解机构内主要依靠信息系统处理的业务种类和数量，这些业务各自的社会属性、业务内容和业务流程等，从中明确支持机构业务运营的信息系统的业务特性，将承载比较单一的业务应用或者承载相对独立的业务应用的信息系统作为单独的定级对象。

⑤ 识别业务系统处理的信息资产。了解业务系统处理的信息资产的类型，这些信息资产在保密性、完整性和可用性等方面的重要性程度。

⑥ 识别用户范围和用户类型。根据用户或用户群的分布范围了解业务系统的服务范围、作用以及业务连续性方面的要求等。

⑦ 形成信息系统描述。对收集的信息进行整理、分析，形成对信息系统的总体描述文件。一个典型的信息系统的总体描述文件应包含以下内容：系统概述、系统边界描述、网络

拓扑、设备部署、支撑的业务应用的种类和特性、处理的信息资产、用户的范围和用户类型、信息系统的管理框架。活动输出：信息系统总体描述文件。

2．确定定级对象

一个单位内运行的信息系统可能比较庞大，为了体现重要部分重点保护，有效控制信息安全建设成本，优化信息安全资源配置的等级保护原则，可将较大的信息系统划分为若干个较小的、可能具有不同安全保护等级的定级对象。

（1）划分方法的选择

信息系统的运营、使用单位应该根据本单位的具体情况确定一个系统的分解原则。进行信息系统划分的方法可以考虑管理机构、业务类型、物理位置等因素。

（2）信息系统划分

依据选择的系统划分原则，将一个组织机构内拥有的大型信息系统进行划分，划分出相对独立的信息系统并作为定级对象，应保证每个相对独立的信息系统具备定级对象的基本特征（具体特征参考6.1.2节）。在信息系统划分的过程中，应该首先考虑组织管理的要素，然后考虑业务类型、物理区域等要素。

（3）定级信息系统的详细描述

在对信息系统进行划分并确定定级对象后，应在信息系统总体描述文件的基础上，进一步增加信息系统划分信息的描述，准确描述一个大型信息系统中包括的定级对象的个数。所定级对象的信息系统描述主要内容包括：相对独立信息系统列表、每个定级对象的概述、每个定级对象的边界、每个定级对象的设备部署、每个定级对象支撑的业务应用及其处理的信息资产类型、每个定级对象的服务范围和用户类型和其他内容。

3．确定受侵害的客体

在《信息系统安全等级保护定级指南》明确指出，在确定作为定级对象的信息系统受到破坏后所侵害的客体时，要按照如下顺序执行。首先判断是否侵害国家安全，然后判断是否侵害社会秩序或公众利益，最后判断是否侵害公民、法人和其他组织的合法权益。同时，需要注意的是各行业可根据本行业业务特点，分析各类信息和各类信息系统与国家安全、社会秩序、公共利益以及公民、法人和其他组织的合法权益的关系，从而确定本行业各类信息和各类信息系统受到破坏时所侵害的客体。

① 判断受侵害的客体是否是国家安全，可从以下几方面分析：影响国家政权稳固和国防实力；影响国家统一、民族团结和社会安定；影响国家对外活动中的政治、经济利益；影响国家重要的安全保卫工作；影响国家经济竞争力和科技实力；其他影响国家安全的事项。

② 判断受侵害的客体是否是社会秩序、公共利益，可从以下几方面分析：影响国家机关社会管理和公共服务的工作秩序；影响各种类型的经济活动秩序；影响各行业的科研、生产秩序；影响公众在法律约束和道德规范下的正常生活秩序等；其他影响社会秩序的事项。

③ 判断受侵害的客体是否是公共利益，可从以下几方面分析：影响社会成员使用公共设施；影响社会成员获取公开信息资源；影响社会成员接受公共服务等方面；其他影响公共利益的事项。

④ 判断是侵害的客体是否是公民、法人和其他组织的合法权益，主要是指由法律确认的并受法律保护的公民、法人和其他组织所享有的一定的社会权利和利益。

4．确定对客体的侵害程度

侵害程度是客观方面的不同外在表现的综合体现，因此，应首先根据不同的受侵害客体、不同危害后果分别确定其危害程度。对不同危害后果，确定其危害程度所采取的方法和所考虑的角度可能不同。在针对不同的受侵害客体进行侵害程度的判断时，应参照以下不同的判别基准：

- ❖ 如果受侵害客体是公民、法人或其他组织的合法权益，则以本人或本单位的总体利益作为判断侵害程度的基准；
- ❖ 如果受侵害客体是社会秩序、公共利益或国家安全，则应以整个行业或国家的总体利益作为判断侵害程度的基准。

不同危害后果的三种危害程度描述如下：

- ❖ 一般损害：工作职能受到局部影响，业务能力有所降低但不影响主要功能的执行，出现较轻的法律问题，较低的财产损失，有限的社会不良影响，对其他组织和个人造成较低损害。
- ❖ 严重损害：工作职能受到严重影响，业务能力显著下降且严重影响主要功能执行，出现较严重的法律问题，较高的财产损失，较大范围的社会不良影响，对其他组织和个人造成较严重损害。
- ❖ 特别严重损害：工作职能受到特别严重影响或丧失行使能力，业务能力严重下降且或功能无法执行，出现极其严重的法律问题，极高的财产损失，大范围的社会不良影响，对其他组织和个人造成非常严重损害。

信息安全和系统服务安全被破坏后对客体的侵害程度，由对不同危害结果的危害程度进行综合评定得出。由于各行业信息系统所处理的信息种类和系统服务特点各不相同，信息安全和系统服务安全受到破坏后关注的危害结果、危害程度的计算方式均可能不同，各行业可根据本行业信息特点和系统服务特点，制定危害程度的综合评定方法，并给出侵害不同客体造成一般损害、严重损害、特别严重损害的具体定义。

5．确定定级对象的安全保护等级

定级对象的安全保护等级由系统服务安全等级和业务信息安全保护等级中最高的决定。

① 根据业务信息安全被破坏时所侵害的客体以及对相应客体的侵害程度，依据表 6-2 业务信息安全保护等级矩阵表，即可得到业务信息安全保护等级。

表 6-2 业务信息安全保护等级矩阵表

业务信息安全被破坏时受侵害的客体	对相应客体的侵害程度		
	一般侵害	严重侵害	特别严重侵害
公民、法人和其他组织的合法权益	第一级	第二级	第三级
社会秩序、公共利益	第二级	第三级	第四级
国家安全	第三级	第四级	第五级

② 根据系统服务安全被破坏时所侵害的客体以及对相应客体的侵害程度，依据表 6-3 系统服务安全保护等级矩阵表，即可得到业务信息安全保护等级。

信息系统运营、使用单位依据《信息安全等级保护管理方法》和《信息系统安全等级保护定级指南》确定信息系统的安全保护等级后，应撰写《信息系统安全等级保护定级报告》，具体报告格式请参考附录。

表 6-3 系统服务安全保护等级矩阵表

系统服务安全被破坏时受侵害的客体	对相应客体的侵害程度		
	一般侵害	严重侵害	特别严重侵害
公民、法人和其他组织的合法权益	第一级	第二级	第三级
社会秩序、公共利益	第二级	第三级	第四级
国家安全	第三级	第四级	第五级

6.1.5 等级如何审批和变更

信息系统运营使用单位或主管部门在初步确定信息系统安全保护等级后,为了保证定级合理、准确,可聘请领域专家进行评审。等级确定后,信息系统运营使用单位需要提交备案资料,对信息系统的定级的准确性进行审核。

1. 信息系统等级评审

初步确定信息系统安全保护等级后,可以聘请专家进行评审。运营使用单位或主管部门参照评审意见最后确定信息系统安全保护等级,形成定级报告。当专家评审意见与信息系统运营使用单位或其主管部门意见不一致时,由运营使用单位或主管部门自主决定信息系统安全保护等级。对拟确定为第四级以上信息系统的,由运营使用单位或主管部门请国家信息安全保护等级专家评审委员会评审。

2. 信息系统等级的审批

信息系统运营、使用单位初步确定了安全保护等级后,有主管部门的,应当经主管部门审核批准。单位自建的信息系统(与上级单位无关),等级确定后是否上报上级主管部门审批,由单位自行决定。这里的主管部门一般是指行业的上级主管部门或监管部门。其跨省或者全国统一联网运行的信息系统,必须由其上级主管部门统一定级、统一审批,确保同类系统不因地区的差异而造成不一致的问题。

3. 公安机关审核

《信息安全等级保护管理方法》第十五条规定:信息系统运营、使用单位或者其主管部门应当在信息系统安全保护等级确定后 30 日内,到公安机关办理备案手续。公安机关收到备案材料后,应对信息系统所定安全保护等级的准确性进行审核。经审核合格的,公安机关出具《信息系统安全等级保护备案证明》。

公安机关的审核是定级工作的最后一道防线,应严格审核、高度重视。对定级不准的备案单位,在通知整改的同时,应当建议备案单位组织专家进行重新定级评审,并报上级主管部门审批。备案单位仍然坚持原定等级的,公安机关可以受理其备案,但应当书面告知其承担由此引发的责任和后果,经上级公安机关同意后,同时通报备案单位上级主管部门。

4. 等级变更

在信息系统的运行过程中,安全保护等级应随着信息系统所处理的信息和业务状态的变化进行适当的变更,尤其是当状态变化可能导致业务信息安全或系统服务受到破坏后的受侵害客体和对客体的侵害程度有较大的变化,可能影响到系统的安全保护等级时,应重新定级。

6.2 备案

信息系统运营、使用单位或者其主管部门、公安机关按照《信息安全等级保护备案实施细则》(公信安〔2007〕1360号)的要求办理信息系统备案工作。信息安全等级保护备案工作包括信息系统备案、受理、审核和备案信息管理等工作。在备案是需要提交备案所需资料，并遵从备案工作流程。

6.2.1 备案需要什么资料

《信息安全等级保护管理方法》第十六条规定："办理信息系统安全保护等级备案手续时，应当提交《信息系统安全等级保护备案表》"。二级及其以上的信息系统运行使用单位或主管部门在备案是需要提交如下资料：① 信息系统安全等级保护定级报告纸质材料，一式两份；② 信息系统安全等级保护备案表纸质材料，一式两份；③ 上述备案的电子档，并制作出光盘提交。

信息系统安全等级保护备案表主要由4张表单构成。表一为单位信息，每个填表单位填写一张；表二为信息系统基本信息，表三为信息系统定级信息，表二、表三的每个信息系统填写一张；表四为第三级以上信息系统需要同时提交的内容，由每个第三级以上信息系统填写一张，并在完成系统建设、整改、测评等工作，投入运行后三十日内向受理备案公安机关提交。具体内容请参考附录《信息系统安全等级保护备案》。

第三级以上信息系统同时提供以下材料：（一）系统拓扑结构及说明；（二）系统安全组织机构和管理制度；（三）系统安全保护设施设计实施方案或者改建实施方案；（四）系统使用的信息安全产品清单及其认证、销售许可证明；（五）测评后符合系统安全保护等级的技术检测评估报告；（六）信息系统安全保护等级专家评审意见；（七）主管部门审核批准信息系统安全保护等级的意见。

6.2.2 备案工作流程

1．确定定级对象

各行业主管部门、运营使用单位要组织开展对所属信息系统的摸底调查，全面掌握信息系统的数量、分布、业务类型、应用或服务范围、系统结构等基本情况，确定定级对象。

2．初步确定安全保护等级

各信息系统主管部门和运营使用单位要按照《信息安全等级保护管理办法》和《信息系统安全保护定级指南》，初步确定定级对象的安全保护等级。

3．专家评审与审批

初步确定信息系统安全保护等级后，可以聘请专家进行评审。信息系统运营使用单位有上级行业主管部门的，所确定的信息系统安全保护等级应当报上级行业主管部门审批同意。

4．备案

根据《信息安全等级保护管理办法》，信息系统安全保护等级为第二级以上的信息系统运营使用单位或主管部门，应当在安全保护等级确定后 30 日内，到当地公安机关网监部门办理备案手续。新建第二级以上信息系统，应当在投入运行后 30 日内，由其运营、使用单位到当地公安机关网监部门办理备案手续。

6.2.3 如何受理备案

各信息系统主管部门和运营使用单位办理备案手续时，应当首先到公安机关指定的网址下载并填写备案表，准备好备案文件，然后到指定的地点备案。

地市级以上公安机关受理本辖区内备案单位的备案。隶属于省级的备案单位，其跨地（市）联网运行的信息系统，由省级公安机关受理备案。隶属于中央的在京单位，其跨省或者全国统一联网运行并由主管部门统一定级的信息系统，由公安部受理备案，其他信息系统由北京市公安局受理备案。隶属于中央的非在京单位的信息系统，由当地省级公安机关（或其指定的地市级公安机关）受理备案。如各部委统一定级信息系统在各地的分支系统（包括终端连接、安装上级系统运行的没有数据库的分系统），需要到本地公安机关备案。

跨省或者全国统一联网运行并由主管部门统一定级的信息系统在各地运行、应用的分支系统（包括由上级主管部门定级，在当地有应用的信息系统），由所在地地市级以上公安机关受理备案。

6.2.4 公安机关受理备案要求

受理备案的公安机关公共信息网络安全监察部门应该设立专门的备案窗口，配备必要的设备和警力，专门负责受理备案工作，受理备案地点、时间、联系人和联系方式等应向社会公布。

公安机关收到备案单位提交的备案材料后，公安机关对下列内容进行严格审核：① 备案材料填写是否完整，是否符合要求，其纸质材料和电子文档是否一致；② 信息系统所定安全保护等级是否准确。对属于本级公安机关受理范围且备案材料齐全的，应当向备案单位出具《信息系统安全等级保护备案材料接收回执》；备案材料不齐全的，应当当场或者在 5 日内一次性告知其补正内容；对不属于本级公安机关受理范围的，应当书面告知备案单位到有管辖权的公安机关办理。

经审核通过后，对符合等级保护要求的，公安机关应当自收到备案材料之日起的 10 个工作日内，将加盖本级公安机关印章（或等级保护专用章）的《信息系统安全等级保护备案表》一份反馈备案单位，一份存档；对不符合等级保护要求的，公安机关公共信息网络安全监察部门应当在 10 个工作日内通知备案单位进行整改，并出具《信息系统安全等级保护备案审核结果通知》。

《信息系统安全等级保护备案表》中表一、表二、表三内容经审核合格的，公安机关应当出具《信息系统安全等级保护备案证明》。受理备案的公安机关应当及时将备案文件录入到数据库管理系统，并定期逐级上传《信息系统安全等级保护备案表》中表一、表二、表三内容的电子数据。上传时间为每季度的第一天。

受理备案的公安机关应当建立管理制度，对备案材料按照等级进行严格管理，严格遵守保密制度，未经批准不得对外提供查询。

公安机关受理备案时不得收取任何费用。

6.2.5 定级不准怎么办

公安机关对定级不准的备案单位，在通知整改的同时，应当建议备案单位组织专家进行重新定级评审，并报上级主管部门审批。备案单位仍然坚持原定等级的，公安机关可以受理其备案，但应当书面告知其承担由此引发的责任和后果，经上级公安机关同意后，同时通报备案单位上级主管部门。

对拒不备案的，公安机关应当依据《中华人民共和国计算机信息系统安全保护条例》等其他有关法律、法规规定，责令限期整改。逾期仍不备案的，予以警告，并向其上级主管部门通报。依照规定向中央和国家机关通报的，应当报经公安部同意。

6.3 建设整改

为进一步贯彻落实《国家信息化领导小组关于加强信息安全保障工作的意见》和《关于信息安全等级保护工作的实施意见》、《信息安全等级保护管理办法》精神，有效解决信息系统安全保护中存在的管理制度不健全、技术措施不符合标准要求、安全责任不落实等突出问题，提高我国重要信息系统的安全保护能力，在全国信息系统安全等级保护定级工作基础上，公安部印发了《关于开展信息安全等级保护安全建设整改工作的指导意见》，部署开展信息系统等级保护安全建设整改工作。

6.3.1 基本工作概述

1. 工作目标

信息安全等级保护安全建设整改的工作目标在《关于开展信息安全等级保护安全建设整改工作的指导意见》已经明确。可概括为：利用三年时间，开展三项重点工作，实现五方面目标。

① 三年时间。由于一些重要行业信息系统较多，受资金、人员等条件限制，考虑实际情况，全国已定级信息系统安全建设整改工作总体上用三年时间完成（2012年底）。各行业主管（监管）部门应按照时间要求，根据本行业信息系统数量和实际情况，合理部署总体工作进度。

② 三项重点工作。通过组织开展信息安全等级保护安全管理制度建设、技术措施建设和等级测评等三项重点工作，落实等级保护制度的各项要求。

③ 五方面目标。通过开展安全建设整改工作，达到五方面的目标：一是信息系统安全管理水平明显提高，二是信息系统安全防范能力明显增强，三是信息系统安全隐患和安全事故明显减少，四是有效保障信息化健康发展，五是有效维护国家安全、社会秩序和公共利益。

2. 工作内容

各单位、各部门在主旨开展信息系统定级时，是按照有关标准要求，对每个业务系统进行定级，但在开展信息系统安全建设整改时，可以采取"分区、分域"的方法，按照"整改保护"的原则进行整改方案设计，对信息系统进行加固改造，缺什么补什么。对于新建系统，在规划设计时应确定信息系统安全保护等级，按照信息系统等级，同步规划、同步设计、同步实施安全保护技术措施。

（1）信息安全等级保护安全管理制度建设

① 开展安全管理制度建设的依据

按照《管理办法》、《信息系统安全保护等级保护基本要求》，参照《信息系统安全管理要求》、《信息系统安全工程管理要求》等标准规范要求，建立健全并落实符合相应等级要求的安全管理制度。

② 开展安全管理制度建设的内容

一是落实信息安全责任制。成立信息安全工作领导机构，明确信息安全工作的主管领导。成立专门的信息安全管理部门或落实信息安全责任部门，确定安全岗位，落实专职人员兼职人员。明确落实领导机构、责任部门和有关人员的信息安全责任。

二是落实人员安全管理制度。制定人员录用、离岗、考核、教育培训等管理制度，落实管理的具体措施。对安全岗位人员要进行安全审查，定期进行培训、考核和安全保密教育，提高安全岗位人员的专业水平，逐步实现安全岗位人员持证上岗。

三是落实系统建设管理制度。建立信息系统定级备案、方案设计、产品采购使用、密码使用、软件开发、工程实施、验收交付、等级测评、安全服务等管理制度，明确工作内容、工作方法、工作流程和工作要求。

四是落实系统运维管理制度。建立机房环境安全、存储介质安全、设备设施安全、安全监控、网络安全、系统安全、恶意代码防范、密码保护、备份与恢复、事件处置等管理制度，制定应急预案并定期开展演练，采取相应的管理技术措施和手段，确保系统运维管理制度的有效落实。

③ 开展安全管理制度建设的要求

在具体实施过程中，可逐项建立管理制度，也可以进行整合，形成完善的安全管理体系。要根据具体情况，结合系统管理实际，不断健全完善管理制度。同时，将管理制度与管理技术措施有机结合，确保安全管理制度得到有效落实。

建立并落实监督检查机制。备案单位定期对各项制度的落实情况进行自查，行业主管部门组织开展督导检查，公安机关会同主管部门开展肩部检查。

（2）开展信息安全等级保护安全技术措施建设

① 开展安全技术措施建设的依据

按照《管理办法》、《信息系统安全等级保护基本要求》，参照《信息系统安全等级保护实施指南》、《信息系统通用安全技术要求》、《信息系统安全工程管理要求》、《信息系统等级保护安全设计技术要求》等标准规范要求，建设信息系统安全保护技术措施。

② 开展安全技术措施建设的内容

结合行业特点和安全需求，制定符合相应等级要求的信息系统安全技术建设整改方案，开展信息安全等级保护技术措施建设，落实相应的物理安全、网络安全、主机安全、应用安全和数据安全等安全保护技术措施。在信息系统安全技术建设整改中，可以采取"一个中心、三维防护"（即一个安全管理中心和计算环境安全、区域边界安全和通信网络安全）的防护策略，实现相应级别信息系统的安全保护技术要求，建立并完善信息系统综合防护体系，提高信息系统的安全防护能力和水平。

③ 开展安全技术措施建设的要求

备案单位要开展信息系统安全保护现状分析,确定信息系统安全技术建设整改需求,制定信息系统安全技术建设整改方案,组织实施信息系统安全建设整改工程,开展安全自查和等级测评,及时发现信息系统中存在的安全隐患和威胁,进一步开展安全建设整改工作。

3. 工作流程

安全建设整改工作可以分为五步进行。

第一步:落实负责安全建设整改工作的责任部门,由责任部门牵头制定本单位和行业信息系统安全建设整改工作规划,对安全建设整改工作进行总体部署。

第二步:开展信息系统安全保护现状分析,从管理和技术两方面确定信息系统安全建设整改需求。可以依据《基本要求》等标准,采取对照检查、风险评估、等你测评等方法,分析判断目前所采取的安全保护措施与等级保护标准要求之间的差距,分析系统已发生的事件或事故,分析安全保护方面存在的问题,形成安全建设整改的需求并论证。

第三步:确定安全保护策略,制定信息系统安全建设整改方案。在安全需求分析的基础上,进行信息系统安全建设整改方案设计,包括总体设计和详细设计,制定工程预算和工程实施计划等,为后续安全建设整改工程实施提供依据。安全建设整改方案须经专家评审论证,第三级(含)以上信息系统安全建设整改方案应报公安机关备案,公安机关监督检查备案单位安全建设整改方案的实施。

第四步:开展信息系统安全建设整改工作,建立并落实安全管理制度,落实安全责任制,建设安全设施,落实安全措施;在实施安全建设整改过程中,需要加强投资风险控制、实施流程管理、进度规划控制、工程质量控制和信息保密管理。

第五步:开展安全自查和等级测评,及时发现信息系统中存在安全隐患和威胁。制定安全检查制度,明确检查的内容、方式、要求等,检查各项制度、措施的落实情况,并不断完善。定期对信息系统安全状况进行自查,第三级信息系统每年自查一次,第四级信息系统每半年自查一次。经自查,信息系统安全状况未达到安全保护等级要求的,应当进一步开展整改工作。该流程如图6-2所示。

4. 工作要求

目前,存在一些单位和部门尚未开展信息系统定级备案工作,存在漏定级、漏备案和定级不准等情况,所以,各行业主管(监管)部门应在公安部指导下出台行业信息系统定级制度意见和要求。先解决备案工作中存在的突出问题,在此基础上开展安全整改工作。整改范围如下:一是各单位、各部门要将已备案的第二级(含)以上信息系统纳入安全建设整改的范围。二是尚未开展定级备案的信息系统,要先定级备案,再开展安全建设整改。三是新建系统要同步开展安全建设工作。在建设整改中,要落实如下工作要求。

(1)统一组织,加强领导

要按照"谁主管、谁负责"的原则,切实加强对信息安全等级保护安全建设整改工作的组织领导,完善工作机制。要结合各自实际,统一规划和部署安全建设整改工作,制定安全建设整改工作实施方案。要落实责任部门、责任人员和安全建设整改经费。要利用多种形式,组织开展宣传、培训工作。

```
                    ┌─────────────────────────────────┐
                    │ 信息系统安全建设整改工作规划和工作部署 │
                    └─────────────────────────────────┘
                                    │
                    ┌─────────────────────────────────┐
                    │      信息系统安全保护现状分析       │
                    └─────────────────────────────────┘
                                    │
              ┌──►  ┌─────────────────────────────────┐
              │     │   确定安全策略，制定安全建设整改方案 │
              │     └─────────────────────────────────┘
              │       │                           │
              │   ┌───────────────────┐   ┌───────────────────────┐
              │   │  信息系统安全管理建设 │   │   信息系统安全技术建设    │
              │   │ ┌──┬──┬──┬──┬──┐  │   │ ┌──┬──┬──┬──┬──┐      │
              │   │ │安│安│人│系│系│  │   │ │物│网│主│应│数│      │
              │   │ │全│全│员│统│统│  │   │ │理│络│机│用│据│      │
              │   │ │管│管│安│建│运│  │   │ │安│安│安│安│安│      │
              │   │ │理│理│全│设│行│  │   │ │全│全│全│全│全│      │
              │   │ │机│制│管│管│管│  │   │ │  │  │  │  │  │      │
              │   │ │构│度│理│理│理│  │   │ │  │  │  │  │  │      │
              │   │ └──┴──┴──┴──┴──┘  │   │ └──┴──┴──┴──┴──┘      │
              │   └───────────────────┘   └───────────────────────┘
              │                 │                   │
              │     ┌─────────────────────────────────┐
              └─────│    开展信息系统安全自查和等级测评   │
                    └─────────────────────────────────┘
```

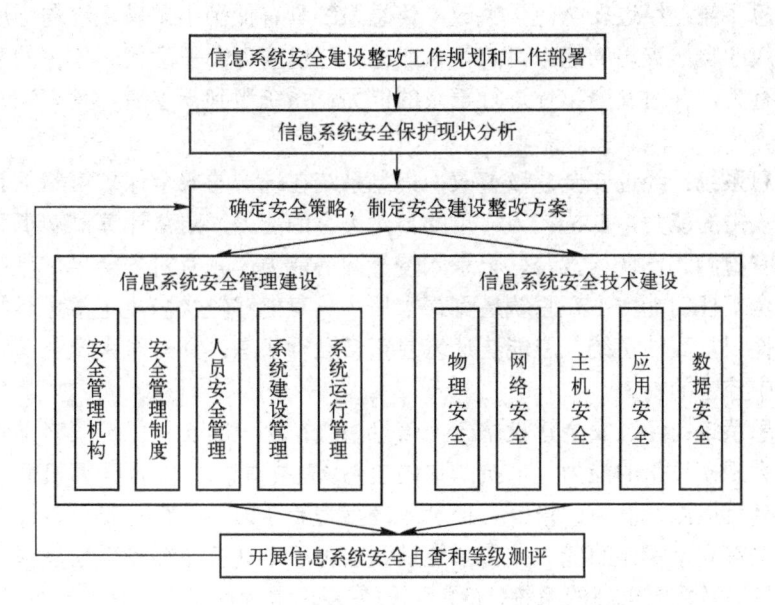

图 6-2 信息系统整改工作流程

（2）循序渐进，分步实施

信息系统主管部门可以结合本行业、本部门信息系统数量、等级、规模等实际情况，按照自上而下或先重点后一般的顺序开展。重点行业、部门可以根据需要和实际情况，选择有代表性的第二、三、四级信息系统先进行安全建设整改和等级测评工作试点、示范，在总结经验的基础上全面推开。

（3）结合实际，制定规范

重点行业信息系统主管部门可以按照《信息系统安全等级保护基本要求》等国家标准，结合行业特点，确定《信息系统安全等级保护基本要求》的具体指标；在不低于等级保护基本要求的情况下，结合系统安全保护的特殊需求，在有关部门指导下制定行业标准规范或细则，指导本行业信息系统安全建设整改工作。

（4）认真总结，按时报送

自 2009 年起，要对定级备案、等级测评、安全建设整改和自查等工作开展情况进行年度总结，于每年年底前报同级公安机关网安部门，各省（自治区、直辖市）公安机关网安部门报公安部网络安全保卫局。信息系统备案单位每半年要填写《信息安全等级保护安全建设整改工作情况统计表》并报受理备案的公安机关。

5. 整改效果

依据信息安全等级保护有关政策和标准，通过组织开展信息安全等级保护安全管理制度建设、技术措施建设和等级测评，落实等级保护制度的各项要求，使信息系统安全管理水平明显提高，安全防范能力明显增强，安全隐患和安全事故明显减少，有效保障信息化健康发展，维护国家安全、社会秩序和公共利益。其整改效果，按照等级要求如下。

第一级信息系统：经过安全建设整改，信息系统具有抵御一般性攻击的能力，防范常见计算机病毒和恶意代码危害的能力；系统遭到损害后，具有恢复系统主要功能的能力。

第二级信息系统：经过安全建设整改，信息系统具有抵御小规模、较弱强度恶意攻击的能力，抵抗一般的自然灾害的能力，防范一般性计算机病毒和恶意代码危害的能力；具有检测常见的攻击行为，并对安全事件进行记录的能力；系统遭到损害后，具有恢复系统正常运行状态的能力。

第三级信息系统：经过安全建设整改，信息系统在统一的安全保护策略下具有抵御大规模、较强恶意攻击的能力，抵抗较为严重的自然灾害的能力，防范计算机病毒和恶意代码危害的能力；具有检测、发现、报警、记录入侵行为的能力；具有对安全事件进行响应处置，并能够追踪安全责任的能力；在系统遭到损害后，具有能够较快恢复正常运行状态的能力；对于服务保障性要求高的系统，应能快速恢复正常运行状态；具有对系统资源、用户、安全机制等进行集中控管的能力。

第四级信息系统：经过安全建设整改，信息系统在统一的安全保护策略下具有抵御敌对势力有组织的大规模攻击的能力，抵抗严重的自然灾害的能力，防范计算机病毒和恶意代码危害的能力；具有检测、发现、报警、记录入侵行为的能力；具有对安全事件进行快速响应处置，并能够追踪安全责任的能力；在系统遭到损害后，具有能够较快恢复正常运行状态的能力；对于服务保障性要求高的系统，应能立即恢复正常运行状态；具有对系统资源、用户、安全机制等进行集中控管的能力。

6.3.2 如何整改安全管理制度

按照国家有关规定，依据《基本要求》，参照《信息系统安全管理要求》等标准规范要求，开展信息系统等级保护安全管理制度建设工作，如图6-3所示。

1．落实信息安全责任制

明确领导机构和责任部门，设立或明确信息安全领导机构，明确主管领导，落实责任部门。建立岗位和人员管理制度，根据职责分工，分别设置安全管理机构和岗位，明确每个岗位的职责与任务，落实安全管理责任制。建立安全教育和培训制度，对信息系统运维人员、管理人员、使用人员等定期进行培训和考核，提高相关人员的安全意识和操作水平。具体依据《基本要求》中的"安全管理机构"内容，同时可以参照《信息系统安全管理要求》等。

落实安全责任制的具体措施还应参照执行相关管理规定。

2．开展安全管理现状分析

在开展信息系统安全管理建设之前，通过开展信息系统安全管理现状分析，查找信息系统安全管理建设整改需要解决的问题，明确信息系统安全管理建设整改的需求。

可以采取对照检查、风险评等级测评等方法，分析判断目前所采取的安全管理措施与等级保护标准之间的差距，分析系统已发生的事故或事件，分析安全管理方面存在的问题，形成安全管理建设整改的需求并论证。

3．制定安全管理制度

根据安全管理需求，确定安全管理目标和安全策略，针对信息系统的各类管理活动，制定人员安全管理制度、系统建设管理制度、系统运维管理制度、定期检查制度等，规范安全管理人员或操作人员的操作规程等，形成安全管理体系。

```
        ┌─────────────────────────────┐
        │   明确主管领导、落实责任部门   │
        └─────────────┬───────────────┘
                      ↓
        ┌─────────────────────────────┐
        │      落实安全岗位和人员       │
        └─────────────┬───────────────┘
                      ↓
        ┌─────────────────────────────┐
        │    信息系统安全管理现状分析    │
        └─────────────┬───────────────┘
                      ↓
        ┌─────────────────────────────┐
        │ 确定安全管理策略、制定安全管理制度 │
        └─────────────┬───────────────┘
                      ↓
        ┌─────────────────────────────┐
        │       落实安全管理措施        │
        └─────────────┬───────────────┘
```

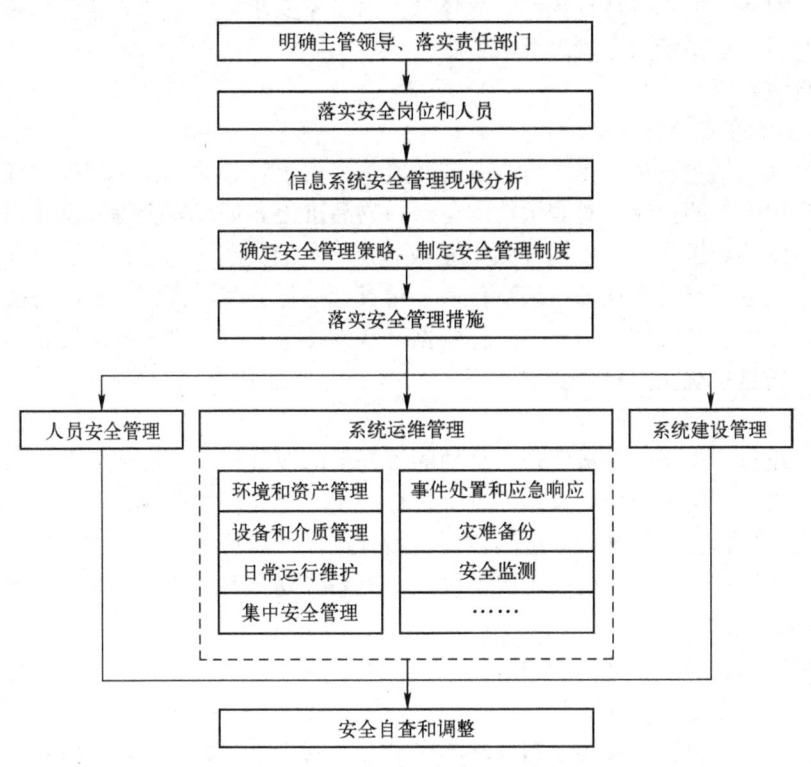

图 6-3 安全管理制度建设工作内容

在制定安全管理制度是，要按照《管理办法》、《信息系统安全等级保护基本要求》，参照《信息系统安全管理要求》、《信息系统安全工程管理要求》等标准规范要求，建立健全并落实符合相应等级要求的安全管理制度。主要内容要求如下：制定信息安全责任制度，明确信息安全工作的主管领导、责任部门、人员及有关岗位的信息安全责任；制定人员安全管理制度，明确人员录用、离岗、考核、教育培训等管理内容；制定系统建设管理制度，明确系统定级备案、方案设计、产品采购使用、密码使用、软件开发、工程实施、验收交付、等级测评、安全服务等管理内容；制定系统运维管理制度，明确机房环境安全、存储介质安全、设备设施安全、安全监控、网络安全、系统安全、恶意代码防范、密码保护、备份与恢复、事件处置、应急预案等管理内容。制定安全检查制度，明确检查的内容、方式、要求等，检查各项制度、措施的落实情况，并不断完善。

安全管理体系规划的核心思想是调整原有管理模式和管理策略，即从全局高度考虑整个信息系统制定安全管理目标和统一的安全管理策略，又要从每个定级系统的实际等级、实际需求出发，选择和调整安全管理措施，最后形成统一的系统整体安全管理体系。

4．落实安全管理措施

（1）人员安全管理

人员安全管理主要包括人员录用、离岗、考核、教育培训等内容。规范人员录用、离岗、过程，关键岗位签署保密协议，对各类人员进行安全意识教育、岗位技能培训和相关安全技术培训，对关键岗位的人员进行全面、严格的安全审查和技能考核。对外部人员允许访问的区域、系统、设备、信息等进行控制。具体依据《基本要求》中的"人员安全管理"内容，同时可以参照《信息系统安全管理要求》等。

（2）系统运维管理

① 环境和资产安全管理

明确环境（包括主机房、辅机房、办公环境等）安全管理的责任部门或责任人，加强对人员出入、来访人员的控制，对有关物理访问、物品进出和环境安全等方面作出规定。对重要区域设置门禁控制手段，或使用视频监控等措施。明确资产（包括介质、设备、设施、数据和信息等）安全管理的责任部门或责任人，对资产进行分类、标识，编制与信息系统相关的软件资产、硬件资产等资产清单。具体依据《基本要求》中的"系统运维管理"内容，同时可以参照《信息系统安全管理要求》等。

② 设备和介质安全管理

明确配套设施、软硬件设备管理、维护的责任部门或责任人，对信息系统的各种软硬件设备采购、发放、领用、维护和维修等过程进行控制，对介质的存放、使用、维护和销毁等方面作出规定，加强对涉外维修、敏感数据销毁等过程的监督控制。具体依据《基本要求》中的"系统运维管理"内容，同时可以参照《信息系统安全管理要求》等。

③ 日常运行维护

明确网络、系统日常运行维护的责任部门或责任人，对运行管理中的日常操作、账号管理、安全配置、日志管理、补丁升级、口令更新等过程进行控制和管理，制订相应的管理制度和操作规程并落实执行。具体依据《基本要求》中的"系统运维管理"内容，同时可以参照《信息系统安全管理要求》等。

④ 集中安全管理

第三级（含）以上信息系统应按照统一的安全策略、安全管理要求，统一管理信息系统的安全运行，进行安全机制的配置与管理，对设备安全配置、恶意代码、补丁升级、安全审计等进行管理，对与安全有关的信息进行汇集与分析，对安全机制进行集中管理。具体依据《基本要求》中的"系统运维管理"内容，同时可以参照《信息系统等级保护安全设计技术要求》和《信息系统安全管理要求》等。

⑤ 事件处置与应急响应

按照国家有关标准规定，确定信息安全事件的等级。结合信息系统安全保护等级，制定信息安全事件分级应急处置预案，明确应急处置策略，落实应急指挥部门、执行部门和技术支撑部门，建立应急协调机制。落实安全事件报告制度，第三级（含）以上信息系统发生较大、重大、特别重大安全事件时，运营使用单位按照相应预案开展应急处置，并及时向受理备案的公安机关报告。组织应急技术支撑力量和专家队伍，按照应急预案定期组织开展应急演练。具体依据《基本要求》中的"系统运维管理"内容，同时可以参照《信息安全事件分类分级指南》和《信息安全事件管理指南》等。

⑥ 灾难备份

要对第三级（含）以上信息系统采取灾难备份措施，防止重大事故、事件发生。识别需要定期备份的重要业务信息、系统数据及软件系统等，制定数据的备份策略和恢复策略，建立备份与恢复管理相关的安全管理制度。具体依据《基本要求》中的"系统运维管理"内容和《信息系统灾难恢复规范》。

⑦ 安全监测

开展信息系统实时安全监测，实现对物理环境、通信线路、主机、网络设备、用户行为和业务应用等的监测和报警，及时发现设备故障、病毒入侵、黑客攻击、误用和误操作等安全事件，以便及时对安全事件进行响应与处置。具体依据《基本要求》中的"系统运维管理"。

⑧ 其他安全管理

对系统运行维护过程中的其他活动，如系统变更、密码使用等进行控制和管理。按国家密码管理部门的规定，对信息系统中密码算法和密钥的使用进行分级管理。

5．加强系统建设过程管理

制定系统建设相关的管理制度，明确系统定级备案、方案设计、产品采购使用、软件开发、工程实施、验收交付、等级测评、安全服务等内容的管理责任部门、具体管理内容和控制方法，并按照管理制度落实各项管理措施。

具体依据《基本要求》中的"系统建设管理"内容。

6．定期组织安全自查

制定安全检查制度，明确检查的内容、方式、要求等，检查各项制度、措施的落实情况，并不断完善。定期对信息系统安全状况进行自查，第三级信息系统每年自查一次，第四级信息系统每半年自查一次。经自查，信息系统安全状况未达到安全保护等级要求的，应当进一步开展整改。具体依据《基本要求》中的"安全管理机构"内容，同时可以参照《信息系统安全管理要求》等。信息系统安全管理建设整改工作完成后，安全管理方面的等级测评与安全技术方面的测评工作一并进行。

6.3.3 如何整改安全技术措施

按照国家有关规定，依据《基本要求》，参照《信息系统通用安全技术要求》、《信息系统等级保护安全设计技术要求》等标准规范要求，开展信息系统安全技术建设工作。工作流程如图6-4所示。

1．开展安全保护技术现状分析

了解掌握信息系统现状，分析信息系统的安全保护状况，明确信息系统安全技术建设整改需求，为安全建设整改技术方案设计提供依据。

（1）信息系统现状分析

了解掌握信息系统的数量和等级、所处的网络区域以及信息系统所承载的业务应用情况，分析信息系统的边界、构成和相互关联情况，分析网络结构、内部区域、区域边界以及软、硬件资源等。具体可以参照《信息系统安全等级保护实施指南》中"信息系统分析"的内容。

（2）信息系统安全保护技术现状分析

在开展信息系统安全技术建设整改之前，应通过开展信息系统安全保护技术现状分析，查找信息系统安全保护技术建设整改需要解决的问题，明确信息系统安全保护技术建设整改的需求。

```
                    ┌─────────────────────────────┐
                    │  信息系统安全保护技术现状分析  │
                    └──────────────┬──────────────┘
                                   ↓
                    ┌─────────────────────────────┐
                    │ 确定安全策略，开展建设整改技术方 │
                    │ 案总体设计                    │
                    └──────────────┬──────────────┘
                                   ↓
                    ┌─────────────────────────────┐
        ┌──────────→│ 开展建设整改技术方案详细设计   │
        │           └──────────────┬──────────────┘
        │                          ↓
        │           ┌─────────────────────────────┐
        │           │ 开展建设整改技术方案论证、评审和 │
        │           │ 备案                         │
        │           └──────────────┬──────────────┘
        │                          ↓
        │           ┌─────────────────────────────┐
        │           │ 建设并落实安全技术措施         │
        │           └──────────────┬──────────────┘
   ┌────┴────┐         ┌───┬───┬───┼───┬───┬───┐
   │ 监督检查 │         物  通  区  访  主  应  备  经
   └─────────┘         理  信  域  问  机  用  份  费
                       安  网  边  控  系  系  和  预
                       全  络  界  制  统  统  恢  算
                           安  安  策  安  安  复  和
                           全  全  略  全  全  安  工
                                  安              全  程
                                  全                  实
                                                      施
                                                      计
                                                      划
```

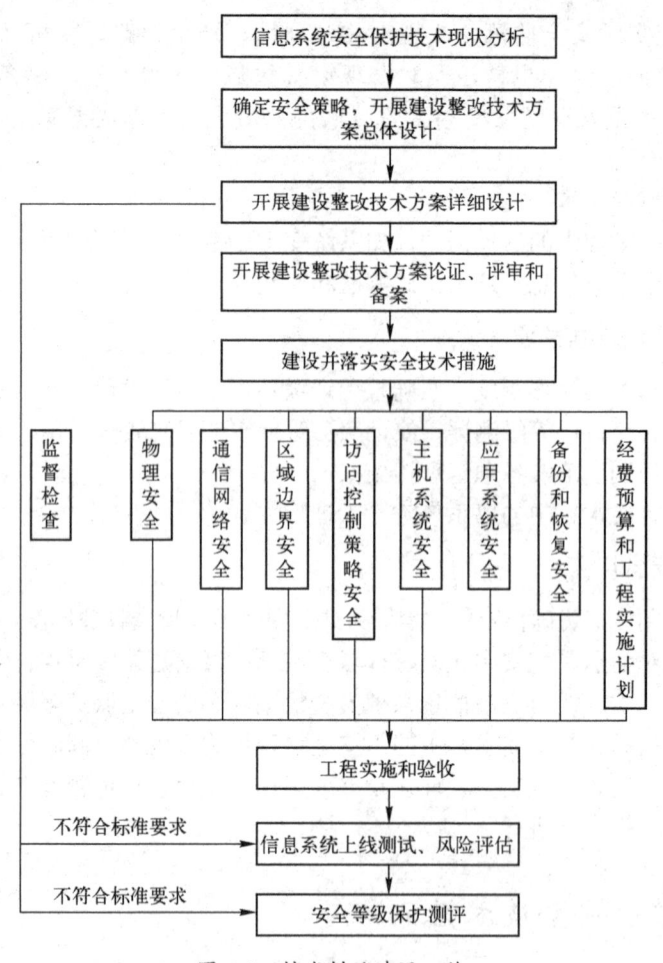

图 6-4 技术措施建设工作

可采取对照检查、风险评估、等级测评等方法，分析判断目前所采取的安全技术措施与等级保护标准要求之间的差距，分析系统已发生的事件或事故，分析安全技术方面存在的问题，形成安全技术建设整改的基本安全需求。在满足信息系统安全等级保护基本要求基础上，可以结合行业特点和信息系统安全保护的特殊要求，提出特殊安全需求。具体可以参照《基本要求》、《信息系统安全等级保护测评要求》和《信息系统安全等级保护测评过程指南》等标准。

（3）安全需求论证和确定

安全需求分析工作完成后，将信息系统的安全管理需求与安全技术需求综合形成安全需求报告。组织专家对安全需求进行评审论证，形成评审论证意见。

2．设计安全技术建设整改方案

在安全需求分析的基础上，开展信息系统安全建设整改方案设计，包括总体设计和详细设计，制定工程预算和工程实施计划等，为后续安全建设整改工程实施提供依据。

（1）确定安全技术策略，设计总体技术方案

① 确定安全技术策略

根据安全需求分析，确定安全技术策略，包括业务系统分级策略、数据信息分级策略、区域互连策略和信息流控制策略等，用以指导系统安全技术体系结构设计。

② 设计总体技术方案

在进行信息系统安全建设整改技术方案设计时，应以《基本要求》为基本目标，可以针对安全现状分析发现的问题进行加固改造，缺什么补什么；也可以进行总体的安全技术设计，将不同区域、不同层面的安全保护措施形成有机的安全保护体系，落实物理安全、网络安全、主机安全、应用安全和数据安全等方面基本要求，最大程度发挥安全措施的保护能力。在进行安全技术设计时，可参考《信息系统等级保护安全设计技术要求》，从安全计算环境、安全区域边界、安全通信网络和安全管理中心等方面落实安全保护技术要求。

（2）安全技术方案详细设计

① 物理安全设计

从安全技术设施和安全技术措施两方面对信息系统所涉及的主机房、辅助机房和办公环境等进行物理安全设计，设计内容包括防震、防雷、防火、防水、防盗窃、防破坏、温湿度控制、电力供应、电磁防护等方面。物理安全设计是对采用的安全技术设施或安全技术措施的物理部署、物理尺寸、功能指标、性能指标等内容提出具体设计参数。具体依据《基本要求》中的"物理安全"内容，同时可以参照《信息系统物理安全技术要求》等。

② 通信网络安全设计

对信息系统所涉及的通信网络，包括骨干网络、城域网络和其他通信网络（租用线路）等进行安全设计，设计内容包括通信过程数据完整性、数据保密性、保证通信可靠性的设备和线路冗余、通信网络的网络管理等方面。通信网络安全设计涉及所需采用的安全技术机制或安全技术措施的设计，对技术实现机制、产品形态、具体部署形式、功能指标、性能指标和配置参数等提出具体设计细节。具体依据《基本要求》中"网络安全"内容，同时可以参照《网络基础安全技术要求》等。

③ 区域边界安全设计

对信息系统所涉及的区域网络边界进行安全设计，内容包括对区域网络的边界保护、区域划分、身份认证、访问控制、安全审计、入侵防范、恶意代码防范和网络设备自身保护等方面。区域边界安全设计涉及所需采用的安全技术机制或安全技术措施的设计，对技术实现机制、产品形态、具体部署形式、功能指标、性能指标和配置策略和参数等提出具体设计细节。具体依据《基本要求》中的"网络安全"内容，同时可以参照《信息系统等级保护安全设计技术要求》、《网络基础安全技术要求》等。

④ 主机系统安全设计

对信息系统涉及的服务器和工作站进行主机系统安全设计，内容包括操作系统或数据库管理系统的选择、安装和安全配置，主机入侵防范、恶意代码防范、资源使用情况监控等。其中，安全配置细分为身份鉴别、访问控制、安全审计等方面的配置内容。具体依据《基本要求》中的"主机安全"内容，同时可以参照《信息系统等级保护安全设计技术要求》、《信息系统通用安全技术要求》等。

⑤ 应用系统安全设计

对信息系统涉及的应用系统软件（含应用/中间件平台）进行安全设计，设计内容包括身份鉴别、访问控制、安全标记、可信路径、安全审计、剩余信息保护、通信完整性、通信保密性、抗抵赖、软件容错和资源控制等。具体依据《基本要求》中的"应用安全"内容，同时可以参考《信息系统等级保护安全设计技术要求》、《信息系统通用安全技术要求》等。

⑥ 备份和恢复安全设计

针对信息系统的业务数据安全和系统服务连续性进行安全设计，设计内容包括数据备份系统、备用基础设施以及相关技术设施。针对业务数据安全的数据备份系统可考虑数据备份的范围、时间间隔、实现技术与介质以及数据备份线路的速率以及相关通信设备的规格和要求；针对信息系统服务连续性的安全设计可考虑连续性保证方式（设备冗余、系统级冗余直至远程集群支持）与实现细节，包括相关的基础设施支持、冗余/集群机制的选择、硬件设备的功能/性能指标以及软硬件的部署形式与参数配置等。具体依据《基本要求》中"数据安全和备份恢复"内容，同时可以参考《信息系统灾难恢复规范》等。

（3）建设经费预算和工程实施计划

① 建设经费预算

根据信息系统的安全建设整改内容提出详细的经费预算，包括产品名称、型号、配置、数量、单价、总价和合计等，同时应包括集成费用、等级测评费用、服务费用和管理费用等。对于跨年度的安全建设整改或安全改建，提供分年度的经费预算。

② 工程实施计划

根据信息系统的安全建设整改内容提出详细的工程实施计划，包括建设内容、工程组织、阶段划分、项目分解、时间计划和进度安排等。对于跨年度的安全建设整改或安全改建，要对安全建设整改方案明确的主要安全建设整改内容进行适当的项目分解，比如分解成机房安全改造项目、网络安全建设整改项目、系统平台和应用平台安全建设整改项目等，分别制定中期和短期的实施计划，短期内主要解决目前急迫和关键的问题。

③ 方案论证和备案

将信息系统安全建设整改技术方案与安全管理体系规划共同形成安全建设整改方案。组织专家对安全建设整改方案进行评审论证，形成评审意见。第三级（含）以上信息系统安全建设整改方案应报公安机关备案，并组织实施安全建设整改工程。

3．加强安全建设整改工程的实施和管理

（1）工程实施和管理

安全建设整改工程实施的组织管理工作包括落实安全建设整改的责任部门和人员，保证建设资金足额到位，选择符合要求的安全建设整改服务商，采购符合要求的信息安全产品，管理和控制安全功能开发、集成过程的质量等方面。按照《信息系统安全工程管理要求》中有关资格保障和组织保障等要求组织管理等级保护安全建设整改工程。实施流程管理、进度规划控制和工程质量控制可参照《信息系统安全工程管理要求》中第8、9、10章提出的工程实施、项目实施和安全工程流程控制要求，实现相应等级的工程目标和要求。

（2）工程监理和验收

为保证建设工程的安全和质量，第二级以上信息系统安全建设整改工程可以实施监理。监理内容包括对工程实施前期安全性、采购外包安全性、工程实施过程安全性、系统环境安全性等方面的核查。工程验收的内容包括全面检验工程项目所实现的安全功能、设备部署、安全配置等是否满足设计要求，工程施工质量是否达到预期指标，工程档案资料是否齐全等方面。在通过安全测评或测试的基础上，组织相应信息安全专家进行工程验收。具体参照《信息系统安全工程管理要求》。

（3）安全等级测评

信息系统安全建设整改完成后要进行等级测评，在工程预算中应当包括等级测评费用。对第三级（含）以上信息系统每年要进行等级测评，并对测评费用做出预算。

在公安部备案的信息系统，备案单位应选择国家信息安全等级保护工作协调小组办公室推荐的等级测评机构实施等级测评；在省（区、市）、地市级公安机关备案的信息系统，备案单位应选择本省（区、市）信息安全等级保护工作协调小组办公室或国家信息安全等级保护工作协调小组办公室推荐的等级测评机构实施等级测评。

6.3.4 如何制定整改方案

本节主要介绍信息系统安全整改方案的主要内容，整改过程中涉及的信息安全产品选择使用注意事项。

1. 整改方案主要内容

整改方案可以不拘泥于单一内容格式，设计内容可以随着单个信息系统、整个单位、多个系统进行方案设计。建议在信息系统安全整改方案中可以包含以下内容。

（1）项目背景

简述信息系统概况，信息系统在等级保护工作方面的进展情况，例如定级备案、安全现状测评情况等。

（2）信息系统安全建设整改的法规、政策和技术依据

列举在建设整改过程中涉及的国家层面、行业层面、主管单位层面等，所依据的信息安全等级保护有关法规、政策、文件和技术标准等。

（3）信息系统安全建设整改安全需求分析

从技术和管理两方面描述信息系统建设情况，系统应用情况及安全建设情况。结合安全现状评估结果，分析信息系统现有保护状况与等级保护要求的差距，结合信息系统自身的安全需求形成安全建设整改安全需求。

（4）信息系统安全等级保护建设整改技术方案设计

根据安全需求，确定整改技术方案的设计原则，建立总体技术框架结构。围绕等级保护差距报告，从物理安全、主机安全、网络安全、应用安全、数据安全角度，结合系统自身所在的物理环境、通信网络、可信环境、区域边界、安全管理中心，设计落实基本技术要求。

（5）信息系统安全等级保护建设整改管理体系设计

根据安全需求，确定整改管理体系的设计原则，指导思想。要求安全管理策略、制度体系建设要可操作性强、责任明确。

（6）信息系统安全产品选型及其技术指标

依据整改技术方案，确定设备选型的原则，给出具体的部署策略，明确选用设备的功能、性能指标。

（7）安全整改后信息系统面临的风险分析

安全整改不可能解决所有不符合基本要求的问题，对于没有解决的问题，或整改后引入

的心问题，分析其可能的安全风险，提出合理可行的风险规避措施。

（8）信息系统安全等级保护建设整改项目实施计划

安全整改项目的实施需要制定相应的实施计划，落实项目管理部门和人员，对设备招标采购、工程实施协调、系统部署和测试验收、人员培训等活动进行规划安排。

（9）信息系统安全等级保护项目预算

根据本单位信息化的中长期发展规划和近期的建设投资规模，将等级保护安全整改建设工作纳入整体规划，可以采取分期分批、有计划的实施安全建设整改。在项目建设进行预算时，不仅仅包含安全设备投入、还需要将集成项目、等级测评费用、服务费用、运行管理费用等纳入到资金预算中。

2. 信息安全产品选择

（1）选择获得销售许可证的信息安全产品

《中华人民共和国计算机信息系统安全保护条例》（国务院令 147 号）第十六条规定，国家对计算机信息系统安全专用产品的销售实行许可证制度。《计算机信息系统安全专用产品检测和销售许可证管理办法》（公安部令第 32 号）第三条规定，中华人民共和国境内的安全专用产品进入市场销售，实行销售许可证制度。安全专用产品的生产者在其产品进入市场销售之前，必须申领《计算机信息系统安全专用产品销售许可证》。

（2）产品分等级检测和使用

国家针对具体的信息安全产品类别，制定了一系列等级保护标准。信息安全产品标准，从信息安全产品的安全功能要求和安全保证要求两个方面，将每类信息安全产品划分为不同的等级，安全等级越高，安全功能要求越多，安全功能范围越广，安全功能粒度越细，安全保证要求越高。信息系统的等级越高，安全防护能力的要求越高，信息系统的安全防护能力，归根到底必须由具体的信息安全产品来实现。根据信息安全的"木桶理论"，最弱的那个环节将决定整个信息系统的安全。而信息安全产品的等级越高，就能提供越高的安全防护能力。所以不同等级的信息系统，应该使用相应等级的信息安全产品。

（3）第三级以上信息系统使用信息安全产品优先选择国产品

《信息安全等级保护管理办法》第二十一条规定，第三级以上信息系统应当选择使用符合以下条件的信息安全产品：① 产品研制、生产单位是由中国公民、法人投资或者国家投资或者控股的，在中华人民共和国境内具有独立的法人资格；② 产品的核心技术、关键部件具有我国自主知识产权；③ 产品研制、生产单位及其主要业务、技术人员无犯罪记录；④ 产品研制、生产单位声明没有故意留有或者设置漏洞、后门、木马等程序和功能；⑤ 对国家安全、社会秩序、公共利益不构成危害；⑥ 对已列入信息安全产品认证目录的，应当取得国家信息安全产品认证机构颁发的认证证书。

6.4 等级测评

本节主要介绍测评工作的内容、流程、方法，介绍测评机构和测评人员，测评工作中的风险及其控制，最后介绍等级测评报告主要内容及说明。

6.4.1 基本工作概述

1．测评概念

信息系统安全等级保护测评（简称"等级测评"）是指测评机构依据国家信息安全等级保护管理制度规定，按照有关管理规范和技术标准对涉及国家机密的信息系统安全保护状况进行分等级测试评估的活动。等级测评机构，是指具备本规范的基本条件，经能力评估和审核，由省级以上信息安全等级保护工作协调（领导）小组办公室（以下简称为"等保办"）推荐，从事等级测评工作的机构。

等级测评是合规性评判活动，基本依据不是个人或者测评机构的经验，而是信息安全等级保护的国家有关标准，无论是测评指标来源，还是测评方法的选择、测评内容的确定以及结果判定等活动均应依据国家相关的标准进行，按照特定方法对信息系统的安全保护能力进行科学公正的综合评判过程。

2．测评作用和目的

通过进行等级保护测评，能够对信息系统安全防护体系能力的分析与确认；发现存在的安全隐患；帮助运营使用单位认识不足，及时改进；有效提升其信息安全防护水平；遵循国家等级保护有关规定的要求，对信息系统安全建设进行符合性测评。测评的作用如下：

① 掌握信息系统的安全状况、排查系统安全隐患和薄弱环节、明确信息系统安全建设整改需求。

② 衡量信息系统的安全保护管理措施和技术措施是否符合等级保护基本要求，是否具备了相应的安全保护能力。

③ 等级测评结果，为公安机关等安全监管部门开展监督、检查、指导等工作提供参照。

为了达到上述目的，开展等级测评的最好时期是安全建设整改前、安全建设整改后，及其常规性定期开展测评，如三级系统每年至少开展一次等级测评。

3．测评标准依据

《信息安全等级保护管理办法》第十四条规定：信息系统建设完成后，运营、使用单位或者其主管部门应当选择符合本办法规定条件的测评机构，依据《信息系统安全等级保护测评要求》等技术标准，定期对信息系统安全等级状况开展等级测评；第三级信息系统应当每年至少进行一次等级测评，第四级信息系统应当每半年至少进行一次等级测评，第五级信息系统应当依据特殊安全需求进行等级测评。

测评机构应当依据《信息系统安全等级保护管理办法》、《信息安全等级保护测评机构管理办法》、《信息系统安全等级保护测评要求》、《信息系统安全等级保护测评过程指南》等国家标准进行等级测评，按照公安部统一制订的《信息安全等级保护测评报告模版》（公信安〔2014〕2866号）格式出具测评报告。按照行业标准规范开展安全建设整改的信息系统，可以国家标准为依据开展等级测评，也可以行业标准规范为依据开展等级测评。

等级测评依据的两个主要标准分别是《GB/T28448—2012 信息系统安全等级保护测评要求》和《GB/T28449—2012 信息系统安全等级保护测评过程指南》。其中，《测评要求》阐述了《基本要求》中各要求项的具体测评方法、步骤和判断依据等，用来评定信息系统的安全保护措施是否符合《基本要求》。《测评过程指南》规定了开展等级测评工作的基本过程、流程、任务及工作产品等，规范测评机构的等级测评工作，并对在等级测评过程中何时如何使用《测评要求》提出了指导建议。二者共同指导等级测评工作。等级测评的测评对象是已经确定等级的信息系统。特定等级测评项目面对的被测评系统是由一个或多个不同安全保护等级的定级对象构成的信息系统。等级测评实施通常采用的测评方法是访谈、文档审查、配置检查、工具测试、实地查看。

4．测评工作规范

等级测评工作中，应遵循以下规范和原则。

① 标准性原则：测评工作的开展、方案的设计和具体实施均需依据我国等级保护的相关标准进行。

② 规范性原则：为用户提供规范的服务，工作中的过程和文档需具有良好的规范性，可以便于项目的跟踪和控制。

③ 可控性原则：测评过程和所使用的工具具备可控性，测评项目采用的工具都经过多次测评项目考验，或者是根据具体要求和组织的具体网络特点定制的，具有良好的可控性。

④ 整体性原则：测评服务从组织的实际需求出发，从业务角度进行测评，而不是局限于网络、主机等单个的安全层面，涉及安全管理和业务运营，保障整体性和全面性。

⑤ 最小影响原则：测评工作具备充分的计划性，不对现有的运行和业务的正常提供产生显著影响，尽可能小地影响系统和网络的正常运行。

⑥ 保密性原则：从公司、人员、过程三方面进行保密控制——测评公司与甲方双方签署保密协议，不得利用测评中的任何数据进行其他有损甲方利益的活动；人员保密，公司内部签订保密协议；在测评过程中对测评数据严格保密。

⑦ 个性化原则：根据被测信息系统的实际业务需求、功能需求以及对应的安全建设情况，开展针对性较强的测评工作。

5．测评工作内容

等级测评内容覆盖组织的重要信息资产，分为技术和管理两大层面。技术层面主要是测评和分析在网络和主机上存在的安全技术风险，包括物理环境、网络设备、主机系统、数据库、应用系统等软硬件设备；管理层面包括从组织的人员、组织结构、管理制度、系统运行保障措施，以及其他运行管理规范等角度，分析业务运作和管理方面存在的安全缺陷。通过对以上各种安全威胁的分析和汇总，形成组织的安全测评报告，根据组织的安全测评报告和安全现状，提出相应的安全整改建议，指导下一步的信息安全建设。

6.4.2 测评工作流程有哪些

为确保等级测评工作的顺利开展，需要了解等级测评的工作流程和方法，以便对等级测评工作过程进行控制。

1．基本工作流程和方法

（1）基本工作流程

等级测评过程分为4个基本测评活动：测评准备活动、方案编制活动、现场测评活动、分析及报告编制活动。测评双方之间的沟通与洽谈应贯穿整个等级测评过程。基本工作流程如图 6-5 所示。

```
测评准备活动
  ├─ 等级测评项目启动
  ├─ 信息收集与分析
  └─ 工具和表单准备

方案编制活动
  ├─ 测评对象确定 / 测评指标确定
  ├─ 测评工具接入点确定
  ├─ 测评内容确定
  ├─ 测评实施手册开发
  └─ 测评方案编制

现场测评活动
  ├─ 测评实施准备
  ├─ 现场测评和结果记录
  └─ 结果确认和资料归还

分析与报告编制活动
  ├─ 单项测评结果判定
  ├─ 单元测评结果判定
  ├─ 整体测评          ← 修订
  ├─ 风险分析
  ├─ 等级测评结论形成
  ├─ 测评报告编制
  └─ 测评结果评审

（沟通与洽谈 贯穿全过程）
```

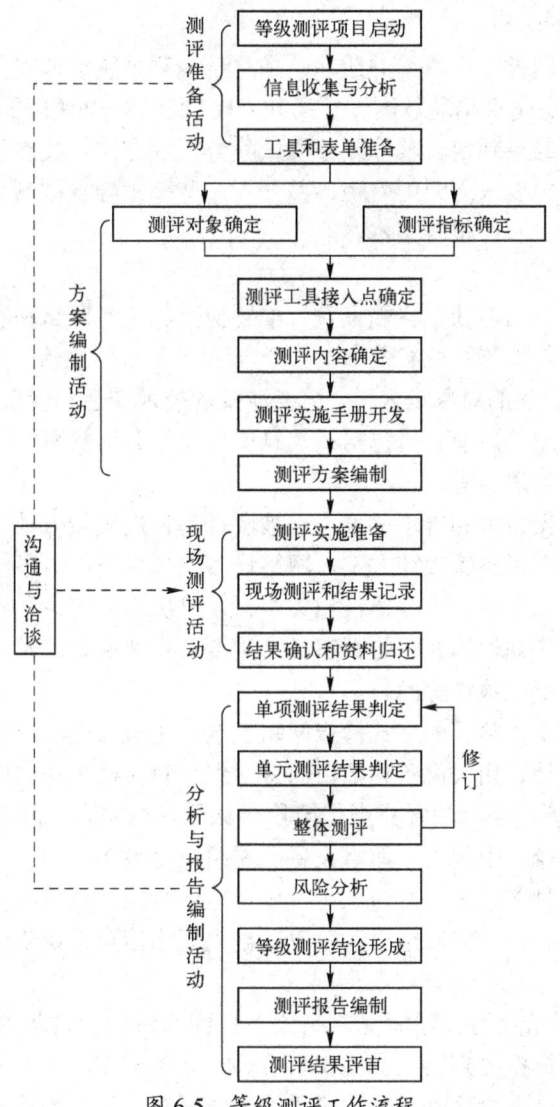

图 6-5 等级测评工作流程

① 测评准备活动

本活动是开展等级测评工作的前提和基础，是整个等级测评过程有效性的保证。测评准备工作是否充分直接关系到后续工作能否顺利开展。本活动的主要任务是掌握被测系统的详细情况，准备测试工具，为编制测评方案做好准备。

② 方案编制活动

本活动是开展等级测评工作的关键活动，为现场测评提供最基本的文档和指导方案。本活动的主要任务是确定与被测信息系统相适应的测评对象、测评指标及测评内容等，并根据需要重用或开发测评指导书测评指导书，形成测评方案。

③ 现场测评活动

本活动是开展等级测评工作的核心活动。本活动的主要任务是按照测评方案的总体要求，严格执行测评指导书测评指导书，分步实施所有测评项目，包括单元测评和整体测评两个方面,以了解系统的真实保护情况,获取足够证据,发现系统存在的安全问题。

④ 分析与报告编制活动

本活动是给出等级测评工作结果的活动,是总结被测系统整体安全保护能力的综合评价活动。本活动的主要任务是根据现场测评结果和 GB/T28448—2012 的有关要求,通过单项测评结果判定、单元测评结果判定、整体测评和风险分析等方法,找出整个系统的安全保护现状与相应等级的保护要求之间的差距,并分析这些差距导致被测系统面临的风险,从而给出等级测评结论,形成测评报告文本。

(2) 工作方法

测评主要工作方法包括访谈、文档审查、配置检查、工具测试和实地察看。

访谈是指测评人员与被测系统有关人员(个人/群体)进行交流、讨论等活动,获取相关证据,了解有关信息。访谈的对象是人员,访谈涉及的技术安全和管理安全测评的测评结果,要提供记录或录音。典型的访谈人员包括:信息安全主管、信息系统安全管理员、系统管理员、网络管理员、资产管理员等。

文档审查主要是依据技术和管理标准,对被测评单位的安全方针文件,安全管理制度,安全管理的执行过程文档,系统设计方案,网络设备的技术资料,系统和产品的实际配置说明,系统的各种运行记录文档,机房建设相关资料,机房出入记录。检查信息系统建设必须具有的制度、策略、操作规程等文档是否齐备,制度执行情况记录是否完整,文档内容完整性和这些文件之间的内部一致性等问题。

配置检查是指利用上机验证的方式检查网络安全、主机安全、应用安全、数据安全的配置是否正确,是否与文档、相关设备和部件保持一致,对文档审核的内容进行核实(包括日志审计等),并记录测评结果。配置检查是衡量一家测评机构实力的重要体现。检查对象包括数据库系统、操作系统、中间件、网络设备、网络安全设备。

工具测试是利用各种测试工具,通过对目标系统的扫描、探测等操作,使其产生特定的响应等活动,通过查看、分析响应结果,获取证据以证明信息系统安全保护措施是否得以有效实施的一种方法。

实地查看根据被测系统的实际情况,测评人员到系统运行现场通过实地的观察人员行为、技术设施和物理环境状况判断人员的安全意识、业务操作、管理程序和系统物理环境等方面的安全情况,测评其是否达到了相应等级的安全要求。如扫描探测、渗透测试、协议分析等手段。

2. 测评实施准备

由于信息系统安全测评受到组织的业务战略、业务流程、安全需求、系统规模和结构等方面的影响,因此,在测评实施前,应充分做好测评前的各项准备工作。测评实施准备工作主要包括如下内容:明确测评目标、确定测评范围、组建测评团队、召开测评实施工作启动会议、系统调研、确定系统测评标准、确定测评工具、制定测评方案、测评工作协调、文档管理和测评风险规避等 11 项准备工作。同时,信息系统安全测评涉及组织内部有关重要信息,被评估组织应慎重选择评估单位、评估人员的资质和资格,并遵从国家或行业相关管理要求。下面分别描述 11 项准备工作。

① 明确测评目标:等级保护测评目标是验证信息信息系统是否达到定级基本要求。

② 确定测评范围：信息系统测评范围，可以是系统组织全部信息及与信息处理相关的各类资产、管理机构，也可以是某个独立信息系统、关键业务流程等。通常依据下面几个原则来作为测评范围边界的界定方法：业务系统的业务逻辑边界、网络及设备载体边界、物理环境边界、组织管理权限边界等。在等级、分级测评中，如果出现在边界处共用设备，则通常将该设备划分到较高等级的范围内。

③ 组建测评团队：测评实施团队应由被测评组织、测评机构等共同组建测评小组；由被测评组织领导、相关部门负责人，以及测评机构相关人员成立测评工作领导小组；聘请相关专业的技术专家和技术骨干组成专家组。为确保测评的顺利有效进行，应采用合理的项目管理机制。通常测评机构角色主要包括测评组长、技术测评人员、管理测评人员、质量管控人员。被测评单位角色主要包括测评组长、信息安全管理人员、业务人员、运维人员、开发人员、协调人员。

④ 测评实施工作启动会议：为保障测评工作的顺利开展，确立工作目标、统一思想、协调各方资源，应召开测评实施工作启动会议。启动会一般由测评工作领导小组负责人组织召开，参与人员应该包括测评小组全体人员，相关业务部门主要负责人，如有必要可邀请相关专家组成员参加。启动会主要内容主要包括：被测评组织领导宣布此次评估工作的意义、目的、目标，以及评估工作中的责任分工；被测评组织项目组长说明本次评估工作的计划和各阶段工作任务，以及需配合的具体事项；测评机构项目组长介绍评估工作一般性方法和工作内容等。通过启动会可对被测评组织参与测评人员以及其他相关人员进行测评方法和技术培训，使全体人员了解和理解测评工作的重要性，以及各工作阶段所需配合的工作内容。测评实施启动会议需要进行会议记录，形成会议摘要。

⑤ 系统调研：系统调研是了解、熟悉被测评对象的过程，测评实施小组应进行充分的系统调研，以确定系统测评的依据和方法。系统调研可采取问卷调查、现场面谈、人员访谈、资料查阅、实地查看相结合的方式进行。

在等级保护测评工作中，系统调研主要收集与信息系统相关的物理环境信息、网络信息、主机信息、应用信息、管理信息。其中网络信息包括网络拓扑图、网络结构、系统外联、网络设备、安全设备。将上述信息通过表格方式进行保存，为下一步制定测评方案、开展现场测评、形成测评报告提供前提。

⑥ 确定系统测评标准：因业务、行业、主管部门、地区等不同，系统测评标准依据存在个性化差异。信息系统测评依据应包括：

- ❖ 适用的法律、法规。
- ❖ 现有国际标准、国家标准、行业标准。
- ❖ 行业主管机关的业务系统的要求和制度。
- ❖ 与信息系统安全保护等级相应的基本要求。
- ❖ 被测评组织的安全要求。
- ❖ 系统自身的实时性或性能要求等。

⑦ 确定测评工具：主要包括测评前的表格、文档、检测工具等各项准备工作。测评工作通常包括根据评估对象和评估内容合理选择相应的测评工具，测评工具的选择和使用应遵循以下原则：

- ❖ 脆弱性发现工具，应具备全面的已知系统脆弱性核查与检测能力。

- 测评工具的检测规则库应具备更新功能，能够及时更新。
- 测评工具使用的检测策略和检测方式不应对信息系统造成不正常影响。
- 可采用多种测评工具对同一测试对象进行检测，如果出现检测结果不一致的情况，应进一步采用必要的人工检测和关联分析，并给出与实际情况最为相符的结果判定。
- 评估工具的选择和使用必须符合国家有关规定。

测评工具应包括：主机检查、服务器检查、数据库检查、中间件检查、Web 检查、专用业务检查、协议检查、口令检查、安全设备检查、网络设备检查、性能压力检查等。

⑧ 制定测评方案：测评方案是测评工作实施活动总体计划，用于管理评估工作的开展，使测评各阶段工作可控。测评方案是测评项目验收的主要依据之一，是测评人员进行内部工作交流、明确工作任务的操作指南。通常测评方案给出具体的现场测评的工作思路、方法、方式和具体测评对象及其内容。测评方案应得到被评估组织的确认和认可。

⑨ 测评工作协调：为了确保测评工作的顺利开展，测评方案应得到被评估组织最高管理者的支持、批准。同时，须对管理层和技术人员进行传达，在组织范围内就测评相关内容进行培训，以明确有关人员在评估工作中的任务。在测评工作中，可能需要测评双方多次沟通，就测评具体细节进行协调。

⑩ 文档管理：文档是测评工作的最终体现方式。为确保文档资料的完整性、准确性和安全性，应遵循以下原则：

- 指派专人负责管理和维护项目进程中产生的各类文档，确保文档的完整性和准确性。
- 文档的存储应进行合理的分类和编目，确保文档结构清晰可控。
- 所有文档应注明项目名称、文档名称、版本号、审批人、编制日期、分发范围等信息。
- 不得泄露给与本项目无关的人员或组织，除非预先征得被评估组织项目负责人的同意。同时，测评组织需要有专门的存储介质、安全柜和人员，对测评所产生的记录文档进行一定时间的保存。如等级保护三级系统所产生的测评报告和记录需要保持 3 年以上。

⑪ 测评风险规避：测评工作自身也存在风险，一是结果是否准确有效，能够达到预先目标存在风险；二是测评中的某些测试操作可能给被测评组织或信息系统引入新的风险。应通过技术培训和保密教育、制定测评过程管理相关规定、编制应急预案等措施进行风险规避。同时双方应签署保密协议，测评单位和测评人员签署个人保密协议。

3．测评方案编制

方案编制过程是开展等级测评工作的关键活动，为现场测评提供最基本的文档和指导方案。本过程的主要任务是确定与被测信息系统相适应的测评对象、测评指标及测评内容等，并根据需要重用或开发测评指导书测评指导书，形成测评方案。

① 确定测评对象。一般采用抽查的方法，即：抽查信息系统中具有代表性的组件作为测评对象。在确定测评对象时，需遵循以下原则：

- 重要性，应抽查对被测评系统来说重要的服务器、数据库和网络设备等。
- 安全性，应抽查对外暴露的网络边界。
- 共享性，应抽查共享设备和数据交换平台/设备。
- 代表性，抽查应尽量覆盖系统各种设备类型、操作系统类型、数据库系统类型和应用系统类型。
- ❖ 恰当性，选择的设备、软件系统等应能符合相应等级的测评强度要求。

② 确定测评指标及测评内容。根据被测系统调查表格，得出被测系统的定级结果，包括业务信息安全保护等级和系统服务安全保护等级，从而得出被测系统应采取的安全保护措施 ASG 组合情况。如，目标系统的安全保护等级为第三级（S3A3G3），其测评指标应包括《基本要求》7.1 节"技术要求"和 7.2 节"管理要求"中的第三级通用指标类（G3）、第三级业务信息安全性指标类（S3）和第三级业务服务保证类（A3）要求。对于由多个不同等级的信息系统组成的被测系统，应分别确定各个定级对象的测评指标。如果多个定级对象共用物理环境或管理体系，而且测评指标不能分开，则不能分开的这些测评指标应采用就高原则。

③ 确定测评工具接入点。一般来说，测评工具的接入采取从外到内，从其他网络到本地网段的逐步逐点接入，即：测评工具从被测系统边界外接入、在被测系统内部与测评对象不同网段及同一网段内接入等几种方式。从被测系统边界外接入时，测评工具一般接在系统边界设备（通常为交换设备）上。在该点接入漏洞扫描器，扫描探测被测系统的主机、网络设备对外暴露的安全漏洞情况；从系统内部与测评对象不同网段接入时，测评工具一般接在与被测对象不在同一网段的内部核心交换设备上；在系统内部与测评对象同一网段内接入时，测评工具一般接在与被测对象在同一网段的交换设备上；结合网络拓扑图，采用图示的方式描述测评工具的接入点、测评目的、测评途径和测评对象等相关内容。

④ 确定测评内容与方法。将测评对象与测评指标进行映射构成测评内容，并针对不同的测评内容合理地选择测评方法形成具体的测评实施内容。

⑤ 确定测评指导书。测评指导书是指导和规范测评人员现场测评活动的文档，包括测评项、测评方法、操作步骤和预期结果等四部分。在测评对象和指标确定的基础上，将测评指标映射到各测评对象上，然后结合测评对象的特点，选择应采取的测评方法并确定测评步骤和预期结果，形成不同测评对象的具体测评指导书。

⑥ 确定测评方案。综合以上结果内容以及测评工作计划形成测评方案，测评方案主要内容包括测评概述、目标系统概述、定级情况、网络结构、主机设备情况、应用情况、测评方法与工具、测评内容、时间安排、风险揭示与规避等。

4．现场测评

现场测评是测评工作的重要阶段。风险评估中的风险识别阶段，对应现场测评，通过对组织和信息系统中资产、威胁、脆弱性等要素的识别，是进行信息系统安全风险分析的前提。现场测评活动通过与测评委托单位进行沟通和协调，为现场测评的顺利开展打下良好基础，然后依据测评方案实施现场测评工作，将测评方案和测评工具等具体落实到现场测评活动中。现场测评工作应取得分析与报告编制活动所需的、足够的证据和资料。

现场测评活动包括现场测评准备、现场测评和结果记录、结果确认和资料归还三项主要任务。

（1）现场测评准备

为保证测评机构能够顺利实施测评，测评准备工作需要包括以下内容：① 测评委托单位签署现场测评授权书；② 召开测评现场首次会，测评机构介绍测评工作，交流测评信息，进一步明确测评计划和方案中的内容，说明测评过程中具体的实施工作内容，测评时间安排等，以便于后面的测评工作开展；③ 测评双方确认现场测评需要的各种资源，包括测评委托单位的配合人员和需要提供的测评条件等，确认被测系统已备份过系统及数据；④ 测评人员根据会议沟通结果，对测评结果记录表单和测评程序进行必要的更新。

（2）现场测评和结果记录

现场测评一般包括访谈、文档审查、配置检查、工具测试和实地察看5方面。现场测评覆盖到被测系统安全技术的5个层面和安全管理的5方面。安全技术的5个层面具体为：物理安全、网络安全、主机安全、应用安全、数据安全和备份恢复。安全管理的5方面具体为：安全管理制度、安全管理机构、人员安全管理、系统建设安全管理和系统运维安全管理。

物理安全检查将通过访谈和检查的方式评测目标系统的物理安全保障情况，主要涉及对象为机房。在内容上，物理安全层面测评实施过程涉及10个控制点。

网络安全检查将通过访谈、检查和测试的方式评测目标系统的网络安全保障情况，主要涉及对象包括网络设备、网络安全设备以及网络拓扑结构等三大类对象。在内容上，网络安全层面测评过程涉及8个控制点。

主机系统安全检查将通过访谈、检查和测试的方式评测目标系统的主机系统安全保障情况。在内容上，主机系统安全层面测评实施过程涉及7个控制点。

应用安全检查将通过访谈、检查和测试的方式评测目标系统的应用安全保障情况。在内容上，应用安全层面测评实施过程涉及9个控制点。

数据安全及备份恢复评估将通过访谈和检查的方式评测目标系统的数据安全及备份恢复保障情况。本次测评重点检查系统的数据在采集、传输、处理和存储过程中的安全及安全备份恢复情况。在内容上，实施过程涉及3个控制点。

安全管理制度测评将通过访谈和检查的形式评测安全管理制度的制定、发布、评审和修订等情况，主要涉及安全主管人员、安全管理人员、各类其他人员、各类管理制度、各类操作规程文件等对象。在内容上，安全管理制度测评实施过程涉及3个控制点。

安全管理机构测评将通过访谈和检查的形式评测安全管理机构的组成情况和机构工作组织情况，主要涉及安全主管人员、安全管理人员、相关的文件资料和工作记录等对象。在内容上，安全管理机构测评实施过程涉及5个控制点。

人员安全管理测评将通过访谈和检查的形式评测人员安全方面的情况，主要涉及安全主管人员、人事管理人员、相关管理制度、相关工作记录等对象。在内容上，人员安全管理测评实施过程涉及5个控制点。

系统建设管理测评将通过访谈和检查的形式评测系统建设管理过程中的安全控制情况，主要涉及安全主管人员、系统建设负责人、各类管理制度、操作规程文件、执行过程记录等对象。在内容上，系统建设管理测评实施过程涉及9个控制点。

系统运维管理测评将通过访谈和检查的形式评测系统运维管理过程中的安全控制情况，主要涉及安全主管人员、安全管理人员、各类运维人员、各类管理制度、操作规程文件、执行过程记录等对象。在内容上，系统运维管理测评实施过程涉及13个控制点。

现场测评需要记录大量信息，产生各种文档，这些需要进行结果记录。

（3）结果确认和资料归还

现场测评结束时，需要做好记录和确认工作，并将测评的结果征得评测双方认同确认。主要包括测评人员在现场测评完成之后，应首先汇总现场测评的测评记录，对漏掉和需要进一步验证的内容实施补充测评；召开测评现场结束会，测评双方对测评过程中发现的问题进行现场确认。测评机构归还测评过程中借阅的所有文档资料，并由测评委托单位文档资料提供者签字确认。需要注意的是现场测评中发现的问题要及时汇总，保留证据和证据源记录，同时提供测评委托单位的书面认可文件。

6.4.3 测评指标知多少

1. 测评指标项数量

信息安全等级保护指标主要有技术层面和管理层面组成。测评指标随着保护等级的增高而要求增加、范围增大、测评细化和力度细化。1～4级的测评指标数量如表6-4所示。

表6-4　1～4级的测评指标数量

保护等级	技术层面指标	管理层面指标	合计
第1级	33	52	85
第2级	79	96	175
第3级	136	154	290
第4级	148	153	319

2. 测评指标要求

二级基本要求：在一级基本要求的基础上，技术方面，二级要求在控制点上增加了物理位置的选择、防静电、电磁防护、网络安全审计、网络入侵防范、边界完整性检查、主机安全审计、主机资源控制、应用资源控制、应用安全审计、通信保密性以及数据保密性等。管理方面，增加了审核和检查、管理制度的评审和修订、人员考核、密码管理、变更管理和应急预案管理等控制点。

三级基本要求：在二级基本要求的基础上，技术方面，在控制点上增加了网络恶意代码防范、剩余信息保护、抗抵赖等。管理方面，增加了系统备案、安全测评、监控管理和安全管理中心等控制点。

四级基本要求：在三级基本要求的基础上，技术方面，在系统和应用层面控制点上增加了安全标记、可信路径。

要求项增多，如对"身份鉴别"，一级要求"进行身份标识和鉴别"，二级增加要求"口令复杂度、登录失败保护等"，三级则要求"采用两种或两种以上组合的鉴别技术"。项目增加，要求增强。

范围增大，如对物理安全的"防静电"，二级只要求"关键设备应采用必要的接地防静电措施"，三级则在对象的范围上发生了变化，为"主要设备应采用必要的接地防静电措施"。范围的扩大，表明了该要求项强度的增强。

要求细化：如人员安全管理中的"安全意识教育和培训"，二级要求"应制定安全教育和培训计划，对信息安全基础知识、岗位操作规程等进行培训"，三级在对培训计划进行了进一步的细化，为"应针对不同岗位制定不同培训计划"，培训计划有了针对性，更符合各个岗位人员的实际需要。

粒度细化：如网络安全中的"访问控制"，二级要求"控制粒度为网段级"，三级要求则将控制粒度细化，为"控制粒度为端口级"。由"网段级"到"端口级"，粒度上的细化，同样增强了要求的强度。

3. 不同保护等级的控制点对比

技术层面主要包括物理安全、网络安全、主机安全、应用安全、数据安全及备份恢复 5

类；管理层面主要包括安全管理制度、安全管理机构、人员安全管理、系统建设管理、系统运维管理 5 类。每个类别下面有若干控制点组成，如表 6-5 所示。控制点在 1-4 级测评标准中，数量分布如表 6-6 所示。

表6-5 控制点分布

层面	类 别	控制点
技术	物理安全	机房位置选择、物理访问控制、防盗窃和防破坏、防雷击、防火、防水和防潮、防静电、温湿度控制、电力供应、电磁防护
	网络安全	结构安全、访问控制、安全审计、边界完整性检查、入侵防范、恶意代码防范、网络设备防护
	主机安全	身份鉴别、安全标记、访问控制、可信路径、安全审计、剩余信息保护、入侵防范、恶意代码防范、资源控制
	应用安全	身份鉴别、安全标记、访问控制、可信路径、安全审计、剩余信息保护、通信完整性、通信保密性、抗抵赖、软件容错、资源控制
	数据安全及备份恢复	数据保密性、数据完整性、备份与恢复
管理	安全管理制度	管理制度、制定和发布、评审和修订
	安全管理机构	岗位设置、人员配备、授权和审批、沟通和合作、审核和检查
	人员安全管理	人员录用、人员离岗、人员考核、安全意识教育和培训、外部人员访问管理
	系统建设管理	系统定级、安全方案设计、产品采购和使用、自行软件开发、外包软件开发、工程实施、测试验收、系统交付、系统备案、等级测评、安全服务商选择
	系统运维管理	环境管理、资产管理、介质管理、设备管理、监控管理和安全管理中心、网络安全管理、系统安全管理、恶意代码防范管理、密码管理、变更管理、备份与恢复管理、安全事件处置、应急预案管理

表6-6 控制点在 1~4 级测评标准中的数量分布

层面	类别	1级	2级	3级	4级
技术	物理安全	7	10	10	10
	网络安全	3	6	7	7
	主机安全	4	6	7	9
	应用安全	4	7	9	11
	数据安全及备份恢复	2	3	3	3
管理	安全管理制度	2	3	5	3
	安全管理机构	4	5	5	5
	人员安全管理	4	5	11	5
	系统建设管理	9	9	13	11
	系统运维管理	9	12	13	13
总数	/	48	66	73	77
级差	/	/	18	7	4

6.4.4 测评结果是如何研判的

如何衡量给出最终测评结果，需要用到评估技术。在等级保护中，主要是通过量化手段进行测评分析。量化的好处在于保留符合性的特点、量化预期结果、量化判定标准、突出安全控制措施的效果验证、促进测评工具化等优点，便于数据展示和统计分析。

1. 结果研判步骤

（1）单对象单测评项研判

在等级保护测评中，单项测评项根据测评项的符合程度进行赋值，采取 5 分制。根据测评证据符合程度（可参考判分标准）给每个测评对象的每个测评项判分，分为 0~5 分，6 种结果；对测评符合的项，单项量化结果为 5 分，如测评结果部分符合的情况，则单项量化结果为 1～4 分，不符合为 0 分。针对每个测评对象对应的每个测评项，分析该测评项所对抗的威胁在被测系统中是否存在，如果不存在，则该测评项应标为不适用项。不适用项不进行计算和测评项的量化。

（2）测评项权重赋值

公安部联合多家测评机构，依据重要控制点和同一控制点下的重要测评项，将测评项分为三档权重，分别为 1、0.5、0.2。

（3）控制点分析与量化

安全层面可能包括多个测评对象，因此控制点在计算时需要考虑测评项的多对象属性。安全控制点采用 5 分制得分。控制点得分为 5 分或 0 分，则对应该测评指标的单元测评结果为符合或不符合；控制点得分为 1、2、3、4 分，则对应该测评指标的单元测评结果为部分符合。控制点得分主要用于等级测评报告中控制点符合情况汇总。等级测评报告中要求以表格形式汇总测评结果，表格以不同颜色对测评结果进行区分，部分符合（安全控制点得分在 0 分和 5 分之间，不等于 0 分或 5 分）的安全控制点采用黄色标识，不符合（安全控制点得分为 0 分）的安全控制点采用红色标识。

（4）问题严重程度值计算

在等级保护测评报告中，需要针对单元测评结果中存在的部分符合项或不符合项加以汇总，形成安全问题汇总列表并计算其严重程度值。依其严重程度取值为 1～5，最严重的取值为 5。安全问题严重程度值是基于测评项权重、测评项的符合程度进行的。计算公式如下：

$$安全问题严重程度值=(5-测评项符合程度得分)×测评项权重$$

（5）修正后的严重程度值和符合程度的计算

基本出发点在于：针对存在的安全问题，分析与该测评项相关的其他测评项能否和它发生关联关系，发生什么样的关联关系，这些关联关系产生的作用是否可以"弥补"该测评项的不足，以及该测评项的不足是否会影响与其有关联关系的其他测评项的测评结果。

在整体测评中，需要从安全控制间、层面间、区域间和验证测试等方面对单元测评的结果进行验证、分析和整体评价。在某个安全控制点或层面的安全问题，可以通过另一个或多个安全控制点或层面的安全设置进行加强或者弥补。因此，安全问题在修复后，需要给出修正后的问题严重程度值，并给出符合程度。

在整体测评结果，修改安全问题汇总表中的问题严重程度值及对应的修正后测评项符合程度得分，并形成修改后的安全问题汇总表（注意：仅包括有所修正的安全问题）。根据整体测评安全控制措施，通常将安全问题的弥补程度的修正因子设为 0.5～0.9。计算方法如下：

$$修正后问题严重程度值=修正前的问题严重程度值×修正因子$$

$$修正后测评项符合程度=5-修正后问题严重程度值/测评项权重$$

（6）系统安全保障情况得分计算

计算方法是以算术平均合并同一安全层面下的所有安全控制点得分，并转换为安全层面的百分制得分。等级保护的 10 个安全层面得分就是系统安全保障情况得分

2．测评整改结论和风险评估

应在报告中针对系统存在的主要安全问题提出安全建设和整改意见。通过总结单元测

评、整体测评、风险分析和评论中的相关缺陷，严格依据等级保护基本要求，提出切合工作实际的整改思路和方法。

针对等级测评结果中存在的所有安全问题，结合关联资产和威胁分别分析安全危害，找出可能对信息系统、单位、社会及国家造成的最大安全危害（损失），并根据最大安全危害严重程度进一步确定信息系统面临的风险等级，结果为"高"、"中"或"低"。并以列表形式给出等级测评发现安全问题以及风险分析和评价情况，其中，最大安全危害（损失）结果应结合安全问题所影响业务的重要程度、相关系统组件的重要程度、安全问题严重程度以及安全事件影响范围等进行综合分析。在等保测评报告中指出，如风险值和评价相同，可填写多个关联资产。对于多个威胁关联同一个问题的情况，应分别填写。

依据国家提供的报告标准，编制测评报告。如针对被测系统存在的安全隐患，从系统安全角度提出相应的改进建议，编制测评报告的安全建设整改建议部分。列表给出现场测评的文档清单和单项测评记录，以及对各个测评项的单项测评结果判定情况，编制测评报告的单元测评的结果记录和问题分析部分。

6.4.5 谁来开展等级测评

等级测评分为自测评和委托测评机构开展。测评机构是指具备本规范的基本条件，经能力评估和审核，由省级以上信息安全等级保护工作协调（领导）小组办公室推荐，从事测评工作的机构。省级以上等保办负责等级测评机构的审核和推荐工作。公安部信息安全等级保护评估中心负责测评机构的能力评估和培训工作。

1．测评机构具备的基本条件和资质

《信息安全等级保护测评工作管理规范（试行）》第五条规定，等级测评机构应当具备以下基本条件：

① 在中华人民共和国境内注册成立（港澳台地区除外）。
② 由中国公民投资、中国法人投资或国家投资的企事业单位（港澳台地区除外）。
③ 产权关系明晰，注册资金100万元以上。
④ 从事信息系统检测评估相关工作两年以上，无违法记录。
⑤ 工作人员仅限于中华人民共和国境内的中国公民，且无犯罪记录。
⑥ 具有满足等级测评工作的专业技术人员和管理人员，测评技术人员不少于10人。
⑦ 具备必要的办公环境、设备、设施，使用的技术装备、设施应当符合《信息安全等级保护管理办法》对信息安全产品的要求。
⑧ 具有完备的保密管理、项目管理、质量管理、人员管理和培训教育等安全管理制度。
⑨ 对国家安全、社会秩序、公共利益不构成威胁。
⑩ 应当具备的其他条件。

2．测评机构的业务范围和工作要求

测评机构及其测评人员应当严格执行有关管理规范和技术标准，开展客观、公正、安全的测评服务。

（1）业务范围

测评机构除从事等级测评活动以外，还可以从事信息系统安全等级保护定级、等级保护安全建设整改、信息安全等级保护宣传教育等工作的技术支持，以及风险评估、信息安全培训、信息安全咨询和信息安全工程监理等工作。

（2）工作要求

从事等级测评工作的机构及其人员应当遵守国家有关法律法规，依据国家有关技术标准和本规范的相关规定，开展客观、公正、安全的测评服务，不得从事危害国家、社会秩序、公共利益以及被测单位利益的活动。测评机构应当按照公安部统一制订的《信息系统安全等级测评报告模版》格式出具测评报告，根据信息系统规模和所投入的成本，合理收取测评服务费用。

3．测评机构的禁止行为

测评机构及其测评人员不得从事下列活动：

① 影响被测评信息系统正常运行，危害被测评信息系统安全。
② 泄露知悉的被测评单位及被测信息系统的国家秘密和工作秘密。
③ 故意隐瞒测评过程中发现的安全问题，或者在测评过程中弄虚作假，未如实出具等级测评报告。
④ 未按规定格式出具等级测评报告。
⑤ 非授权占有、使用等级测评相关资料及数据文件。
⑥ 分包或转包等级测评项目。
⑦ 信息安全产品开发、销售和信息系统安全集成。
⑧ 限定被测评单位购买、使用其指定的信息安全产品。
⑨ 其他危害国家安全、社会秩序、公共利益以及被测单位利益的活动。

4．测评人员具备的基本要求和资质

测评人员实行等级测评师管理。等级测评师分为初级、中级和高级。测评人员参加专门的培训机构举办的专门培训和考试。考试合格的，由专门的培训机构向测评人员颁发相应等级的《等级测评师证书》。《等级测评师证书》是测评人员上岗的基本条件。从事第二级信息系统等级测评工作的测评机构至少应具有 6 名以上等级测评师，其中中级测评师不少于 2 名；第三级（含）以上信息系统等级测评工作的测评机构至少应具有 10 名以上等级测评师，其中中级测评师不少于 4 名，高级测评师不少于 2 名。

在具体开展测评工作中，测评人员要做到：

① 不得伪造测评记录。
② 不得泄露信息系统信息。
③ 不得收受贿赂。
④ 不得暗示被测评单位，如果提供某种利益就可以修改测评结果。
⑤ 遵从被测评信息系统的机房管理制度。
⑥ 使用测评专用的电脑和工具，并由有资格的测评人员使用。
⑦ 不该看的不看，不该问的不问。
⑧ 不得将测评结果复制给非测评人员。

⑨ 不即时擅自评价测评结果。

5. 公安机关对测评机构和测评人员的监督管理

（1）定期检查

省级以上等保办每年对所推荐的测评机构进行检查，测评机构应提交《信息安全等级测评机构检查表》。

（2）变更

测评机构的名称、法人等事项发生变化，或者其等级测评师有变动，测评机构应在三十日内向受理申请的省级以上等保办理变更手续。

（3）申诉处理

测评机构应当严格遵循申诉、投诉及争议处理制度，妥善处理争议事件，及时采取纠正和改进措施。

（4）违规处理

测评机构、测评人员违法或年度检查未通过的，由省级以上等保办责令其限期整改；逾期不改正的，给予警告，直至取消测评机构的推荐证书或等级测评证书，并向社会公告；造成严重损害的，由相关部门依照有关法律、法规予以处理。

测评机构或测评人员违反《信息安全等级保护测评工作管理规范》的规定，给被测单位造成损失的，应当依法承担民事责任。

6.4.6 如何规避测评风险

信息安全测评行业是一个极具挑战性的行业，整个测评流程不单单局限于技术层面，还涉及单位的管理层面，整个测评工作的生命周期内会出现各种各样的问题，如何管理和规避测评工作中的风险，成为测评工作是否取得成功的关键。

1. 常见风险

等级测评实施过程中，可能出现以下几方面的情况。

（1）验证测试影响系统正常运行

在现场测评时，需要对设备和系统进行一定的验证测试工作，部分测试内容需要上机查看一些信息，这就可能对系统的运行造成一定的影响，甚至存在误操作的可能。

（2）工具测试影响系统正常运行

在现场测评时，会使用一些技术测试工具进行漏洞扫描测试、性能测试甚至抗渗透能力测试。测试可能会对系统的负载造成一定的影响，漏洞扫描测试和渗透测试可能对服务器和网络通讯造成一定影响甚至伤害。

（3）敏感信息泄露

泄露被测系统状态信息，如网络拓扑、IP 地址、业务流程、安全机制、安全隐患和有关文档信息。

（4）测评工作进度风险

由于测评涉及范围广，测评进度的控制绝非易事，不仅取决公司的技术能力，服务水平，同时在很大程度上受到对范围控制是否有效、对测评投入（包括人员时间的投入和资金等的投入）是否足够等方面的影响。在实际实施过程中，并非所有用户对本次安全等级测评测评实施理解与认同，因此，在测评实施时，可能一味在测评进度计划时求快，甚或刻意追求某个具有特殊意义的日期作为测评里程碑，将对测评进度控制造成很大压力。当然，可能由于种种原因，如测评环境不具备、人员没有到位、测评工具问题等，造成测评进度拖延。

（5）测评工作中人力资源的风险

测评工作主要由不同岗位的测评人员对单位网路产品、安全产品、系统产品及管理进行的安全合规性检查活动。人力资源是测评实施过程中最为关键的资源。保证合适的人员以足够的精力参与到测评中来，是测评成功实施的基本保证。

（6）测评范围风险

合同中测评范围与实际实施过程中项目的结构规模有误而造成的。

（7）测评质量风险

由于在项目建设过程中未确立标准的质量考核体系以及对质量指标监控不严造成的。

（8）对测评认识不正确的风险

测评实施过程中，被测系统单位人员往往对测评本身不够重视，没有详尽地描述系统的基本安全状况，现场测评的访谈环节没有对测评人员的需求给予明确的解答，这样导致在测评过程中访谈和工具测试结果不吻合，使得测评结果不能反映系统存在的问题，甚至被测评单位不认可最后的测评报告。

（9）对实际环境不熟悉的风险

由于用户的网络环境及应用会由一定的差别，而且大部分网络应用是由软件开发商开发，不同的开发商所使用的开发工具、数据库、协议等都不相同，并且网络设备如交换机、路由器也不尽相同，这就对测评的实施提出了很高的要求，各类设备的配置不可能千篇一律，要按实际环境而调整。

2．风险规避

风险规避，是指针对信息安全测评工作中可能出现的风险，对风险进行应对和规划，降低威胁的方法和行动。不论什么风险，最后都是降低消极风险，提高积极风险，才能使工作顺利有序进行。针对测评过程可以采取以下措施进行规避风险。

（1）制定测评计划书

充分考虑各种潜在因素，适当留有余地；任务分解详细度适中，便于考核；在执行过程中，强调测评按进度执行的重要性，在考虑任何问题时，都将保持进度作为先决条件；同时，合理利用赶工及快速跟进等方法，充分利用资源。

（2）制定质量管理计划

定义出项目各子系统需要满足的质量标准，对测评各阶段的输出文档、测评记录数据几方面进行控制，记录备案并以文件的形式下达，降低风险发生的概率。

（3）签署委托测评协议

在测评工作正式开始之前，以委托测评协议的方式明确测评工作的目标、范围、人员组成、计划安排、执行步骤和要求，以及双方的责任和义务等。使得测评双方对测评过程中的基本问题达成共识，后续的工作也以此为基础，避免以后的工作出现大的分歧。

（4）签署保密协议

签署完善的、合乎法律规范的保密协议，以约束测评双方现在及将来的行为。

（5）签署现场测评授权书

在现场测评工作开始之前，以测评授权的方式明确测评工作中双方的责任，揭示可能的风险，避免可能出现的纠纷和分歧。

（6）现场测评工作风险的规避

进行验证测试和工具测试时，安排好测试时间，尽量避开业务高峰期，在系统资源处于空闲状态时进行，并需要相关技术人员对整个测评过程进行监督；在进行工具测试前，需要对关键数据做好备份工作，并对可能出现的影响制定相应的处理方案。

（7）测评现场还原

测评工作完成后，测评人员应交回测评工程中获取的所有特权，归还测评过程中借阅的相关文档，并严格清理测评过程中植入被测系统中的相关代码\程序。

（8）规范化的实施过程

为保证按实施计划、高质量地完成测评工作，需明确测评记录和测评报告要求，需明确测评过程中每一阶段需要产生的相关文档，使测评工作有章可循。在委托测评协议、现场测评授权书和测评方案中，明确双方的人员职责、测评对象、时间计划、测评内容要求等。

（9）沟通与交流

为避免测评工作中可能出现的争议，在测评开始前与测评过程中，需要进行积极有效的沟通和交流，及时解决测评过程中出现的问题，这对保证测评的过程质量和结果质量有重要的作用。

（10）测评实施中的风险监控

采取以下措施对测评实施中的风险进行监控，以防止危及测评成败的风险发生。建立并及时更新测评风险列表及风险排序。测评管理人员随时关注与关键风险相关因素的变化情况，及时决定何时、采用何种风险应对措施。

6.4.7 读懂测评报告

2014 年 12 月 31 日，公安部十一局发布了公信安〔2014〕2866 号文件，即关于传发《信息安全等级保护测评报告模版（2015 年版）》的通知。通知文件中说明"为深入推进信息安全等级保护工作，进一步规范等级测评活动，提高对信息系统安全保护状况的综合分析能力，我局组织对《信息系统安全等级测评报告模版（试行）》（2009 年版）进行了修订。现将《信息系统安全等级测评报告模版（2015 年版）》传发各地，请各地立即传达到本地测评机构，认真贯彻执行"。

1. 测评报告概述

（1）报告编号

公信安〔2014〕2866 号文件明确指出：每个备案信息系统单独出具测评报告，测评报告编号为四组数据，如 4100092700400001-15-4105-01。各组含义和编码规则如下：

第一组为信息系统备案表编号，由 2 段 16 位数字组成，可以从公安机关颁发的信息系统备案证明（或备案回执）上获得。第 1 段即备案证明编号的前 11 位，如 41000927004（前 6 位，410009 为受理备案公安机关代码，后 5 位，27004 为受理备案的公安机关给出的备案单位的顺序编号）；第 2 段即备案证明编号的后 5 位（系统编号，如 00001）。

第二组为年份，由2位数字组成，如15代表2015年。

第三组为测评机构代码，由4位数字组成。前两位为省级行政区划数字代码的前两位或行业主管部门编号：00为公安部，11为北京，12为天津，13为河北，14为山西，15为内蒙古，21为辽宁，22为吉林，23为黑龙江，31为上海，32为江苏，33为浙江，34为安徽，35为福建，36为江西，37为山东，41为河南，42为湖北，43为湖南，44为广东，45为广西，46为海南，50为重庆，51为四川，52为贵州，53为云南，54为西藏，61为陕西，62为甘肃，63为青海，64为宁夏，65为新疆，66为新疆兵团。90为国防科工局，91为电监会，92为教育部。后两位为公安机关或行业主管部门推荐的测评机构顺序号。如41表明是河南省，05序号为测评机构是第5家。

第四组为本年度信息系统测评次数，由2位构成。如01表示该信息系统本年度测评2次。

（2）信息系统等级测评基本信息表

主要是关于信息系统、被测单位、测评单位的描述。

（3）声明

声明是测评机构对测评报告的有效性前提、测评结论的适用范围以及使用方式等有关事项的陈述。针对特殊情况下的测评工作，测评机构可在以下建议内容的基础上增加特殊声明。声明格式要求如下：

本报告是XXX信息系统的等级测评报告。

本报告测评结论的有效性建立在被测评单位提供相关证据的真实性基础之上。

本报告中给出的测评结论仅对被测信息系统当时的安全状态有效。当测评工作完成后，由于信息系统发生变更而涉及的系统构成组件（或子系统）都应重新进行等级测评，本报告不再适用。

本报告中给出的测评结论不能作为对信息系统内部署的相关系统构成组件（或产品）的测评结论。

在任何情况下，若需引用本报告中的测评结果或结论都应保持其原有的意义，不得对相关内容擅自进行增加、修改和伪造或掩盖事实。

（4）等级测评结论

等级测评结论需要通过表6-7方式描述。

表6-7 等级测评结论

测评结论与综合得分			
系统名称		保护等级	
系统简介	（简要描述被测信息系统承载的业务功能等基本情况。建议不超过400字）		
测评过程简介	（简要描述测评范围和主要内容。建议不超过200字）		
测评结论		综合得分	

（5）总体评价

根据被测系统测评结果和测评过程中了解的相关信息，从用户角度对被测信息系统的安全保护状况进行评价。例如，可以从安全责任制、管理制度体系、基础设施与网络环境、安全控制措施、数据保护、系统规划与建设、系统运维管理、应急保障等方面，分别评价描述信息系统安全保护状况。综合上述评价结果，对信息系统的安全保护状况给出总括性结论，如信息系统总体安全保护状况较好。

（6）主要安全问题

主要描述被测信息系统存在的主要安全问题及其可能导致的后果。

（7）问题处置建议

针对系统存在的主要安全问题提出处置建议。

2．测评报告主要内容说明

下面通过分析 2015 版测评报告，通过表 6-8 方式对测评报告主体撰写进行描述。

表 6-8　等级保护测评报告

目录	说明
1 测评项目概述	描述本次测评的目的或目标
1.1　测评目的	列出开展测评活动所依据的文件、标准和合同等。如果有行业标准的，行业标准的指标作为基本指标。报告中的特殊指标属于用户自愿增加的要求项
1.2　测评依据	
1.3　测评过程	描述等级测评工作流程，包括测评工作流程图、各阶段完成的关键任务和工作的时间节点等内容
1.4　报告分发范围	说明等级测评报告正本的份数与分发范围
2　被测信息系统情况	参照备案信息简要描述信息系统
2.1　承载的业务情况	描述信息系统承载的业务、应用等情况
2.2　网络结构	给出被测信息系统的拓扑结构示意图，并基于示意图说明被测信息系统的网络结构基本情况，包括功能/安全区域划分、隔离与防护情况、关键网络和主机设备的部署情况和功能简介、与其他信息系统的互联情况和边界设备以及本地备份和灾备中心的情况
2.3　系统资产（机房、网络设备、安全设备、服务器/存储设备、终端、业务应用软件、关键数据类别、安全相关人员、安全管理文档）	
	系统资产包括被测信息系统相关的所有软硬件、人员、数据及文档等
2.4　安全服务	安全服务包括系统集成、安全集成、安全运维、安全测评、应急响应、安全监测等所有相关安全服务
2.5　安全环境威胁评估	安全环境威胁评估是指描述被测信息系统的运行环境中与安全相关的部分
2.6　前次测评情况	简要描述前次等级测评发现的主要问题和测评结论
3　等级测评范围与方法	测评指标包括基本指标和特殊指标两部分。
3.1　测评指标	依据信息系统确定的业务信息安全保护等级和系统服务安全保护等级，选择《基本要求》中对应级别的安全要求作为等级测评的基本指标。鉴于信息系统的复杂性和特殊性，《基本要求》的某些要求项可能不适用于整个信息系统，对于这些不适用项应在表后给出不适用原因。结合被测评单位要求、被测信息系统的实际安全需求以及安全最佳实践经验，以列表形式给出《基本要求》（或行业标准）未覆盖或者高于《基本要求》（或行业标准）的安全要求
3.1.1　基本指标	
3.1.2　不适用指标	
3.1.3　特殊指标	
3.2　测评对象	依据GB/T28449-2012信息系统安全等级保护测评过程指南的测评对象确定原则和方法，结合资产重要程度赋值结果，描述本报告中测评对象的选择规则和方法
3.2.1　测评对象选择方法	
3.2.2　测评对象选择结果	测评对象包括：机房、网络设备、安全设备、服务器/存储设备、终端、数据库管理系统、业务应用软件、访谈人员、安全管理文档
3.3　测评方法	描述等级测评工作中采用的访谈、检查、测试和风险分析等方法
4　单元测评	单元测评内容包括 3.1.1 基本指标以及"3.1.3 特殊指标"中涉及的安全层面，内容由问题分析和结果汇总等两个部分构成，详细结果记录及符合程度参见报告附录A
4.1　物理安全	
4.1.1　结果汇总	结果汇总给出针对不同安全控制点对单个测评对象在物理安全层面的单项测评结果进行汇总和统计。具体见单元测评结果汇总表
4.1.2　结果分析	
……　……	结果分析针对测评结果中存在的符合项加以分析说明，形成被测系统具备的安全保护措施描述。针对测评结果中存在的部分符合项或不符合项加以汇总和分析，形成安全问题描述
4.12　单元测评小结	
4.12.1　控制点符合情况汇总	控制点符合情况汇总:根据附录A中测评项的符合程度得分，以算术平均法合并多个测评对象在同一测评项的得分，得到各测评项的多对象平均分。具体参考前面的内容
4.12.2　安全问题汇总	安全问题汇总：针对单元测评结果中存在的部分符合项或不符合项加以汇总，形成安全问题列表并计算其严重程度值。具体参考前面的内容

续表

目录	说明
5 整体测评 5.1 安全控制间安全测评 5.2 层面间安全测评 5.3 区域间安全测评 5.4 验证测试 5.5 整体测评结果汇总	验证测试包括漏洞扫描，渗透测试等，验证测试发现的安全问题对应到相应的测评项的结果记录中。详细验证测试报告见报告附录 A。若由于用户原因无法开展验证测试，应将用户签章的"自愿放弃验证测试声明"作为报告附件 根据整体测评结果，修改安全问题汇总表中的问题严重程度值及对应的修正后测评项符合程度得分，并形成修改后的安全问题汇总表(仅包括有所修正的安全问题)。具体参考前面的内容
6 总体安全状况分析 6.1 系统安全保障评估 6.2 安全问题风险评估 6.3 等级测评结论	系统安全保障评估主要给出系统安全保障情况得分统计表，具体参考前面章节 安全问题风险评估：依据信息安全标准规范，采用风险分析的方法进行危害分析和风险等级判定。具体参考风险评估一节 等级测评结论应表述为"符合"、"基本符合"或者"不符合"
7 问题处置建议	针对系统存在的安全问题提出处置建议
附录 A 等级测评结果记录	以表格形式给出现场测评结果。符合程度根据被测信息系统实际保护状况进行赋值，完全符合项赋值为 5,其他情况根据被测系统在该测评指标的符合程度赋值为 0～4（取整数值）。具体参考前面的章节

6.5 网络安全等级保护

在国家标准《信息安全技术 网络安全等级保护基本要求 第 1 部分：安全通用要求》编制说明中明确说明：国家标准 GB/T22239—2008《信息安全技术 信息系统安全等级保护基本要求》在开展信息安全等级保护工作的过程中起到了非常重要的作用，被广泛应用于各行业和领域开展信息安全等级保护的建设整改和等级测评等工作，但是随着信息技术的发展，GB/T22239—2008 在适用性、时效性、易用性、可操作性上需要进一步完善。

为了适应移动互联、云计算、大数据、物联网和工业控制等新技术、新应用情况下信息安全等级保护工作的开展，根据全国信息安全标准化技术委员会 2013 年下达的国家标准制修订计划，对原国家标准《信息安全技术 信息系统安全等级保护基本要求》（GB/T22239—2008）修订任务由公安部第三研究所负责，项目编号为 2013bzxd-WG5-002。

2013 年 12 月，公安部第三研究所、国家能源局信息中心以及北京网御星云信息技术有限公司成立了标准编制组。2014 年 5 月，为适应无线移动接入、虚拟计算环境、云计算平台应用、大数据应用和工控系统应用等新技术、新应用的情况下等级保护工作开展，公安部十一局牵头会同有关部门组织 2014 年新领域的国家标准立项，思路为 GB/T22239—2008 的基础上，针对无线移动接入、虚拟计算环境、云计算平台应用、大数据应用和工控系统应用等新领域形成"基本要求"的分册，上述思路的变化直接影响了国家标准 GB/T22239—2008 的修订思路、内容和计划。

从上面的工作背景可以看出，国家出台网络安全基本要求，是在传统信息系统安全等级保护基本要求基础上，针对移动互联、云计算、大数据、物联网和工业控制等新技术、新应用领域，加入了扩展的安全要求。

6.5.1 体系架构

各等级的基本安全要求分为技术要求和管理要求两大类。技术类安全要求与提供的技术安全机制有关，主要通过部署软硬件并正确的配置其安全功能来实现，包括物理和环境安全、网络和通信安全、设备和计算安全、应用和数据安全四个层面的基本安全技术措施；管理类安全要求与各种角色参与的活动有关，主要通过控制各种角色的活动，从政策、制度、规范、流程以及记录等方面做出规定来实现，包括安全策略和管理制度、安全管理机构和人员、安全建设管理、安全运维管理四方面的基本安全管理措施来实现和保证。

基本要求标准成为由多个部分组成的系列标准，采取目前"1+X"的体系框架，框架如图6-6所示，主要包括6部分：安全通用要求和5个安全扩展要求。

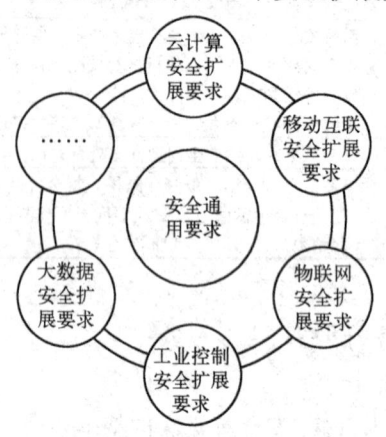

图 6-6 等级保护基本要求 1+X 体系框架

- ❖ GB/T22239.1 信息安全技术 网络安全等级保护基本要求第 1 部分 安全通用要求。
- ❖ GB/T22239.2 信息安全技术 网络安全等级保护基本要求第 2 部分 云计算安全扩展要求。
- ❖ GB/T22239.3 信息安全技术 网络安全等级保护基本要求第 3 部分 移动互联安全扩展要求。
- ❖ GB/T22239.4 信息安全技术 网络安全等级保护基本要求第 4 部分 物联网安全扩展要求。
- ❖ GB/T22239.5 信息安全技术 网络安全等级保护基本要求第 5 部分 工业控制安全扩展要求。
- ❖ GB/T22239.6 信息安全技术 网络安全等级保护基本要求第 6 部分 大数据安全扩展要求。

在"1+X"的体系框架下，X随着新技术的加入，可继续进行加入新技术标准。《基本要求》在整体框架结构上以三种分类为支撑点，自上而下分别为：类、控制点和项。

类：表示《基本要求》在整体上大的分类，其中技术部分分为物理和环境安全、网络和通信安全、设备和计算安全、应用和数据安全4类，管理部分分为安全策略和管理制度、安全管理机构和人员、安全建设管理、安全运维管理4类。

控制点：表示每个大类下的关键控制点，如物理和环境安全大类中的"物理访问控制"作为一个控制点。

项：控制点下的具体要求项，如"机房出入应安排专人负责，控制、鉴别和记录进入的人员。"

6.5.2 等级保护指标数量

1. 通用安全要求技术指标

网络安全等级保护技术通用要求中控制点分布如表 6-9 所示。从安全测评角度出发，满足 1～4 级各测评达标指标项分布如表 6-10 所示。

表6-9 安全通用要求控制点的分布

安全要求类	层 面	第一级	第二级	第三级	第四级
技术要求	物理和环境安全	7	10	10	10
	网络和通信安全	4	6	8	8
	设备和计算安全	4	6	6	6
	应用和数据安全	5	9	10	10
管理要求	安全策略和管理制度	1	3	4	4
	安全管理机构和人员	7	9	9	9
	安全建设管理	7	10	10	10
	安全运维管理	8	14	14	14

表6-10 1～4 级的测评指标项数量

	物理和环境安全	网络和通信安全	设备和计算安全	应用和数据安全	安全策略和管理制度	安全管理机构和人员	安全建设管理	安全运维管理	总计
第1级	7	7	8	8	1	7	9	13	60
第2级	16	14	16	21	5	16	25	31	144
第3级	22	33	26	35	7	25	34	47	229
第4级	24	34	26	39	7	28	35	48	241

从上面的指标数量分析，和信息系统安全等级保护基本要求相比，每一级的数量减少。针对特定的等级保护对象如云计算，加上扩展要求，数量不一定减少。

2．云计算安全扩展要求技术指标

从安全测评角度出发，满足 1～4 级各测评达标指标分布如表 6-11 所示。

表6-11 云计算 1～4 级的指标数量

	物理和环境安全	网络和通信安全	设备和计算安全	应用和数据安全	安全策略和管理制度	安全管理机构和人员	安全建设管理	安全运维管理	基本要求	扩展要求
第1级									60	0
第2级	1	7	14	9		1	10		144	42
第3级	1	17	23	16		1	15	4	229	77
第4级	1	19	22	16		1	6	4	241	69

3．物联网安全扩展要求技术指标

从安全测评角度出发，满足 1～4 级各测评达标指标分布如表 6-12 所示。

4．移动互联网安全扩展要求技术指标

从安全测评角度出发，满足 1～4 级各测评达标指标分布如表 6-13 所示。

表6-12 物联网1～4级的指标数量

	物理和环境安全	网络和通信安全	设备和计算安全	应用和数据安全	安全策略和管理制度	安全管理机构和人员	安全建设管理	安全运维管理	基本要求	扩展要求
第1级	2	2		3			7	6	60	20
第2级	5	5		6			10	8	144	34
第3级	10	10	6	15			12	13	229	66
第4级	10	13	6	18			13	15	241	75

表6-13 移动互联1～4级的指标数量

	物理和环境安全	网络和通信安全	设备和计算安全	应用和数据安全	安全策略和管理制度	安全管理机构和人员	安全建设管理	安全运维管理	基本要求	扩展要求
第1级	1	6	5	1	1	2	8	6	60	28
第2级	1	16	12	7	2	3	19	9	144	69
第3级	1	19	21	16	3	9	23	22	229	114
第4级	1	19	21	16	3	9	23	22	241	114

第 7 章　信息安全管理和风险评估

本章主要围绕信息安全管理、信息安全治理、信息安全风险管理和信息安全风险处置角度来阐述其流程管理。

7.1　信息安全管理

7.1.1　基本概念

1. 信息

在信息技术领域，国家标准 GB/T5271.1《信息技术　词汇　第 1 部分：基本术语》中对信息给出了定义：关于客体（如事实、事件、事物、过程或思想，包括概念）的知识，在一定的场合中具有特定的意义。在信息安全领域，信息是通过在数据上施加某些约定而赋予这些数据的特殊含义，强调信息是无形的，借助于信息媒体以多种形式存在和传播；同时，信息也是一种重要资产，具有价值，需要保护。信息具有如下基本特征：

① 可量度。信息可采用某种度量单位进行度量，并进行信息编码，如现代计算机使用的二进制。

② 可识别。信息可采用直观识别、比较识别和间接识别等多种方式来把握。

③ 可转换。信息可以从一种形态转换为另一种形态，如自然信息可转换为语言、文字和图像等形态，也可转换为电磁波信号和计算机代码。

④ 可存储。信息可以存储。大脑就是一个天然信息存储器。人类发明的文字、摄影、录音、录像以及计算机存储器等都可以进行信息存储。

⑤ 可处理。人脑就是最佳的信息处理器。人脑的思维功能可以进行决策、设计、研究、写作、改进、发明、创造等多种信息处理活动。计算机也具有信息处理功能。

⑥ 可传递。信息的传递是与物质和能量的传递同时进行的。语言、表情、动作、报刊、书籍、广播、电视、电话等是人类常用的信息传递方式。

⑦ 可再生。信息经过处理后，可以以其他形式再生。例如，自然信息经过人工处理后，可用语言或图形等方式再生成信息。输入计算机的各种数据文字等信息，可用显示、打印、绘图等方式再生成信息。

⑧ 可压缩。信息可以进行压缩，可以用不同信息量来描述同一事物。人们常常用尽可能少的信息量描述一件事物的主要特征。

⑨ 可利用。信息具有一定的实效性和可利用性。

⑩ 可共享。信息具有扩散性，因此可共享。

2. 信息资产

对组织具有价值的信息或资源称为信息资产。参考国家标准 GB/T 20984-2007《信息安全技术 信息安全风险评估规范》，信息资产分类如表 7-1 所示。

表 7-1 通常的信息资产分类

分 类	示 例
数 据	保存在信息媒介上的各种数据资料，包括源代码、数据库数据、系统文档、运行管理规程、计划、报告、用户手册、各类纸质的文档等
软 件	系统软件：操作系统、数据库管理系统、语句包、开发系统等 应用软件：办公软件、数据库软件、各类工具软件等 源程序：各种共享源代码、自行或合作开发的各种代码等
硬 件	网络设备：路由器、网关、交换机等 计算机设备：大型机、小型机、服务器、工作站、台式计算机、便携计算机等 存储设备：磁带机、磁盘阵列、磁带、光盘、软盘、移动硬盘等 传输线路：光纤、双绞线等 保障设备：UPS、变电设备、空调、保险柜、文件柜、门禁、消防设施等 安全设备：防火墙、入侵检测系统、身份鉴别等 其他：打印机、复印机、扫描仪、传真机等
服 务	信息服务：对外依赖该系统开展的各类服务 网络服务：各种网络设备、设施提供的网络连接服务 办公服务：为提高效率而开发的管理信息系统，包括各种内部配置管理、文件流转管理等服务
人 员	掌握重要信息和核心业务的人员，如主机维护主管、网络维护主管及应用项目经理等
其 他	企业形象、客户关系等

3. 信息安全

ISO 国际标准化组织对于信息安全给出了精确的定义。信息安全是为数据处理系统建立，采用技术和管理的措施进行安全保护，保护计算机硬件、软件和数据不因偶然和恶意的原因遭到破坏、更改和泄露。在信息安全管理中，简单地将信息安全定义为保持信息的保密性、完整性和可用性，有时也考虑其他属性，如真实性、可核查性、抗抵赖性和可靠性等。

ISO 的信息安全定义清楚地回答了我们关心的信息安全主要问题，包括 3 方面的含义。

① 信息安全的保护对象。信息安全的保护对象是信息资产，典型的信息资产包括计算机硬件、软件和数据。

② 信息安全的目标。信息安全的目标是保证信息资产的三个基本安全属性。信息资产被泄露意味着保密性受到影响，被更改意味着完整性受到影响，被破坏意味着可用性受到影响，而保密性、完整性和可用性三个基本属性是信息安全的最终目标。

③ 实现信息安全目标的途径。实现信息安全目标的途径要借助两方面的控制措施，即技术措施和管理措施。从这里就能看出技术和管理并重的基本思想，重技术轻管理，或者重管理轻技术，都是不科学，并且是有局限性的错误观点。

4. 信息安全管理

信息安全管理是指通过维护信息的机密性、完整性和可用性来管理和保护信息资产，是对信息安全保障进行指导、规范和管理的一系列活动和过程。

7.1.2 基本内容

信息安全管理主要包括信息安全风险管理、设备的安全管理、信息的安全管理和运行的安全管理。

1．信息安全风险管理

信息安全管理是一个过程，而不是一个产品，其本质是风险管理。信息安全风险管理可以看成一个不断降低安全风险的过程，最终目的是使安全风险降低到一个可接受的程度，使用户和决策者可以接受剩余的风险。信息安全风险管理贯穿信息系统生命周期的全部过程。信息系统生命周期包括规划、设计、实施、运维和废弃5个阶段。每个阶段都存在相关风险，需要采用同样的信息安全风险管理的方法加以控制。

信息安全风险管理是为保护信息及其相关资产，指导和控制一个组织相关信息安全风险的协调活动。我国《信息安全风险管理指南》指出，信息安全风险管理包括对象确立、风险评估、风险控制、审核批准、监控与审查、沟通与咨询6方面，其中前4项是信息安全风险管理的4个基本步骤，监控与审查和沟通与咨询则贯穿于这4个步骤中。

2．设施的安全管理

设施的安全管理包括网络的安全管理、保密设备的安全管理、硬件设施的安全管理、场地的安全管理等。

信息管理网络是一个用于收集、传输、处理和存储有关信息系统与网络的维护、运行和管理信息的、高度自动化网络化的综合管理系统，包括性能管理、配置管理、故障管理、计费管理、安全管理等功能。安全管理又包括系统的安全管理、安全服务管理、安全机制管理、安全事件处理管理、安全审计管理、安全恢复管理等。

对硬件设施的安全管理主要考虑配置管理、使用管理、维修管理、存储管理、网络连接管理。常见的网络设备需要防止电磁辐射、电磁泄漏和自然老化。对集线器、交换机、网关设备或路由器，还需防止受到拒绝服务、访问控制、后门缺陷等威胁。对传输介质还需防止电磁干扰、搭线窃听和人为破坏，对卫星信道、微波接力信道等需防止对信道的窃听及人为破坏。对保密设备主要包括保密性能指标的管理、工作状态的管理、保密设备类型、数量、分配、使用者状况的管理、密钥的管理。场地设施的安全管理。机房和场地设施的安全管理需要满足防水、防火、防静电、防雷击、防辐射、防盗窃等国家标准。人员出入控制，需要根据安全等级和涉密范围，采取必要的技术与行政措施，对人员进入和退出的时间及进入理由进行登记等。电磁辐射防护，需要根据技术上的可行性与经济上的合理性，采取设备防护、建筑物防护、区域性防护、磁场防护。

3．信息的安全管理

根据信息化建设发展的需要，信息包括三个层次的内容：一是在网络和系统中被采集、传输、处理和存储的对象，如技术文档、存储介质、各种信息等；二是指使用的各种软件；三是安全管理手段的密钥和口令等信息。软件设施的安全管理。对软件设施的安全管理主要考虑配置管理、使用和维护管理、开发管理、病毒管理。软件设施主要包括操作系统、数据库系统、应用软件、网络管理软件以及网络协议等。操作系统是整个计算机系统的基石，由于它的安全等级不高，需要提供不同安全等级的保护。对数据库系统需要加强数据库的安全性，并采用加密技术对数据库中的敏感数据加密。目前使用最广泛的网络通信协议是TCP/IP协议。由于存在许多安全设计缺陷，常常面临许多威胁。网络管理软件是安全管理的重要组成部分，常用的有HP公司的OpenView、IBM公司的NetView、SUN公司的NetManager等，也需要额外的安全措施。

① 存储介质的安全管理。存储介质包括：纸介质、磁盘、光盘、磁带、录音/录像带等，它们的安全对信息系统的恢复、信息的保密、防病毒起着十分关键的作用。对不同类别的存储介质，安全管理要求也不尽相同。对存储介质的安全管理主要考虑存储管理、使用管理、复制和销毁管理、涉密介质的安全管理。

② 技术文档的安全管理。技术文档是系统或网络在设计、开发、运行和维护中所有技术问题的文字描述。技术文档按其内容的涉密程度进行分级管理，一般分为绝密级、机密级、秘密级和公开级。对技术文档的安全管理主要考虑文档的使用、备份、借阅、销毁等方面，需要建立严格的管理制度和相关负责人。

③ 密钥和口令的安全管理。密钥是加密解密算法的关键，密钥管理就是对密钥的生成、检验、分配、保存、使用、注入、更换和销毁等过程所进行的管理。口令是进行设备管理的一种有效手段，对口令的产生、传送、使用、存储、更换均需要有效的管理和控制。

4．运行的安全管理

信息系统和网络在运行中的安全状态也是需要考虑的问题，目前常常关注安全审计和安全恢复两个安全管理问题。

安全审计是指对系统或网络运行中有关安全的情况和事件进行记录、分析并采取相应措施的管理活动。目前主要对操作系统及各种关键应用软件进行审计。安全审计工作应该由各级安全机构负责实施管理，安全审计可以采用人工、半自动或自动智能三种方式。人工审计一般通过审计员查看、分析、处理审计记录；半自动审计一般由计算机自动分析处理，再有审计员作出决策和处理；自动智能审计一般由计算机完成分析处理，并借助专家系统作出判断，更能满足不同应用环境的需求。

安全恢复是指网络和信息系统在收到灾难性打击或破坏时，为使网络和信息系统迅速恢复正常，并使损失降低到最小而进行的一系列活动。安全恢复的管理主要包括安全恢复策略的确立、安全恢复计划的制定、安全恢复计划的测试和维护、安全恢复计划的执行。

7.1.3 安全管理原则

信息安全管理应遵循统一的安全管理原则。

① 规范化原则：各阶段都应遵循安全规范要求，根据组织安全需求，制定安全策略。

② 系统化原则：根据安全工程的要求，对系统各阶段，包括以后的升级、换代和功能扩展进行全面统一地考虑。

③ 综合保障原则：人员、资金、技术等多方面综合保障。

④ 以人为本原则：技术是关键，管理是核心，提高管理人员的技术素养和道德水平。

⑤ 首长负责原则：只有首长负责才能把安全管理落到实处。

⑥ 预防原则：安全管理以预防为主，并要有一定的超前意识。

⑦ 风险评估原则：根据实践对系统定期进行风险评估以改进系统的安全状况。

⑧ 动态原则：根据环境的改变和技术的进步，提高系统的保护能力。

⑨ 成本效益原则：根据资源价值和风险评估结果，采用适度的保护措施。

⑩ 均衡防护原则：根据"木桶原理"，整个系统的安全强度取决于最弱的一环，片面追求某个方面的安全强度对整个系统没有实际意义。

此外，在信息安全管理的具体实施过程中还应遵循下面的原则：分权制衡原则、最小特权原则、职权分离原则、普遍参与原则、审计独立原则等。

7.1.4 安全管理方法

信息安全管理的方法包括法律方法、行政方法、经济方法和宣传教育方法。四者相互结合，形成完整的管理方法体系。

法律方法是指通过国家制定和实施各种法规以进行管理的方法。这里的法规包括国家颁布的法律、国家及军队的各级领导机构以及各个管理系统所制定的法令、条例、制定等各种具有法律效力的规范。

行政方法是指行政组织机构和领导者运用权力，通过强制性的行政命令、规定、指示等行政手段，按照行政系统和层次，直接指挥下属工作以实施管理的方法。

宣传教育方法等都需要通过行政系统来具体地组织与贯彻实施。经济方法是根据客观经济规律，运用各种经济手段，调节各方面经济利益之间的关系，以获取较高的社会效益与经济效益的管理方法。尤其是对安全技术方法、安全产品采办、安全设施建设、安全人才培养、信息资源共享等方面应给予充分的注意。

宣传教育方法是指通过多种形式的教育，全面提高全社会的安全素质。事实证明，很多信息安全事故的发生都和人的思想因素有关。为此，可根据人员的工作性质、分层次有重点、有计划、有步骤地普及一般信息技术以及网络安全保密、线通信安全保密、电磁辐射泄密防范、信息对抗等知识与技能。

7.1.5 重点单位信息安全管理

1. 建立安全管理机构

重要领域信息网络的应用单位，必须建立由本单位领导牵头的、主管部门负责的、各有关部门参加的安全管理机构，并配备安全管理人员，全面负责信息网络安全管理工作。

（1）安全管理机构的主要职责

① 负责本单位信息网络安全管理工作的组织、领导、部署、指导和协调。

② 研究本单位信息网络安全策略，落实有关安全技术防范措施，保障计算机信息系统的安全。

③ 选配本单位信息网络安全员，并负责组织信息网络管理人员和技术人员及应用人员的教育和培训工作。

④ 审定本单位内部信息网络的应急计划，做好各项应急恢复工作的组织实施。

⑤ 定期组织本单位信息网络的安全检查，督促落实各项安全管理制度。

⑥ 负责本单位年度的阶段性信息网络安全管理工作的计划、检查、总结、评比工作。

⑦ 负责本单位信息网络安全管理工作的请示报告，随时接受公安机关的指导，及时整改信息网络的安全漏洞和隐患。

⑧ 负责向公安机关报告信息网络的安全事件、事故和案件。

（2）安全管理人员的职责

网络安全法第三十四条第一款规定，关键信息基础设施的运营者应当设置专门安全管理机构和安全管理负责人，并对该负责人和关键岗位的人员进行安全背景审查。因此，对安全管理人员必须严格管理，安全管理人员必须是由单位审核选配，并经公安机关培训合格的专职从事信息网络安全管理工作的人员。其主要职责如下：

① 依据国家有关法律、法规制定本单位信息网络的安全保护策略。
② 在公安机关的监督和指导下，负责进行信息网络的安全检查。
③ 向公安机关报告本单位信息网络中发生的各种事件、事故和案件，协助公安机关进行现场保护和技术取证。
④ 负责制定本单位信息网络的应急计划，作为应急准备。
⑤ 负责本单位信息网络使用人员的安全教育和培训。

2．完善安全管理制度

《计算机信息系统安全保护条例》从总体上明确规定了信息网络安全保护的九项制度；同时，在日常安全管理工作中，各单位应当结合自身实际，建立具体规章制度，所有重点单位都应当进一步健全和完善以下安全管理制度：

① 安全保密制度。凡属重点单位的信息网络，均应当按照国家有关保密法规规定，建立各项保密制度，加强秘密信息管理，防止失密和泄密事件发生。
② 登记备案制度。凡信息网络进入国际联网的，均应按照《计算机信息网络国际联网安全保护管理办法》的规定，向公安机关申报备案。
③ 等级保护制度。凡信息网络使用单位均应按照国家规定的信息网络安全等级划分标准和安全等级保护管理办法，确定安全保护等级，做好安全等级保护工作。
④ 案件报告制度。凡信息网络发生的事件、事故和案件，均应按规定由有关使用单位在 24 小时内向当地县级以上公安机关报告。

7.1.6 不履行信息网络安全管理义务罪

网络服务提供者不履行法律、行政法规规定的信息网络安全管理义务，经监管部门责令采取改正措施而拒不改正，有下列情形之一的，处三年以下有期徒刑、拘役或者管制，并处或者单处罚金：

（一）致使违法信息大量传播的；
（二）致使用户信息泄露，造成严重后果的；
（三）致使刑事案件证据灭失，情节严重的；
（四）有其他严重情节的。

单位犯前款罪的，对单位判处罚金，并对其直接负责的主管人员和其他直接责任人员，依照前款的规定处罚。有前两款行为，同时构成其他犯罪的，依照处罚较重的规定定罪处罚。

同样，在《治安管理处罚法》第二十九条对网络违法行为的规定如下：
（一）违反国家规定，侵入计算机信息系统，造成危害的；
（二）违反国家规定，对计算机信息系统功能进行删除、修改、增加、干扰，造成计算机信息系统不能正常运行的；
（三）违反国家规定，对计算机信息系统中存储、处理、传输的数据和应用程序进行删除、修改、增加的；故意制作、传播计算机病毒等破坏性程序，影响计算机信息系统正常运行的。

实施上述行为之一的，处 5 日以下拘留；情节较重的，处 5 日以上 10 日以下拘留。

7.2 信息安全治理

信息安全治理目的主要包括三个：一是使信息安全目的和战略业务目的在战略上保持一致；二是为治理者和利益相关者提供价值；三是确保信息风险得到充分解决，避免安全责任。

7.2.1 安全治理行动原则和模型

信息安全治理是一种指导和控制本单位信息安全活动的框架模型。在治理的过程中需要遵从 6 条行动原则，安全治理者在实施过程中可将这些原则责任到人，采取问责机制来落实。

原则 1：确定本单位信息安全的范围

信息安全治理要在单位决策层面考虑，因为安全是是整体的、动态的。安全治理要考虑到本单位业务和信息安全的关联，可通过基于业务的信息安全的责任制和问责制来确定本单位信息安全的范围。

原则 2：采用基于风险的方法

信息安全治理建立在基于风险的决策基础上。通过风险分析来决定多少安全程度是可接受的，需要考虑到一旦安全风险发生，是否对会丧失竞争优势、是否会违规、日常业务是否中断、公司声誉是否受损和经济损失多大。

原则 3：确定投资决策的方向

信息安全建设是需要资本和运营支出的，一旦违反法律还需要承担法律责任。因此，信息安全治理者要建立信息安全投资战略，使得业务和信息安全要求之间无论短期还是长期都是相称的，从而满足当前和未来不断变化的需要。

原则 4：解决一致性和合规性问题

信息安全治理要确保信息安全策略要符合相关的强制性法律、法规和规章，以及承诺的业务或合同要求和其他的外部或内部要求。因此，治理者通过委托第三方安全服务机构开展安全业务时，需要满足一致性和合规性要求。

原则 5：加大对人的教育、培训力度，营造安全良好的环境

信息安全治理是建立在人的行为之上。对人的管理特别重要，为建立良好的信息安全文化，治理者可通过开展安全教育、培训和宣传等手段确保信息安全工作的顺利开展。

原则 6：将信息安全绩效纳入到考核中

治理者通过绩效考核，来衡量信息安全在业务方面的影响，从而将信息安全绩效和业务绩效关联在一起。

在信息安全治理模型中涉及三种角色。执行管理者是最高管理层，可分为两组人员：治理者和执行管理者。执行管理者是为达成组织意图，承担由组织治理者委派的战略和策略实现责任的个人或一组人。具体包括首席执行官/行政总裁（CEO）、政府机构领导、首席财务官/财务总监（CFO）、首席运营官/运营总监（COO）、首席信息官/信息总监（CIO）、首席信息安全官/信息安全总监（CISO）和类似的角色。治理者是对组织的绩效和合规负有责任的个人或一组人。治理者执行"评价"、"指导"、"监视"和"沟通"过程来治理信息安全。利益相关者是指对于组织活动能够产生影响、受到影响或感觉受到影响的任何个人或组织。如决策者也可以是利益相关者。三种角色的关系如图7-1所示。

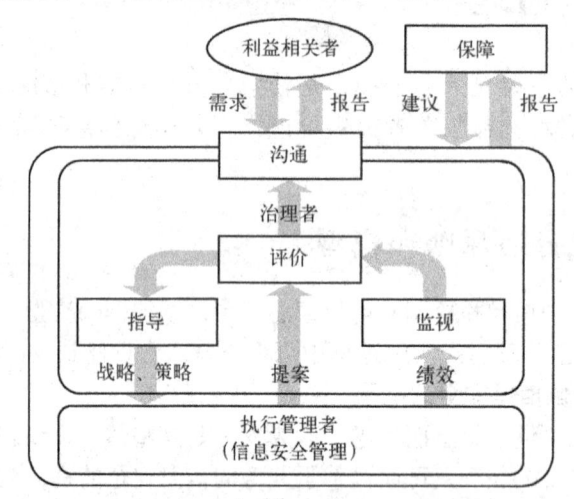

图 7-1 信息安全治理模型的实现

7.2.2 安全治理过程

通过图7-1可知，信息安全治理模型中标识治理者通过执行"评价"、"指导"、"监视"、"沟通"和"保障"过程来治理信息安全。

1．评价

"评价"过程基于当前的过程和计划的变更，考虑到当前和预期要达到的安全目的，确定最能有效达成未来战略目的所需要的任何调整。

为执行"评价"过程，治理者需要确保业务新计划考虑到了信息安全问题，同时为响应信息安全绩效结果，需要优化并启动所需要的行动。

为推动"评价"过程，执行管理者需要确保信息安全充分支持和维持业务目的；同时向治理者提交有显著影响的新的信息安全项目。

2．指导

治理者通过"指导"过程为需要实现的信息安全目的和战略指明方向。指导主要包括资源配置级别的变更、资源的分配、活动的优先级，以及策略、重大风险接受和风险管理计划的批准。

为执行"指导"过程，治理者需要确定组织对风险的承受、批准信息安全战略和策略、分配足够的投资和资源。

为推动"指导"过程，执行管理者需要制定和实现信息安全战略和策略、要确保信息安全目的与业务目的一致、要建设良好的信息安全文化。

3. 监视

"监视"过程使治理者能够评估战略目的的实现。

为执行"监视"过程,治理者需要评估信息安全管理活动的效果、确保符合一致性和合规性要求、要充分考虑不断变化的业务、法律、法规和规章环境及其对信息风险的潜在影响。

为推动"监视"过程,执行管理者需要从业务角度选择适当的绩效测度;需要向治理者反馈信息安全绩效结果,包括之前由治理者所确定的行动的绩效及其对组织的影响;向治理者发出可能会影响信息风险和信息安全新开发的预警。

4. 沟通

治理者和利益相关者通过"沟通"这一双向的治理过程交换适合他们特定需要的关于信息安全的信息。

为执行"沟通"过程,治理者需要向外部利益相关者报告组织在实行与其业务性质相称的信息安全级别;需要通知执行管理者任何发现信息安全问题并要求采取纠正措施的外部评审结果;需要识别信息安全相关的监管义务、利益相关者期望和业务需要。

为推动"沟通"过程,执行管理者需要向治理者建议任何需要其注意,还可能需要决策的事项;需要在采取支持治理者指示和决定的具体行动上指导有关的利益相关方。

5. 保障

治理者通过"保障"过程,以委托方式,委托第三方开展独立和客观的审核、评审或认证,以此识别和确认与治理活动开展和操作运行相关的目的和行动,以便获得信息安全的期望水平。如开展风险评估、等级测评、应急演练、通报预警等第三方服务。

为执行"保障"过程,治理者需要通过委托获得对其履行信息安全期望水平责任的独立和客观的意见。

为推动"保障"过程,执行管理者需要支持由治理者委托的审核、评审或认证。

7.3 信息安全风险管理

7.3.1 风险管理常见名称

在信息安全风险管理中涉及多个名词,下面给出其基本概念。

影响(impact):对已达到的业务目标水平的不利改变。

威胁(threat):可能导致对系统或组织的损害的不期望事件发生的潜在原因(ISO/IEC TR 13335-1:2004)。

脆弱性(vulnerability):可能被一个或多个威胁所利用的资产或一组资产的弱点(ISO/IEC TR 13335-1:2004)。

信息安全事态(Information Security Event):指系统、服务或网络的一种可识别的状态的发生,可能是对信息安全策略的违反或防护措施的失效,或是与安全关联的一个先前未知的状态(GB/Z 20985—2007)。

信息安全事件（information security incident）：一个信息安全事件由单个的或一系列的有害或意外信息安全事态组成，它们具有损害业务运作和威胁信息安全的极大可能性（GB/Z20985—2007）。

信息安全风险（information security risk）：特定威胁利用单个或一组资产脆弱性的可能性以及由此可能给组织带来的损害。它以事态的可能性及其后果的组合来度量。

风险（risk）：事态的概率及其结果的组合（ISO/IEC Guide 73:2002）。

风险分析（risk analysis）：系统地使用信息来识别风险来源和估计风险（ISO/IEC Guide 73:2002）。

风险评估（risk assessment）：风险分析和风险评价的整个过程（ISO/IEC Guide 73:2002）。

风险评价（risk evaluation）：将估计的风险与给定的风险准则加以比较以确定风险严重性的过程（ISO/IEC Guide 73:2002）。

风险管理（risk management）：指导和控制一个组织相关风险的协调活动。风险管理一般包括风险评估、风险处理、风险接受和风险沟通（ISO/IEC Guide 73:2002）。

风险规避（risk avoidance）：不卷入风险处境的决定或撤离风险处境的行动（ISO/IEC Guide 73:2002）。

风险沟通（risk communication）：决策者和其他利益相关者之间关于风险的信息交换或共享（ISO/IEC Guide 73:2002）。

风险估算（risk estimation）：为风险的可能性和后果赋值的活动（ISO/IEC Guide 73:2002）。

风险识别（risk identification）：发现和列出风险要素并描述其特征的活动（ISO/IEC Guide 73:2002）。

风险降低（risk reduction）：为降低风险的可能性和（或）负面结果所采取的行动（ISO/IEC Guide 73:2002）。

风险保留（risk retention）：对来自特定风险的损失或收益的接受。在信息安全风险的语境下，对于风险保留仅考虑负面后果（损失）（ISO/IEC Guide 73:2002）。

风险转移（risk transfer）：与另一方对风险带来的损失或收益的共享。在信息安全风险的语境下，对于风险转移仅考虑负面结果（损失）（ISO/IEC Guide 73:2002）。

保密性（confidentiality）：数据所具有的特性，即表示数据所达到的未提供或未泄露给未授权的个人、过程或其他实体的程度。

完整性（integrity）：数据所具有的特性，即无论数据形式作何变化，数据的准确性和一致性均保持不变。

可用性（availability）：数据或资源的特性，被授权实体按要求能访问和使用数据或资源。

7.3.2 安全风险管理过程

信息安全风险管理过程由语境建立、风险评估、风险处置、风险接受、风险沟通和风险监视与评审组成，如图 7-2 所示。

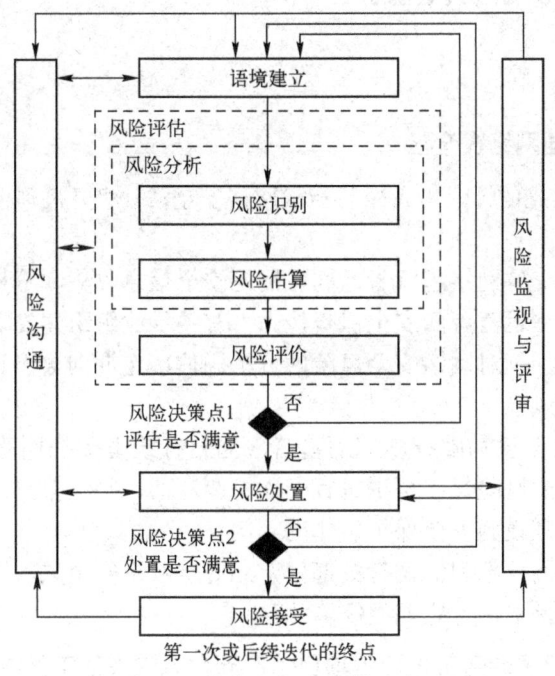

图 7-2 信息安全风险管理过程

信息安全风险管理过程可以迭代地进行风险评估和（或）风险处置活动。迭代方法进行风险评估可在每次迭代时增加评估的深度和细节。该迭代方法在最小化识别控制措施所需的时间和精力与确保高风险得到适当评估之间，提供了一个良好的平衡。

首先建立语境，然后进行风险评估。如果风险评估为有效地确定将风险降低至可接受水平所需行动，提供了足够的信息，那么就结束该风险评估，接下来进行风险处置。如果提供的信息不够充分，那么将在修订的语境（例如，风险评价准则、风险接受准则或影响准则）下进行该风险评估的另一次迭代，可能是在整个范围的有限部分上（见图 7-2，风险决策点 1）。

风险处置的有效性取决于该风险评估的结果。风险处置后的残余风险可能不会立即达到一个可接受的水平。在这种情况下，如果必要的话，可能需要在改变的语境参数（如风险评估准则、风险接受准则或影响准则）下进行该风险评估的另一次迭代，以及随后的进一步风险处置（见图 7-2，风险决策点 2）。

风险接受活动须确保残余风险被组织的管理者明确地接受。例如，在由于成本而省略或推迟实施控制措施的情况下，这点尤其重要。

在整个信息安全风险管理过程期间，重要的是将风险及其处置传达至适当的管理者和运行人员。即使是风险处置前，已识别的风险信息对管理事件可能是非常有价值的，并可能有助于减少潜在损害。管理者和员工的风险意识、缓解风险的现有控制措施的性质以及组织关注的领域，这些均有助于以最有效的方式处理事件和意外情况。信息安全风险管理过程的每个活动以及来自两个风险决策点的详细结果均宜记录在案。

7.4 信息安全风险评估

7.4.1 法规依据

1. 中华人民共和国网络安全法

2017年6月1日实施的《中华人民共和国网络安全法》将开展风险评估作为网络运营者的职责写入到法律。

第二十九条　国家支持网络运营者之间在网络安全信息收集、分析、通报和应急处置等方面进行合作，提高网络运营者的安全保障能力。有关行业组织建立健全本行业的网络安全保护规范和协作机制，加强对网络安全风险的分析评估，定期向会员进行风险警示，支持、协助会员应对网络安全风险。

第三十八条　关键信息基础设施的运营者应当自行或者委托网络安全服务机构对其网络的安全性和可能存在的风险每年至少进行一次检测评估，并将检测评估情况和改进措施报送相关负责关键信息基础设施安全保护工作的部门。

第五十三条　国家网信部门协调有关部门建立健全网络安全风险评估和应急工作机制，制定网络安全事件应急预案，并定期组织演练。

2. 关于加强国家电子政务工程建设项目信息安全风险评估工作的通知

国家发改委、公安部、国家保密局联合下发《关于加强国家电子政务工程建设项目信息安全风险评估工作的通知》（发改高技〔2008〕2071号），在文件中明确规定如下内容：

① 国家的电子政务网络、重点业务信息系统、基础信息库以及相关支撑体系等国家电子政务工程建设项目，应开展信息安全风险评估工作。

② 电子政务项目信息安全风险评估的主要内容包括：分析信息系统资产的重要程度，评估信息系统面临的安全威胁、存在的脆弱性、已有的安全措施和残余风险的影响等。

③ 电子政务项目信息安全风险评估工作按照涉及国家秘密的信息系统（以下简称涉密信息系统）和非涉密信息系统两部分组织开展。

④ 涉密信息系统的信息安全风险评估应按照《涉及国家秘密的信息系统分级保护管理办法》、《涉及国家秘密的信息系统审批管理规定》、《涉及国家秘密的信息系统分级保护测评指南》等国家有关保密规定和标准，进行系统测评并履行审批手续。

⑤ 非涉密信息系统的信息安全风险评估应按照《信息安全等级保护管理办法》、《信息系统安全等级保护定级指南》、《信息系统安全等级保护基本要求》、《信息系统安全等级保护实施指南》和《信息安全风险评估规范》等有关要求，可委托同一专业测评机构完成等级测评和风险评估工作，并形成等级测评报告和风险评估报告。等级测评报告参照公安部门制订的格式编制，风险评估报告参考《国家电子政务工程建设项目非涉密信息系统信息安全风险评估报告格式》编制。

⑥ 电子政务项目涉密信息系统的信息安全风险评估，由国家保密局涉密信息系统安全保密测评中心承担。非涉密信息系统的信息安全风险评估，由国家信息技术安全研究中心、中国信息安全测评中心、公安部信息安全等级保护评估中心等三家专业测评机构承担。

⑦ 项目建设单位应在项目建设任务完成后试运行期间，组织开展该项目的信息安全风险评估工作，并形成相关文档，该文档应作为项目验收的重要内容。

⑧ 项目建设单位向审批部门提出项目竣工验收申请时，应提交该项目信息安全风险评估相关文档。主要包括：《涉及国家秘密的信息系统使用许可证》和《涉及国家秘密的信息系统检测评估报告》，非涉密信息系统安全保护等级备案证明，以及相应的安全等级测评报告和信息安全风险评估报告等。

⑨ 电子政务项目信息安全风险评估经费计入该项目总投资。

⑩ 电子政务项目投入运行后，项目建设单位应定期开展信息安全风险评估，检验信息系统对安全环境变化的适应性及安全措施的有效性，保障信息系统的安全可靠。

⑪ 中央和地方共建电子政务项目中的地方建设部分信息安全风险评估工作参照本通知执行。

3．网络安全等级保护

在网络安全等级保护测评报告第 6 部分系统安全保障评估和安全问题风险评估中都涉及风险评估。安全问题风险评估是指依据信息安全标准规范，采用风险分析的方法进行危害分析和风险等级判定，即：开展等级保护时，要将风险评估作为等级保护测评的一部分。

4．关键信息基础设施安全保护条例（征求意见稿）

在保护条例第四十一条规定：有关部门组织开展关键信息基础设施安全检测评估，应坚持客观公正、高效透明的原则，采取科学的检测评估方法，规范检测评估流程，控制检测评估风险。运营者应当对有关部门依法实施的检测评估予以配合，对检测评估发现的问题及时进行整改。

同时第四十二条要求，有关部门组织开展关键信息基础设施安全检测评估，可采取下列措施：

（一）要求运营者相关人员就检测评估事项作出说明；

（二）查阅、调取、复制与安全保护有关的文档、记录；

（三）查看网络安全管理制度制订、落实情况以及网络安全技术措施规划、建设、运行情况；

（四）利用检测工具或委托网络安全服务机构进行技术检测；

（五）经运营者同意的其他必要方式。

7.4.2 信息安全风险评估基本内容

1．评估原则

（1）标准性原则

信息系统的安全风险评估，应按照 GB/T20984—2007 中规定的评估流程进行实施，包括各阶段性的评估工作。

（2）关键业务原则

信息安全风险评估应以被评估组织的关键业务作为评估工作的核心，把涉及这些业务的相关网络与系统包括基础网络、业务网络、应用基础平台、业务应用平台等作为评估的重点。

（3）可控性原则

① 服务可控性。评估方应事先在评估工作沟通会议中向用户介绍评估服务流程，明确需要得到被评估组织协作的工作内容，确保安全评估服务工作的顺利进行。

② 人员与信息可控性。所有参与评估的人员应签署保密协议，以保证项目信息的安全；应对工作过程数据和结果数据严格管理，未经授权不得泄露给任何单位和个人。

③ 过程可控性。应按照项目管理要求，成立项目实施团队，项目组长负责制，达到项目过程的可控。

④ 工具可控性。安全评估人员所使用的评估工具应该事先通告用户，并在项目实施前获得用户的许可，包括产品本身、测试策略等。

（4）最小影响原则

对于在线业务系统的风险评估，应采用最小影响原则，即首要保障业务系统的稳定运行，对于需要进行攻击性测试的工作内容，需与用户沟通并进行应急备份，同时选择避开业务的高峰时间进行。

2．基本流程

GB/T20984—2007规定了风险评估的实施流程，根据流程中的各项工作内容，一般将风险评估实施划分为评估准备、风险要素识别、风险分析与风险处置4个阶段。其中，评估准备阶段工作是对评估实施有效性的保证，是评估工作的开始；风险要素识别阶段工作主要是对评估活动中的各类关键要素资产、威胁、脆弱性、安全措施进行识别与赋值；风险分析阶段工作主要是对识别阶段中获得的各类信息进行关联分析，并计算风险值；风险处置建议工作主要针对评估出的风险，提出相应的处置建议，以及按照处置建议实施安全加固后进行残余风险处置等内容。

3．风险评估的工作形式

GB/T20984—2007明确了风险评估的基本工作形式是自评估与检查评估。

自评估是信息系统拥有、运营或使用单位发起的对本单位信息系统进行的风险评估，可由发起方实施或委托信息安全服务组织支持实施。实施自评估的组织可根据组织自身的实际需求进行评估目标的设立，采用完整或剪裁的评估活动。

检查评估是信息系统上级管理部门或国家有关职能部门依法开展的风险评估，检查评估也可委托信息安全服务组织支持实施。检查评估除可对被检查组织的关键环节或重点内容实施抽样评估外，还可实施完整的风险评估。

信息安全风险评估应以自评估为主，自评估和检查评估相互结合、互为补充。

4．信息系统生命周期内的风险评估

信息系统生命周期一般包括信息系统的规划、设计、实施、运维和废弃5个阶段，风险评估活动应贯穿于信息系统生命周期的上述各阶段中。

信息系统生命周期各阶段的风险评估由于各阶段的评估对象、安全需求不同，评估的目的一般也不同。规划阶段风险评估的目的是识别系统的业务战略，以支撑系统安全需求及安

全战略等；设计阶段风险评估的目的是评估安全设计方案是否满足信息系统安全功能的需求；实施阶段的评估目的是对系统开发、实施过程进行风险识别，对建成后的系统安全功能进行验证；运行维护阶段的评估目的是了解和控制系统运行过程中的安全风险；废弃阶段的评估目的是对废弃资产对组织的影响进行分析。

此外，当信息系统的业务目标和需求或技术和管理环境发生变化时，需要再次进入上述5个阶段的风险评估，使得信息系统的安全适应自身和环境的变化。

7.4.3 风险评估准备阶段

风险评估准备是整个风险评估过程有效性的保证。由于风险评估受到组织的业务战略、业务流程、安全需求、系统规模和结构等方面的影响，因此，在风险评估实施前，应充分做好评估前的各项准备工作。信息安全风险评估涉及组织内部有关重要信息，被评估组织应慎重选择评估单位、评估人员的资质和资格，并遵从国家或行业相关管理要求。

在准备阶段需要做的工作内容如下：① 确定评估目标；② 确定评估范围；③ 组建评估团队；④ 评估工作启动会议；⑤ 系统调研；⑥ 确定评估依据和评估方法；⑦ 选择相应的评估工具；⑧ 制定评估方案。

7.4.4 资产识别阶段

1. 资产是风险评估的重要对象

资产是对组织具有价值的信息或资源，是安全策略保护的对象。在风险评估工作中，风险的重要因素都以资产为中心，威胁、脆弱性以及风险都是针对资产而客观存在的。威胁利用资产自身脆弱性，使得安全事件的发生成为可能，从而形成了安全风险。这些安全事件一旦发生，对具体资产甚至整个信息系统都将造成一定影响，从而对组织的利益造成影响。因此，资产是风险评估的重要对象。

不同价值的资产受到同等程度破坏时对组织造成的影响程度不同。资产价值是资产重要程度或敏感程度的表征。识别资产并评估资产价值是风险评估的一项重要内容。

在一个组织中，资产的存在形式多种多样，不同类别资产具有的资产价值、面临的威胁、拥有的脆弱性、可采取的安全措施都不同。对资产进行分类既有助于提高资产识别的效率，又有利于整体的风险评估。

在风险评估实施中，可按照《信息安全技术 信息安全风险评估规范》（GB/T20984—2007）中资产分类方法，把资产分为硬件、软件、数据、服务、人员以及其他六大类。

2. 资产识别的一般步骤

为保证风险评估工作的进度要求和质量要求，有时不可能对所有资产做全面分析，应选取其中关键资产进行分析。

资产识别的一般步骤如下：① 根据评估目标和范围，确定风险评估对象中包含的信息系统；② 识别信息系统处理的业务功能，以及处理业务所需的业务流程，特别应识别出关键业务功能和关键业务流程；③ 根据业务特点和业务流程识别业务需要处理的数据和提供的服务，特别应识别出关键数据和关键服务；④ 识别处理数据和提供服务所需的系统单元和系统组件，特别应识别出关键系统单元和关键系统组件。

3．资产调查

资产调查是识别组织和信息系统中资产的重要途径。资产调查一方面应识别出有哪些资产，另一方面要识别出每项资产自身的关键属性。

业务是组织存在的必要前提，信息系统承载业务。信息系统的正常运行，保证业务的正常开展，关乎组织的利益。通过资产调查，应确定评估对象中包含哪些信息系统，每个信息系统处理哪些种类业务，每种业务包括哪些具体业务功能，以及相关业务处理的流程。分析并清楚理解各种业务功能和流程，有利于分析系统中的数据流向及其安全保证要求。

在信息系统中，业务处理表现为数据处理和服务提供，数据和服务都是组织的信息资产。在识别各种业务后应进行数据处理和服务的识别，确定各种数据和服务对组织的重要性，以及数据和服务的保密性、完整性、可用性、抗抵赖性等安全属性，从而确定哪些是关键资产。

信息系统依赖于数据和服务等信息资产。信息资产又依赖于支撑和保障信息系统运行的硬件和软件资源，即系统平台，包括物理环境、网络、主机和应用系统等，其基础设施如服务器、交换机、防火墙等被称为系统单元，在系统单元上运行的操作系统、数据库、应用软件等被称为系统组件。在数据和服务等信息资产识别的基础上，根据业务处理流程，可识别出支撑业务系统运行所需的系统平台，并且识别出这些软硬件资源在重要性、保密性、完整性、可用性、抗抵赖性等安全属性。

资产调查的方法包括阅读文档、访谈相关人员、查看相关资产等。一般情况下，可通过查阅信息系统需求说明书、可行性研究报告、设计方案、实施方案、安装手册、用户使用手册、测试报告、运行报告、安全策略文件、安全管理制度文件、操作流程文件、制度落实的记录文件、资产清单、网络拓扑图等，识别组织和信息系统的资产。

如文档记录信息之间存在互相矛盾，或存在不清楚的地方，以及文档记录信息与实际情况有出入，资产识别必须就关键资产和关键问题与被评估组织相关人员进行核实，并选择在组织和信息系统管理中担任不同角色的人员进行访谈，包括主管领导、业务人员、开发人员、实施人员、运维人员、监督管理人员等。通常情况下，经过阅读文档和现场访谈相关人员，基本可清晰识别组织和信息系统资产，对关键资产应进行现场实际查看。

4．资产赋值

在资产调查基础上，需分析资产的保密性、完整性和可用性等安全属性的等级，安全属性等级包括：很高、高、中等、低、很低五种级别，某种安全属性级别越高表示资产该安全属性越重要。保密性、完整性、可用性的五个赋值的含义可参考《信息安全技术 信息安全风险评估规范》（GB/T20984—2007）。

因资产保密性、完整性和可用性等安全属性的量化过程易带有主观性，可以参考如下因素，利用加权等方法综合得出资产保密性、完整性和可用性等安全属性的赋值等级：① 资产所承载信息系统的重要性；② 资产所承载信息系统的安全等级；③ 资产对所承载信息安全正常运行的重要程度；④ 资产保密性、完整性、可用性等安全属性对信息系统，以及相关业务的重要程度。

资产价值应依据资产保密性、完整性和可用性的赋值等级，经综合评定确定。资产价值等级包括：很高、高、中等、低、很低五种等级，每种等级含义可以参考《信息安全技术 信息安全风险评估规范》（GB/T20984—2007）。

综合评定的方法可根据信息系统所承载的业务对不同安全属性的依赖程度，选择资产保密性、完整性和可用性最为重要的一个属性的赋值等级作为资产的最终赋值结果；也可以根据资产保密性、完整性和可用性的不同等级，对其赋值和加权，计算得到资产的最终赋值结果，加权方法可根据组织的业务特点确定。评估小组可根据资产赋值结果，确定关键资产范围，并围绕关键资产进行后续的风险评估工作。

7.4.5 威胁识别阶段

威胁是指可能导致危害系统或组织的不希望事故的潜在起因。威胁是一个客观存在的，无论对于多么安全的信息系统，它都存在。威胁的存在，组织和信息系统才会存在风险。因此，风险评估工作中需全面、准确地了解组织和信息系统所面临的各种威胁。

1. 威胁分类

按照《信息安全技术 信息安全风险评估规范》（GB/T20984—2007）威胁分类方法，可威胁分为软硬件故障、物理环境影响、无作为或操作失误、管理不到位、恶意代码、越权或滥用、网络攻击、物理攻击、泄密、篡改、抵赖 11 类。

2. 威胁调查

威胁是客观存在的，任何一个组织和信息系统都面临威胁。但在不同组织和信息系统中，威胁发生的可能性和造成的影响可能不同。不仅如此，同一个组织或信息系统中不同资产所面临的威胁发生的可能性和造成的影响也可能不同。威胁调查就是要识别组织和信息系统中可能发生并造成影响的威胁，进而分析哪些发生可能性较大、可能造成重大影响的威胁。

威胁调查工作包括：威胁源动机及其能力、威胁途径、威胁可能性及其影响。

（1）威胁源动机及其能力

威胁源是产生威胁主体。在进行威胁调查时，首要应识别存在哪些威胁源，同时分析这些威胁源的动机和能力。根据威胁源的不同，可以将威胁分为非人为的和人为的。

从威胁动机来看，人为的安全威胁又可细分为非恶意行为和恶意攻击行为。

不同的危险源具有不同的攻击能力，攻击者的能力越强，攻击成功的可能性就越大。衡量攻击能力主要包括：施展攻击的知识、技能、经验和必要的资金、人力和技术资源等。表 7-2 分析了典型的攻击者类型、动机和特点。

在识别威胁源时，一方面要调查存在哪些威胁源，特别要了解组织的客户、伙伴或竞争对手以及系统用户等情况；另一方面要调查不同威胁源的动机、特点、发动威胁的能力等。通过威胁源的分析，识别出威胁源名称、类型（包括自然环境、系统缺陷、政府、组织、职业个人等）、动机（非人为、人为非故意、人为故意等）。

（2）威胁途径

威胁途径是指威胁源对组织或信息系统造成破坏的手段和路径。非人为的威胁途径表现为发生自然灾难、出现恶劣的物理环境、出现软硬件故障或性能降低等；人为的威胁手段包括：主动攻击、被动攻击、邻近攻击、分发攻击、误操作等。

表 7-2 典型的攻击者类型、动机和能力

类型		描述	主要动机	能力
恶意员工		主要指对机构不满或具有某种恶意目的内部员工	对机构不满而有意破坏系统，或出于某种目的窃取信息或破坏系统	掌握内部情况，了解系统结构和配置；具有系统合法账户，或掌握可利用的账户信息；可以从内部攻击系统最薄弱环节
独立黑客		主要指个体黑客	企图寻找并利用信息系统的脆弱性，以达到满足好奇心、检验技术能力以及恶意破坏等目的；动机复杂，目的性不强	占有少量资源，一般从系统外部侦察并攻击网络和系统；攻击者水平高低差异很大
有组织的攻击者	国内外竞争者	主要指具有竞争关系的国内外工业和商业机构	获取商业情报；破坏竞争对手的业务和声誉，目的性较强	具有一定的资金、人力和技术资源。主要是通过多种渠道搜集情报，包括利用竞争对手内部员工、独立黑客以至犯罪团伙
	犯罪团伙	主要指计算机犯罪团伙。对犯罪行为可能进行长期的策划和投入	偷窃、诈骗钱财；窃取机密信息	具有一定的资金、人力和技术资源；实施网上犯罪，对犯罪有精密计划和准备
	恐怖组织	主要指国内外恐怖组织	恐怖组织通过强迫或恐吓政府或社会以满足其需要为目的，采用暴力或暴力威胁方式制造恐慌	具有丰富的资金、人力和技术资源，对攻击行为可能进行长期策划和投入，可能获得敌对国家的支持
外国政府		主要指其他国家或地区设立的从事网络和信息系统攻击的军事、情报等机构	从其他国家搜集政治、经济、军事情报或机密信息，目的性极强	组织严密、具有充足的资金、人力和技术资源；将网络和信息系统攻击作为战争的作战手段

（3）威胁可能性及其影响

威胁是客观存在的，但对于不同的组织和信息系统，威胁发生的可能性不尽相同。威胁产生的影响与脆弱性是密切相关的。脆弱性越多、越严重，威胁产生影响的可能性越大。例如，在雨水较多的地区，出现洪灾的可能性较大，因此对于存在严重漏洞的系统，被威胁攻击的成功性可能较大。

威胁客体是威胁发生时受到影响的对象，威胁影响与威胁客体密切相关。当一个威胁发生时，会影响到多个对象。这些威胁客体有层次之分，通常威胁直接影响的对象是资产，间接影响到信息系统和组织。在识别威胁客体时，先识别那些直接受影响的客体，再逐层分析间接受影响的客体。

威胁客体的价值越重要，威胁发生的影响越大；威胁破坏的客体范围越广泛，威胁发生的影响越大。分析并确认威胁发生时受影响客体的范围和客体的价值，有利于分析组织和信息系统存在风险的大小。

遭到威胁破坏的客体，有的可以补救且补救代价可以接受，有的不能补救或补救代价难以接受。受影响客体的可补救性也是威胁影响的一个重要方面。

（4）威胁调查方法

不同组织和信息系统由于所处自然环境、业务类型等不尽相同，面临的威胁也具有不同的特点。例如，处于自然环境恶劣的信息系统，发生自然灾难的可能性较大，业务价值高或敏感的系统遭遇攻击的可能性较大。威胁调查的方法多种多样，可以根据组织和信息系统自身的特点，发生的历史安全事件记录，面临威胁分析等方法进行调查。

3．威胁分析

通过威胁调查，可识别存在的威胁源名称、类型、攻击能力和攻击动机，威胁路径，威

胁发生可能性，威胁影响的客体的价值、覆盖范围、破坏严重程度和可补救性。在威胁调查基础上，可作如下威胁分析：① 通过分析威胁路径，结合威胁自身属性、资产存在的脆弱性以及所采取的安全措施，识别出威胁发生的可能性，也就是威胁发生的概率；② 通过分析威胁客体的价值和威胁覆盖范围、破坏严重程度和可补救性等，识别威胁影响；③ 分析并确定由威胁源攻击能力、攻击动机，威胁发生概率、影响程度计算威胁值的方法；④ 威胁赋值。综合分析上述因素，对威胁的可能性进行赋值，威胁赋值分为很高、高、中等、低、很低 5 个级别，级别越高表示威胁发生的可能性越高。

7.4.6 脆弱性识别阶段

脆弱性是资产自身存在的，如没有被威胁利用，脆弱性本身不会对资产造成损害。如信息系统足够健壮，威胁难以导致安全事件的发生。也就是说，威胁是通过利用资产的脆弱性才可能造成危害。因此，组织一般通过尽可能消减资产的脆弱性，来阻止或消减威胁造成的影响，所以脆弱性识别是风险评估中最重要的一个环节。

脆弱性可从技术和管理两方面进行识别。技术方面，可从物理环境、网络、主机系统、应用系统、数据等方面识别资产的脆弱性；管理方面，可从技术管理脆弱性和组织管理脆弱性两方面识别资产的脆弱性，技术管理脆弱性与具体技术活动相关，组织管理脆弱性与管理环境相关。

脆弱性识别包括：脆弱性的基本特征，时间特征和环境特征的识别。脆弱性识别所采用的方法主要有：文档查阅、问卷调查、人工核查、工具检测、渗透性测试等。

脆弱性检查包括安全技术脆弱性检查和安全管理脆弱性检查，具体检查指标和方法可参考网络安全等级保护技术要求。

7.4.7 风险分析阶段

风险评估是以围绕被评估组织核心业务开展为原则的，评估业务所面临的安全风险。风险分析的主要方法是对业务相关的资产、威胁、脆弱性及其各项属性的关联分析，综合进行风险分析和计算。

1. 风险分析模型

依据《信息安全技术 信息安全风险评估规范》（GB/T20984—2007）所确定的风险分析方法，如图 7-3 所示，一般构建风险分析模型是将资产、威胁、脆弱性三个基本要素及每个要素相关属性，进行关联，并建立各要素之间的相互作用机制关系。

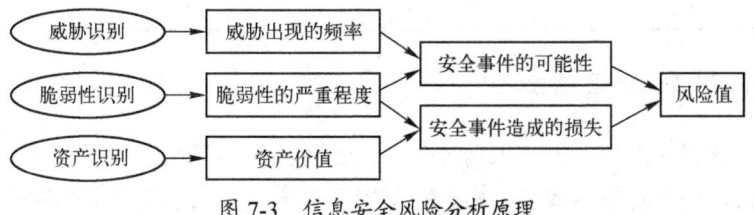

图 7-3 信息安全风险分析原理

建立风险评估分析模型，首先通过威胁与脆弱性进行关联，哪些威胁可以利用哪些脆弱性，可引发安全事件，并分析安全事件发生的可能性；其次，通过资产与脆弱性进行关联，哪些资产存在脆弱性，一旦安全事件发生，造成的损失有多大。

信息安全风险各识别要素的关系，$R=F(A, T, V)$。其中，R 表示安全风险计算函数，A 表示资产，T 表示威胁，V 表示脆弱性。

2．风险计算方法

组织或信息系统安全风险需要通过具体的计算方法实现风险值的计算。风险计算方法一般分为定性计算方法和定量计算方法两大类。

定性计算方法是将风险的各要素资产、威胁、脆弱性等的相关属性进行量化（或等级化）赋值，然后选用具体的计算方法（如相乘法或矩阵法）进行风险计算；

定量计算方法是通过将资产价值和风险等量化为财务价值的方式来进行计算的一种方法。由于定量计算法需要等量化财务价值，在实际操作中往往难以实现。

由于定量计算方法在实际工作中可操作性较差，一般风险计算多采用定性计算方法。风险的定性计算方法实质反应的是组织或信息系统面临风险大小的准确排序，确定风险的性质（无关紧要、可接受、待观察、不可接受等），而不是风险计算值本身的准确性。

3．风险分析与评价

通过风险计算，应对风险情况进行综合分析与评价。风险分析是基于计算出的风险值确定风险等级。风险评价则是对组织或信息系统总体信息安全风险的评价。

风险分析首先对风险计算值进行等级化处理。风险等级化处理目的是对风险的识别直观化，便于对风险进行评价。等级化处理的方法是按照风险值的高低进行等级划分，风险值越高，风险等级越高。风险等级一般可划分为五级：很高、高、中等、低、很低，也可根据项目实际情况确定风险的等级数，如划分为高、中、低三级。

风险评价方法是根据组织或信息系统面临的各种风险等级，通过对不同等级的安全风险进行统计、分析，并依据各等级风险所占全部风险的百分比，确定总体风险状况，见表 7-3。

表 7-3　安全风险评价表

风险等级	占全部风险百分比	总体风险评价结果		
		高	中	低
很高	≥10%	高		
高	≥30%	高		
中等	≥30%		中	
低				低
很低				低

7.4.8　风险评估所需资料

风险评估包括评估准备、资产识别与分析、威胁分析与识别、脆弱性识别与分析、风险分析和验收阶段，每个阶段需要的文档资料如表 7-4 所示。这些资料是风险评估所需的技术资料，需要在开展评估过程中涉及。

表 7-4 风险评估所需资料表

阶 段	表 单	主要内容
评估准备	保密协议	确定保密范围、测评双方的义务、行为约束和规范条件等
	会议纪要表	会议的时间、地点、内容、主题、参与人、讨论内容纪要等。
	评估方案	项目概述、评估对象、评估指标、测试工具接入点、单项测评实施和系统测评实施内容、测评指导书等
	系统调查基本信息表	说明被测系统的范围、安全保护等级、业务情况、保护情况、被测系统的管理模式和相关部门及角色等
	评估申请书	风险评估目的、意义、作用、依据和测评系统基本介绍等内容
	风险评估合同	双方签订的测评合同
	项目启动会汇报讲稿	包括风险评估基本情况介绍、评估流程、工作人员、时间安排、需要配合的事项等
	风险评估计划书	项目概述、工作依据、技术思路、工作内容和项目组织等
	系统定级报告和备案表	来自公安部门发放的被测系统的定级备案表、定级申请报告等。
	评估工具	网络安全设备配置检查工具、远程漏洞扫描系统、主机病毒检查工具、WEB网站安全检查工具、数据库安全检查工具、系统漏洞检查工具等各种测评工具
	各种现场测评表格	包括测评系统所对应的主机、数据库、操作系统、安全设备、网络设备、制度检查、访谈内容、中间件检查等测评表格。还包括主机安全、网络安全、数据安全、物理安全、应用安全、管理机构、管理制度、人员安全管理、系统建设、运维建设等检查表格。
	网络系统安全现场测评服务授权书	主要包括授权方提供的IP地址类别、操作系统类别、主机数据系统应用列表、基本配置等；被授权方提供测评工具进行扫描，并提供扫描报告。
	现场安全扫描测试授权书	说明扫描可能造成的影响以及如何进行避免这些影响所采取的措施，并附上扫描设备清单等基本信息（系统、IP、域名）
	现场评估记录确认表	测评活动中发现的问题、问题的证据和证据源、每项检查活动中被测单位配合人员的书面认可
	测评指导书	各测评对象的测评内容及方法
资产识别与分析	资产识别记录表	包括资产名称、资产编号、资产功能、资产三属性赋值、资产重要程度赋值等信息
	资产分类表	本次风险评估过程中，资产分类的类别和说明
	资产三属性和等级赋值说明	资产保密性、完整性、可用性在量化赋值时，所进行的定义和说明
	资产赋值表	给出所有资产的序号、资产编号、资产名称、资产隶属子系统、资产重要性的说明
威胁分析与识别	系统安全威胁数据采集对象与方式	说明本次采集对象、威胁数据来源依据、采集方法和策略
	风险评估不符合项结果	针对风险评估报告的附录内容，给出信息系统风险评估不符合项说明
	资产与威胁映射定义	给出资产和威胁的对应描述，可以是共性描述对应关系，也可以是本次风险评估中的对应关系
	威胁源分析表	给出本次风险评估中资产和威胁的关系，重点描述资产编号、威胁类、威胁描述和威胁源分析
	威胁行为分析表	描述本次评估中资产关联的威胁类别，及其威胁行为分析
	威胁能量分析表	给出本次评估中资产编号、威胁类、威胁源、威胁可能性和威胁能量的描述
	安全威胁源和安全可能性、安全能量之间的关系表	描述本次评估所采用的安全威胁源和安全可能性、安全能量之间的对应关系
脆弱性识别与分析	测评项结果	给出基于等级保护标准或者其他测评指标标准的侧评项结果
	风险评估措施表	依据风险评估附录，给出本次风险评估的技术、管理措施表（落实、部分落实、未落实、不适应）
	脆弱性分析赋值表	给出本次风险评估过程中资产所对应的脆弱性并赋值标识，内容涉及编号、检测项、检测子项、脆弱性、作用对象、赋值、潜在影响、整改建议、标识等信息
	风险评估的安全脆弱性扫描报告	借助系列评估工具，检查扫描得到的本次风险评估脆弱性报告及其说明
风险分析	信息系统风险值计算	给出本次风险评估所有资产对应的权重、威胁、脆弱性、安全事件可能性、安全事件损失、风险值计算说明、资产风险值、资产风险等级。
	风险区间值和安全等级对应关系	采用区间方式，说明本次风险评估风险值和对应的对应关系
	信息系统资产风险等级表	描述本次风险评估所采用的风险等级
	信息系统资产和威胁对应表	描述资产和威胁的对应关系，一个资产可以包括多个威胁，一个威胁类别可以出现在多个资产中
	信息系统安全风险的应对措施	针对风险评估出现的不符合项，资产脆弱性和威胁，给出资产、系统的应对措施

续表

阶 段	表 单	主要内容
验收阶段	客户满意度调查表	包括测评服务的总体评价、工作效率、服务质量、员工技术水平、员工综合素质、工作建议和改进等内容
	测评验收会汇报讲稿	包括风险评估工作基本情况汇报、风险风险、主要安全问题、整改建议、测评结论等
	测评报告	按照国家标准撰写风险评估报告
	整改方案	针对主要问题给出具体化、可操作性的整改方案
	专家意见	邀请相关专家对测评工作及其结果进行评价

7.5 信息安全风险处置

风险处置依据风险评估结果，针对风险分析阶段输出的风险评估报告进行风险处置。

风险处置的基本原则是适度接受风险，根据组织可接受的处置成本将残余安全风险控制在可以接受的范围内。

依据国家、行业主管部门发布的信息安全建设要求进行的风险处置，应严格执行相关规定。如依据等级保护相关要求实施的安全风险加固工作，应满足等级保护相应等级的安全技术和管理要求；对于因不能够满足该等级安全要求产生的风险则不能够适用适度接受风险的原则。对于有着行业主管部门特殊安全要求的风险处置工作，同样不适用该原则。

7.5.1 风险处置流程

针对风险评估结果中发现的风险通常与导致这些风险的事件场景相关的，为便于信息安全管理，需要依据风险评价准则，按高低、优先顺序排列给出风险列表，然后制定一个风险处置计划，选择控制措施以降低、保留、规避或转移风险。风险处置有4种选项：风险降低、风险保留、风险规避和风险转移。风险处置流程如图7-4所示。

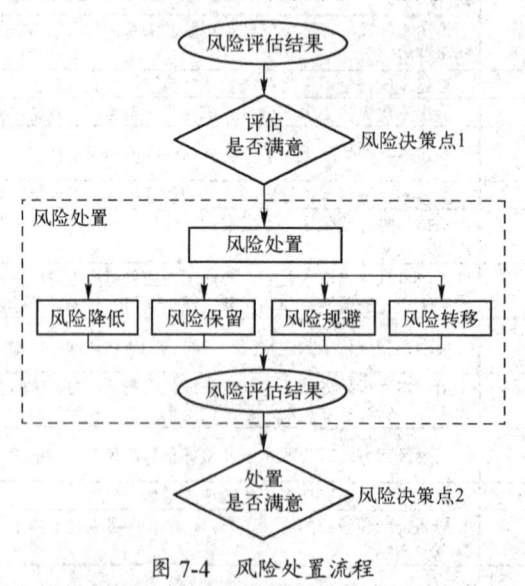

图7-4 风险处置流程

1. 处置流程

在图 7-4 中，选择风险处置选项时要基于风险评估结果以及实施这些选项的预期成本和收益来进行选择，通常实施那些以相对较低的支出就可大量减少风险的选项，因为更进一步改进的选项可能是不经济的，需要判断其是否是合理的。

通常情况下，如果合理可行，宜尽量降低风险的负面后果，不需考虑任何绝对准则。管理者务必考虑罕见的但严重的风险。在这种情况下，可能需要实施严格经济意义上不合理的控制措施（如考虑覆盖特定高风险的业务连续性控制措施）。

风险处置的四个选项不是互相排斥的。有时组织可以大幅受益于选项的组合，如降低风险的可能性，减轻其后果，并转移或保留任何残余风险。某些风险处置能有效地解决多个风险（如信息安全培训和意识）。宜制定风险处置计划，明确标识出各风险处置的实施优先顺序和时限。优先级可以通过各种技术来确立，包括风险排序、成本效益分析。组织的管理者有责任决定实施控制措施的成本与预算安排之间的平衡。就成本比较而言，现有控制措施的识别可能得出这些现有控制措施已超出当前需要的结论，包括维护。如果考虑去除多余的或不必要的控制措施（尤其是如果这些控制措施需要高昂的维护费维护成本），那么宜考虑信息安全和成本因素。由于控制措施会相互影响相应，去除多余的控制措施可能会降低现有的整体安全。此外，保留而不是去除多余的或不必要的控制措施可能更便宜。

安全整改是风险处置中常用的风险消减方法。风险评估需提出安全整改建议。安全整改建议需根据安全风险的严重程度、加固措施实施的难易程度、降低风险的时间紧迫程度、所投入的人员力量及资金成本等因素综合考虑。

① 对于非常严重、需立即降低且加固措施易于实施的安全风险，建议被评估组织立即采取安全整改措施。

② 对于非常严重、需立即降低但加固措施不便于实施的安全风险，建议被评估组织立即制定安全整改实施方案，尽快实施安全整改；整改前应对相关安全隐患进行严密监控，并作好应急预案。

③ 对于比较严重、需降低且加固措施不易于实施的安全风险，建议被评估组织制定限期实施的整改方案；整改前应对相关安全隐患进行监控。

2. 风险处置原则

① 合规原则。风险处理目标的确立和风险处理措施的选择应符合法律、法规、政策、标准和主管部门的要求。

② 有效原则。在合规原则的前提下，风险处理的核心目的就是通过采取风险处理活动，有效控制风险，使得处理后的风险处于组织的可承受范围之内。

③ 可控原则。明确风险处理的目标、方案、范围、需要实施的风险处理措施及风险处理措施本身可能带来的风险，明确风险处理所需的资源，确保整个风险处理工作的可控性。

④ 最佳收益原则。根据确立的风险处理目标，运用成本效益分析的方法，综合分析各种风险处理措施的成本、时间和技术等因素，以及能够获取的收益，选择收益最佳的风险处理措施。

3. 风险处置边界

在风险处置时需要划定风险处置范围。根据风险评估报告、组织的安全管理策略及安全需求划定风险处置工作的范围，在确定风险处置边界时应考虑以下因素：① 业务系统的业务逻辑边界；② 网络及设备载体边界；③ 物理环境边界；④ 组织管理权限边界；⑤ 其他。

4．风险处置依据

对于风险处置的依据包括（但不限于）：① 国家的相关法律、法规和政策；② 现行国际标准、国家标准和行业标准；③ 行业主管部门的相关规章和制度；④ 组织的业务战略和信息安全需求；⑤ 组织业务相关单位的安全要求；⑥ 系统本身的安全要求等。

7.5.2 风险降低

通过对面临风险的资产采取保护措施来降低风险。保护措施可以从构成风险的5方面（即威胁源、威胁行为、脆弱性、资产和影响）来降低风险。比如，采用法律的手段制裁计算机犯罪（包括窃取涉密信息，攻击关键的信息系统基础设施，传播有害信息和垃圾邮件等），发挥法律的威慑作用，从而有效遏制威胁源的动机；采取身份认证措施，从而抵制身份假冒威胁行为的能力；及时给系统打补丁（特别是针对安全漏洞的补丁），关闭无用的网络服务端口，从而减少系统的脆弱性，降低其被利用的可能性；采用各种防护措施，建立资产的安全域，从而保证资产不受侵犯，其价值得到保持；采取容灾备份、应急响应和业务连续性计划等措施，从而降低安全事件造成的影响程度。

风险降低是指通过选择控制措施来降低风险级别，使残余风险能够再被评估时达到可接受的级别，如从高风险降低到低风险或者可以接受的风险。

通常，可采取纠正、消除、预防、影响最小化、威慑、检测、恢复、监视和意识等控制措施。在选择控制措施时，重要的是权衡获取、实施、管理、运行、监视和保持控制措施的成本与被保护资产的价值。

选择和实施控制措施时要考虑各种不同约束。典型地，考虑时间约束、财务约束、技术约束、运行约束、文化约束、道德约束、环境约束、法律约束、易用性、人员约束、整合新的和现有控制措施的约束。

有许多约束会影响控制措施的选择。比如技术约束中性能要求、可管理性（运行支持要求）和兼容性问题，可能会妨碍某些控制措施的使用，或者导致人为失误，要么使控制措施无效，产生安全错觉，要么比没有控制措施还甚至增加风险（例如，要求复杂的口令，但没有适当的培训，导致用户将口令写下来）。而且，控制措施可能会影响性能。管理者应设法找出解决方案，以保证足够的信息安全的同时满足性能要求。这一步骤的结果是可能的控制措施的列表，包括成本、效益和实施优先级。

7.5.3 风险保留

在 GB/T22080 中指出，"在明显满足组织方针策略和接受风险的准则的条件下，有意识地、客观地接受风险"，是对风险保留的描述。也就是说，风险对单位的策略实施不会造成影响、低于可接受的风险度量值，风险是可以保留下来的。换言之，如果风险级别满足风险接受准则，那么没有必要实施额外的控制措施，并且风险可被保留。

7.5.4 风险规避

通过不使用面临风险的资产来避免风险。比如，在没有足够安全保障的信息系统中，不处理敏感的信息，从而防止敏感信息的泄漏。再如，对于只处理内部业务的信息系统，不使用互联网，从而避免外部的入侵和攻击。

当所识别的风险被认为过高，或实施其他风险处置选项的花费超过了收益时，可作出从计划的或现有的活动或一组活动中的撤出，或者改变活动赖以进行的状况的决定，来完全地规避风险。例如，对于由自然界引起的风险，物理上把信息处理设施移到风险不存在或处于控制下的地方，可能是成本效益最好的选择。

7.5.5 风险转移

风险转移是指依据风险评价将风险转移给能有效管理特定风险的另一方。在实施的时候，风险转移需做出与外部相关方共担某些风险的决策。风险转移能产生新的风险或更改现存的、已识别的风险。因此，必要时需要引入新的额外的风险处置。

通过将面临风险的资产或其价值进行安全转移来避免或降低风险。比如，在本机构不具备足够的安全保障技术能力时，将信息系统的技术体系（即信息载体部分）外包给满足安全保障要求的第三方机构，从而避免技术风险。再如，通过给昂贵的设备上保险，将设备损失的风险转移给保险公司，从而降低资产价值的损失。

转移的实现可以是通过保险来补偿后果，或者分包给合作伙伴来监视信息系统和立即采取行动阻止攻击以防造成超过规定程度的损害。注意的是，转移管理风险的责任是可能的，但是转移影响的责任通常是不可能的。客户通常会将负面影响归于组织的过错。

7.5.6 风险接受

风险接受是指组织管理者决定接受的风险处置计划和残余风险，并做出并正式记录接受风险的决策及相应责任。也是指对风险不采取进一步的处理措施，接受风险可能带来的结果。风险接受的前提是：确定了信息系统的风险等级，评估了风险发生的可能性以及带来的潜在破坏，分析了使用处理措施的可能性，并进行了较全面的成本效益分析，认定某些功能、服务、信息或资产不需要进一步保护。

风险接受准则可能比只决定残余风险是否高于或低于某个单一阈值更加复杂。在某些情况下，由于所用的风险接受准则没有考虑当前的环境，残余风险级别可能不满足风险接受准则。例如，由于伴随风险的利益非常诱人，或者降低风险的成本太高，可能会主张有必要接受风险。这种情况表明风险接受准则是不充分的，如有可能进行修订。然而，及时修订风险接受准则不总是可能的。在这种情况下，决策者可能不得不接受不符合正常接受准则的风险。如果这是必要的，决策者应明确地给出对风险的意见，并给出其不按正常风险接受准则做决策的理由。

7.5.7 风险沟通

风险沟通是一项在决策者和利益相关者之间就如何通过交换和（或）共享有关风险信息

来管理风险而达成一致的活动。风险信息包括但不限于风险的存在、性质、形式、可能性、严重程度、处置和可接受性。

利益相关者之间的有效沟通是重要的，因为可能对决策有显著的影响。沟通将确保那些实施风险管理的负责人和那些既得利益者，理解决策的基础和所需特定行动的原因。沟通是双向的。

进行风险沟通的目的主要表现在为组织的风险管理结果提供保证，收集风险信息，共享风险评估结果，提出风险处置计划，避免或减少由于决策者和利益相关者之间缺少相互理解而造成的信息安全违反及其后果，支持决策，获取新的信息安全知识，与其他方协作并制定响应计划以降低任何事件的后果，使决策者和利益相关者具有风险责任感，提高意识。

当利益相关者涉及面临的风险或问题时，对风险的感知可能因他们的假设、概念与需求、问题与关注点的不同而不同。利益相关者很可能基于他们对风险的感知来判断风险可接受性。尤其重要的是确保识别和文件化利益相关者对风险和利益的感知，并明确地理解和解决其根本原因。

组织宜为正常运行以及突发情况制定风险沟通计划，因此宜持续执行风险沟通活动。

可以通过成立一个委员会来实现主要决策者和利益相关者之间的协作，风险及其优先级、适当处置和接受可在这个委员会上讨论。

重要的是与组织内适当的公共关系部门或对外沟通部门进行合作，以协调所有有关风险沟通的任务。这在危机沟通行动中至关重要，如突发响应特殊事件。

7.5.8 风险监视

风险不是静态的。威胁、脆弱性、可能性或后果可能会在没有任何迹象的情况下突然改变。因此，有必要持续监视以发现这些变化。风险监视可以由提供有关新威胁或脆弱性信息的外部服务处获得支持。

组织要确保以下事项得到持续监视：① 被包括到风险管理范围内的新资产；② 资产价值的必要更改，如由于已变化的业务要求；③ 活跃于组织内部和外部且未被评估的新威胁；④ 新的或增加的脆弱性被威胁利用的可能性；⑤ 正暴露于新的或再现威胁的已识别的脆弱性；⑥ 已评估的威胁、脆弱性和风险因聚合而增加的影响或结果，进而导致不可接受的风险级别；⑦ 信息安全事件。

新的威胁或脆弱性、可能性或后果的变化可能会提高先前被评估为低级别的风险。评审低级别的和已接受的风险宜分别考虑每个风险以及所有这些风险的聚合，以评估其潜在的累加影响。如果风险没能归入到低级别的或可接受风险类别中，可使用风险处置流程中给出的一个或多个选项来处理这些风险。

影响威胁发生的可能性和后果的因素与影响各种处置选项的适用性或成本的因素都可能发生变化。影响组织的重要变化可作为进一步详尽评审的理由。因此，应定期重复风险监视活动，并定期评审所选的风险处置选项。

关于风险处置的具体请参考《信息安全技术 信息安全风险处置实施指南》和《信息技术 安全技术 信息安全风险管理》。

第8章 网络安全事件管理和应急响应

8.1 法规依据

8.1.1 中华人民共和国突发事件应对法

《突发事件应对法》自 2007 年 11 月 1 日起施行，是一部规范突发事件的预防准备、监测与预警、应急处理与求援、事后恢复与重建等应对活动的重要法律，对于预防和减少突发事件的发生，控制、减轻和消除突发事件引起的严重社会危害，保护人民生命财产安全，维护国家安全、公共安全、环境安全、社会安全和社会秩序具有重要意义。

《突发事件应对法》的基本内容如下。

1. 什么叫突发事件

突发事件是指突然发生，造成或者可能造成严重社会危害，需要采取应急处置措施予以应对的自然灾害、事故灾害、公共卫生事件和社会安全事件。突发事件的内涵主要有以下 4 方面：① 突发事件具有明显的公共性或社会性；② 突发事件具有突发性和紧迫性；③ 突发事件具有危害性和破坏性；④ 突发事件必须借助于公权力的介入和动用社会人力、物力才能解决。

2. 突发事件的分类和分级

（1）分类

按照突发事件的性质、过程和机理的不同，将突发事件分为 4 类，即自然灾害、事故灾害、公共卫生和社会安全。

自然灾害：主要包括水旱灾害、气象灾害、地震灾害、地质灾害、海洋灾害、生物灾害和森林草原火灾等。

事故灾害：主要包括工矿商贸等企业的种类安全事故，运输事故，公共设施和设备事故，环境污染和生态破坏事件等。

公共卫生事件：主要包括传染病疫情，群体性不明原因疾病，食品安全和职业危害，动物疫情，以及其他严重影响公众健康和生命安全的事件。

社会安全事件：主要包括严重危害社会治安秩序的突发事件。

（2）分级

突发事件按照社会危害程度、影响范围、性质、可控性、行业特点等因素，将自然灾害、事件灾害、公共卫生事件分为特别重大、重大、较大和一般四级，分别用红色、橙色、黄色和蓝色表示。

3. 突发事件的预防和应急准备

(1) 突发事件应急预案

突发事件在时间上是突发生的，为在关键时刻最大限度地减少损失，必须反应迅速，协调一致，及时有效地采取应对措施。为此，必须在平时制定完备的预案，而预案是为了完成某项工作任务所作的全面的、具体的实施方案。

(2) 应急管理

应急管理是指对已经发生的突发事件，政府根据事先制定的应急预案，采取应急行动，控制或者消除正在发生的危机事件。减轻危机带来的损失，保护人民群众生命和财产安全。

(3) 突发事件应急培训和演练

主要是培训应急管理所需的知识和技能，其目的一是提高各级领导的应急指挥决策能力是科学应对突发事件的关键；二是增强政府及其部门领导干部 应急管理意识，提高统筹常态管理与应急管理、指挥处置应对突发公共事件的水平。

(4) 突发事件应急保障

突发事件应急保障主要是经费保障、物资保障和信息保障。

4. 突发事件的监测和预警

(1) 突发事件的信息与监测

监测是预警和应对的基础，为了有效地应对突发事件，必须及时掌握有关信息，对可能发生的自然灾害、事故灾害、公共卫生事件的各种现象进行监测。

(2) 突发事件的预警

所谓突发事件预警，是指在已经发现可能引发突发事件的某些征兆，但突发事件仍未发生前采取的措施。建立健全预警制度的目的在于及时向公众发布突发事件即将发生的信息，使公众为应对突发事件做好准备。

5. 突发事件的应急与求援

突发事件发生后，针对其性质、特点和危害程度，立即组织有关部门，调动应急救援队伍和社会力量，依照相关规定采取应急处置措施。

8.1.2 中华人民共和国网络安全法

现实社会中，出现重大突发事件，为确保应急处置、维护国家和公众安全，有关部门往往会采取交通管制等措施。网络空间也不例外。网络安全法中，对建立网络安全监测预警与应急处置制度专门列出一章作出规定，明确了发生网络安全事件时，有关部门需要采取的措施。特别规定：因维护国家安全和社会公共秩序，处置重大突发社会安全事件的需要，经国务院决定或者批准，可以在特定区域对网络通信采取限制等临时措施。

2017年6月1日实施的《中华人民共和国网络安全法》中，网络安全事件出现15次，主要围绕网络安全事件的技术措施，网络安全事件应急预案，网络安全事件的应对和协同配合，网络安全事件发生的可能性、影响范围和危害程度的分析，网络安全事件的调查和评估，网络安全事件的监督管理和整改，网络安全事件的应急处置，网络安全事件分级，网络安事件的违法处置给出。具体描述如下：

① 采取监测、记录网络运行状态、网络安全事件的技术措施，并按照规定留存相关的网络日志不少于六个月。

② 网络运营者应当制定网络安全事件应急预案，并定期进行演练。

③ 定期组织关键信息基础设施的运营者进行网络安全应急演练，提高应对网络安全事件的水平和协同配合能力。

④ 组织有关部门、机构和专业人员，对网络安全风险信息进行分析评估，预测事件发生的可能性、影响范围和危害程度。

⑤ 发生网络安全事件，应当立即启动网络安全事件应急预案，对网络安全事件进行调查和评估。

⑥ 省级以上人民政府有关部门在履行网络安全监督管理职责中，发现网络存在较大安全风险或者发生安全事件的，可以按照规定的权限和程序对该网络的运营者的法定代表人或者主要负责人进行约谈。

⑦ 因网络安全事件，发生突发事件或者生产安全事故的，应当依照《中华人民共和国突发事件应对法》、《中华人民共和国安全生产法》等有关法律、行政法规的规定处置。

⑧ 因维护国家安全和社会公共秩序，处置重大突发社会安全事件的需要，经国务院决定或者批准，可以在特定区域对网络通信采取限制等临时措施。

⑨ 对网络安全事件的应急处置与网络功能的恢复等，提供技术支持和协助。

⑩ 网络安全事件应急预案应当按照事件发生后的危害程度、影响范围等因素对网络安全事件进行分级，并规定相应的应急处置措施。

8.1.3 国家突发公共事件总体应急预案

2016年1月8日发布了《国家突发公共事件总体应急预案》（以下简称总体预案）。该总体预案是全国应急预案体系的总纲，是指导预防和处置各类突发公共事件的规范性文件。明确提出了应对各类突发公共事件的6条工作原则：以人为本，减少危害；居安思危，预防为主；统一领导，分级负责；依法规范，加强管理；快速反应，协同应对；依靠科技，提高素质。明确了各类突发公共事件分级分类和预案框架体系，规定了国务院应对特别重大突发公共事件的组织体系、工作机制等内容。总体预案主要内容如下：

① 突发公共事件主要分自然灾害、事故灾难、公共卫生事件、社会安全事件等4类。

② 按照其性质、严重程度、可控性和影响范围等因素分成4级，特别重大的是Ⅰ级，重大的是Ⅱ级，较大的是Ⅲ级，一般的是Ⅳ级。

③ 在总体预案中，依据突发公共事件可能造成的危害程度、紧急程度和发展态势，把预警级别分为4级，特别严重的是Ⅰ级，严重的是Ⅱ级，较重的是Ⅲ级，一般的是Ⅳ级，依次用红色、橙色、黄色和蓝色表示。

④ 发生Ⅰ级或Ⅱ级突发公共事件应在4小时内报告国务院。

⑤ 突发公共事件消息必须第一时间向社会发布。要做好受灾群众基本生活保障工作。

⑥ 国务院是突发公共事件应急管理工作最高行政领导机构。

⑦ 迟报、谎报、瞒报和漏报要追究责任。

同时，应急预案框架体系共分 6 个层次，分别明确责任归属。

① 总体预案是管总的，是全国应急预案体系的总纲，适用于跨省级行政区域，或超出事发地省级人民政府处置能力的，或者需要由国务院负责处置的特别重大突发公共事件的应对工作。

② 专项应急预案主要是国务院及其有关部门为应对某一类型或某几类型突发公共事件而制定的应急预案，由主管部门牵头会同相关部门组织实施。

③ 部门应急预案由制定部门负责实施。

④ 地方应急预案指的是省市（地）、县及其基层政权组织的应急预案，明确各地政府是处置发生在当地突发公共事件的责任主体。

⑤ 企事业单位应急预案则确立了企事业单位是其内部发生的突发事件的责任主体。

⑥ 除此之外，举办大型会展和文化体育等重大活动，主办单位也应当制定应急预案并报同级人民政府有关部门备案。

8.1.4 突发事件应急预案管理办法

2013 年 10 月 25 日，国务院发布《国务院办公厅关于印发突发事件应急预案管理办法的通知》（国办发〔2013〕101 号，以下简称《办法》）。《办法》首次从国家层面明确了应急预案的概念，强调应急预案是各级人民政府及其部门、基层组织、企事业单位、社会团体等为了依法、迅速、科学、有序应对突发事件而预先制定的工作方案。

《办法》明确了应急预案管理要遵循统一规划、分类指导、分级负责、动态管理的原则，这也是首次在国家层面对应急预案的管理原则提出要求

《办法》规范了应急预案的分类和内容。一是根据预案的不同种类界定应急预案的具体内容。对政府总体预案、专项和部门预案，以及单位和基层组织应急预案各自应规范的内容。二是根据预案的不同层级界定专项和部门预案的具体内容。比如，明确国务院及其部门应急预案重点规范国家层面应对行动，同时体现政策性和指导性；省级人民政府及其部门应急预案重点规范省级层面应对行动，同时体现指导性；市级和县级人民政府及其部门应急预案重点规范市级和县级层面应对行动，体现应急处置的主体职能；乡镇人民政府应急预案重点规范乡镇层面应对行动，体现先期处置特点。三是根据预案的不同任务界定有关应急预案的具体内容。比如，明确针对重要基础设施、生命线工程等重要目标物保护的应急预案，侧重明确风险隐患及防范措施、监测预警、信息报告、应急处置和紧急恢复等内容；针对重大活动保障制定的应急预案，侧重明确活动安全风险隐患及防范措施、监测预警、信息报告、应急处置、人员疏散撤离组织和路线等内容。

《办法》规范了应急预案的编制程序。要求各级人民政府应当针对本行政区域多发易发突发事件、主要风险等，制定本级政府及其部门应急预案编制规划，既能保证尽可能覆盖本行政区域可能发生的各类突发事件，不留空白，又能促进应急预案之间衔接，形成体系；要求预案制定牵头单位应当组成预案编制工作小组，吸收突发事件应对主要部门，共同开展应急预案编制工作，既能保证应急预案符合现行法制、体制，又有利于预案的衔接和执行到位。

《办法》明确"自然灾害、事故灾难、公共卫生类政府及其部门应急预案，应向社会公布"；"对需要公众广泛参与的非涉密的应急预案，编制单位应当充分利用互联网、广播、电

视、报刊等多种媒体广泛宣传,制作通俗易懂、好记管用的宣传普及材料,向公众免费发放"。这对于进一步加强政府信息公开工作,保障公众的知情权、参与权、监督权,动员公众积极参与突发事件的应对工作有重要意义。

8.1.5 信息安全技术信息安全事件分类分级指南

《信息安全技术信息安全事件分类分级指南》(GB/Z20986—2007)主要对信息安全事件的基本概念、信息安全事件分类、信息安全事件分级进行的规范化。

信息安全事件是指由于自然或者人为以及软硬件本身缺陷或故障的原因,对信息系统造成危害,或对社会造成负面影响的事件。

《信息安全技术信息安全事件分类分级指南》将安全事件分成 7 类,分别是有害程序事件、网络攻击事件、信息破坏事件、设备设施故障、灾害事件和其他信息安全事件。

《信息安全技术信息安全事件分类分级指南》同时将安全事件划分为 4 个等级,对信息安全事件的分级主要考虑 3 个要素:信息系统的重要程度、系统损失和社会影响。4 个等级分别是特别重大事件(Ⅰ级)、重大事件(Ⅱ级)、较大事件(Ⅲ级)和一般事件(Ⅳ级)。

8.1.6 国家网络安全事件应急预案

2017 年 6 月,中央网信办公布了《国家网络安全事件应急预案》。习近平总书记指出,网络安全是动态的而不是静态的,是相对的而不是绝对的。维护网络安全必须"防患于未然"。制定《国家网络安全事件应急预案》是网络安全的一项基础性工作,是落实国家《突发事件应对法》的需要,更是实施《网络安全法》、加强国家网络安全保障体系建设的本质要求。

《网络安全法》第五十三条要求,国家网信部门协调有关部门建立健全网络安全风险评估和应急工作机制,制定网络安全事件应急预案,并定期组织演练。这个预案指的便是《国家网络安全事件应急预案》,《网络安全法》授权国家网信部门牵头制定。同时,《网络安全法》要求,网络运营者应当制定网络安全事件应急预案;负责关键信息基础设施安全保护工作的部门应当制定本行业、本领域的网络安全事件应急预案。这些预案都要在《国家网络安全事件应急预案》的总体框架下分别制定。

不仅如此,《网络安全法》中若干处提到的有关"规定"也是指《国家网络安全事件应急预案》。如第二十五条要求,在发生危害网络安全的事件时,立即启动应急预案,采取相应的补救措施,并按照规定向有关主管部门报告;第五十一条要求,国家网信部门应当统筹协调有关部门加强网络安全信息收集、分析和通报工作,按照规定统一发布网络安全监测预警信息;第五十二条要求,负责关键信息基础设施安全保护工作的部门,应当按照规定报送网络安全监测预警信息。《国家网络安全事件应急预案》均对上述事项作出了规定。

我国的国家级网络安全应急预案最早制定于 2008 年,即《国家网络与信息安全事件应急预案》,以国办名义印发。中央网络安全和信息化领导小组成立后,结合实际情况对该预案进行了修订,但以上预案都没有对社会公开。网络安全是共同的而不是孤立的,此次将修订后的国家网络安全应急预案公开印发,就是为了使全社会周知《国家网络安全事件应急预案》的内容,形成共同应对网络安全重大事件的局面。同时,为了更好地指导各级各类网络安全预案的制定,构建科学合理、有机统一的国家网络安全应急预案体系。

8.2 网络安全事件的分类分级管理

8.2.1 七类网络安全事件

网络安全事件是指由于人为原因、软硬件缺陷或故障、自然灾害等,对网络和信息系统或者其中的数据造成危害,对社会造成负面影响的事件,可分为有害程序事件、网络攻击事件、信息破坏事件、信息内容安全事件、设备设施故障、灾害性事件和其他事件。

有害程序事件分为计算机病毒事件、蠕虫事件、特洛伊木马事件、僵尸网络事件、混合程序攻击事件、网页内嵌恶意代码事件和其他有害程序事件。

网络攻击事件分为拒绝服务攻击事件、后门攻击事件、漏洞攻击事件、网络扫描窃听事件、网络钓鱼事件、干扰事件和其他网络攻击事件。

信息破坏事件分为信息篡改事件、信息假冒事件、信息泄露事件、信息窃取事件、信息丢失事件和其他信息破坏事件。

信息内容安全事件是指通过网络传播法律法规禁止信息,组织非法串联、煽动集会游行或炒作敏感问题并危害国家安全、社会稳定和公众利益的事件。

设备设施故障分为软硬件自身故障、外围保障设施故障、人为破坏事故和其他设备设施故障。

灾害性事件是指由自然灾害等其他突发事件导致的网络安全事件。

其他事件是指不能归为以上分类的网络安全事件。

在网络安全事件的分类中,随着技术的发展,要考虑到大数据、云计算、工业控制系统中的攻击事件。比如,工业控制系统攻击事件是指对控制生产设备运行的网络、系统、数据进行攻击导致的工业控制系统运行故障。

8.2.2 四级网络安全事件

网络安全事件的分级是依据网络和信息系统损失程度、重要敏感信息统损失程度进行的划分。

1. 重要网络与信息系统

重要网络与信息系统是指所承载的业务与国家安全、社会秩序、经济建设、公众利益密切相关的网络和信息系统。

网络和信息系统损失是指由于网络安全事件对系统的软硬件、功能及数据的破坏,导致系统业务中断,从而给事发组织所造成的损失,其大小主要考虑恢复系统正常运行和消除安全事件负面影响所需付出的代价,划分为特别严重的系统损失、严重的系统损失、较大的系统损失和较小的系统损失,说明如下。

特别严重的系统损失: 造成系统大面积瘫痪,使其丧失业务处理能力,或系统关键数据的保密性、完整性、可用性遭到严重破坏,恢复系统正常运行和消除安全事件负面影响所需付出的代价十分巨大,对于事发组织是不可承受的。

严重的系统损失: 造成系统长时间中断或局部瘫痪,使其业务处理能力受到极大影响,或系统关键数据的保密性、完整性、可用性遭到破坏，恢复系统正常运行和消除安全事件负面影响所需付出的代价巨大，但对于事发组织是可承受的。

较大的系统损失：造成系统中断，明显影响系统效率，使重要信息系统或一般信息系统业务处理能力受到影响，或系统重要数据的保密性、完整性、可用性遭到破坏，恢复系统正常运行和消除安全事件负面影响所需付出的代价较大，但对于事发组织是完全可以承受的。

较小的系统损失：造成系统短暂中断，影响系统效率，使系统业务处理能力受到影响，或系统重要数据的保密性、完整性、可用性遭到影响，恢复系统正常运行和消除安全事件负面影响所需付出的代价较小。

2．重要敏感信息

重要敏感信息是指不涉及国家秘密，但与国家安全、经济发展、社会稳定以及企业和公众利益密切相关的信息，这些信息一旦未经授权披露、丢失、滥用、篡改或销毁，可能造成以下后果：

① 损害国防、国际关系。
② 损害国家财产、公共利益以及个人财产或人身安全。
③ 影响国家预防和打击经济与军事间谍、政治渗透、有组织犯罪等。
④ 影响行政机关依法调查处理违法、渎职行为，或涉嫌违法、渎职行为。
⑤ 干扰政府部门依法公正地开展监督、管理、检查、审计等行政活动，妨碍政府部门履行职责。
⑥ 危害国家关键基础设施、政府信息系统安全。
⑦ 影响市场秩序，造成不公平竞争，破坏市场规律。
⑧ 可推论出国家秘密事项。
⑨ 侵犯个人隐私、企业商业秘密和知识产权。
⑩ 损害国家、企业、个人的其他利益和声誉。

3．网络安全事件分级

依据损失程度，网络安全事件分为 4 级：特别重大网络安全事件、重大网络安全事件、较大网络安全事件、一般网络安全事件。

（1）符合下列情形之一的，为特别重大网络安全事件

① 重要网络和信息系统遭受特别严重的系统损失，造成系统大面积瘫痪，丧失业务处理能力。
② 国家秘密信息、重要敏感信息和关键数据丢失或被窃取、篡改、假冒，对国家安全和社会稳定构成特别严重威胁。
③ 其他对国家安全、社会秩序、经济建设和公众利益构成特别严重威胁、造成特别严重影响的网络安全事件。

（2）符合下列情形之一且未达到特别重大网络安全事件的，为重大网络安全事件

① 重要网络和信息系统遭受严重的系统损失，造成系统长时间中断或局部瘫痪，业务处理能力受到极大影响。
② 国家秘密信息、重要敏感信息和关键数据丢失或被窃取、篡改、假冒，对国家安全和社会稳定构成严重威胁。

③ 其他对国家安全、社会秩序、经济建设和公众利益构成严重威胁、造成严重影响的网络安全事件。

(3) 符合下列情形之一且未达到重大网络安全事件的,为较大网络安全事件

① 重要网络和信息系统遭受较大的系统损失,造成系统中断,明显影响系统效率,业务处理能力受到影响。

② 国家秘密信息、重要敏感信息和关键数据丢失或被窃取、篡改、假冒,对国家安全和社会稳定构成较严重威胁。

③ 其他对国家安全、社会秩序、经济建设和公众利益构成较严重威胁、造成较严重影响的网络安全事件。

(4) 除上述情形外,对国家安全、社会秩序、经济建设和公众利益构成一定威胁、造成一定影响的网络安全事件,为一般网络安全事件。

8.3 组织机构和保障措施

8.3.1 多层组织机构

(1) 领导机构与职责

在中央网络安全和信息化领导小组（以下简称"领导小组"）的领导下,中央网络安全和信息化领导小组办公室（以下简称"中央网信办"）统筹协调组织国家网络安全事件应对工作,建立健全跨部门联动处置机制,工业和信息化部、公安部、国家保密局等相关部门按照职责分工负责相关网络安全事件应对工作。必要时成立国家网络安全事件应急指挥部（以下简称"指挥部"）,负责特别重大网络安全事件处置的组织指挥和协调。

(2) 办事机构与职责

国家网络安全应急办公室（以下简称"应急办"）设在中央网信办,具体工作由中央网信办网络安全协调局承担。应急办负责网络安全应急跨部门、跨地区协调工作和指挥部的事务性工作,组织指导国家网络安全应急技术支撑队伍做好应急处置的技术支撑工作。有关部门派负责相关工作的司局级同志为联络员,联络应急办工作。

(3) 各部门职责

中央和国家机关各部门按照职责和权限,负责本部门、本行业网络和信息系统网络安全事件的预防、监测、报告和应急处置工作。

(4) 各省（区、市）职责

各省（区、市）网信部门在本地区党委网络安全和信息化领导小组统一领导下,统筹协调组织本地区网络和信息系统网络安全事件的预防、监测、报告和应急处置工作。

8.3.2 十大保障措施

(1) 专门机构和人员

落实网络安全应急工作责任制,把责任落实到具体部门、具体岗位和个人,并建立健全应急工作机制。

（2）加强技术支撑队伍建设

加强网络安全应急技术支撑队伍建设，做好网络安全事件的监测预警、预防防护、应急处置、应急技术支援工作。支持网络安全企业提升应急处置能力，提供应急技术支援。中央网信办制定评估认定标准，组织评估和认定国家网络安全应急技术支撑队伍。各省（区、市）、各部门应配备必要的网络安全专业技术人才，并加强与国家网络安全相关技术单位的沟通、协调，建立必要的网络安全信息共享机制。

（3）专家队伍建设

建立网络安全应急专家组，为网络安全事件的预防和处置提供技术咨询和决策建议。各地区、各部门加强各自的专家队伍建设，充分发挥专家在应急处置工作中的作用。

（4）充分利用好社会资源

从教育科研机构、企事业单位、协会中选拔网络安全人才，汇集技术与数据资源，建立网络安全事件应急服务体系，提高应对特别重大、重大网络安全事件的能力。

（5）加大应急基础平台建设

加强网络安全应急基础平台和管理平台建设，做到早发现、早预警、早响应，提高应急处置能力。

（6）技术研发和产业促进

有关部门加强网络安全防范技术研究，不断改进技术装备，为应急响应工作提供技术支撑。加强政策引导，重点支持网络安全监测预警、预防防护、处置救援、应急服务等方向，提升网络安全应急产业整体水平与核心竞争力，增强防范和处置网络安全事件的产业支撑能力。

（7）国际合作

有关部门建立国际合作渠道，签订合作协定，必要时通过国际合作共同应对突发网络安全事件。

（8）物资保障

加强对网络安全应急装备、工具的储备，及时调整、升级软件硬件工具，不断增强应急技术支撑能力。

（9）经费保障

财政部门为网络安全事件应急处置提供必要的资金保障。有关部门利用现有政策和资金渠道，支持网络安全应急技术支撑队伍建设、专家队伍建设、基础平台建设、技术研发、预案演练、物资保障等工作开展。各地区、各部门为网络安全应急工作提供必要的经费保障。

（10）责任与奖惩

网络安全事件应急处置工作实行责任追究制。

中央网信办及有关地区和部门对网络安全事件应急管理工作中作出突出贡献的先进集体和个人给予表彰和奖励。

中央网信办及有关地区和部门对不按照规定制定预案和组织开展演练，迟报、谎报、瞒报和漏报网络安全事件重要情况或者应急管理工作中有其他失职、渎职行为的，依照相关规定对有关责任人给予处分；构成犯罪的，依法追究刑事责任。

8.4 监测和预警

8.4.1 预警分级

网络安全事件预警等级分为4级：由高到低依次用红色、橙色、黄色和蓝色表示，分别对应发生或可能发生特别重大、重大、较大和一般网络安全事件。

8.4.2 预警监测

各单位按照"谁主管谁负责、谁运行谁负责"的要求，组织对本单位建设运行的网络和信息系统开展网络安全监测工作。重点行业主管或监管部门组织指导做好本行业网络安全监测工作。各省（区、市）网信部门结合本地区实际，统筹组织开展对本地区网络和信息系统的安全监测工作。各省（区、市）、各部门将重要监测信息报应急办，应急办组织开展跨省（区、市）、跨部门的网络安全信息共享。

8.4.3 预警研判和发布

各省（区、市）、各部门组织对监测信息进行研判，认为需要立即采取防范措施的，应当及时通知有关部门和单位，对可能发生重大及以上网络安全事件的信息及时向应急办报告。各省（区、市）、各部门可根据监测研判情况，发布本地区、本行业的橙色及以下预警。应急办组织研判，确定和发布红色预警和涉及多省（区、市）、多部门、多行业的预警。

预警信息包括事件的类别、预警级别、起始时间、可能影响范围、警示事项、应采取的措施和时限要求、发布机关等。

1. 红色预警响应

应急办组织预警响应工作，联系专家和有关机构，组织对事态发展情况进行跟踪研判，研究制定防范措施和应急工作方案，协调组织资源调度和部门联动的各项准备工作。

有关省（区、市）、部门网络安全事件应急指挥机构实行24小时值班，相关人员保持通信联络畅通。加强网络安全事件监测和事态发展信息搜集工作，组织指导应急支撑队伍、相关运行单位开展应急处置或准备、风险评估和控制工作，重要情况报应急办。

国家网络安全应急技术支撑队伍进入待命状态，针对预警信息研究制定应对方案，检查应急车辆、设备、软件工具等，确保处于良好状态。

2. 橙色预警响应

有关省（区、市）、部门网络安全事件应急指挥机构启动相应应急预案，组织开展预警响应工作，做好风险评估、应急准备和风险控制工作。

有关省（区、市）、部门及时将事态发展情况报应急办。应急办密切关注事态发展，有关重大事项及时通报相关省（区、市）和部门。

国家网络安全应急技术支撑队伍保持联络畅通，检查应急车辆、设备、软件工具等，确保处于良好状态。

3. 黄色、蓝色预警响应

有关地区、部门网络安全事件应急指挥机构启动相应应急预案，指导组织开展预警响应。

4. 预警解除

预警发布部门或地区根据实际情况，确定是否解除预警，及时发布预警解除信息。

8.5 网络安全事件应急处置

8.5.1 发生事件要及时报告

网络安全事件发生后，事发单位应立即启动应急预案，实施处置并及时报送信息。各有关地区、部门立即组织先期处置，控制事态，消除隐患，同时组织研判，注意保存证据，做好信息通报工作。对于初判为特别重大、重大网络安全事件的，立即报告应急办。

8.5.2 四级别应急响应

网络安全事件应急响应分为四级，分别对应特别重大、重大、较大和一般网络安全事件，Ⅰ级为最高响应级别。

1. Ⅰ级响应

属特别重大网络安全事件的，及时启动Ⅰ级响应，成立指挥部，履行应急处置工作的统一领导、指挥、协调职责。应急办24小时值班。

有关省（区、市）、部门应急指挥机构进入应急状态，在指挥部的统一领导、指挥、协调下，负责本省（区、市）、本部门应急处置工作或支援保障工作，24小时值班，并派员参加应急办工作。

有关省（区、市）、部门跟踪事态发展，检查影响范围，及时将事态发展变化情况、处置进展情况报应急办。指挥部对应对工作进行决策部署，有关省（区、市）和部门负责组织实施。

2. Ⅱ级响应

网络安全事件的Ⅱ级响应，由有关省（区、市）和部门根据事件的性质和情况确定。

事件发生省（区、市）或部门的应急指挥机构进入应急状态，按照相关应急预案做好应急处置工作。

事件发生省（区、市）或部门及时将事态发展变化情况报应急办。应急办将有关重大事项及时通报相关地区和部门。

处置中需要其他有关省（区、市）、部门和国家网络安全应急技术支撑队伍配合和支持的，商应急办予以协调。相关省（区、市）、部门和国家网络安全应急技术支撑队伍应根据各自职责，积极配合、提供支持。

有关省（区、市）和部门根据应急办的通报，结合各自实际有针对性地加强防范，防止造成更大范围影响和损失。

3. Ⅲ级、Ⅳ级响应

事件发生地区和部门按相关预案进行应急响应。

8.5.3 应急结束后的通报制度

Ⅰ级响应结束，应急办提出建议，报指挥部批准后，及时通报有关省（区、市）和部门。Ⅱ级响应结束，由事件发生省（区、市）或部门决定，报应急办，应急办通报相关省（区、市）和部门。

8.6 如何制定应急响应预案

通常，应急响应预案的框架包括总则、角色及职责、预防和预警机制、应急响应流程、应急响应保障措施、附件表格等。

8.6.1 总则

总则给出应急响应预案的目的、适用范围、工作原则、事件分类、事件分级和编制依据。

制定应急响应的目的，通常包括建立健全网络安全事件应急工作机制，提高应对突发网络安全事件能力，维护基础信息网络、重要信息系统和重要工业控制系统的安全，保障城市、单位、信息安全运行，预防和减少网络安全事件造成的损失和危害，保护公众利益，维护国家安全、公共安全和社会秩序等。

适用范围，通常包括本市行政区域、本单位、本部门、本集团内发生的网络安全事件，以及发生在其他地区且有可能影响本网络安全运行的网络安全事件的预防和处置工作。如本预案主要用于指导预防和处置发生在河南省行政区域内，或发生在其他地区涉及河南省的有关机构、单位或人员，应由河南省处置或参与处置的网络安全事件。有关通信保障和通信恢复应急工作按照《河南省通信保障应急预案》执行；涉及国家秘密的网络与信息安全事件按照国家有关保密规定执行；有关信息内容安全事件的预防和处置工作按照《河南省互联网信息内容管理应急预案（试行）》执行。

工作原则，通常有坚持统一指挥、分级负责、密切协同、快速反应、科学处置；坚持预防为主，实行预防与处置相结合和"谁主管谁负责，谁运营谁负责，谁使用谁负责"等。

事件分类和事件分级，主要给出网络安全事件的定义、分类、分级依据或者量化标准。在定义、分类、分级上参考《国家网络安全事件应急预案》，核心是把握两个维度的损失程度，即：重要网络和信息系统的损失程度，国家秘密信息、重要敏感信息和关键数据的损失程度。建议单位在制定分级上能够从影响人数、造成的经济损失角度定量描述，这样便于操作。

编制依据，主要包括《中华人民共和国突发事件应对法》、《中华人民共和国网络安全法》、《国家突发公共事件总体应急预案》、《中华人民共和国计算机信息系统安全保护条例》、《国家网络安全事件应急预案》、《突发事件应急预案管理办法》（国办发〔2013〕101号）、《信息安全技术 信息安全事件分类分级指南》（GB/Z20986—2007）和本地的法律法规等。

8.6.2 角色及职责

应急响应预案中主要包括网络安全和信息化领导小组、网信办、指挥部、网络安全应急办、各职能部门、专家咨询和技术支持机构。下面以省为例，介绍在应急预案中角色和职责。

在省委网络安全和信息化领导小组的领导下，省委网络安全和信息化领导小组办公室（简称"省委网信办"）统筹协调组织全省网络安全事件应对工作，建立健全跨部门联动处置机制，省工业和信息化委、省公安厅、省国家安全厅、省通信管理局、省国家保密局、省国家密码管理局等相关部门按照职责分工负责相关网络安全事件应对工作。

必要时，成立省网络安全事件应急指挥部，统一指挥、协调省重大网络安全事件的应急处置工作。省指挥部总指挥由领导小组相关领导同志担任，根据网络安全事件性质和应急处置工作需要确定成员单位，主要有省委宣传部、省委网信办、省工业和信息化委、省发展改革委、省教育厅、省科技厅、省公安厅、省国家安全厅、省财政厅、省人社厅、省卫计委、省新闻出版广电局、省国家保密局、省国家密码管理局、省国税局、省通信管理局、省证监局、省银监局、省保监局等。在应急响应工作中要充分发挥网信、公安、国安、电信、通信管理、保密、密码管理、广播电视、电子政务、信息中心等部门的作用。

成立省网络安全应急办公室（简称"省网络安全应急办"），建议设在省委网信办。负责网络安全应急跨部门、跨地区协调工作和省指挥部的事务性工作，组织指导省网络安全应急技术队伍做好支撑工作，必要时可联系国家网络安全应急技术支撑队伍和相关省（区、市）网络安全应急部门予以协助和支援。同时，建立动态应急联系名单机制，明确组成人员在网络安全事件中的职责分工。根据实际情况及时更新成员状况和联系方式，确保应急成员在网络安全事件发生时联系得到、用得上。

各部门职责主要是指省委、省政府各部门，要按照职责和权限，制订本部门网络安全事件应急预案，建立网络安全事件应急联系名单，分工负责本部门、本行业网络和信息系统网络安全事件的预防、监测、报告和应急处置工作。对于本部门发生的较大以上网络安全事件，应在规定时间内向省网络安全应急办报告。

各省辖市、省直管县（市）网信部门在本地党委网络安全和信息化领导小组统一领导下，制订本地网络安全事件应急预案，统筹协调本地网络和信息系统网络安全事件的预防、监测、报告和应急处置工作。对于本地发生的较大以上网络安全事件，应在规定时间向省网络安全应急办报告。

专家咨询和技术支持机构，建议省应急办负责组建处置网络安全事件专家咨询组，为处置网络安全事件提供决策咨询建议和技术支持。

8.6.3 预防、监测和预警机制

应急响应预案主要包括预防、监测机制、预警分级、预警发布、预警响应和预警解除。

预防策略包括分析安全风险、准备应急处置措施，建立网络安全事件的监测体系，控制有害信息的传播，预先制定信息安全重大事件的通报机制。

在监测上，按照"谁主管谁负责、谁运行谁负责、谁使用谁负责"的要求，组织对本单位建设运行的网络和信息系统开展网络安全监测工作。重点行业主管或监管部门组织指导做好本行业网络安全监测工作，建设和管理网络安全监测和信息通报机制或平台。将重要监测信息报省网络安全应急办，省网络安全应急办组织开展跨地区、跨部门的网络安全信息共享。

在预警分级上，预警级别分为4级：Ⅰ级（特别严重）、Ⅱ级（严重）、Ⅲ级（较重）和Ⅳ级（一般），依次用红色、橙色、黄色和蓝色表示。建议各单位从实际角度出发，通过数量和是否扩散性角度来分级。

Ⅰ级预警（红色）：指发现新的网络与信息安全威胁，可能影响所有网络和重要信息系统，并有扩散到全国的可能性。Ⅱ级预警（橙色）：指发现新的网络与信息安全威胁，可能影响基础运营网络或2个以上重要信息系统的全部业务，并有继续扩散的可能性。Ⅲ级预警（黄色）：指发现新的网络与信息安全威胁，可能影响1~2个基础运营网络或1~2个重要信息系统的全部业务，无扩散性。Ⅳ级预警（蓝色）：指发现新的网络与信息安全威胁，可能部分影响1个基础运营网络或影响1~2个重要信息系统的部分业务，无扩散性。

在预警机制建设上，要制度化流程化。进入预警期后，有关地区和单位立即采取预防措施，检查可能受到影响的信息系统，做好相关安全漏洞的修复工作。及时掌握本地区、本单位网络与信息系统安全状况，并将最新情况及时报应急办。根据事件性质，通知相关应急处置支持队伍处于应急待命状态，并保障所需的应急设备和网络资源处于随时可以调用状态。同时每小时向应急办报告最新情况。

在预警发布上，省网络安全应急办组织研判，初步判定为红色预警时，由省应急办及时报国家网络安全应急办公室，经国家网络安全应急办公室确认并发布红色预警；如果判定为橙色预警，由省应急办确定和发布；各省辖市（省直管县）、各部门可根据研判情况，发布本地、本行业的黄色及蓝色预警。省网络安全应急办组织研判，确认和发布涉及省内多地、多部门、多行业的预警。预警信息包括事件的类别、预警级别、起始时间、可能影响范围、警示事项、应采取的措施和时限要求、发布机关等。

在预警响应上，重点是关注各角色的作用和职责、响应策略。核心是组织领导和响应处置，针对预警信息研究制定应对方案，检查应急设备、软件工具等，确保处于良好状态。

预警发布部门或地根据实际情况，应确定是否解除预警，及时发布预警解除信息，从而解除预警。

8.6.4 应急处置流程

应急处置流程主要包括事件分类与定级、事件报告、事件通报、应急响应、应急处置和后期处置等工作。

在事件分类和定级上，依据国家标准按照7类事件、4级别给出具体的定义，做好网络安全事件的分类分级工作。各单位在制定Ⅰ级（特大）、Ⅱ级（重大）、Ⅲ级（较大）、Ⅳ级（一般）网络安全事件时，建议在国家分级的基础上，从定量角度进行考虑。如信息系统中断运行2小时以上、影响公共用户数100万人以上，导致10亿元以上的经济损失划到特大网络安全事件中。信息系统中断运行30分钟以上、影响公共用户数10万人以上，导致1亿元以上的经济损失划到重大网络安全事件中。

在事件报告上，任何单位和个人都有义务向省委网信办及省内各级网络安全事件应急指挥机构报告网络与信息安全事件及其隐患。网络安全事件发生后，事发单位应立即启动应急预案，弄清网络安全事件具体情况，实施处置并及时报送信息。对于较大以上或暂时无法判明等级的事件，事发单位应立即将事件简要情况及联系人通过电话、传真等上报主管部门、监管部门和省网络安全应急办。上报事件的信息一般包括以下要素：报告的时间、地点、单位、报告人及联系方式、签发人及联系方式，事件发生时间及地点，发生事件的网络与信息系统名称及运营使用管理单位、地点、简要过程、信息来源、事件类型及性质、危害和损失程度、影响单位及业务、事件发展趋势、采取的处置措施及效果、需要协助处置的情况等。

在信息通报上，要建立标准化的流程，要有申请－审批机制。应急办或者通报机构根据危害性和紧急程度，适时在一定范围内，发布网络与信息安全事件预警信息。预警级别可视网络与信息安全事件的发展态势和处置进展情况作出调整。其中，Ⅰ级、Ⅱ级预警信息发布同时要上报。一般或较大网络安全事件信息发布工作，由应急办负责。重大或特大网络安全事件信息发布工作，由政府新闻办负责。

在应急响应上，主要包括启动指挥体系、进入应急状态、部署应急处置工作或支援保障工作，24 小时值班，并派员参加省网络安全应急办工作，跟踪事态发展，检查影响范围，及时将事态发展变化情况、处置进展情况报省网络安全应急办。立即全面了解本部门主管范围内的网络和信息系统是否受到事件的波及或影响，并将有关情况及时报省网络安全应急办。及时通报情况，及时开展调查取证等。

在应急处置上，要建立制度，制定工作流程，在接报后，立即评估事件影响和可能波及的范围，研判事件发展态势，根据需要，组织各专业机构在职责范围内参与网络安全事件的先期处置，并向应急办报告现场动态信息。必要时，由应急办牵头成立由网络安全应急管理事务中心、事发单位、主管机构负责人和相关信息安全专家组成的现场处置工作组，具体负责现场应急处置工作。

一般、较大网络安全事件发生后，事发单位应在第一时间实施即时处置，控制事态发展。应急办会同应急联动中心组织协调相关部门、单位和专业机构以及事发地区政府调度所需应急资源，协助事发单位开展应急处置。一旦事态仍不能得到有效控制，由应急办报请应急协调小组决定调整应急响应等级和范围，启动相应应急措施。必要时，由应急协调小组统一指挥网络安全事件的处置工作。

重大、特大网络安全事件发生后，由应急办会同应急联动中心组织事发地区政府和相关专业机构及单位联动实施先期处置。一旦事态仍不能得到有效控制，视情将应急协调小组转为应急处置指挥部，统一指挥、协调有关单位和部门实施应急处置。

典型的、常见的应急处置手段主要如下。

① 封锁。对扩散性较强的网络安全事件，立即切断其与网络的连接，保障整个系统的可用性，防止网络安全事件扩散。

② 缓解。采取有效措施，缓解网络安全事件造成的影响，保障系统的正常运行，尽量降低网络安全事件带来的损失。

③ 消除和恢复。根据事件处置效果，采取相应措施，消除事件影响；及时对系统进行检查，排除系统隐患，以免再次发生同类型事件，并恢复受侵害系统运行。

在后期处置上，网络安全事件处置后，应急办负责会同事发单位和相关部门对网络安全事件的起因、性质、影响、损失、责任和经验教训等进行调查和评估。

8.6.5 保障措施和监督管理

从人力保障、物质保障、技术保障角度落实。人力保障，首先要建立本地的应急响应团队、技术服务人员团队、专家咨询团队、设立专门机构和岗位负责应急响应。物质保障核心要确保经费、做好应急处置过程的储备物质清单并报应急办备案。技术保障上，网信部门、信息化部门、通信管理部门、文广影视部门、无线电管理部门等部门要建立有线和无线相结合、基础电信网络与机动通信系统相配套的应急通信系统，确保应急处置时通信畅通。

在监督管理上，主要包括宣传教育和培训、预案演练、责任与奖惩内容。

宣传教育和培训，将网络安全突发事件的应急管理、工作流程等列为培训内容，增强应急处置工作中的组织能力。加强对网络安全突发事件的技术准备培训，提高技术人员的防范意识及技能。网络安全类突发事件应急处置工作组每年至少开展一次信息网络安全教育，提高信息安全防范意识和能力。

预案演练，建立健全各类网络安全事件预案演练，网络安全类突发事件应急处置工作组每年至少安排一次演练，建立应急预案定期演练制度。通过演练，发现应急工作体系和工作机制存在的问题，不断完善应急预案，提高应急处置能力。

责任与奖惩，按照预案的要求，网络安全类突发事件应急处置工作组不定期对各项制度、计划、方案、人员及物资等进行检查，对在突发信息网络时间应急处置中作出突出贡献的集体和个人，提出表彰奖励建议；对玩忽职守，造成不良影响或严重后果的，依法依规提出处理意见建议，并追究其责任。

8.7 如何做好网络安全事件应急预案

8.7.1 做到六个必须

预案的公开发布，对于指导各地区、各部门、各行业开展网络安全事件预防和应急处置工作，增强公民网络安全意识和提高网络风险防控能力具有重要意义。网信办官方网站上给出，在建议预案是要做到六个必须，原文如下。

（一）网络安全应急工作必须坚持党的领导

习近平总书记指出"没有网络安全就没有国家安全"。网络安全事件性质、危害的特殊性，决定了网络安全事件应急工作必须坚持党的领导。在党的领导下完善国家网信管理机构、政府职能部门、社会组织与公民参与的有机衔接、联动融合的网络安全事件应急机制，是做好应急工作的组织保证。预案明确中央网络安全和信息化领导小组是领导网络安全事件应对工作的最高决策机构，地方党委网络安全和信息化领导小组构成应对网络安全事件组织指挥体系，并由中央网信办统筹协调组织国家网络安全事件应对工作。这种组织指挥体系符合我国国情，反映了党中央对国家网络安全工作的总体布局，体现统一领导、统筹协调、分工负责的网络安全工作架构，是落实党委领导下的行政领导责任制在网络安全应急工作中的具体体现。

（二）网络安全应急工作必须坚持分级负责

分级负责是为实现全国全网一盘棋，构建网络安全事件预警预报信息系统，完善专业化、社会化相结合的应急技术支援保障体系，形成政府主导、部门协调、全社会共同参与的应急管理工作格局的必然要求。预案对网络安全事件预防和处置工作强调"坚持谁主管谁负责、谁运营谁负责"的原则，并按照不同责任主体，明确了国家和地方两级应急组织指挥体系，规定了组织指挥关系、处置决策权限、信息通报渠道、技术资源协调等机制和责任、任务分工。预案所明确的对特别重大网络安全事件的应急响应由国家层面组织实施，对重大、较大和一般网络安全事件分别由有关省（区、市）、部门和事发地区、部门组织实施应对的分工部署，强化了各级职能机构的主体责任，有利于发挥地方各级人民政府履行本行政区域应急管理工作行政领导机关的职能作用，有利于网络安全事件应急处置工作责任制落实。分级负责还要求各地区、各部门要加强沟通协调，理顺关系，明确职责，搞好条块之间的衔接和配合。对有失职、渎职、玩忽职守等行为的，要建立并落实责任追究制度，要依照法律法规追究责任。

（三）网络安全应急工作必须坚持预防为主

"预防为主"是做好应急工作的基本原则。坚持预防为主就是要居安思危，准备在前，料事在先，防患于未然。网络安全应急管理要"应"在平时、"急"在事前，在发现苗头和控制征兆、排除隐患上用气力、下功夫。预防是一种常态化的工作要求，要消除或避免重大网络安全事件，就必须敏锐而及时地发现风险隐患，果断地采取有效控制措施，把事件的苗头消灭在萌芽状态。开展预防工作要积极做好网络安全检查、风险评估、消除隐患、加固系统，做好网络安全事件监测、研判、预警和信息共享，做好应急工具、装备器材、专业队伍及应急资金储备，做好应急预案研究、制定和应急演练，加强风险防控、危机应对知识普及的宣传、教育和应急处置专业技术培训等工作，真正做到"备为战、练为战"有备无患。一切准备在网络安全事件发生之前，一切努力为在网络安全事件发生之时的有效应对。

（四）网络安全应急工作必须坚持快速反应

网络安全事件是专业性、技术性较强的特殊突发公共事件，具有监控难、发展快、影响广、危害大等特点。为了有效控制事态发展，避免更大的灾难和损失，应对处置的第一要求就是：快！在应急工作中要围绕"快"做文章、动脑筋，做到发现快、报告快、研判快、决策快、响应快、处置快、恢复快，以求最大限度地减少和避免损失。一是建立高效权威的指挥决策机制。要在组织体制、运行机制、法规标准和保障系统等方面建立健全互联互通、联防联动、资源共享的"网络安全事件应急指挥体系"。明确各层级指挥关系、职能任务、相关责任和运行规则，落实到机构，落实到责任人。应急指挥机构无论是常设或非常设，都必须做到统一指挥、协调迅捷地组织处置应对网络安全事件，做到责任明确、无缝连接、高效运行。二是设计科学有序的处置响应流程。切合实际的应急预案和清晰顺畅的处置流程是规范应急处置工作的基本依据，是争取时间、减少损失的智慧选择。"网络安全事件应急处置流程"是以安全事件为核心、以处置过程为牵引，建立各工作环节、要素、主客体的关联关系，以清晰描述安全事件应急处置过程、步骤、内容、动作要求等相互关系的科学方法论。"网络安全事件应急处置流程"有助于规范各相关部门依法采取应急处置措施的过程中各司其职，充分发挥处置工作各环节责任主体的主导作用和快速协同处置突发网络安全事件。三是建设技术精湛的专业应急队伍。网络安全应急专家团队和专业应急技术队伍是处置网络安全事件工作中不可或缺的重要技术力量。要建立健全专家咨询机制，为网络安全事件的预防和处置提供专业技术咨询，由经验丰富的专家团队分析网络安全态势、研判网络安全事件、参与制定应急预案、提供应急决策建议、指导应急技术队伍开展处置工作。要逐步建立国家、地方（部门）和企事业单位多层级的应急技术支援保障体系，分级承担网络安全事件的应急技术支援任务，负责网络安全事件的监测、发现、报告，协助事发单位（地区）或主管部门做好控制事态、防止蔓延、消除隐患、系统加固和恢复等工作，协助相关部门开展网络安全事件调查和评估工作。

（五）网络安全应急工作必须坚持一切为民

以人民为中心是我党始终坚持的治国理政思想，"保护公众利益"是应急工作的基本出发点。预案以预防和减少损失、危害为目标，坚持防控结合、常态与非常态结合，在应急处置工作的各个阶段、各个层面充分考虑尽可能地降低应急工作的行政成本和资源代价。要积极面向社会公众大力宣传网络安全和应急防护知识，加强应急管理科普宣教工作，全面普及预防、避险、自救、互救、减灾等知识和技能，不断提高社会公众维护网络安全意识和应对突发网络安全事件能力。要高度重视网络安全事件的信息发布、舆论引导和舆情分析工作，加强对相关信息的核实、审查和管理，为积极稳妥地处置网络安全事件营造良好的舆论环境，坚持及时准确、主动引导和正面宣传为主的原则，维护公众知情权，及时、准确、客观地向社会发布相关信息，维护社会稳定大局。要充分依靠人民群众和社会各方面力量积极参与应对网络安全事件，发挥人民团体在动员群众、宣传教育、社会监督等方面的作用，鼓励公民、法人和其他社会组织为应对网络安全事件提供技术和资金支持，形成全社会共同参与、齐心协力做好应急工作的局面，全面提升网络安全事件的应急处置能力。

（六）网络安全应急工作必须坚持开放合作

网络颠覆了传统的地域概念，网络安全事件较之其他公共安全事件更为错综复杂，它不仅涉及技术、产业、经济、军事等领域，更会波及各国、各地区、各行业、各社会层面，应对网络安全事件是一个国际化、社会化问题。网络安全事件的应对不但要广泛汇集本国的社会技术、数据、人才和科研机构等资源，建立国家网络安全事件应急服务体系，还要加强与有关国家、地区及国际组织在网络安全事件监测预警、信息共享、技术支援等方面的沟通与合作，广泛参与有关国际组织和国际规则制定并发挥积极作用，共同应对各类跨国或世界性突发网络安全事件。要积极学习、借鉴有关国家在网络安全事件预防、应急处置和应急体系建设等方面的有益经验，促进我国网络安全应急管理工作水平的不断提高。

8.7.2 抓好七个关键点

预案与实际应急工作脱节是国内应急管理工作中最为典型的问题，因而建立切实可行的应急预案体系是应急管理工作的重要内容。国家网络安全事件应急工作建立是中央统一领导指挥，国家地方分级负责，专家、专业队伍和社会力量共同参与的"统一指挥、分级负责、密切协同、快速反应"的应急联动组织指挥体系，构建日常预防和应急处置有机结合，常态和非常态有机结合的工作机制,旨在提高快速反应和有效应对的能力。

对地方政府而言,要建立切实可行的应急预案体系,网信办官方网站上给出,须抓住以下七个关键点,原文如下。

(一) 建立与相关应急预案的紧密关联关系

对于省级地方政府而言,就是要按照《中华人民共和国突发事件应对法》和《国家网络安全事件应急预案》的要求,建立本行政区域内网络安全事件应急总体框架,明确本级预案重点的管辖范围,并在组织机构、工作流程、资源共享等与国家预案的无缝对接,并为下级预案预留对接的接口。例如国家预案明确了特别重大网络安全事件的处置和调查、红色预警的发布等权限属国家网络安全事件应急指挥部,因而省级预案应与此规定相配合,在这些工作内容上必须与国家预案的规定一致。

(二) 建立保障对象目录并明确其安全保障目标

要梳理本行政区域内的重要信息系统和关键信息基础设施,评估并明确重点保障对象清单和相应的安全保障目标。此外,还要深入分析保障对象的重要资产,形成资产脆弱性列表和面临的安全威胁。例如,对于网络基础设施、云平台、政府门户网站等被纳入重点保障对象目录的关键信息基础设施,要精确确定其安全保障目标,对于网络基础设施、云平台,其安全保障目标的重点是可用性;而对于政府门户网站,其安全保障目标的重点是数据的完整性。

(三) 建立完善的组织机构和人员队伍

要根据网络安全事件应急工作开展的需要,建立起能够满足决策指挥、资源协调、态势分析、专业处置、信息披露、外围保障等在内的组织机构和人员队伍。特别是在网络安全事件应急处置方面,要建立能够处置包括网页篡改、数据破坏、恶意代码、拒绝服务等典型类型网络安全事件的专业覆盖全面的专业技术团队和专家团队。

(四) 加强应急相关基础设施建设

网络安全事件应急处置作为专业性较强的工作,对于专业工具和设备设施的依赖性更高。要建立包括应急指挥、监测预警、态势分析、威胁管理、灾难备份、应急资源、工具装备和技术研究在内的一系列网络安全基础设备设施,以支撑各项工作的高效有序开展。

(五) 建立分层次的应急预案文件体系

在综合以上工作的基础上,建立分层次的综合管理预案、技术处置预案、作业指导书、过程记录等文档体系。其中作业指导书为各项具体工作的指导性文件,例如各种专用设备设施工具和各个软件系统的操作手册、各项具体应急处置工作的操作指南等;过程记录用于记录各项工作的过程信息,以备事件处置完成之后的备查。

(六) 加强对应急预案的演练

要定期对已发布实施的网络安全事件应急预案开展演练,特别是开展实战演练。通过应急演练确保应急指挥和处置相关人员熟知自身的职责和工作的流程、确保应急工具和装备处于可用状态、确保应急预案规定的工作流程具有良好的可操作性。

（七）加强后期的监督检查

要结合安全检查工作，对本行政区域内各单位网络安全应急管理相关工作开展情况进行检查，检查并督促所辖各地区、各单位按要求做好相关工作。

8.7.3 防止三大问题出现

根据《网络安全法》的要求，各部门、各地方要加强网络安全预案制定工作，并组织定期演练。目前，已经有一些部门和地方制定了网络安全应急预案，并在实际工作中发挥了重要作用。部门和地方的应急预案应做好与《国家网络安全事件应急预案》的衔接。在预案制定上，要防止出现如下三个问题。

一是预案编制主体不明确。根据中央精神，各省（区、市）网信部门在本地区党委网络安全和信息化领导小组统一领导下，统筹协调组织本地区网络安全事件的预防、监测、报告和应急处置工作。但一些地方的网络安全应急工作还没有纳入地方网信小组的领导范畴，预案也不是由地方网信部门牵头制定。这在客观上也导致了预案的统筹协调性不够，资源没有充分调动。这当然有历史的原因，但要抓紧修订。

二是照猫画虎、比葫芦画瓢。《国家网络安全事件应急预案》将网络安全事件分为四级，各级事件的处置权限不完全相同，最高级事件需要调动国家级资源予以应对。有些部门和地方的应急预案也是机械地将网络安全事件分为四级，而且每一级事件都是在本单位内部处置，这有可能会导致国家网络安全应急处置工作成为一个个孤岛。

三是过于原则，可操作性弱。《国家网络安全事件应急预案》主要是明确网络安全事件处理的总体框架和主要原则，但各部门、各地方的应急预案则应突出可操作性，不能与《国家网络安全事件应急预案》一样原则。有的地方预案，翻遍全篇找不到应急联络人和热线电话，应急支援队伍也是"犹抱琵琶半遮面"，这样的应急预案起不到实际作用。

8.7.4 做好网络安全事件的日常管理工作

"防患于未然"是应急工作的重要理念。应对网络安全事件必须"坚持预防为主、预防与应急相结合"的原则。这就要求各地区、各部门做好日常预防工作，制定完善相关预案，健全信息通报机制，做好网络安全检查、风险评估和容灾备份，开展演练、宣传、培训等活动，提高应对网络安全事件的能力，减少和避免网络安全事件的发生及危害。

1. 日常管理

日常管理主要表现在按职责做好网络安全事件日常预防工作，制定完善相关应急预案，做好网络安全检查、隐患排查、风险评估和容灾备份，健全网络安全信息通报机制，采取有效措施，减少和避免网络安全事件的发生及危害，提高应对网络安全事件的能力。对信息安全事件作出响应，包括启动适当的事件防护措施来预防和降低事件影响，以及从事件影响中恢复（如在支持和业务连续性规划方面）；

2. 演练

每年至少组织一次预案演练，通过实战来检验应急能力，发现问题及时完善预案。从信息安全事件中吸取经验教训，制定预防措施，并且随着时间的变化，不断改进整个的信息安全事件管理方法。

预案将"监测与预警"作为一项重要内容，对应急办、各省（区、市）网信部门、重点行业主管监管部门和各单位建立监测预警机制，开展网络安全监测、情况报告、事件研判、信息共享、发布预警、预警响应以及预警解除等方面做了规定和要求。

3．宣传

充分利用各种传播媒介、广播、微信、QQ 群等有效的宣传形式，加强突发网络安全事件预防和处置的有关法律、法规和政策的宣传，开展网络安全基本知识和技能的宣传活动。

对于网络安全所面临的威胁和隐患，及时、准确地向社会发布与公众有关的警示信息，是负责任的表现。客观、正面、权威的信息发布，对于公众了解真相，避免误信谣传，稳定人心，采取正确防范措施，引导公众积极应对网络安全突发事件。

4．培训

每年不低于一定学时的网络安全培训，将网络安全事件的应急知识列为领导干部和有关人员的培训内容，加强网络安全特别是网络安全应急预案的培训，提高防范意识及技能。重点是培训网络安全突发事件的发现、防护、报告和评估工作。

5．重要活动期间的预防措施

在国家重要活动、会议期间，做到自律，通过部署网络安全监测和信息通报平台，部门加强网络安全监测和分析研判，及时预警可能造成重大影响的风险和隐患，重点部门、重点岗位保持 24 小时值班，及时发现和处置网络安全事件隐患。

第 9 章　网络安全监测预警和信息通报

随着涉及国计民生的各重要领域信息化程度的不断提高，信息系统的脆弱性和高风险性日益加剧，信息安全保障已成为当今社会迫在眉睫的问题。网络上情况新、发展快，一些局部和地区性问题、群体性事件、病毒传播、网上窃密、网上攻击事件等很容易通过网络引发信息网络公共危机。一旦处理不及时，可能影响社会稳定和经济安全。因此，加强信息安全事件的监测、通报和预警工作日益重要。

9.1　法规依据

网络安全法第五十一条"国家建立网络安全监测预警和信息通报制度"，标志国家从顶层开始加强网络安全信息收集、分析和通报工作。信息通报工作是国家网络安全工作的重要组成部分，网络安全监测预警和信息通报上升为国家法律。

9.1.1　中华人民共和国网络安全法

2016 年 4 月 19 日，习近平总书记在网络安全与信息化工作座谈会上的讲话指出"网络安全和信息化是相辅相成的。安全是发展的前提，发展是安全的保障，安全和发展要同步推进。要树立正确的网络安全观，加快构建关键信息基础设施安全保障体系，全天候全方位感知网络安全态势，增强网络安全防御能力和威慑能力。"感知网络安全态势是最基本最基础的工作。因此，网络安全法从法律层面给出确认。

网络安全法第五十一条，国家建立网络安全监测预警和信息通报制度。国家网信部门应当统筹协调有关部门加强网络安全信息收集、分析和通报工作，按照规定统一发布网络安全监测预警信息。

网络安全法第五十四条，网络安全事件发生的风险增大时，省级以上人民政府有关部门应当按照规定的权限和程序，并根据网络安全风险的特点和可能造成的危害，采取下列措施：

（一）要求有关部门、机构和人员及时收集、报告有关信息，加强对网络安全风险的监测；

（二）组织有关部门、机构和专业人员，对网络安全风险信息进行分析评估，预测事件发生的可能性、影响范围和危害程度；

（三）向社会发布网络安全风险预警，发布避免、减轻危害的措施。

从上述网络安全法中，都是在表明一要全面加强网络安全检查，摸清家底，认清风险，找出漏洞，通报结果，督促整改。二是要建立统一高效的网络安全风险报告机制、情报共享机制、研判处置机制，准确把握网络安全风险发生的规律、动向、趋势。全天候全方位感知网络安全态势。知己知彼,才能百战不殆。

9.1.2　关于加快推进网络与信息安全信息通报机制建设的通知

《关于加快推进网络与信息安全信息通报机制建设的通知》(公信安〔2015〕21号)发布,自2015年起,中央综治办在综治考核中将地方政府"网络与信息安全信息通报机制建设、网络与信息安全信息通报预警工作"列入考核内容,"信息安全保障"纳入全国综治考核工作,明确要求,2015年底前要建立网络与信息安全信息通报机制,开展网络与信息安全信息通报预警工作。

同时指出,各省公安厅、保卫总队要履行公安机关维护国家网络空间安全智能,提升公安机关开展网络安全监测、通报预警工作的能力和水平,要健全建立省市两级网络与信息安全信息通报机制,积极建立专门机构。

随着国家网络安全保障、国家重大活动和重要敏感期的网络安全保卫工作发挥越来越重要的作用,建设省市两级网络与信息安全信息通报机制是公安网络安全保卫工作适应新形势的迫切需要,是确立公安机关在网络安全领域地位的新的重要抓手。省市两级公安在组织开展网络与信息安全监测、通报预警、应急处置、调查侦查、督促整改等方面的工作时,要密切配合,加紧建立完善本地网络与信息安全信息通报机制,积极争取建立专门机构。要做好以下重点工作。

一是建设网络与信息安全信息通报机制。依托本地信息安全等级保护工作机制和工作基础,将当地军队、安全等信息情报部门,发改、教育、科技、财政、商务、人社、国土、保密、密码等政府职能部门,工商、税务、银行、电力、证监、保监、质检、交通、水利、文化、卫生、体育、农业等重要行业主管部门、重要国企纳入信息通报机制成员单位。要建立通报机制专家组,建立通报机制技术支持单位,构建以本地公安网安部门为核心,通报机制成员单位、专家组和技术支持单位参加的本地信息通报机制,并将该工作作为开展公安机关网络安全监管工作新的抓手。

二是建设网络与信息安全信息通报机构。各地要积极向本地党委、政府汇报开展网络与信息安全信息通报工作的重要性、紧迫性,争取当地党委、政府领导支持,加强与编办等部门的沟通协调,以政府网站安全管理和处置重大网络安全事件的时机,推动建立当地政府指导、公安网安部门具体负责的信息通报机构。

三是建设网络安全态势感知监测通报平台。实现对重要网站和网上重要信息系统的安全监测、网上计算机病毒木马传播监测、通报预警、应急处置、态势分析、安全事件(事故)管理、督促整改等功能,为开展实施国家关键信息基础设施安全监管提供技术保障。

四是建设部省市三级网络与信息安全信息通报预警体系。要加强对各信息通报机制成员单位的工作指导,明确其职责任务,指导其建立行业内部信息通报机制,明确责任单位,落实责任人,建立纵向通畅的信息通报渠道。

五是建设重大网络安全事件(事故)应急处置体系。组织通报机制成员单位、专家组和技术支持单位联合开展关键基础设施网络攻防演习和应急演练,建立重大网络安全事件联合应急处置机制,不断提升网络安全态势感知和数据监测分析能力,与信息通报机制协同联动,形成集态势感知、监测预警、应急处置与一体的网络安全应急处置体系。

总之，建立信息通报渠道，建立技术支持队伍和专家队伍，开展日常通报工作和专项研究，开展重大活动和重要敏感期专项通报、开展重大网络安全事件应急处置是网络安全信息通报与预警的核心工作。

9.1.3 十三五国家信息化规划

《十三五国家信息化规划》在健全网络安全保障体系中提出，要全天候全方位感知网络安全态势。加强网络安全态势感知、监测预警和应急处置能力建设。建立统一高效的网络安全风险报告机制、情报共享机制、研判处置机制，准确把握网络安全风险发生的规律、动向、趋势。建立政府和企业网络安全信息共享机制，加强网络安全大数据挖掘分析，更好感知网络安全态势，做好风险防范工作。完善网络安全检查、风险评估等制度。加快实施党政机关互联网安全接入工程，加强网站安全管理，加强涉密网络保密防护监管。

目前，我国网络安全预警和通报体系建设比较混乱，很多部门都在发布预警和通报，公众无所适从。国家网络与信息安全信息通报中心在 2004 年成立，当时的国家网络与信息安全协调小组办公室将该中心委托公安部管理。《网络安全法》对通报预警体系的后续建设工作提出了明确要求：国家建立网络安全监测预警和信息通报制度。国家网信部门应当统筹协调有关部门加强网络安全信息收集、分析和通报工作，按照规定统一发布网络安全监测预警信息。因此健全完善国家网络与信息安全信息通报预警体系势在必行。

9.1.4 关于加强网络安全信息通报预警工作的指导意见

指导意见给出，一是要充分认识建立通报机制、开展网络安全通报工作的重要性和紧迫性，组织专门人员力量，配备必要条件和经费保障，建立健全本企业内部网络安全通报机制，将各项工作要求落实到位。二是要及时、客观、准确通报本单位网络安全情况和信息，建立日常通报制度、应急通报制度，开展专项通报和专题研究工作，发生、发现重大网络安全突发事件事故、案件或重大网络安全隐患、威胁，第一时间上报国家通报中心。三是要树立信息共享、互助协作的意识，充分借鉴国家网络与信息安全信息通报机制的经验，建设成符合工作实际、具有特色的网络安全通报机制，服务于国家信息安全保障工作和网络与信息安全信息通报工作大局。

9.1.5 关于加强智慧城市网络安全管理工作的若干意见

《关于加强智慧城市网络安全管理工作的若干意见》指出各地区要将网络安全应急纳入到城市应急管理体系。要在党委网信办的制度下，公安机关、通信主管部门和重要行业主管部门要加强网络安全监测。

省、市公安网安部门要加快建设网络安全态势感知监测通报平台。实现对重要网站和网上重要信息系统的安全监测、网上计算机病毒木马传播监测、通报预警、应急处置、态势分析、安全事件(事故)管理、督促整改等功能，为开展实施国家关键信息基础设施安全监管提供技术保障。在重大活动和重要敏感时期，及时组织专家组和技术支持力量，开展网络攻击活动的情报搜集，参与网络安全形式分析研判和重点网络安全事件应急处置。第一时间检查发现境内外的网络攻击、控制和窃密等情况以及本地网络存在的安全漏洞，风险隐患。

9.1.6 互联网网络安全信息通报实施办法

工业和信息化部部正式发布《互联网网络安全信息通报实施办法》(以下简称《办法》)与2009年6月1日起实施。《办法》将事件互联网安全信息分为特别重大、重大、较大、一般共四级。预警信息分为一级、二级、三级、四级，分别用红色、橙色、黄色、蓝色标识，一级为最高级。

《办法》规定，对于特别重大、重大事件信息以及一级、二级预警信息，信息报送单位应于2小时内向通信保障局及相关通信管理局报告，抄送CNCERT。对于一般事件信息，信息报送单位应按月及时汇总，于次月5个工作日内报送CNCERT，抄送相关通信管理局；对于四级预警信息，信息报送单位应当于发现或得知预警信息后5个工作日内报送CNCERT，抄送相关通信管理局。

值得一提的是，针对计算机病毒事件、蠕虫事件、木马事件、僵尸网络事件，《办法》也做了严格规定，其中特别重大的定义为：涉及全国范围或省级行政区域的大范围病毒和蠕虫传播事件，或单个木马和僵尸网络规模达100万个以上IP，对社会造成特别重大影响。

9.2 信息通报中心

9.2.1 信息通报中心组建

建立的网络与信息安全通报中心要设立专门机构和专门人员，做到有人、有编制、有经费、有技术能力。

首先，负责部门向党委政府汇报，申请成立网络与信息安全信息通报中心，建立网络安全通报预警和应急处置机制，建议网信部门协调，公安机关负责。

其次，批准后，机构编制委员会办公室批复成立网络与信息安全通报中心，市政府设立市级网络与信息安全信息通报机制办公室，增挂网络安全保卫部门。

接着，以公安机关为核心，政府职能部门、重要行业主管部门为成员，专家组和技术支持单位参加的网络安全通报预警和应急处置体系。

最后，按照信息通报中心的职责和分工，整合资源和力量，开展网络安全监测、通报预警工作，及时收集、分析和通报网络安全信息。

9.2.2 信息通报中心职责

信息通报中心负责本辖区内信息通报工作与信息通报机制和技术手段建设，接受上级信息通报中心的指导和监督。具体的职责任务如下：

① 负责与党委政府部门、重要国有企事业单位建立信息通报渠道，建立信息通报机制，组建专家组和技术支持队伍

② 指导信息通报机制成员单位，建立本行业、本部门信息通报机制，建设信息通报技术手段，开展信息通报监测预警和应急处置等工作。

③ 接收、汇总和研判各成员单位报送的网络安全情况信息，并编发网络安全情况通报。

④ 建设技术手段和平台，监测网络攻击、入侵渗透、木马病毒传播活动等情况，以及网络与信息系统漏洞隐患、运行状况等网络安全情况。

⑤ 组织有关部门和专家分析、研判重大网络安全事件的性质、危害程度和可能影响的范围，提出分析研判意见和对策建议。

⑥ 组织社会力量对重大网络安全事件应急处置提供技术支持。

⑦ 发现或接报网络安全重大事件、重要紧急的网络安全情况，应及时向当地党委政府和上级信息通报中心报告，并向有关部门通报。

⑧ 发现网络违法犯罪活动或案件线索及时通报案件侦查部门。

⑨ 向社会发布网络安全预警信息。

⑩ 完成上级信息通报中心交办的其他任务。

9.2.3 信息通报中心成员与职责

信息通报中心有成员单位、技术支持单位和专家组组成，并根据工作需要进行适时调整。

（1）成员单位与职责

成员单位包括党委政府部门机构、人大、政协、法院、检察院、共青团、妇联、军队、行业主管部门和相关事业单位。金融、能源、军工、电信、工业、交通、市政、医药等关系国计民生的国有企业。

成员单位的职责如下：

① 明确责任部门和责任人，明确与信息通报中心日常联系的联络员，制定本行业、本部门信息通报工作规范，组织本行业、本部门、本单位开展信息通报工作。

② 建立本行业、本部门内部信息通报机制和信息通报渠道。

③ 建立网络安全态势感知监测预警平台，掌握本行业、本部门和本单位网络攻击、入侵渗透、木马病毒传播以及网络与信息系统漏洞隐患、运行状况、安全事件等网络安全情况。

④ 组织开展网络安全信息收集工作，并及时报送信息通报中心。

⑤ 发生发现网络安全事件时，应立即向信息通报中心报告，并在两小时内将事件性质、影响范围、危害情况、已采取的处置措施等相关情况书面报送信息通报中心。

⑥ 每月向信息通报中心报送网络安全形势研判情况，本行业、本部门和本单位网络与信息系统安全状况，发现的问题以及网络安全保障工作情况。

⑦ 视情在本行业、本部门内转发通报中心编发的信息通报刊物。

⑧ 根据信息通报中心预警信息做好网络安全防范工作。

⑨ 参与信息通报中心组织的网络安全会商研判工作。

⑩ 承担信息通报中心交办的相关工作任务。

（2）技术支持单位

技术支持单位主要包括：网络安全企业、网络技术企业和重要互联网企业、公司，网络安全科研、教育机构，网络安全测评机构等。

技术支持单位的职责如下：

① 发现影响重要信息系统和重点政府网站安全的漏洞隐患、有害程序等情况信息，网络攻击破坏、信息破坏等事件信息，以及其影响程度、攻击手段、攻击者信息、处置措施和

对策建议等，及时报送信息通报中心。

② 按照信息通报中心制定的规范和标准，向信息通报中心提供网络安全相关数据，为网络安全态势感知和通报预警工作提供技术支持。

③ 按照信息通报中心工作部署，派遣工作人员驻信息通报中心现场联合办公，对网络安全威胁数据信息进行深入分析。

④ 参与信息通报中心组织的重大网络安全威胁和事件研判，并积极提供技术对策建议。

⑤ 根据信息通报中心工作部署，必要时与信息通报中心建立24小时应急工作机制，协助信息通报中心和信息通报成员单位开展网络安全事件应急处置和事件调查工作。

⑥ 参与信息通报中心组织的重大活动网络安全专项通报工作，协助信息通报中心开展网络安全专项建设。

⑦ 承担信息通报中心交办的专项任务。

（3）专家组

专家组主要包括：当地在网络安全领域具有较强影响力和业务能力的院士、研究员、教授、学者及其企业专家等。

专家组的工作职责如下：

① 了解掌握国家及重要行业网络安全保障工作政策、重大规划和重大部署，为信息通报中心提供咨询和指导。

② 跟踪掌握国内外网络与信息安全动向和技术动态，为信息通报中心提供咨询和指导。

③ 为信息通报成员单位网络安全防范、应急处置、重大活动和重要敏感期网络安全保卫专项工作提供指导和支持。

④ 根据信息通报中心安排参与重大网络安全事件处置工作。

⑤ 承担信息通报中心交办的专题研究任务。

9.2.4 建立信息通报日常工作机制

一是建立24小时联络机制。设立值班长，实行24小时联络机制，随时处理有关单位通报的信息，并负责信息核实和跟踪了解，确定事件规模和影响范围。

二是确定通报方式。对需要通报的情况进行汇总、分析、研判，经批准后，方可报送和通报信息。对需要向社会发布的信息，通过权威的新闻渠道和网站发布。

三是成员单位确定通报机制责任部门、责任人员和工作任务。由各成员单位确定本单位承担网络与信息安全信息通报工作的职能部门、负责人和联络员。按照"第一时间发现、第一时间通报处置、第一时间侦查调查、第一时间督促整改"的原则，各成员单位责任部门负责人应及时掌握本单位网络和信息系统出现的安全事故苗头及发生的安全事件，组织进行汇总、分析、研判等工作。当发生攻击本单位网站、网上重要信息系统等重大网络安全案（事）件，涉事单位要在第一时间断开网络连接、保护现场，在向本单位上级报告的同时，要向本地公安机关网安部门报告事件情况，并按照有关要求开展相关工作。涉事单位发生重大网络安全案（事）件应在6小时内报告。通报机制成员单位要指定专人负责，定期将本单位当月汇总、分析、研判的网络安全现状等结果报告。

四是组建通报机制专家组和技术支持队伍。聘请通报机制成员单位、信息安全企事业单位、高校和科研机构的技术专家、骨干和负责人，组建通报机制专家组，为通报预警工作提供法律、政策、管理、技术等方面的指导和支持；依托网络安全企业、高校和科研机构等社会力量，建立通报机制技术支持队伍，为通报预警工作提供技术咨询、专题研究，以及遇到突发性安全事件时应急响应等技术支持。受聘专家组专家和技术支持单位要协助通报中心对重大网络与信息安全事件开展技术分析和研判工作，提交技术分析和研判结果报告。专家组专家和技术支持单位可根据实际情况，适时予以调整。

五是建立信息通报渠道。有关部门和单位间确定专门联系人、固定电话及传真、电子邮箱、微信号、QQ号等，建立信息通报专用网络和技术平台，确保信息联络畅通。

9.3 信息通报中心工作规范

9.3.1 信息通报中心工作内容

信息通报工作是国家网络安全工作的重要组成部分，信息通报工作要贯彻落实党和国家关于网络安全工作的整体部署和指示精神，围绕建设网络强国，打赢网上斗争的战略目标，以网络安全风险问题为导向，以网络安全保障需求为牵引，加强信息通报机制和平台手段建设。整合资源和力量，及时收集、分析和通报网络安全信息，有效防范处置网络安全风险和威胁，维护本地网络与信息安全。信息通报工作的内容如下：

① 信息通报渠道和信息通报机制建设。
② 网络安全情报信息的收集汇总、分析评估和通报报告。
③ 网络安全风险和威胁监测预警。
④ 网络安全事件报告和通报处置。
⑤ 信息通报技术手段和平台建设。
⑥ 重大活动网络安全通报预警专项工作。
⑦ 法律法规授权的其他事项。

9.3.2 信息通报内容和方式

信息通报主要包括以下内容：

① 境内外敌对国家、敌对势力、黑客组织、不法分子等对我国实施网络攻击、破坏、渗透、窃密、入侵控制等情况，以及使用的攻击手段策略和技术。
② 我国网络与信息系统存在的安全漏洞、隐患风险等情况，被入侵、攻击、控制、信息泄露的行业单位以及信息系统情况。
③ 恶意程序传播、钓鱼网站等情况。
④ 因网络与信息系统软硬件故障，导致其瘫痪、应用服务中断或数据丢失等安全事故情况。
⑤ 利用信息网络从事违法犯罪活动情况。
⑥ 网络地下黑产活动情况。
⑦ 网络违法犯罪活动所使用的技术手段和方法等情况。

⑧ 网络安全形势研判，网络新技术新应用分析评估等情况。
⑨ 网络安全保障工作情况。
⑩ 国内外网络与信息安全动态情况。
⑪ 其他重要网络与信息安全情况信息。

信息通报方式如下：
① 信息通报中心应及时将搜集、汇总的网络安全信息和情况通报给相关成员单位。
② 每月向上级信息通报中心报送当地网络与信息系统安全状况。
③ 有关重大网络安全事件信息、重大网络安全威胁信息、重要专题研究报告等应随时上报。
④ 通过建立信息通报共享平台和网站，为各成员单位共享网络安全信息提供支撑。

9.3.3 网络安全事件通报处置

信息通报中心负责网络安全事件的接收和通报工作。网络安全事件处置结束后信息通报中心应督促主管部门和相关单位及时报送事件详细情况、处置措施以及处置结果等，并及时通过网络安全态势感知通报预警平台，向上级通报中心上报处置情况。

9.3.4 信息通报机制

信息通报机制是协同有关部门、整合各方资源、实现网络安全信息交流共享的重要平台，是及时发现网络安全风险和隐患，有效应对网络安全威胁，妥善处置网络安全事件的重要支撑。因此，必须建立并畅通信息通报机制，建议开展以下工作：
① 遴选加入信息通报机制的成员单位、技术支持单位和专家组。
② 技术支持单位和专家组，根据工作需要再进行调整。
③ 信息通报中心与当地党委政府、信息通报机制成员单位、技术支持单位、专家组以及其他网络安全职能部门建立信息通报渠道，24小时实时联络机制。
④ 信息通报中心应指导各成员单位、技术支持单位，确定本单位负责信息通报工作的主管领导、责任部门、负责人和联络员，明确联络方式和通报渠道。
⑤ 信息通报中心应指导各成员单位，建立完善本行业、本单位内部信息通报机制，开展信息通报工作。
⑥ 信息通报中心应建立完善公安机关牵头，军队、安全、工信等部门参与的情报信息共享机制。
⑦ 应建立完善重大网络安全情况会商研判机制。

9.3.5 签订网络安全承诺书

为确保本单位部门信息网络、重要信息系统和网站安全可靠、稳定地运行，维护国家安全和社会稳定，保障公民法人和其他组织的合法权益，建议信息通报中心和各单位签订网络安全承诺书。

网络安全承诺书的主要内容包括如下：

① 加强本单位网络与信息安全工作的组织领导，建立健全网络与信息安全工作机构和工作机制，保证网络与信息安全工作渠道的畅通。

② 明确本单位网络与信息安全工作责任，按照"谁主管、谁负责，谁运营、谁负责"的原则，将安全责任层层落实到具体部门岗位和人员。

③ 负责对本单位所属二级单位或本行业所管辖的下级单位的网络与信息安全工作进行监督检查和指导。

④ 加强本单位网络安全等级保护管理工作，在公安机关网络安全保卫总队的监督检查指导下，自觉主动按照等级保护管理规范的要求完成信息系统定级备案，对存在的安全隐患或未达到相关技术标准的方面进行建设整改。根据信息系统建设应用的实际情况，对网络安全保护等级进行动态调整

⑤ 加强本单位网络安全事件应急处置工作，制定网络安全保障方案，加强应急队伍建设和人才培训。

⑥ 组织开展安全检查安全测试和应急处置演练，在重大节日及敏感节点期间，加强 24 小时值班，强化对重要信息系统安全监控，做好随时应对处置各类网络安全突发事件的准备工作。

⑦ 本单位保证不利用网络危害国家安全，泄露国家秘密，不制作、传播、复制色情、暴力、赌博、迷信等含有法律法规禁止的信息内容。

⑧ 落实违法案件报告和协助调查制度，依法及时向公安机关网络安全保卫部门提供相关基础数据信息，全力配合网监部门保障国家信息安全，打击网络违法犯罪等方面的工作。

⑨ 因本单位工作和技术措施等落实不到位，产生的一切后果自愿承担相应责任。

第 10 章　网络安全保障工作综治考核

10.1　背景和意义

社会治安综合治理和平安建设是事关党和国家工作大局，事关巩固党的执政地位，事关国家长治久安，事关人民群众切身利益的一项十分重要的工作；是中共中央、国务院在总结我国改革开放基本经验的基础上，根据我国国情作出的重大决策，是建设有中国特色社会主义理论和实践的重要内容，也是依法治国的重要内容。

社会治安综合治理方针是在 1981 年 5 月中央政法委召开的五大城市治安座谈会上明确提出的，到 1985 年 10 月中央针对青少年犯罪情况发出专门指示而得到进一步明确和完善。改革开放初期，由于人们思想观念等方面的问题，社会治安出现了严重问题，刑事犯罪活动大幅上升，成为当时影响社会稳定的突出问题。1981 年 5 月，中央召开了北京、天津、上海、广州、武汉等五大城市治安座谈会，讨论了当时社会治安的形势、任务、政策和措施。中央批转座谈会纪要时提出："争取社会治安根本好转，必须各级党委来抓。全党动手，实行全面综合治理。"第一次明确提出了对社会治安实行综合治理是实现长治久安的根本方针。1982 年，中央关于加强政法工作的指示，明确提出了社会治安综合治理要采取多种手段，强调加强青少年教育是社会治安综合治理的中心环节。1983 年 8 月，中央办公厅印发《严厉打击刑事犯罪活动，实现社会治安的根本好转宣传提纲》，强调指出严厉打击刑事犯罪活动与社会治安综合治理的方针是一致的，阐明了严打与综合治理的辩证关系。综合治理要采用政治的、经济的、思想的、文化的、教育的和法律的等多种手段。1984 年，中央政法委在总结社会治安综合治理经验时，又明确提出打击、预防和改造是综合治理的三个环节，进一步丰富和完善了社会治安综合治理方针的内容。经过三年严打斗争，刑事犯罪依然高发，社会治安并没有得到根本好转。社会治安综合治理被正式提到日程，1991 年 2 月 9 日，中共中央、国务院作出了《关于加强社会治安综合治理的决定》，七届全国人大十八次会议也于 1991 年 3 月 2 日通过了《关于加强社会治安综合治理的决定》，明确了综治工作的任务、要求、目标、工作范围、工作原则等，建立了社会治安综合治理工作体系，首次将社会治安综合治理工作纳入法制化轨道。中央综治委于 1991 年 12 月 25 日通过了《关于社会治安综合治理工作实行"属地管理"原则的规定》和《关于实行社会治安综合治理一票否决权制的规定》。1993 年 11 月 14 日，中央综治委、中纪委、中组部、人事部、监察部等五部委联合出台了《关于实行社会治安综合治理领导责任制的若干规定》，社会治安综合治理工作的体制机制得到进一步完善。

全面开展社会治安综合治理工作，着力解决影响社会治安的突出问题，取得了积极的效果，有力地维护了社会稳定，对促进经济发展和社会进步起到了重要作用。实践证明，加强社会治安综合治理是建立和保持良好的社会治安秩序、维护社会稳定的基本方针，是解决社会治安问题的根本途径。进入新世纪，面对新情况、新问题，中共中央、国务院于2001年9月5日再次作出了《关于进一步加强社会治安综合治理的意见》，确立了"打防结合、预防为主，专群结合、依靠群众"的工作方针，完善了齐抓共管的工作机制，强化了工作责任制。2005年，中央顺应人民群众对社会治安的新要求新期待，又对在全国广泛开展平安建设作出了部署，进一步深化和发展了社会治安综合治理工作。党的十七大将综治和平安建设工作纳入社会建设的重要内容，对健全社会治安防控体系、加强社会治安综合治理、深入开展平安建设提出了新的更高的要求。

党的十八大以来，党中央、国务院对健全和落实社会治安综合治理领导责任制高度重视，作出了一系列决策部署。习近平总书记从实施好"四个全面"战略布局的高度，多次作出重要指示，要求把平安中国建设置于中国特色社会主义事业发展全局来谋划。孟建柱同志多次主持召开深化平安中国建设工作会议，作出全面部署。

2014年，中央综治办下发《关于印发《2014年综治工作（平安建设）考核评价实施细则》的通知》（中综办〔2014〕16号），首次将信息安全保障工作纳入全国综治工作（平安建设）考核。评价实施从严重影响社会和谐稳定的重特大案事件、群众安全感和满意度、平安建设重点推进工作等方面全面评价各地综治工作。

党的十八届四中全会明确提出"深入推进社会治安综合治理，健全落实领导责任制"。2016年1月11日，中央全面深化改革领导小组第二十次会议审议通过了《健全落实社会治安综合治理领导责任制规定》，2016年3月23日，中共中央办公厅、国务院办公厅公布。这一规定旨在以健全落实领导责任制为主要抓手，深入推进社会治安综合治理，深化平安建设成果。

10.2 综治考评法规依据

10.2.1 综治工作（平安建设）考核评价实施细则

2014年，中央综治办下发《关于印发《2014年综治工作（平安建设）考核评价实施细则》的通知》（中综办〔2014〕16号），首次将信息安全保障工作纳入全国综治工作（平安建设）考核，明确指出，公安机关网安部门负责考核下面两项内容：一是在"平安建设公共安全管理工作"部分，负责"信息安全保障工作"考核评价，为减分项，最高可减2分；二是在"平安建设宣传工作"部分，配合中央综治办开展"信息网络服务管理工作"考核评价，为得分项，满分为0.3分。中综办〔2014〕16号文为各地公安机关深入开展网络安全保卫工作提供有力支持。

为了信息安全保障工作的贯彻执行和落实，《健全落实社会治安综合治理领导责任制规定》明确规定："党政领导班子、领导干部在社会治安综合治理工作（平安建设）考核评价不合格、不达标的，应当进行责任督导和追究。对党政领导班子、领导干部进行责任督导和追究的方式包括：通报、约谈、挂牌督办、实施一票否决权制、引咎辞职、责令辞职、免职等。因违纪违法应当承担责任的,给予党纪政纪处分;构成犯罪的,依法追究刑事责任。"

10.2.2 健全落实社会治安综合治理领导责任制规定

社会治安综合治理,是国家治理体系和治理能力现代化的重要内容,它关系到社会能否稳定和谐,人民能否安居乐业。因此,党的十八届四中全会要求深入推进社会治安综合治理,健全落实领导责任制。习近平总书记等中央领导多次强调,各级党委和政府要切实承担起"促一方发展、保一方平安"的政治责任,明确并严格落实责任制,把确保公共安全工作成效作为衡量党政领导班子和领导干部政绩的重要指标。《健全落实社会治安综合治理领导责任制规定》(以下简称《规定》)就是贯彻落实这些要求、进一步加强社会治安综合治理工作的重要举措。

《规定》共三十三条,由六部分构成,主旨为:一是明确了第一责任人;二是把社会治安综合治理纳入领导班子和领导干部评价考核内容;三是健全了责任督导和追究机制。

《规定》的主要内容如下:

① 明确责任主体和责任内容。《规定》强调要严格落实"属地管理"和"谁主管谁负责"原则,进一步明确了党委、政府和各部门在社会治安综合治理工作中的责任。明确了各地党政主要负责同志是社会治安综合治理的第一责任人,社会治安综合治理的分管负责同志是直接责任人,领导班子其他成员承担分管工作范围内社会治安综合治理的责任。

② 明确检查督促措施。《规定》从明确目标管理责任制、签订综治责任书,进行年度述职报告、年终总结和工作报告、开展专项督查,建立考核评价机制、建立工作实绩档案、强化考核评价结果运用等方面,提出了具体措施和要求。

③ 规范表彰奖励办法。为充分调动各级领导干部开展综治工作的积极性,《规定》专设表彰奖励章节,对开展表彰奖励的项目、权限和程序进行了规范,明确了综治先进集体、综治先进工作者应当落实的待遇。比如,明确每四年开展一次全国社会治安综合治理先进集体、先进工作者评选表彰工作,对受到表彰的全国社会治安综合治理先进工作者,应当落实省部级先进工作者和劳动模范待遇,对连续三次以上(含三次)受到表彰的全国社会治安综合治理先进集体,由中央社会治安综合治理委员会以适当形式予以表扬。

④ 细化责任督导和追究的情形和方式。《规定》对责任督导和追究的情形、方式、实行主体、内容和后果等作出了操作性较强的规定。明确了对领导班子和领导干部进行责任督导和追究的六种情形,明确了通报、约谈、挂牌督办、一票否决、引咎辞职、责令辞职、免职等多种责任督导、追究方式,明确了相应的实施主体和程序,明确了从重和从轻进行责任督导和追究的情形。

10.2.3 网络安全保障工作全国综治考核评价

2014年12月17日,公安部发布《关于组织开展信息安全保障工作全国综治考核评价的通知》(公信安〔2014〕2759号)文件,要求公安机关对各省、自治区、直辖市人民政府的组织开展信息安全保障工作全国综治考核评价工作。在该通知中,明确从信息安全等级保护、网络与信息安全通报、网络安全案(事)件情况、综合防控和打击网络违法犯罪情况、互联网信息监控中心规范化建设、信息网络服务管理工作6方面,共计14条,给出考核评价指标和得分标准。通知要求网安部门的一把手要亲自负责综治考核工作，积极向本地党委政府汇报相关工作情况，争取党委政府重视和支持。

2015年4月10日，公安部发布《关于组织开展2015年信息安全保障工作全国综治考核评价的通知》（公信安〔2015〕884号）文件，重点从网络社会治安防控体系建设、网络与信息安全通报预警、信息安全等级保护、重要信息系统和政府网站发生的案（事）件情况、综合防控和打击网络违法犯罪情况、信息网络服务管理工作6方面，共计20条，给出考核评价指标和得分标准。

2016年，公安部发布了《关于组织开展2016年网络安全保障工作全国综治考核评价的通知》（公信安〔2016〕2611号）文件，将信息安全保障工作更改为网络安全保障工作，重点网络安全等级保护和信息通报工作、重要信息系统和重点网站发生的案（事）件情况、综合防控和打击网络违法犯罪情况、信息网络服务管理工作4方面，共计7条，给出考核评价指标和得分标准。

10.2.4 加强社会治安防控体系建设

为有效应对影响社会安全稳定的突出问题，创新立体化社会治安防控体系，依法严密防范和惩治各类违法犯罪活动，全面推进平安中国建设，由中共中央办公厅、国务院办公厅联合下发的《关于加强社会治安防控体系建设的意见》（中办发〔2014〕69号）文件，围绕社会治安防控体系建设工作格局、社会治安防控运行机制、社会治安防控网建设，社会治安防控体系建设法治化、社会化、信息化水平，社会治安整体防控能力方面给出指导意见。69号文件指导思想在于"四治理，四结合"。四治理是指系统治理、依法治理、综合治理、源头治理；四结合是指点线面结合、网上网下结合、人防物防技防结合、打防管控结合。

在"四治理，四结合"的指导下，全面加强社会面、重点行业、乡镇（街道）和村（社区）、机关企事业单位内部安全和信息网络的治安防控网建设，运用信息资源互通共享和深度应用技术、公共安全视频监控系统提供的技术支持，健全社会治安形势分析研判机制、实战指挥机制、部门联动机制、区域协作机制。从法律手段、基础性制度建设和综治领导责任制落实方面，学会运用法治思维和法治方式推进社会治安防控体系建设，形成党委领导、政府主导、综治协调、各部门齐抓共管、社会力量积极参与的社会治安防控体系建设工作格局。

10.3 网络安全保障工作考核指标

2014年，信息安全保障工作刚刚纳入全国综治工作（平安建设）考核工作，具体考核指标逐年随着国家安全态势而发生变化。通过分析公安部发布的2014、2015、2016三份文件，对理解分析网络安全保障工作的具体内容，还是具有方向指导意义。

10.3.1 信息安全等级保护工作

信息安全等级保护工作是减分项，减分项主要涉及各地政策法规出台和执行情况、等级保护重要信息系统备案、测评、监督检查工作。年度考核指标如下：

① 地方政府是否出台本地贯彻落实国家信息安全等级保护工作的政策文件和指导意见，是否组织领导本地各部门开展信息安全工作的办法和措施（2014）。

② 本地信息系统到公安机关的备案率是否符合指标要求（2014）。

③ 本地第三级（含）以上重要信息系统的等级测评率是否符合指标要求（2014）。

④ 本地公安机关每年是否按要求开展重要信息系统和政府网站安全检查工作（2014）。

⑤ 地方党委政府对落实国家信息安全等级保护制度重视不够，是否出台本地贯彻文件，是否组织召开工作会议（2015）。

⑥ 在规定时间前，是否按照公安部部署要求完成本地重要信息系统基础数据库管理系统建设（2015）。

⑦ 在规定时间前，本地信息系统的备案率是否达到指标要求或信息系统备案数据是否及时录入系统；是否按照公安部部署要求本地政府网站信息采集及其备案工作（2015）。

⑧ 在规定时间前，本地第三级（含）以上重要信息系统的等级测评率是否符合指标要求（2015）。

⑨ 在规定时间前，是否建设本地政府网站和重点网站监测系统；是否安装公安部要求开展网络安全检查工作；是否配备检查工具箱，检查工作组织是否得力，成效是否明显（2015）。

⑩ 本地公安机关网络安全检查工作组织是否得力，成效是否明显（2015）。

10.3.2 网络与信息安全通报预警工作

网络与信息安全通报预警工作主要考察本地在工作开展、机制建设、系统平台部署方面，是减分项。年度考核指标如下：

① 是否在规定时间建立本地网络与信息安全通报机制并开展网络与信息安全通报预警工作（2014）。

② 在规定时间前，是否建立本地网络安全信息通报预警机制（2015）。

③ 在规定时间前，是否开展网络安全风险监测、通报预警和应急处置工作（2015）。

④ 在规定时间前，是否建立本地网络安全信息通报机构或重要信息系统安全监管机构（2015）。

⑤ 在规定时间前，是否建设和应用网络安全态势感知监测预警平台开展工作（2015）。

10.3.3 重要信息系统和政府网站发生的案（事）件情况

重要信息系统和政府网站发生的案（事）件情况主要考察本地在政府网站等级保护落实、政府网站防护、网络安全事件事故处置等方面，是减分项。年度考核指标如下：

① 本地重要信息系统和政府网站是否落实信息安全等级保护制度要求，发生案（事）件并造成严重后果的，是否及时向公安机关报告（2014）。

② 本地重要信息系统和政府网站是否落实信息安全等级保护制度要求，发生重大案（事）件并造成特别严重后果（2014）。

③ 本地政府机关及企事业单位网站是否被反共黑客等黑客组织攻击篡改页面、张贴反共标语（2015，2016）。

④ 本地重要信息系统和政府网站是否存在严重安全隐患，被公安部通报（2015，2016）。
⑤ 本地重要信息系统是否落实信息安全等级保护制度要求，发生案（事）件并造成严重后果的（2015，2016）。
⑥ 本地发生重大网络安全事件事故，是否向当地公安机关报告（2015）。
⑦ 本地发生重大网络安全事件事故，当地公安机关是否及时开展调查处置并上报处置情况（2015）。

10.3.4 综合防控和打击网络规范犯罪情况

综合防控和打击网络规范犯罪情况主要考察本地在综合防控措施落实、打击网络违法等方面，是减分项。年度考核指标如下：
① 本地党委政府是否采取有效的综合防控措施，是否致使本地网络违法犯罪嫌疑人集中或网络违法犯罪高发（2014）。
② 本地党委政府对打击网络违法犯罪工作的组织、协调、保障是否够（2014）。
③ 本地党委政府是否采取有效的综合防控措施，是否致使本地网络违法犯罪嫌疑人集中或网络违法犯罪高发；本地党委政府是否对防范、打击网络违法犯罪工作的组织、协调、保障不力（2015，2016）。

10.3.5 网络社会治安防控体系建设

2015 年信息安全保障工作考核加入网络社会治安防控体系建设，主要考察本地指导意见制定、防控体系组织建设等方面，是减分项。年度考核指标如下：
① 地方政府是否按照中办、国办《关于加强社会治安防控体系建设的意见》（中办发〔2014〕69 号）文件要求开展信息网络防控网建设，是否结合本地实际出台相关指导意见、实施方案并落实责任。
② 信息网络防控网建设组织开展是否不力，是否建立本地信息网络防控网建设领导体系、保障体系，工作开展情况是否纳入综治考核制度，是否组织党政机关、企事业单位加强内部网络安全防范，是否采取群防群治方法危害本地网络安全。

10.3.6 信息安全服务管理工作

信息安全服务管理工作是加分项，重点考核项如下所示。
① 网络真实身份信息注册工作是否落实，联网单位、互联网企业、经营或非经营性上网场所是否落实上网审计、日志留存工作（2014）。
② 基础电信运营商、接入服务商、信息服务商和联网单位是否落实安全责任、安全管理制度和技术防范措施（2014）。
③ 网络实名制工作落实情况，本地大型网站安全管理措施落实情况（2015，2016）。
④ 联网单位、互联网企业、公共场所无线接入等上网审计、日志留存措施落实情况（2015，2016）。
⑤ 基础电信运营商电话用户实名制、上网认证、日志留存情况，IP 地址及下级用户报

备措施落实情况（2015）。

通过分析 2014、2015、2016 年度组织开展信息安全保障工作全国综治考核指标体系可以看出，在当前信息安全保障工作中，重点是围绕信息安全等级保护、网络社会治安防控、网络与信息安全通报预警、重要信息系统和政府网站安全的案事件、综合防控和打击网络违法犯罪、信息网络服务管理等主题工作开展。每项工作基本围绕制度制定和完善、责任制落实、工作组织开展、基础环境建设等，可以看出信息安全保障工作仅仅开始，很多指标没有量化考核。随着工作的逐年开展，信息安全保障工作内容主题内容变化较小，考核指标会更全面、更细致、更数字化。

第 11 章 网络安全监管

本章主要介绍公安机关开展信息安全等级保护安全监管的法规依据，给出监督检查的工作目的、检查内容和项目、检查方式、检查原则和检查要求，最后给出信息系统运营使用单位不符合监管要求的处理方式。

11.1 公安机关监督检查工作的法规依据

11.1.1 中华人民共和国计算机信息系统安全保护条例

1994 年 2 月 18 日，中华人民共和国国务院令第 147 号发布《中华人民共和国计算机信息系统安全保护条例》，对公安机关开展信息系统等级保护监督检查工作在法律上给出明确说明。

第六条　公安部主管全国计算机信息系统安全保护工作。

第九条　计算机信息系统实行安全等级保护。安全等级的划分标准和安全等级保护的具体办法，由公安部会同有关部门制定。

第十七条　公安机关对计算机信息系统安全保护工作行使下列监督职权：

监督、检查、指导计算机信息系统安全保护工作；

查处危害计算机信息系统安全的违法犯罪案件；

履行计算机信息系统安全保护工作的其他监督职责。

第二十条　违反本条例的规定，有下列行为之一的，由公安机关处以警告或者停机整顿：

（一）违反计算机信息系统安全等级保护制度，危害计算机信息系统安全的；

（二）违反计算机信息系统国际联网备案制度的；

（三）不按照规定时间报告计算机信息系统中发生的案件的；

（四）接到公安机关要求改进安全状况的通知后，在限期内拒不改进的；

（五）有危害计算机信息系统安全的其他行为的。

第三十条　公安部可以根据本条例制定实施办法。

国务院令第 147 号，一是明确公安行使监督检查信息系统安全保护工作的职权；二是确定了等级保护是计算机信息系统安全保护的一项制度；三是出台配套的规章和技术标准；四是明确公安部门在等级保护工作中的牵头地位。

在国务院令第 147 号的法规指导下，公安机关在信息系统安全等级保护监督检查方面制定了对应的实施条例和方法。

11.1.2 中华人民共和国警察法

2012年10月26日修订的《中华人民共和国警察法》第六条第十二款规定，公安机关人民警察依法履行"监督管理计算机信息系统的安全保护工作。"实施信息安全等级保护是公安机关保障重要信息系统安全的重要手段。组织开展信息安全等级保护工作室公安机关在信息网络领域开展的面向全社会的管理监察工作，是公安机关在信息化、网际空间安全方面开展的一项新的职责。

11.1.3 关于信息安全等级保护工作的实施意见

2004年9月15日，公安部联合其他部门发布《关于信息安全等级保护工作的实施意见》（公通字〔2004〕66号），文件就开展等级保护监督检查工作给出具体实施意见。

在"信息安全等级保护制度的原则"描述中，对"指导监督，重点保护"原则明确指出："国家指定信息安全监管职能部门通过备案、指导、检查、督促整改等方式，对重要信息和信息系统的信息安全保护工作进行指导监督"。这里的信息安全监管职能部门是指公安机关负责信息安全等级保护工作的监督、检查、指导。国家保密工作部门负责等级保护工作中有关保密工作的监督、检查、指导。国家密码管理部门负责等级保护工作中有关密码工作的监督、检查、指导。

在"信息安全等级保护制度的基本内容"一节中明确规定："国家对不同安全保护级别的信息和信息系统实行不同强度的监管政策"。具体来讲：第一级依照国家管理规范和技术标准进行自主保护；第二级在信息安全监管职能部门指导下依照国家管理规范和技术标准进行自主保护；第三级依照国家管理规范和技术标准进行自主保护，信息安全监管职能部门对其进行监督、检查；第四级依照国家管理规范和技术标准进行自主保护，信息安全监管职能部门对其进行强制监督、检查；第五级依照国家管理规范和技术标准进行自主保护，国家指定专门部门、专门机构进行专门监督。

在"实施信息安全等级保护工作的要求"中指出，"公安机关按照等级保护的管理规范和技术标准的要求，重点对第三、第四级信息和信息系统的安全等级保护状况进行监督检查"。发现确定的安全保护等级不符合等级保护的管理规范和技术标准的，要通知信息和信息系统的主管部门及运营、使用单位进行整改；发现存在安全隐患或未达到等级保护的管理规范和技术标准要求的，要限期整改，使信息和信息系统的安全保护措施更加完善。对信息系统中使用的信息安全产品的等级进行监督检查。

11.1.4 信息安全等级保护管理办法

2007年6月22日发布的《信息安全等级保护管理办法》（公通字〔2007〕43号）是为规范信息安全等级保护管理，提高信息安全保障能力和水平，维护国家安全、社会稳定和公共利益，保障和促进信息化建设，根据《中华人民共和国计算机信息系统安全保护条例》等有关法律法规而制定的办法。该方法对公安机关开展监督检查工作给出具体方法指导。

《信息安全等级保护管理办法》第二条规定："国家通过制定统一的信息安全等级保护管理规范和技术标准，组织公民、法人和其他组织对信息系统分等级实行安全保护，对等级保护工作的实施进行监督、管理"。

《信息安全等级保护管理办法》第三条规定:"公安机关负责信息安全等级保护工作的监督、检查、指导"。

《信息安全等级保护管理办法》第八条规定:"国家有关信息安全监管部门对其信息安全等级保护工作进行监督管理。第三级信息系统,国家信息安全监管部门对该级信息系统信息安全等级保护工作进行监督、检查。第四级信息系统,国家信息安全监管部门对该级信息系统信息安全等级保护工作进行强制监督、检查。第五级信息系统,国家指定专门部门对该级信息系统信息安全等级保护工作进行专门监督、检查。"

11.1.5 公安机关信息安全等级保护检查工作规范

2008年6月10日,为配合《信息安全等级保护管理办法》(公通字〔2007〕43号)的贯彻实施,严格规范公安机关信息安全等级保护检查工作,实现检查工作的规范化、制度化,公安部制定了《公安机关信息安全等级保护检查工作规范(试行)》(公信安〔2008〕736号)。文件就检查内容、检查项目、检查规范、检查要求、违规处理进行了详细说明,同时给出信息安全等级保护监督检查通知书、信息安全等级保护监督检查记录、信息系统安全等级保护限期整改通知书、信息安全等级保护检查情况通报书的格式规范,为公安机关开展信息安全等级保护检查工作给出具体规范指导。

11.1.6 关于开展信息安全等级保护专项监督检查工作的通知

2010年9月1日,公安部十一局为了推动信息安全等级保护工作,加强信息安全等级保护制度建设,提高我国重要信息系统和信息网络的安全水平,下发了《关于信息安全等级保护专项监督检查工作的通知》(公信安〔2010〕1175号)。通知文件围绕检查目的、检查内容、检查方式、进度安排给出具体工作要求。

11.2 公安机关的监督检查工作内容

11.2.1 工作目的

公安机关开展等级保护监督检查,其目的在于全面了解掌握各行业、各地区、各单位信息安全等级保护定级备案、等级测评、安全建设整改等工作部署和贯彻落实情况,总结开展信息安全等级保护工作的成功经验,查找分析工作中存在的突出问题,督促、指导各备案单位进一步落实信息安全等级保护制度的各项要求,建立健全等级保护监督检查工作的长效机制。检查核实信息系统运营使用、建设单位的等级保护工作开展和落实情况,重点督促、检查安全设施、安全措施、安全管理制度、安全责任、责任部门和人员。

11.2.2 信息安全等级保护监督检查内容

信息安全等级保护主要围绕下面10个内容进行全面检查。

① 等级保护工作组织开展、实施情况。安全责任落实情况，信息系统安全岗位和安全管理人员设置情况；
② 按照信息安全法律法规、标准规范的要求制定具体实施方案和落实情况；
③ 信息系统定级备案情况，信息系统变化及定级备案变动情况；
④ 信息安全设施建设情况和信息安全整改情况；
⑤ 信息安全管理制度建设和落实情况；
⑥ 信息安全保护技术措施建设和落实情况；
⑦ 选择使用信息安全产品情况；
⑧ 聘请测评机构按规范要求开展技术测评工作情况，根据测评结果开展整改情况；
⑨ 自行定期开展自查情况；
⑩ 开展信息安全知识和技能培训情况。

具体展开来讲，主要项目如下。

1．等级保护工作部署和组织实施情况

① 是否下发开展信息安全等级保护工作的文件，出台有关工作意见或方案，了解组织开展信息安全等级保护工作。
② 是否建立或明确安全管理机构，落实信息安全责任，落实安全管理岗位和人员。
③ 是否依据国家信息安全法律法规、标准规范等要求制定具体信息安全工作规划或实施方案。
④ 是否制定本行业、本部门信息安全等级保护行业标准规范并组织实施。

2．信息系统安全等级保护定级备案情况

① 是否存在未定级、备案信息系统情况以及定级信息系统有关情况，定级信息系统是否存在定级不准。
② 现场查看备案的信息系统，核对备案材料，备案单位提交的备案材料是否与实际情况相符合。
③ 是否补充提交《信息系统安全等级保护备案登记表》表四中有关备案材料。
④ 信息系统所承载的业务、服务范围、安全需求等是否发生变化，以及信息系统安全保护等级是否变更。
⑤ 新建信息系统是否在规划、设计阶段确定安全保护等级并备案。

3．信息安全设施建设情况和信息安全整改情况

① 是否部署和组织开展信息安全建设整改工作。
② 是否制定信息安全建设规划、信息系统安全建设整改方案。
③ 是否按照国家标准或行业标准建设安全设施，落实安全措施。

4．信息安全管理制度建立和落实情况

① 是否建立基本安全管理制度，包括机房安全管理、网络安全管理、系统运行维护管理、系统安全风险管理、资产和设备管理、数据及信息安全管理、用户管理、备份与恢复、密码管理等制度。

② 是否建立安全责任制，系统管理员、网络管理员、安全管理员、安全审计员是否与本单位签订信息安全责任书。
③ 是否建立安全审计管理制度、岗位和人员管理制度。
④ 是否建立技术测评管理制度，信息安全产品采购、使用管理制度。
⑤ 是否建立安全事件报告和处置管理制度，制定信息系统安全应急处置预案，定期组织开展应急处置演练。
⑥ 是否建立教育培训制度，是否定期开展信息安全知识和技能培训。

5．信息安全产品选择和使用情况

① 是否按照《信息安全等级保护管理办法》要求的条件选择使用信息安全产品。
② 是否要求产品研制、生产单位提供相关材料。包括营业执照，产品的版权或专利证书，提供的声明、证明材料，计算机信息系统安全专用产品销售许可证等。
③ 采用国外信息安全产品的，是否经主管部门批准，并请有关单位对产品进行专门技术检测。

6．聘请测评机构开展技术测评工作情况

① 是否按照《信息安全等级保护管理办法》的要求部署开展技术测评工作。对第三级信息系统每年开展一次技术测评，对第四级信息系统每半年开展一次技术测评。
② 是否按照《信息安全等级保护管理办法》规定的条件选择技术测评机构。
③ 是否要求技术测评机构提供相关材料。包括营业执照、声明、证明及资质材料等。
④ 是否与测评机构签订保密协议。
⑤ 是否要求测评机构制定技术检测方案。
⑥ 是否对技术检测过程进行监督，采取了哪些监督措施。
⑦ 是否出具技术检测报告，检测报告是否规范、完整，检查结果是否客观、公正。
⑧ 是否根据技术检测结果，对不符合安全标准要求的，进一步进行安全整改。

7．定期自查情况

① 是否定期对信息系统安全状况、安全保护制度及安全技术措施的落实情况进行自查。第三级信息系统是否每年进行一次自查，第四级信息系统是否每半年进行一次自查。
② 经自查，信息系统安全状况未达到安全保护等级要求的，运营、使用单位是否进一步进行安全建设整改。

公安机关在对信息系统检查时，下发《信息安全等级保护监督检查通知书》和《信息安全等级保护监督检查记录》，就上述检查内容进行告知。

11.2.3 检查方式和检查要求

① 公安机关开展检查工作，应当按照"严格依法，热情服务"的原则，遵守检查纪律，规范检查程序，主动、热情地为运营使用单位提供服务和指导。
② 检查工作采取询问情况，查阅、核对材料，调看记录、资料，现场查验等方式进行。
③ 每年对第三级信息系统的运营使用单位信息安全等级保护工作检查一次，每半年对第四级信息系统的运营使用单位信息安全等级保护工作检查一次。公安机关按照"谁受理备

案,谁负责检查"的原则开展检查工作。具体要求是:对跨省或者全国联网运行、跨市或者全省联网运行等跨地域的信息系统,由部、省、市级公安机关分别对所受理备案的信息系统进行检查。对辖区内独自运行的信息系统,由受理备案的公安机关独自进行检查。对跨省或者全国联网运行的信息系统进行检查时,需要会同其主管部门。因故无法会同的,公安机关可以自行开展检查。

④ 公安机关开展检查前,应当提前通知被检查单位,并发送《信息安全等级保护监督检查通知书》。

⑤ 检查时,检查民警不得少于两人,从事检查工作的民警应当经过省级以上公安机关组织的信息安全等级保护监督检查岗位培训。并应当向被检查单位负责人或其他有关人员出示工作证件。检查中填写《信息系统安全等级保护监督检查记录》。检查完毕后,《信息系统安全等级保护监督检查记录》应当交被检查单位主管人员阅后签字;对记录有异议或者拒绝签名的,监督、检查人员应当注明情况。《信息系统安全等级保护监督检查记录》应当存档备查。

⑥ 公安机关实施信息安全等级保护监督检查的法律文书和记录,应当统一存档备查。并对检查工作中涉及的国家秘密、工作秘密、商业秘密和个人隐私等应当予以保密。

⑦ 对备案单位重要信息系统发生的事件、案件及时进行调查和立案侦查,并制定单位开展应急处置工作,为备案单位提供有力支持。

⑧ 公安机关进行安全检查时不得收取任何费用。

11.2.4 公安机关对不符合监督检查工作要求的处理

检查时,发现不符合信息安全等级保护有关管理规范和技术标准要求,具有下列情形之一的,应当通知其运营使用单位限期整改,并发送《信息系统安全等级保护限期整改通知书》。逾期不改正的,给予警告,并向其上级主管部门通报:

(一)未按照《信息安全等级保护管理办法》开展信息系统定级工作的;
(二)信息系统安全保护等级定级不准确的;
(三)未按《信息安全等级保护管理办法》规定备案的;
(四)备案材料与备案单位、备案系统不符合的;
(五)未按要求及时提交《信息系统安全等级保护备案登记表》表四的有关内容的;
(六)系统发生变化,安全保护等级未及时进行调整并重新备案的;
(七)未按《信息安全等级保护管理办法》规定落实安全管理制度、技术措施的;
(八)未按《信息安全等级保护管理办法》规定开展安全建设整改和安全技术测评的;
(九)未按《信息安全等级保护管理办法》规定选择使用信息安全产品和测评机构的;
(十)未定期开展自查的;
(十一)违反《信息安全等级保护管理办法》其他规定的。

公安机关针对检查发现的问题,需要信息系统单位限期整改的,应当出具《整改通知》,自检查完毕之日起 10 个工作日内送达被检查单位。同时,信息系统运营使用单位整改完成后,应当将整改情况报公安机关,公安机关应当对整改情况进行检查。

11.3 政府和互联网网站的安全监管工作

截至 2014 年 12 月底，中国网站总量达到 364.7 万余个。网站主办者近 285 万个，其中网站主办者为单位的约 211.9 万个、网站主办者为个人的 73.1 万余个。依据《公安机关政府网站安全监管工作规范》（公信安〔2014〕795 号）第二条规定，政府网站是指党政机关理论互联网发布信息、提供在线服务、开展互动交流等而建立的网站系统。随着党政机关网站承载的业务不断增加，涉及政务信息、商业秘密和个人信息的内容越来越多，党政机关网站及电子邮件系统日益成为不法分子和各种犯罪组织的重点攻击对象，安全面临大挑战。

11.3.1 网站安全管理的重要性和紧迫性

随着信息技术的广泛深入应用，特别是电子政务的不断发展，党政机关网站作用日益突出，已经成为宣传党的路线方针政策、公开政务信息的重要窗口，成为各级党政机关履行社会管理和公共服务职能、为民办事和了解掌握社情民意的重要平台。近年来，各地区各部门按照党中央、国务院的要求，在推进党政机关网站建设的同时，认真做好网站安全管理工作，保证了党政机关网站作用的发挥。随着党政机关网站承载的业务不断增加，涉及政务信息、商业秘密和个人信息的内容越来越多，党政机关网站及电子邮件系统日益成为不法分子和各种犯罪组织的重点攻击对象，安全管理面临更大挑战。

当前党政机关网站安全管理工作中存在问题主要表现为：管理制度不健全，开办审批不严格，一些不具备资格的机构注册开办党政机关网站，还有一些不法分子仿冒党政机关网站，严重影响党和政府形象，侵害公众利益；一些单位对网站安全管理重视不够，安全投入相对不足，安全防护手段滞后，安全保障能力不强，网站被攻击、内容被篡改以及重要敏感信息泄露等事件时有发生；一些网站信息发布、转载、链接管理制度不严格，信息内容缺乏严肃性，保密审查制度不落实；党政机关电子邮件安全管理要求不明确，人员安全意识不强，邮件系统被攻击利用、通过电子邮件传输国家秘密信息等问题比较严重，威胁国家网络安全。

因此，加强网站的安全管理建设和监管势在必行。

11.3.2 网站安全现状和常见威胁分析

1998 年，我国建立了第一个政府网站——青岛政务信息公众网。1999 年，40 多家部委发起"政府上网工程"。2007 年 1 月 17 日，国务院第 165 次常务会议通过的国务院第 492 号令《中华人民共和国政府信息公开条例》中第十五条规定：行政机关应当将主动公开的政府信息，通过政府公报、政府网站、新闻发布会以及报刊、广播、电视等便于公众知晓的方式公开。

各级政府逐渐重视信息化建设，许多政府机构都建立了自己的网站。然而目前政府网站还缺乏足够的重视和维护，已成为网络安全中最薄弱的一环。2014 年，我国境内被篡改的网站数量为 36969 个，政府网站被篡改数量为 1763。从域名类型来看，2014 年我国境内被篡改网站中，政府类（.gov）网站占 611.3%，教育类（.edu）网站占 30.8%，其他占 1.9%。被挂马的政府网站（.gov.cn 域名网站）数量为 23618 个，占全部挂马网站总数的 9.69%。监测到 40186 个网站被植入后门，其中政府网站有 1529 个。共收集整理 2394 个高危漏洞，Web 应用漏洞占 16.1%。

由于网站具有面向互联网提供信息服务的特点，带有各种动机的攻击者可能会利用网站开放的服务端口和一定的访问权限进一步探测其安全漏洞，以获取未授权的信息访问。党政机关门户网站更由于其代表政府的特殊属性，备受公众和攻击者的关注。因此，针对党政机关门户网站的安全威胁，无论从威胁来源、威胁动机和威胁方式分析，具有以下特点。

① 威胁来源：党政机关门户网站系统作为信息系统，与一般信息系统一样其安全威胁会来自如自然环境、设备故障、内部人员恶意或无意的行为等，但最主要的安全威胁来源是来自互联网的攻击者。

② 威胁动机：党政机关门户网站作为党政机关的网络形象和宣传窗口，承载了信息发布、形象展示、办事指南、交流互动和信息收集等功能。攻击者入侵网站的动机可能是窃取用户私有信息、控制并占用服务器资源、破坏政府形象和干扰政府工作秩序等。

③ 威胁方式：针对党政机关门户网站的威胁方式主要为网络攻击、删改或插入信息内容、中断服务、越权访问以及网站发布管理不当等。

下面针对门户网站系统，从攻击导致信息泄露、页面修改、系统被控制和系统被破坏等 4 类后果角度，对攻击方式进行分类阐述如表 11-1 所示。

表 11-1 网站安全攻击方式

攻击后果	攻击方式	攻击描述
网页篡改	获取管理接口	攻击者通过猜测、社会工程等方式获取管理后台、Web 服务器、程序处理接口、中间件接口等关键、敏感的页面，实施进一步攻击，获取访问权限，随后即可对网站内容进行删改或插入
	认证绕过	攻击者利用代码编写缺陷造成的漏洞，在身份鉴别时输入特定语句即可绕过身份鉴别。也可对采用 Cookie 技术的网站进行 Cookie 欺骗，从而绕过身份验证直接访问相应页面进行非授权操作
	暴力破解	攻击者可对仅采用"用户名+口令"方式进行身份鉴别的 Web 应用进行字典攻击，检测是否存在常见用户名和弱口令
	跨站请求伪造	跨站请求伪造是一种挟制终端用户在当前已登录的 Web 应用程序上执行非本意的操作的攻击方法。攻击者利用特意构造的请求，迫使 Web 应用程序的用户执行攻击者选择的操作，如银行转账、恶意发帖等
	危险请求	当网站对请求的访问控制不当时，攻击者可采用 PUT 方法直接上传文件，或 DELETE 方法直接删除服务器文件
	暗链	暗链攻击是指在未授权的情况下，通过各类攻击手段，在网站中植入浏览器不可见的链接代码，提高链接所指向的知名度，这些链接所指网页通常无恶意行为能力，主要包括：情色、赌博、欺诈类非法商品、政治性内容
服务中断	应用层拒绝服务	攻击者可以利用递归载荷、XML 解析器弱点等向 Web 服务发送大量或异常请求，形成拒绝服务攻击
	网络层拒绝服务	攻击者针对服务器 IP 地址发起大量网络层数据包，包括 SYN flood 攻击、UDP 大包攻击等，导致网络阻塞，形成拒绝服务攻击
系统被控	文件上传	攻击者可利用网站上传功能中未对上传文件格式进行严格的过滤的缺陷，上传脚本后门程序，从而获取服务器管理权限
	SQL 注入	攻击者可通过将 SQL 命令插入页面请求中，欺骗服务器执行恶意的 SQL 命令，实现对数据库的非授权修改、插入和删除。攻击成功后利用数据库安全配置漏洞，甚至可执行操作系统命令，获取服务器管理权限
	命令注入	攻击者可利用 Web 应用缺乏输入有效性验证缺陷、Web 应用代码缺陷，通过向服务器提交恶意代码从而在 Web 服务器上运行命令
	旁注攻击	如果网站服务器部署了多个网站系统，攻击者可利用其中一个网站存在的安全问题，获取服务器管理权限，进而攻击服务器中其他网站
	缓冲区溢出攻击	缓冲区溢出由于应用程序对输入数据的验证不严格，攻击者通过输入超长内容可造成程序缓冲区溢出，缓冲区溢出攻击可能导致系统异常或使攻击者获取执行系统命令的权限

续表

攻击后果	攻击方式	攻击描述
信息泄露	漏洞扫描	攻击者利用漏洞扫描工具探测目标网站服务器或应用系统,分析返回的响应信息和系统指纹特征,判断服务器或应用类型,甚至可能直接获取目标系统漏洞信息
	目录遍历	攻击者通过尝试遍历每个可能存在的目录,试图探测到数据库、管理接口、上传目录、不安全组件等等所在目录。攻击者可以利用获取到的信息定位有关数据文件并下载、对管理接口进行登录尝试、对不安全组件漏洞进行攻击等。攻击者也可以访问未限制浏览权限的目录并下载文件
	文件包含	当服务器对要包含的文件过滤不严格时,攻击者可以通过向服务器发送包含目标系统文件或恶意程序文件等请求,达到读取服务器重要文件或上传恶意代码到服务器上的目的
	利用冗余信息	攻击者通过访问无效页面、提交非法字符或超长内容等操作造成WEB应用出错,分析返回的错误信息,可能获得文件绝对路径、软件版本等敏感信息。攻击者也可以从网站上未及时清理的默认配置生成文件、临时文件、备份文件等中获取有用的信息
	越权访问	攻击者利用网站管理员对页面或数据访问权限授权不严格或粒度不足,越权访问未预期公开的信息
	嗅探监听	攻击者监听用户与网站服务器的通信过程,截取未经有效加密的用户身份鉴别信息和其它敏感信息
	获取明文存储信息	攻击者获得系统访问权限后,可获取网站服务器或数据库中明文存放的管理用户信息、用户私有信息,如网站管理员账号,中间件管理员账号,用户电话、住址、身份证号、银行账号等,可能造成大量用户信息泄露
	跨站脚本	攻击者利用Web应用缺乏输入有效性验证的漏洞,构造包含恶意脚本的链接,致使客户端使用相关链接时执行恶意脚本,从而盗取用户信息
	社会工程	攻击者利用社会工程学进行收集、分析、整理网站信息、管理者信息和员工信息,获取机构组织关系、用户名、电话号码等信息,以便在攻击中使用这些信息

11.3.3 政府网站监管工作的法规依据

政府网站是我国各级人民政府及其部门履行职能、面向社会提供服务的重要手段和渠道,在提供行政效能、提升政府公信力等方面日益发挥着重要作用。但是由于政府网站的安全管理工作不规范、安全漏洞和隐患突出,近年来我国政府网站遭受网络攻击和篡改的案事件频繁发生,严重影响和损害党及政府形象,甚至危及国家安全和社会稳定。因此,加强政府网站监管,规范和约束政府网站运行维护单位工作,具有重大意义。

1. 国务院办公厅关于进一步加强政府网站管理工作的通知

2011年4月21日,国务院办公厅发布《关于进一步加强政府网站管理工作的通知》(国办函〔2011〕40号),通知指出:"政府网站运行维护单位要按照信息安全等级保护的要求,定期对网站进行安全检查,及时消除隐患"。政府网站管理要按照谁主管谁负责、谁运行谁负责的原则,强化管理和责任,确保网站管理工作落实到人,做到不办则已,办则有人管、能管好。各地区、各部门要对政府网站管理工作开展经常性的督促检查,并使之制度化、常态化,及时发现并妥善解决存在的问题。

2. 关于加强党政机关网站安全管理的通知

2014年5月9日,中央网络安全和信息化领导小组办公室发布《关于加强党政机关网站安全管理的通知》(网办发文〔2014〕1号),围绕充分认识加强党政机关网站安全管理的重要性和紧迫性、严格党政机关网站的开办审核、严格党政机关网站信息发布、转载和链接管理、强化党政机关网站应用安全管理、建立党政机关网站标识制度、加强党政机关电子邮件安全管理、加强党政机关网站技术防护体系建设、加强对党政机关网站安全管理工作的组织领导等八项工作给出指导。

在"加强党政机关网站技术防护体系建设"中明确指出:"各地区各部门在规划建设党政机关网站时,应按照同步规划、同步建设、同步运行的要求,参照国家有关标准规范,从业务需求出发,建立以网页防篡改、域名防劫持、网站防攻击以及密码技术、身份认证、访问控制、安全审计等为主要措施的网站安全防护体系。切实落实信息安全等级保护等制度要求,做好党政机关网站定级、备案、建设、整改和管理工作。"

在"加强对党政机关网站安全管理工作的组织领导"中指出:"各地区各部门要按照谁主管谁负责、谁运行谁负责的原则,切实承担起本地区本部门党政机关网站安全管理责任",同时指出"中央和地方网络安全和信息化领导小组办事机构要做好党政机关网站安全工作的协调、指导和督促检查。中央和国家机关各部门网站和省市两级党政机关门户网站、电子邮件系统等每半年进行一次全面的安全检查和风险评估"。并进一步指出对违反制度规定、有章不循、有禁不止,造成泄密和安全事件的要依法依纪追究当事人和有关领导的责任。

3. 国务院办公厅关于加强政府网站信息内容建设的意见

2014年12月01日,国务院办公厅关于加强政府网站信息内容建设的意见。意见指出:"建好管好政府网站是各级政府及其部门的重要职责"。指出政府网站主要工作核心是信息发布更新、政策解读、社会热点回应、互动交流、引导舆论。将政府网站打造成更加及时、准确、有效的政府信息发布、互动交流和公共服务平台。同时意见指出:"把政府网站建设管理作为主管主办单位目标考核和绩效考核的内容之一,建立政府网站信息内容建设年度考核评估和督查机制,分级分类进行考核评估,使之制度化、常态化"。

4. 国务院办公厅关于开展第一次全国政府网站普查的通知

2015年03月24日,国务院办公厅为推进全国政府网站信息内容建设有关工作,提高政府网站信息发布、互动交流、便民服务水平,全面提升各级政府网站的权威性和影响力,维护政府公信力,发布《国务院办公厅关于开展第一次全国政府网站普查的通知》,决定在全国第一次政府网站普查。通知指出:"对普查中发现存在问题的网站,督促其整改,问题严重的坚决予以关停"。普查范围包括:地方各级人民政府网站,县级以上(含县级)地方人民政府各部门及下属参照公务员法管理的事业单位网站;国务院各部门(含国务院部委管理的国家局,下同)及其内设机构网站,国务院各部门下属参照公务员法管理的事业单位网站。同年2015年12月4日发布《国务院办公厅关于第一次全国政府网站普查情况的通报》,通报指出:"普查发现存在严重问题并关停上移的16049个政府网站"。全国政府网站普查工作今后会成为常态性工作。

5. 关于加强政府网站安全监管工作的指导意见

为进一步履行公安机关的网络安全监管职责,切实加强政务网站的安全监管工作,公安部于2014年3月8日发布《关于加强政府网站安全监管工作的指导意见》(公信安〔2014〕353号,以下简称《指导意见》)文件。

《指导意见》提出"依法管网、以人管网和技术管网"的总体要求。明确政府网站实行"开办有责,属地管理"的原则。公安机关要严格履行监管职能,督促政府落实网站安全责任,开展网站安全监测、及时侦查打击攻击政府网站的违法活动。

《指导意见》明确指出:"各级公安网安部门要建立与本地政府的日常联系渠道,加强对本地政府网站的安全检查。对于不重视政府网站安全保护或不落实整改要求的单位，公安机关要向当地党委政府报告，并督促其落实各项要求，情节严重的，要依法给予处罚；对因落实相关保护措施，造成网站被攻击篡改的，公安机关要依法予以处罚并通报有关部门追究责任。"

同时，《指导意见》对公安机关开展政府网站安全将工作给出具体指导，主要包括 7 方面的内容：① 开展政府网站定级备案工作；② 与政府网站备案单位签订安全责任书，明确政府网站安全责任；③ 加强监督指导，落实网站安全防护措施；④ 开展安全监测、及时发现安全隐患和攻击行为；⑤ 建立有效机制，及时果断处置网站安全事件；⑥ 加强情报侦探和监控，及时获取行动性信息；⑦ 加强案件侦查，严厉打击攻击政府网站的行为。

6．关于开展国家级重要信息系统和重点网站安全执法检查工作的通知

为进一步摸清国家级重要信息系统和重点网站网络安全工作开展情况，进一步排查网络安全风险和隐患，督促责任单位限期整改，堵塞网络安全漏洞；监督、指导信息安全等级保护制度的贯彻落实，切实提高国家级重要信息系统和重点网站防入侵、防窃密、防篡改的综合防护能力，坚决防止发生重大网络安全事件（事故），切实维护国家安全、社会公共安全和关键信息基础设施安全。公安部下发《关于开展国家级重要信息系统和重点网站安全执法检查工作的通知》，就工作目标、检查范围、检查内容、检查安排、工作要求给出具体说明。

通知要求重点检查各单位、各部门网络安全工作的基本情况以及重要信息系统和重点网站的安全保护情况，查找问题、隐患并督促整改。内容包括检查国家级重要信息系统行业主管部门、国家级重要信息系统运营使用单位、国家级重要信息系统、政府部门、企事业单位、非政府组织网站和大型互联网网站。具体检查范围包括：

一是国家级重要信息系统。根据公安部、国家发改委、财政部《关于加强国家级重要信息系统安全保障工作有关事项的通知》（公信安〔2014〕2182 号），主要涉及能源、金融、电信、交通、广电、海关、税务、人力资源社会保障、教育、卫生计生等行业主管部门和信息系统运营使用单位。

二是政府部门和企事业单位的网站。主要包括中央驻蚌单位、市、区县党委和政府各组成部门网站；教育、卫生计生、金融机构、中央企业和国有企业、科研机构等企事业单位网站；社会团体、基金会等非政府组织（NGO）网站。

三是省、市两级大型互联网综合、搜索、新闻、电商、社交、IT、财经等门户网站。

通知给出，公安机关要建立本地政府网站监测技术手段，及时发现网站遭攻击篡改事件，组织力量第一时间赶赴现场，对网站采取停机整顿措施，查封相关设备，固定证据、立案侦查。要将网站遭攻击篡改情况及时通报当地党委政府、上级主管部门和纪检监察部门，建议进行责任倒查，追究相关领导、人员的责任。

7．公安机关政府网站安全监管工作规范

为了配合《关于加强政府网站安全监管工作的指导意见》（公信安〔2014〕353 号）的贯彻实施，严格规范公安机关开展政府网站安全监管工作，切实提高党政机关政府网站安全防护能力和水平，公安部于 2014 年 5 月 16 日制定《公安机关政府网站安全监管工作规范》（公信安〔2014〕795 号）并发布。公安机关政府网站工作规范共计 28 条，包括总则、监督检查、监测处置、工作保障和附则五章内容。

为明确和落实网站开办单位的安全管理责任及公安机关的安全监管责任，该规范同时发布《政府网站安全责任书》，责任书一式 4 份，由网站开办单位、公安机关及其双方监察部门各村一份。同时提供《政府网站安全检查记录》从网站安全责任制落实情况、网站安全管理措施落实情况、网站安全技术措施防护情况三大内容，覆盖网站责任制落实情况、网站网络安全工作保障情况、网站监测情况、网站管理情况、网站信息巡查情况、网站边界防护情况、网站内容安全防护情况、网站应用安全防护措施、网站服务器安全防护措施9方面，共计 100 项，全面细致对政府网站安全进行检查记录。针对政府网站检查出现的问题，给网站开办单位发送《信息系统安全等级保护限期整改通知书》、《政府网站安全隐患告知书》，要求限期进行整改。

11.3.4 公安机关的网站监管工作内容

1. 指导思想和总体目标

《关于加强政府网站安全监管工作的指导意见》中明确给出"各地公安机关网安部门要以习近平总书记讲话精神和党的十八大、十八届三中全会精神为指导，深入贯彻落实中央关于加强网络安全工作的一系列重要，按照'依法管网、以人管网和技术管网'的总体要求，检查政府网站'开办有责，属地管理'的原则，认真履行公安机关的监管职能，督促落实政府网站安全责任，强化网站安全监测，及时侦测打击攻击政府网站的违法犯罪活动，切实提高公安机关的网络安全监管能力和水平"。提出针对政府网站监管是"依法管网、以人管网和技术管网"的总体要求，政府网站要遵从"开办有责，属地管理"的工作原则。

工作目标是采取有效措施，使政府网站安全责任基本落实，安全管理水平明显提高，安全技术防范措施明显增强，政府网站抵御攻击破坏的能力显著提高，安全事件（事故）大幅下降，切实保障政府网站的安全稳定运行。具体来讲，要求公安机关分 2 步走：首先全面摸清县级以上政府网站底数，加强备案管理，做到"底数清、情况明"；落实网站安全监管责任，监督、检查、指导政府网站责任部门健全网站安全管理制度和技术防范措施，开展安全测评和整改加固，全国提升政府网站的安全保护能力。其次建立部、省、市三级政府网站安全监测体系，健全完善政府网站安全监管、应急处置和案事件侦查调查等工作机制。

2. 对公安机关的监督检查要求和内容

公安机关网络安全保卫部门全面负责我国互联网网站的信息安全监管工作。《公安机关政府网站安全监管工作规范》第三条规定："公安机关网络安全保卫部门开展我国政府网站的信息网络安全监管"。同时，第二十七条规定"网安部门对事业单位、国有企业及社会团队开办的互联网网站应参照本规范要求加强监管"。网安部门自 2014 年 6 月 1 日起，全面负责我国互联网网站的信息安全监管工作。

① 落实政府网站开办单位的安全责任。各级网安部门要与县级以上政府网站开办单位签订《政府网站安全责任书》，落实安全责任。按照"开办有责"的原则，各级公安网安部门要与政府网站备案单位签订政府网站安全责任书，逐一落实政府网站安全的责任单位、监管单位及其具体负责人，明确各项工作要求，确保每个政府网站都有人建、有人管。对新建的政府网站，要先确定网站安全保护等级并及时到备案，并纳入公安机关监管范围。同时，要按照国家有关法律法规要求，建立本地政府网站开办安全审核制度。

② 依据《信息安全等级保护管理办法》，开展政府网站定级备案工作。公安机关要督促政府部门及其所属单位落实国家信息安全等级保护制度要求，按照《信息系统安全等级保护定级指南》及其行业主管部门有关指导意见，开展政府网站定级备案工作。按照"属地管理"的原则，省、市、县（区）三级公安机关网安部门分别受理同级政府部门及其所属单位的政府网站备案。其中，党中央国务院组成部门及其所属单位的政府网站备案由北京市公安局网安部门开展。政府网站开办单位在新建和改建政府网站时，首先确定网站安全保护等级，再开展建设。网站在正式投入使用前应当进行等级保护安全测评，如不符合国家信息安全等级保护管理规范和技术标准要求，应进行安全整改。

③ 定期现场检查，加强监督指导，落实网站安全防护措施。公安机关要定期开展政府网站安全检查，对县级以上政府网站的现场检查每年至少开展一次。按照"谁主管，谁负责"的原则，督促政府部门建立网站用户注册登记、信息巡查等安全管理制度，落实用户日志留存、违法有害信息屏蔽过滤等技术措施。督促网站开办者按照国家信息安全等级保护制度要求，建立并落实安全管理制度和责任追究制度，建设安全防护措施，加强网站安全监测和测评，查找网站安全隐患并及时整改，组织开展应急演练，提高网站抵御攻击破坏的能力。

④ 定期远程技术监测，开展整改工作，及时发现安全隐患和攻击行为。网安部门对所有政府网站分级开展技术监测，技术发现网站安全漏洞、隐患和攻击事件，及时进行通报预警。对县级以上政府网站的远程技术监测每半年至少开展一次。对发现存在安全隐患问题政府网站，给政府网站开办单位发出《政府网站安全隐患告知书》和《信息系统安全等级保护限期整改通知书》，如果问题比较严重，则必须同时通报上级主管部门。根据检查反馈意见，督促网站安全责任单位限期整改。对整改不合格的，要责令其停机整顿；对无法保证安全运行的，要通报其主管部门建议关闭。同时，要督促并指导政府网站安全责任单位充分发挥网站运行维护单位和技术支撑单位的作用，组织专门力量，利用技术扫描和人工监测相结合的方式，对本单位政府网站开展实时监测，及时发现问题，及时进行整改。

⑤ 采取多种有效机制，及时果断处置网站安全事件。要求各级公安网安部门要与政府网站安全责任单位建立安全事件（事故）发现报告、联合调查处置机制，要求网站安全责任单位一旦发现网站被攻击篡改或停止服务等情况，必须第一时间向受理备案的公安机关报告，并启动应急处置预案进行处置，建立处置工作台账。网安部门要与政府部门建立网络安全监测预警通报机制，及时掌握网络攻击、病毒疫情和安全漏洞等情况，及时向政府部门通报和预警。网安部门要与政府网站开办单位建立信息网络安全事件应急处置机制，明确应急联络人、联络方式，制定应急处置预案，组建技术支撑队伍，确保安全隐患或安全事件能够快速处置，消除不利影响。网安部门要与政府网站开办单位建立安全事件报告制度，及时向公安机关报告网站被攻击、篡改等事件情况，同时启动应急预案进行处置，处置工作中要注意保存相关原始数据，以备网安部门开展实践调查和案件侦查使用。网安部门要建立安全管理和案件侦查部门联合调查机制，对政府网站开办单位报告或其他渠道通报疑似为网站被攻击事件的，应当由重要信息系统安全监察、案件侦查等部门民警组成联合调查组，立即启动事件调查程序。在案事件调查处置后，应及时填写《政府网站安全案事件调查处置情况记录单》，并逐级上报至公安部网络安全保卫局。

⑥ 加强情报侦探和监控，及时获取行动性信息。加强对境外黑客组织的侦控，对黑客组织的网站、博客和推特账号进行实时监控，技术发现政府网站遭攻击篡改情况，第一时间

通报处置，及时消除影响。

⑦ 加强案件侦查，严厉打击攻击政府网站的行为。对攻击政府网站的违法犯罪行为，各级公安网安部门要及时开展调查、搜索线索，固定证据，并开展案件线索串并工作，深挖幕后组织策划者和实施者。针对仿冒政府网站或在政府网站挂马、获取非法经济利益的违法犯罪行为，要予以坚决打击。

⑧ 公安机关在开展政府网站安全现场检查时，需要提前做好如下工作：
- 明确检查对象、检查内容，掌握被检查单位的基本情况。
- 成立检查组，明确检查任务分工，对检查组成员开展必要的培训。
- 提前通知检查对象，做好检查准备工作。
- 开展现场检查，做好检查记录。
- 现场通报并确认检查结果，发现重大问题须立即整改的，现场责令整改。
- 及时梳理研究检查结果，反馈检查意见，对于存在问题的下发《信息系统安全等级保护限期整改通知书》，存在重大问题的，通报上级主管部门。

⑨ 对政府网站开展的远程技术检测不得影响网站正常运行。

⑩ 定期汇总分析本地发生的政府网站安全事件、事故、案件情况，从案事件类型、成因、影响等方面，分析特点、规律、趋势等，提出对策建议、形成分析报告，并逐级上报至公安部网络安全保卫局。对政府网站安全监管情况建立工作台账，每年对本地政府网站安全监管情况进行汇总分析，报告本地党委政府和上级公安网安部门。

⑪ 《公安机关政府网站安全监管工作规范》第四章，对网安部门开展政府网站监管给予工作保障方面的明确说明：
- 网安部门要配备政府网站安全监管的专门人员
- 落实检查、应急处置、情报收集研判、宣传培训等方面年度业务经费。
- 装备政府网站安全监测、远程技术检测等必要的工具平台。
- 选择可信、可靠且具备技术实力的社会力量，作为开展政府网站技术检测和应急处置的技术支持队伍，并做好日常组织管理工作。
- 与党政部门、技术支撑单位和网络安全专家等，建立重大网络安全事件事故应急处置机制，定期开展应急演练，提高应急处置能力。
- 定期对民警开展网络安全监管业务培训，定期对网站政府责任部门领导和相关人员开展安全培训，提升网络安全意识和防范能力。

3．对政府网站的监督检查要求和内容

① 各政府网站开办单位应当确保政府网站的安全稳定运行，防止发生网站仿冒、内容篡改、服务中断、信息失窃等情况，要积极配合政府网站的信息网络安全监管工作，及时有效的能够处置网站安全事件事故。

② 各政府网站开办单位开展定级备案、等级保护测评等工作。各政府网站开办单位要根据国家有关法律法规规范和信息安全等级保护制度的要求，在政府网站建设和应用过程中落实信息网络安全同步规划、同步建设、同步实施的要求，制订和完善安全管理制度，建立健全安全保护技术措施。按照"谁主管、谁负责，谁运营、谁负责"的原则，明确责任，落实网站各项安全保护措施，积极主动和属地网安部门签订《政府网站安全责任书》，并依据

《信息安全等级保护管理办法》开展定级备案、等级保护测评等工作。

③ 定期开展安全自检查工作。采取现场检查、远程技术检测等方式，建议县级以上政府网站开办单位现场自检查不低于1次，远程技术自检测每半年不低于1次。

④ 网站开办单位要制定完善网站安全应急预案，定期开展应急演练。建设安全监测手段，开展实时监测。对重要数据和系统，建设相应的备份措施。做好技术力量、资源的储备，应对重大突发事件的发生。

⑤ 配合公安机关完成如下10项内容的检查工作，并提供相关证明材料。

❖ 网站安全责任部门、责任人及安全责任制落实情况。
❖ 网站定级备案、安全测评整改、安全自查工作情况。
❖ 网站安全事件报告处置、内容管理及信息发布审核、用户个人信息保护等安全管理制度的建立和落实情况。
❖ 网站防攻击、防篡改、防失窃等安全技术措施建立完善情况。
❖ 网站实时安全检测工作开展情况。
❖ 网站安全事件（事故）应急处置机制和保障情况。
❖ 网站注册用户实名登记、信息巡查等安全管理制度，以及用户日志留存、违法有害信息屏蔽过滤等技术措施落实情况。
❖ 聘请测评机构开展网站安全测评情况。
❖ 网站国产新型技术产品使用情况。
❖ 其他需要检查的事项。

4．对政府网站工作不力的处理

《公安机关政府网站安全监管工作规范》第十条规定："对限期整改不合格或多次出现网络安全问题的，应当约谈网站安全责任单位主要领导，并将有关情况通报其上级主管部门，要求加强管理，必要时网安部门依照国家有关法律法规给予处罚"。在安全责任书第六条明确说明："对网站安全责任和工作要求不落实的，或网站被不法分子攻击、篡改及传播、链接有害信息的，公安机关应督促网站开办单位及时整改，情节严重的，依法追究相关单位及负责人的法律责任，并进行通报"。

《关于加强党政机关网站安全管理的通知》中规定："加大党政机关网站、电子邮件系统的安全检查力度，中央和国家机关各部门网站和省市两级党政机关门户网站、电子邮件系统等每半年进行一次全面的安全检查和风险评估。各级保密行政管理部门要加强对党政机关网站和电子邮件系统信息涉密情况的检查监管。对违反制度规定、有章不循、有禁不止，造成泄密和安全事件的要依法依纪追究当事人和有关领导的责任。"

《国务院办公厅关于加强政府网站信息内容建设的意见》中将网站管理作为政府考核内容，规定如下："把政府网站建设管理作为主管主办单位目标考核和绩效考核的内容之一，建立政府网站信息内容建设年度考核评估和督查机制，分级分类进行考核评估，使之制度化、常态化。对考核评估合格且社会评价优秀的政府网站，给予相关单位和人员表扬，推广先进经验。对于不合格的，通报相关主管主办部门和单位，要求限期整改，对分管负责人和工作人员进行问责和约谈。"

11.4 新型智慧城市安全监管

11.4.1 智慧城市概述

智慧城市（Smart City）是 21 世纪以来在全球范围内兴起的关于未来城市发展和信息化建设的概念，成为继数字城市、知识城市、虚拟城市、信息城市、智能城市之后，引领当今城市信息化的新理念，对城市未来的发展战略和形态具有重要的影响。利用智慧技术建设智慧城市是当今世界城市发展的趋势和特征。智慧城市是解决飞速发展城市带来问题的根本之道，是迄今为止城市信息化发展的最高阶段。

1. 产生背景

城市化进程不断加速，意味着经济发展速度加快，人均寿命也更长。有数据指出：1950 年，全球城市人口比例仅为 30%，预计到 2050 年将增长到 77.3%。2013 年底中国城镇化率达到了 53.7%，2050 年将实现 80%。但是，随着城镇化脚步不断加快，城市却未发展成为可自我调节和可持续发展的系统，环境污染、交通拥堵、经济乏力等弊病日益凸显，城市发展正面临一系列管理服务的瓶颈和挑战，如图 11-1 所示。城市化为城市的可持续发展带来挑战。主要表现在城市化产生二氧化碳却占总排放量的 78%、城市化使用工业木材总使用量的 76%、生活用水总量的 60%。城市化引起系列民生问题，如社会管理失稳、城市运行失序、经济发展失调、环境建设失衡等。上述问题可以通过智慧城市来解决飞速发展城市带来问题。因此，加快推进智慧城市建设是抢抓发展机遇、加快产业转型的迫切需要，智慧城市将带动城市发展进入以转型创新支撑发展的新阶段。加快智慧城市建设是促进经济转型升级、树立发展新优势的迫切需要；是应对城市化发展新挑战、打造高品质生活城市的迫切需要；也是当前中国提高城市综合管理服务能力，推动城市发展转型的现实需要和战略选择。纵观当前国内外城市发展的实践不难发现，推进智慧城市建设是提升城市创新能力和综合竞争实力的重要途径，将成为新一轮城市竞争的重点领域。谁能在智慧城市建设过程中抢先一步，谁就能在新一轮城市竞争发展中领先一路。

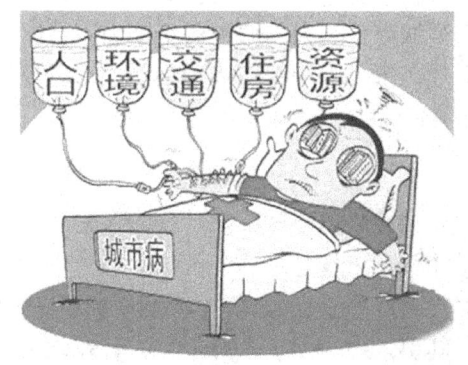

图 11-1 智慧城市面临的难题

2. 基本概念

对智慧城市的定义尚未形成统一的观点，主要从以下三个观点进行定义。

第一类，强调技术的重要性，认为智慧城市是通过运用信息和通信技术手段感测、分析、整合城市运行核心系统的各项关键信息，对社会的各项需求作出反应的过程。

第二类，从城市化进程的角度界定智慧城市，将智慧城市看成工业信息化背景下城市发展的必然产物，智慧城市是一种应对城市化进程的状态，是数字化、智能化和智慧化的集中体现。

第三类，以人为本对城市进行管理，认为智慧城市是怎样运用人们的智慧来管理与发展好城市，地方政府如何行使经济调节、市场监督、社会管理和公共服务的职能，公众如何更广泛地参与公共管理和服务。

《关于促进智慧城市健康发展的指导意见》中将智慧城市定义为是运用物联网、云计算、大数据、空间地理信息集成等新一代信息技术，促进城市规划、建设、管理和服务智慧化的新理念和新模式。在综合相关定义后，本书编者认为智慧城市是综合利用物联网、云计算、大数据、移动互联网等新一代信息技术手段，通过在城市规划建设、运行管理和生产生活等各方面全方位的嵌入、渗透和应用，强化对城市各类主体、资源和活动的充分感知与智能分析，强化对城市规划、建设、管理、运行与服务全过程的科学决策支持，是在城市全面数字化基础之上建立的可感知、可量测、可分析的智能化城市，是人、社会、资源与环境和谐发展的城市新生态系统。

智慧城市概念具有三维度、四大特征、四大手段、五化目标的特点。三维度即政府、企业、公众参与的对象维度，覆盖基础设施、资源环境、社会民生、经济产业、市政管理的业务维度，透彻感知、深度互联、智能应用的信息维度。四大特征即全面透彻的感知、宽带泛在的互联、智能融合的应用和以人为本的可持续创新；四大手段即公共设施的全面物联、物联网与互联网的充分整合、政府、企业和个人的激励创新、关键系统和参与者的协同运作。通过四大特征、四大手段，最终实现五化目标：公共服务便捷化、城市管理精细化、生活环境宜居化、基础设施智能化、网络安全长效化。

如图 11-2 所示，智慧城市的建设宗旨主要围绕强政、兴业、惠民、保稳定、保增长、保民生、工业化、信息化、城镇化、农业现代化等目标展开。建设思路通常是围绕各自城市发展的战略需要，选择相应的突破重点，实现智慧城市建设和城市既定发展战略目标的统一。建设的基本原则以人为本、务实推进，因地制宜、科学有序，市场为主、协同创新，可管可控、确保安全。在智慧城市建设中，优先解决下列城市病：公共服务供给能力不足，公共安全事件频发，城市污水和垃圾处理能力不足，大气、水、土壤等环境污染加剧，城市运营管理效率不高和交通拥堵问题严重等基本问题。

3. 发展现状

2007 年，欧盟率先提出建设智慧城市的设想。2008 年全球金融危机的爆发和蔓延为智慧城市的发展带来机遇，IBM 在其年度论坛活动中提出"智慧地球"的新理念。该理念作为智能项目被世界各国视为应对国际金融危机和振兴经济的重点领域。"智慧地球"是 IBM 运用先进信息技术建构新的世界运行模式的愿景，其引入中国始于 2009 年 2 月在北京召开的 IBM 论坛上，IBM 以"点亮智慧的地球，建设智慧的中国"为主题，推广智慧地球的理念并建议优先建设智慧的电力、智慧的医疗、智慧的城市、智慧的交通、智慧的供应链、智慧的银行六大行业，随后国内 10 余个省市相继与其签署了智慧城市共建协议。

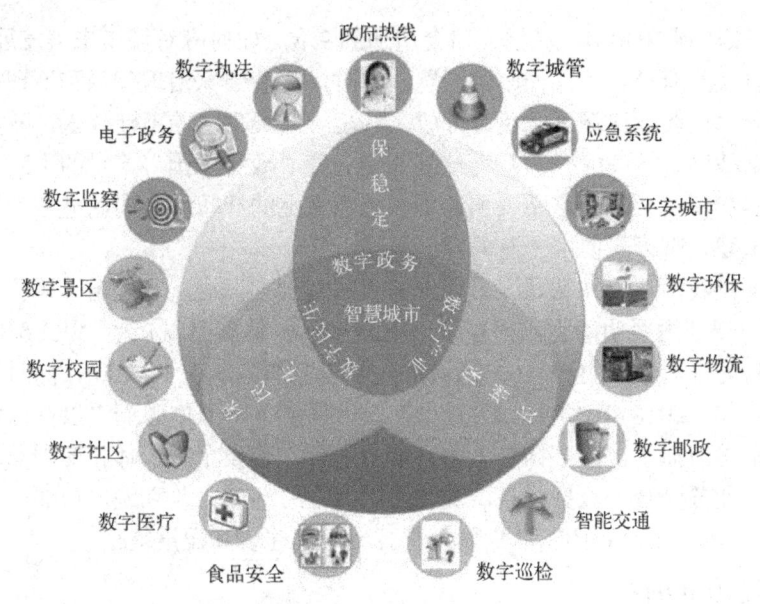

图 11-2　智慧城市全景

目前，我国智慧城市发展步伐很快，工信部、国资委、住建部等部门的支持力度很大。经过地方城市申报、省级住房城乡建设主管部门初审、专家综合评审等程序，首批国家智慧城市试点共 90 个，其中地级市 37 个，区（县）50 个，镇 3 个。2013 年 8 月，住房和城乡建设部再度公布 2013 年度国家智慧城市试点名单，又确定 103 个城市（区、县、镇）为 2013 年度国家智慧城市试点。2015 年 4 月 7 日发布《关于公布国家智慧城市 2014 年度试点名单的通知》（下称《通知》），确定 84 个城市（区、县、镇）为国家智慧城市 2014 年度新增试点，13 个城市（区、县）为扩大范围试点，41 个项目为国家智慧城市 2014 年度专项试点。加上前两批公布的 193 个城市，截至 2015 年，我国的智慧城市试点已接近 300 个，100%的副省级城市、50%的城市都开始智慧城市建设。

国内城市和地区由于基础条件不同，在建设智慧城市的过程中选择的切入点和路线是有明显差异的，可分为如下四类：一是创新型建设模式，该类模式将建设智慧城市作为提高城市创新能力和综合竞争实力的重要途径，代表城市有深圳、南京、沈阳等；二是发展智慧产业型建设模式，该模式把智慧产业作为智慧城市建设的核心，代表城市有昆山、宁波等；三是以昆明、重庆等城市为代表的发展智慧民生型建设模式，该模式以发展民生行业的智慧管理和智慧服务为重点，带动智慧城市建设；四是以南昌等城市为代表的发展信息技术基础设施型建设模式，该模式以信息技术和城市信息化基础设施为路径来建设智慧城市。总体来说，这些城市在进行智慧城市的建设时，都围绕各自城市发展的战略需要，选择了相应的突破重点，实现了智慧城市建设和城市既定发展战略目标的统一。

11.4.2　新型智慧城市

1. 背景和需求

我国智慧城市建设成果之显著，已经得到世界的认可和肯定。然而，城镇化进程的不断推进，将给城市管理、建设和发展带来更多挑战和更大的压力。据了解，我国当前城镇化人口已达 7.6 亿。预计到 2030 年，城镇人口会增加到 9 亿。如何应对城市未来发展的巨大挑战，成为全球各国以及所有城市共同面临的问题。同时，随着国家治理体系和治理能力现代化的不断推进，随着"创新、协调、绿色、开放、共享"发展理念的不断深入，随着网络强国战略、国家大数据战略、"互联网+"行动计划的实施和"数字中国"建设的不断发展，城市被赋予了新的内涵和新的要求，这不仅推动了传统意义上的智慧城市向新型智慧城市演进，更为新型智慧城市建设带来了前所未有的发展机遇。"

在此背景下，我国在以往智慧城市理论和实践基础上，进一步提出建设新型智慧城市。国家"十三五"规划纲要明确提出"建设一批新型示范性智慧城市"，相关部门提出在"十三五"时期，将有针对性地组织 100 个城市开展新型智慧城市"试点"，同时开展智慧城市建设效果评价工作。2016 年 10 月，习近平在政治局集体学习中强调"以推行电子政务、建设新型智慧城市等为抓手，以数据集中和共享为途径，建设全国一体化的国家大数据中心，推进技术融合、业务融合、数据融合，实现跨层级、跨地域、跨系统、跨部门、跨业务的协同管理和服务。"进一步对我国新时期新型智慧城市的建设和发展提出了要求。

2．信息智慧城市的新

"新型智慧城市"是以为民服务全程全时、城市治理高效有序、数据开放共融共享、经济发展绿色开源、网络空间安全清朗为主要目标，通过体系规划、信息主导、改革创新，推进新一代信息技术与城市现代化深度融合、迭代演进，实现国家与城市的协调发展。

新型智慧城市的核心是以人为本，关键是建设实效，本质是改革创新。就是要新在践行"创新、协调、绿色、开放、共享"五大新的发展理念上，较之于传统智慧城市主要体现在新目标、新思路、新原则、新内涵、新方法、新要求。

新目标：以城乡一体、人与自然一体的"绿色协调"发展为新型智慧城市的长远目标。在关于智慧城市顶层设计方法论研究中，是"着眼于解决当前城市病为主，还是着眼解决城市发展未来为主"的命题，事实上就是一个近期目标与长远目标的问题，二者本质上统一的，不解决好当前城市病无以谈未来，不着眼于城市未来当前的城市病永远也无法根治。

新思路：以"创新一体化机制"为推进新型智慧城市建设的基本思路。新型智慧城市建设的根本思路就是以创新体制机制为着力点，构建"一体化的在线服务台"、"一体化国家大数据中心"，以适应技术创新成果应用，使之达到最佳效果。

新内涵：以人民为中心作为新型智慧城市建设的基本内涵。在新型智慧城市建设中，无论选择切入点和着力点在哪，互联网+政务服务、社会治理能力现代化、智慧产业发展等等，都必须把以人民为中心用为基本的出发点和落脚点，都要最终体现在民生上，让老百姓有获得感。

新原则：以信息数据等社会资源"开放共享"为基本原则。2016 年 10 月 9 日，习总书记在中央政治局就实施网络强国第 36 次集体学习时讲话中指出："我们要深刻认识互联网在国家管理和社会治理中的作用，以推行电子政务、建设新型智慧城市等为抓手，以数据集中和共享为途径，建设全国一体化的国家大数据中心，推进技术融合、业务融合、数据融合，实现跨层级、跨地域、跨系统、跨部门、跨业务的协同管理和服务。要强化互联网思维，利用互联网扁平化、交互式、快捷性优势，推进政府决策科学化、社会治理精准化、公共服务高效化，用信息化手段更好感知社会态势、畅通沟通渠道、辅助决策施政。"提出了新型智慧城市建设要以数据集中和共享为途径，实现"三融五跨"大协同，这是"开放共享"的具体体现，这将是新型智慧城市建设所遵循的基本原则。

新方法：以"分级分类"推进新型智慧城市建设为基本方法。习总书记在"4.19"讲话中明确提出了"分级分类推进新型智慧城市建设"新的推进方法，也可以说是针对传统智慧城市"各自为阵、无序展开"的推进方法的一个根本性改变。

新要求："安全可控"是新型智慧城市建设的新要求。新型智慧城市建设，应当把网络数据安全提升到国家安全、民族安全的高度来认识，与基础支撑平台、应用系统建设同步规划、同步建设、同步检测验收，使之真正达到"安全可控"的新要求。

五大发展理念定义新型智慧城市可以概括为：以民生服务便捷化、社会治理精准化、社会经济绿色化、城乡发展一体化、网络安全可控化为基本目标，以创新体制机制和数据资源开放共享为基本思路与原则，以分级分类推进和安全可控为基本方法和要求，推进新一代信息技术与城市现代化深度融合、迭代演进，实现人与社会、人与自然的可持续协调发展新的城市高级形态。

3. "六个一"的建设理念

"新型智慧城市"提出"六个一"建设理念，即"一个体系架构、一张天地一体的栅格网、一个通用功能平台、一个数据集合、一个城市运行中心、一套标准"。

一个开放的体系架构。遵循体系建设规律，运用系统工程方法，构建开放的体系架构，通过"强化共用、整合通用、开放应用"的思想，指导各类新型智慧城市的建设和发展。

共性基础"一张网"。构建一张天地一体化的城市信息服务栅格网，夯实新型智慧城市建设的基础，实现城市的精确感知、信息系统的互联互通和惠民服务。

一个通用功能平台。构建一个通用功能平台，实施各类信息资源的调度管理和服务化封装，进而支撑城市管理与公共服务的智慧化，有效管理城市基础信息资源，提高系统使用效率。

一个数据体系。建立一个开放共享的数据体系，通过对数据的规范整编和融合共用，实现并形成数据的"总和"，进而有效提高决策支持数据的生产与运用，进一步提升城市治理的科学性和智能化水平。

一个高效的运行中心。构建新型智慧城市统一的运行中心，实现城市资源的汇聚共享和跨部门的协调联动，为城市高效精准管理和安全可靠运行提供支撑，更好对城市的市政设施、公共安全、生态环境、宏观经济、民生民意等状况有效掌握和管理。

一套统一的标准体系。标准化是新型智慧城市规范、有序、健康发展的重要保证，需要通过政府主导，结合各城市特色，分类规划建设内容和核心要素，建立健全涵盖"建设、改革、评价"三方面内容的标准体系。

4. 新型智慧城市的六个目标

建设的新型智慧城市要达到信息共享更开放、管理决策更智慧、服务民众更便捷、经济发展更聚智、社会治理更现代、城市运营更安全。

① 信息共享更开放，实现城市信息资源的共融共享以及信息资源的有效配置，实现恰当的信息满足恰当的应用。

② 管理决策更智慧，有效挖掘数据内在价值，实现数据管理者对于城市运行状态和潜在问题的先知、先觉和先行。

③ 服务民众更便捷，创新公共服务模式打造覆盖社会各领域的智慧生活圈实现基于智慧信息系统惠民服务的全程全诗无处不在。

④ 实现互联网环境下的人才技术数据体质和需求等资源的广泛会局形成大众创业万众创新地新格局。

⑤ 实现政府管理扁平化和高效化逐步形成共同参与，共同治理共享成果的社会治理体系。

⑥ 实现关键核心要素安全可控物理空间和虚拟空间，有效监测预警，及时消除安全隐患，使城市运营更加安全有序。

11.4.3 国家政策和标准体系

智慧城市是贯彻落实党中央、国务院城镇化战略部署的具体任务，也是扩大内需、启动投资、促进产业升级和转型的新要求，各省和试点城市按照住建部发布的《国家智慧城市试点暂行管理办法》和《国家智慧城市（区、镇）试点指标体系（试行）》文件要求，开展智慧城市试点与建设工作。

1. 关于促进智慧城市健康发展的指导意见

2014年8月27日，国家发展改革委、工业和信息化部、科学技术部、公安部、财政部、国土资源部、住房和城乡建设部、交通运输部联合下发《关于促进智慧城市健康发展的指导意见》（发改高技〔2014〕1770号）文件。文件提出到2020年，我国要建成一批特色鲜明的智慧城市的目标。明确提出智慧城市的建设要"要以城市发展需求为导向，根据城市地理区位、资源禀赋、产业特色、信息化基础等，应用先进适用技术科学推进智慧城市建设"。针对智慧城市评价标准，文件明确提出，国务院有关部门要加快研究制定智慧城市建设的标准体系、评价体系和审计监督体系，推行智慧城市重点工程项目风险和效益评估机制，定期公布智慧城市建设重点任务完成进展情况。城市人民政府是智慧城市建设的责任主体，要加强组织、细化措施，扎实推进各项工作，主动接受社会监督，确保智慧城市建设健康有序推进。

2. 国家新型城镇化规划（2014—2020年）

2014年3月16日，中共中央、国务院印发《国家新型城镇化规划（2014—2020年）》。文件明确指出"城镇化是国家现代化的重要标志"。指出智慧城市要"统筹城市发展的物质资源、信息资源和智力资源利用，推动物联网、云计算、大数据等新一代信息技术创新应用，实现与城市经济社会发展深度融合。强化信息网络、数据中心等信息基础设施建设。促进跨部门、跨行业、跨地区的政务信息共享和业务协同，强化信息资源社会化开发利用，推广智慧化信息应用和新型信息服务，促进城市规划管理信息化、基础设施智能化、公共服务便捷化、产业发展现代化、社会治理精细化。增强城市要害信息系统和关键信息资源的安全保障能力。"

3. 关于促进信息消费扩大内需的若干意见

2013年8月8日，国务院印发《关于促进信息消费扩大内需的若干意见》（国发〔2013〕32号）文件。文件中第一次正式提出要在有条件的城市开展智慧城市试点示范建设。并指出"由各省、自治区、直辖市人民政府统筹考虑安排部分资金用于智慧城市建设。鼓励符合条件的企业发行募集资金用于智慧城市建设的企业债。"

4. 国家智慧城市试点暂行管理办法

2012年11月22日，中华人民共和国住房和城乡建设部办公厅正式印发《国家智慧城市试点暂行管理办法》（建办科〔2012〕42号）。本暂行办法从总则、申报、评审、创建过程管理和验收、附则五方面共计16条，就中国智慧城市试点工作的相关内容的暂行管理办法。暂行办法的出台，是党中央国务院对中国智慧城市建设的高度重视，体现了党中央国务院，对通过智慧城市促进中国新型城镇化，全面建成小康社会总体目标的这一手段及途径的认可和信任。暂行办法间接明确了智慧城市的建设是以城市、城乡建设为主要工作，通过信息化提升城市"智慧"能力的工作内涵。通过明确申报、评审、管理、验收的内容和建设的指标体系，为各地的智慧城市开展工作，提供了重要的指导内容，可有效地推动各地智慧城市建设工作的开展。同时，暂行办法没有硬性约束创建起步的基础技术设施条件，对中国建设发展的公平公正提供有力保障。

5. 国家智慧城市评价指标体系

确立智慧城市评价指标体系，是评价城市智慧化的一个核心和关键的环节。指标体系涵盖是否全面，层次结构是否清晰合理，直接关系到评价质量的好坏。智慧城市建设效果的分类涉及诸多方面，要对其进行合理地评价分类，必须建立完善的指标体系。

为落实《关于促进智慧城市健康发展的指导意见》（发改高技〔2014〕1770号），加快形成智慧城市建设的标准体系和评价指标体系，充分发挥标准和评价对智慧城市健康发展的引导支撑作用，国家标准委联合中央网信办及国家发展改革委印发《关于开展智慧城市标准体系和评价指标体系建设及应用实施的指导意见》（国标委工二联〔2015〕64号）。文件明确到2017年，将完成智慧城市总体、支撑技术与平台、基础设施、建设与宜居、管理与服务、产业与经济、安全与保障7个大类20项急需标准的制订工作，到2020年累计完成50项左右的标准。同时，从2015年起至2016年同步开展整体指标及成熟领域分项指标试评价工作，到2018年初步建立我国智慧城市整体评价指标体系，到2020年实现智慧城市评价指标体系的全面实施和应用。

6. 关于开展国家智慧城市试点申报工作的通知

为规范和推动智慧城市的健康发展，构筑创新2.0时代的城市新形态，引领中国特色的新型城市化之路，住房城乡建设部于2012年12月5日正式发布了"关于开展国家智慧城市试点工作的通知"，并印发了《国家智慧城市试点暂行管理办法》和《国家智慧城市（区、镇）试点指标体系（试行）》两个文件，即日开始试点城市申报。办法指出，建设智慧城市是贯彻党中央、国务院关于创新驱动发展、推动新型城镇化、全面建成小康社会的重要举措。

2015年4月7日，住建部和科技部公布了第三批国家智慧城市试点名单，确定北京市门头沟区等84个城市（区、县、镇）为国家智慧城市2014年度新增试点，河北省石家庄市正定县等13个城市（区、县）为扩大范围试点，加上2013年8月5日对外公布2013年度国家智慧城市试点名单所确定的103个城市（区、县、镇）为2013年度国家智慧城市试点，以及住房城乡建设部此前公布的首批90个国家智慧城市试点，目前国家智慧城市试点已达290个。为规范和推动智慧城市的健康发展，构筑创新2.0时代的城市新形态，引领中国特色的新型城市化之路，住房城乡建设部启动了国家智慧城市试点工作。经过地方城市申报、省级住房城乡建设主管部门初审、专家综合评审等程序，试点城市将经过3~5年的创建期，住建部将组织评估，对评估通过的试点城市（区、镇）进行评定，评定等级由低到高分为一星、二星和三星。

7. 智慧城市标准体系

智慧城市标准体系可分为三大类：基础标准、通用标准和专用标准。

① 基础标准。是智慧城市的总体性、框架性、基础性标准和规范，包括智慧城市的术语、智慧城市的图形符号、智慧城市的指南等标准。

② 通用标准。是指在经济、社会、环境三大应用领域都可以适用的一些标准，包括智慧城市的规划、管理、安全、评价等标准。

③ 专用标准。是智慧城市在建设过程中应用的一些具体技术标准，包括感知标准、通讯标准、数据及服务支撑标准、应用等层面的具体技术标准。感知标准主要包括自组网和短距离传输网、数据和视频信息采集两大类。通讯标准主要指网络通信、传输标准，主要是指智慧城市网络之间的通信协议、信息传递与共享等方面的标准。数据及服务支撑标准是智慧城市的支撑技术标准，数据支撑标准主要包括数据编码、数据存储、数据交换、数据整合、数据处理等内容。服务支撑标准是指智慧城市网络的共性支撑技术，是从网络底层直到城市综合信息服务平台都要执行的技术标准。智慧城市的应用标准是指智慧城市典型行业或领域的技术参考模型、标准应用指南等标准及规范，是根据具体领域的业务需求，对及时掌握的各类感知信息进行综合加工、数据挖掘和智能分析，辅助统计、分析、预测、仿真等手段构建的智慧应用体系，如图 11-3 所示。

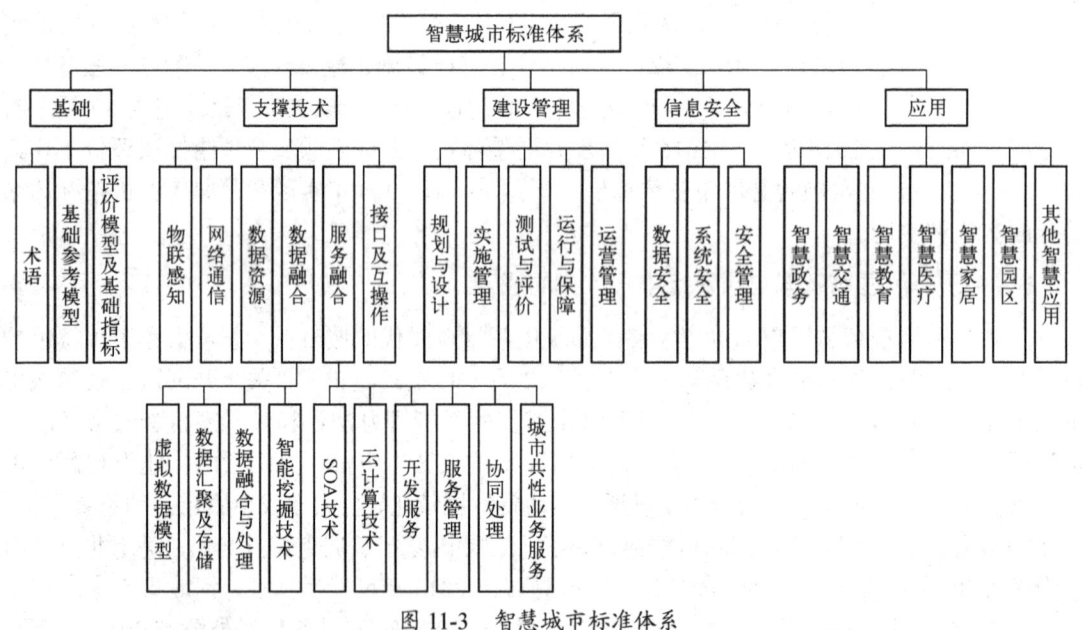

图 11-3 智慧城市标准体系

11.4.4 智慧城市中的新一代信息技术

智慧城市是运用云计算、物联网、大数据、移动互联网、工业控制系统、空间地理信息集成等新一代信息技术，促进城市规划、建设、管理和服务智慧化的新理念和新模式。智慧城市实现智慧的关键在于云计算、物联网、大数据、移动互联网、工业控制系统、空间地理信息集成等新技术的运用。

1. 云计算

根据 Gartner 的统计，2014 年底，中国公共云服务市场规模达到了近 70 亿美元，并有望在 2018 年年底增长至 207 亿美元。由于移动互联网用户众多以及公共云服务市场的蓬勃发展，许多中国企业已经计划部署云计算，以顺应网络驱动的、超链接数字化的电子商务业务的增长趋势。云计算成为企业不容忽视的技术。

云安全联盟 CSA 在 2014 年修订发布的《云计算关键领域的安全指南》第三版中对云计算作出定义：云计算是一种模式，它是一种无处不在的、便捷的、按需的、基于网络访问的、共享使用的、可配置的计算资源（如网络、服务器、存储、应用和服务）。云计算的推广使用，能够低成本高效率地向各种网络应用提供计算、存储、网络、软件的资源共享与服务，对传统网络信息运算模式产生了变革性的影响。

云计算技术应用环境下，用户可以使用云端服务器存储海量数据，通过浏览器就可以使用软件，利用云端大型服务器的资源优势进行数据计算。通过对存储资源、计算资源的虚拟化处理和统一整合，云端服务商可以实现对硬件资源的按需分配，用户以较低廉的成本使用云端服务器、存储设备和各类应用程序；通过对信息资源进行统一标准化的组织和存储，实现了各领域各地区信息资源的有机整合和互联互通，大幅提高了信息资源的价值与效益。

云计算有 6 个关键特征，如下所述。

① 广泛的网络接入。可通过网络，采用标准机制访问物理和虚拟资源的特性。这里的标准机制有助于通过异构用户平台使用资源。这个关键特性强调云计算使用户更方便地访问物理和虚拟资源：用户可以从任何网络覆盖的地方，使用各种客户端设备，包括移动电话、平板、笔记本和工作站访问资源。

② 可测量的服务。通过可计量的服务交付使得服务使用情况可监控、控制、汇报和计费的特性。通过该特性，可优化并验证已交付的云服务。这个关键特性强调客户只需对使用的资源付费。从客户的角度看，云计算为用户带来了价值，将用户从低效率和低资产利用率的业务模式转变到高效率模式。

③ 多租户。通过对物理或虚拟资源的分配保证多个租户以及他们的计算和数据彼此隔离和不可访问的特性。在典型的多租户环境下，组成租户的一组云服务用户同时也属于一个云服务客户组织。在某些情况下，尤其在公有云和社区云部署模型下，一组云服务用户由来自不同客户的用户组成。一个云服务客户组织和一个云服务提供者之间也可能存在多个不同的租赁关系。这些不同的租赁关系代表云服务客户组织内的不同小组。

④ 按需自服务。云服务客户能根据需要自动，或通过与云服务提供者的最少交互，配置计算能力的特性。这个关键特性强调云计算为用户降低了时间成本和操作成本，因为该特性赋予了用户无需额外的人工交互，就能够在需要的时候做需要做的事情的能力。

⑤ 快速的弹性和可扩展性。物理或虚拟资源能够快速、弹性，有时是自动化地供应，以达到快速增减资源目的的特性。对云服务客户来说，可供应的物理或虚拟资源无限多，可在任何时间购买任何数量的资源，购买量仅仅受服务协议的限制。这个关键特性强调云计算意味着用户无需再为资源量和容量规划担心。对客户来说，如果需要新资源，新资源就能立

刻自动地获得。资源本身是无限的，资源的供应只受服务协议的限制。

⑥ 资源池化。将云服务提供者的物理或虚拟资源进行集成，以便服务于一个或多个云服务客户的特性。这个关键特性强调云服务提供者既能支持多租户，又通过抽象对客户屏蔽了处理复杂性。对客户来说，他们仅仅知道服务在正常工作，但是他们通常并不知道资源是如何提供或分布的。资源池化将原本属于客户的部分工作如维护工作，移交给了提供者。需要指出的是，即使存在一定的抽象级别，用户仍然能够在某个更高的抽象级别指定资源位置。

云服务类别是拥有相同质量集的一组云服务。一种云服务类别可对应一种或多种云能力类型。典型的云服务类别包括：

① 通信即服务（CaaS）。为云服务客户提供实时交互与协作能力的一种云服务类别。

② 计算即服务（CompaaS）。为云服务客户提供部署和运行软件所需的配置和使用计算资源能力的一种云服务类别。

③ 数据存储即服务（DSaaS）。为云服务客户提供配置和使用数据存储相关能力的一种云服务类别。

④ 基础设施即服务（IaaS）。为云服务客户提供云能力类型中的基础设施能力类型的一种云服务类别。

⑤ 网络即服务（NaaS）。为云服务客户提供传输连接和相关网络能力的一种云服务类别。

⑥ 平台即服务（PaaS）。为云服务客户提供云能力类型中的平台能力类型的一种云服务类别。

⑦ 软件即服务（SaaS）。为云服务客户提供云能力类型中的应用能力类型的一种云服务类别。

云计算有4类典型的部署模式："公有云"、"私有云"、"社区云"和"混合云"。

① 公有云。云基础设施对公众或某个很大的业界群组提供云服务。

② 私有云。云基础设施特定为某个组织运行服务，可以是该组织或某个第三方负责管理，可以是场内服务（on-premises），也可以是场外服务（off-premises）。

③ 社区云。云基础设施由若干个组织分享，以支持某个特定的社区。社区是指有共同诉求和追求的团体（例如使命、安全要求、政策或合规性考虑等）。和私有云类似，社区云可以是该组织或某个第三方负责管理，可以是场内服务，也可以是场外服务。

④ 混合云。云基础设施由两个或多个云（私有云、社区云或公有云）组成，独立存在，但是通过标准的或私有的技术绑定在一起，这些技术可促成数据和应用的可移植性。

2．移动互联网

随着宽带无线接入技术和移动终端技术的飞速发展，人们迫切希望能够随时随地乃至在移动过程中都能方便地从互联网获取信息和服务，移动互联网应运而生并迅猛发展。2017年7月，第40次中国互联网络发展状况统计报告发布，报告指出：截至2017年6月，我国网民规模达7.51亿。2017年新网民最主要的上网设备是手机，我国手机网民规模达7.24亿。网民中使用手机上网人群的占96.3%。手机依然是拉动网民规模增长。随着网络环境的日益完善、移动互联网技术的发展，各类移动互联网应用的需求逐渐被激发。从基础的娱乐沟通、信息查询，到商务交易、网络金融，再到教育、医疗、交通等公共服务。移动互联网塑造了全新的社会生活形态，潜移默化的改变人民的生活。

移动互联网是将移动通信和互联网二者结合起来，成为一体，是指互联网的技术、平台、商业模式和应用与移动通信技术结合并实践的活动的总称。移动互联网是一种通过智能移动终端，采用移动无线通信方式获取业务和服务的新兴业务，包含终端、软件和应用三个层面。终端层包括智能手机、平板电脑、电子书、MID等；软件包括操作系统、中间件、数据库和安全软件等。应用层包括休闲娱乐类、工具媒体类、商务财经类等不同应用与服务。随着技术和产业的发展，LTE（长期演进，4G通信技术标准之一）和NFC（近场通信，移动支付的支撑技术）等网络传输层关键技术也将被纳入移动互联网的范畴之内。

移动互联网具有庞大的自下而上的用户群、广域的泛在网、高便携性与强制性、永远在线及占用用户时间碎片、病毒性信息快速传播、安全性更加复杂、基于手机号的身份识别系统、定位系统、智能感应的平台、应用轻便等特点。

3．大数据

大数据（Big Data）是一场革命，将改变我们的生活、工作和思维方式。是继移动互联网、云计算后，大数据逐渐成为对于ICT产业具有深远影响的技术变革。大数据技术的发展与应用，将对社会的组织结构、国家的治理模式、企业的决策架构、商业的业务策略以及个人的生活方式产生深刻影响。

根据百度百科词条的定义，大数据是指无法在可承受的时间范围内用常规软件工具进行捕捉、管理和处理的数据集合，是需要新处理模式才能具有更强的决策力、洞察发现力和流程优化能力来适应海量、高增长率和多样化的信息资产。IBM提出大数据具有5V特点。

① Volume（大量）：聚合在一起供分析的数据规模非常庞大。谷歌执行董事长艾瑞特·施密特曾说，全球每两天创造的数据规模等同于从人类文明至2003年间产生的数据量总和。

② Velocity（高速）：一方面是数据的增长速度快，另一方面是要求数据访问、处理、交付等速度快。美国的马丁·希尔伯特说，数字数据储量每3年就会翻一番。人类存储信息的速度比世界经济的增长速度快4倍。

③ Variety（多样）：数据形态多样，从生成类型上分为交易数据、交互数据、传感数据；从数据来源上分为社交媒体、传感器数据、系统数据；从数据格式上分为文本、图片、音频、视频、光谱等；从数据关系上分为结构化、半结构化、非结构化数据；从数据所有者分为公司数据、政府数据、社会数据等。

④ Value（价值）：大数据背后潜藏的价值巨大。美国社交网站Facebook有10亿用户，网站对这些用户信息进行分析后，广告商可根据结果精准投放广告。对广告商而言，10亿用户的数据价值上千亿美元。据资料报道，2012年，运用大数据的世界贸易额已达60亿美元。

⑤ Veracity（真实性）。一方面，对于虚拟网络环境下如此大量的数据需要采取措施确保其真实性、客观性，这是大数据技术与业务发展的迫切需求；另一方面，通过大数据分析，真实地还原和预测事物的本来面目也是大数据未来发展的趋势。

大数据时代，改变了经济社会管理方式，促进了行业融合发展，推动了产业转型升级，并有力帮助智慧城市建设。随着技术和观点的改进，企业将会更加关注于如何应用大数据，实时的数据分析能力日益成为大数据应用的核心竞争力。

4．物联网

物联网（Internet of Things，IoT）是新一代信息技术的重要组成部分，也是"信息化"

时代的重要发展阶段。物联网通过智能感知、识别技术与普适计算等通信感知技术，广泛应用于网络的融合中，也因此被称为继计算机、互联网之后世界信息产业发展的第三次浪潮。物联网就是物物相连的互联网。物联网包含两层意思：其一，物联网的核心和基础仍然是互联网，是在互联网基础上的延伸和扩展的网络；其二，其用户端延伸和扩展到了任何物品与物品之间，进行信息交换和通信，也就是物物相息。

国际电信联盟（ITU）发布的 ITU 互联网报告，对物联网做了如下定义：通过二维码识读设备、射频识别（RFID）装置、红外感应器、全球定位系统和激光扫描器等信息传感设备，按约定的协议，把任何物品与互联网相连接，进行信息交换和通信，以实现智能化识别、定位、跟踪、监控和管理的一种网络。根据 ITU 的定义，物联网主要解决物品与物品（Thing to Thing，T2T）、人与物品（Human to Thing，H2T）、人与人（Human to Human，H2H）之间的互连。

物联网是指通过各种信息传感设备，实时采集任何需要监控、连接、互动的物体或过程等各种需要的信息，与互联网结合形成的一个巨大网络。其目的是实现物与物、物与人，所有的物品与网络的连接，方便识别、管理和控制。其在 2011 年的产业规模超过 2600 亿元人民币。构成物联网产业五个层级的支撑层、感知层、传输层、平台层，以及应用层分别占物联网产业规模的 2.7%、22.0%、33.1%、37.5%和 4.7%。而物联网感知层、传输层参与厂商众多，成为产业中竞争最为激烈的领域。

在物联网应用中有 3 项关键技术。

① 传感器技术：需要传感器把模拟信号转换成数字信号计算机才能处理，这也是计算机应用中的关键技术。

② RFID 标签：一种传感器技术，RFID 技术是融合了无线射频技术和嵌入式技术为一体的综合技术，RFID 在自动识别、物品物流管理有着广阔的应用前景。

③ 嵌入式系统技术：综合了计算机软硬件、传感器技术、集成电路技术、电子应用技术为一体的复杂技术。如果把物联网用人体做一个简单比喻，传感器相当于人的眼睛、鼻子、皮肤等感官，网络就是神经系统用来传递信息，嵌入式系统则是人的大脑，在接收到信息后要进行分类处理。

物联网技术是智慧城市中的核心关键技术。《物联网"十二五"发展规划》圈定九大领域重点示范工程，分别是：智能工业、智能农业、智能物流、智能交通、智能电网、智能环保、智能安防、智能医疗、智能家居。智能和物连技术密不可分。

5．工业控制系统

工业控制系统（Industrial Control Systems，ICS，简称工控系统），是由各种自动化控制组件以及对实时数据进行采集、监测的过程控制组件共同构成的确保工业基础设施自动化运行、过程控制与监控的业务流程管控系统。其核心组件包括数据采集与监控系统（Supervisory Control and Data Acquisition，SCADA）、分布式控制系统（Distributed Control Systems，DCS）、可编程控制器（Programmable Logic Controller，PLC）、远程终端（Remote Terminal Unit，RTU）、人机交互界面设备（Human Machine Interface，HMI），以及确保各组件通信的接口技术。工业控制系统是国家关键基础设施的重要组成部分，已广泛应用于交通、水电、医疗、食品、航空航天、化工等工业领域。据统计，我国 80%的关键基础设施部署了并依赖于 ICS。

SCADA 系统集成了数据采集系统、数据传输系统和人机交互软件，可提供集中的监视和控制，以便进行过程的输入和输出。其主要用于控制分散的资产以便进行集中数据采集，在水处理、石油天然气管道、电力传输和分配系统、铁路和其他公共运输系统等分布式系统中应用广泛。

DCS 系统按区域把微处理机安装在测量装置与控制执行机构附近，将控制功能尽可能分散，管理功能相对集中。常用于炼油、污水处理厂、发电厂、化工厂和制药厂等生产作业集中程度较高的领域。

PLC 是用户可编程控制器，可用于保存实现特定功能的指令，如 I/O 控制、逻辑、定时、计数、PID 控制、通信、算术、数据和文件处理等。PLC 是组成 SCADA 系统和 DCS 系统重要的控制部件。

RTU 是 SCADA 系统的基本组成单元，负责对现场信号、工业设备的监测和控制。与 PLC 相比，RTU 具有通信距离长、通信接口多样、存储容量大、适应更加恶劣的温湿度环境等特点。由于 RTU 更多吸收了通信技术的发展，其应用更多侧重在广域环境，如石油天然气长输管线和油气田领域。

HMI 是 SCADA 系统和 DCS 系统的核心组件。基于嵌入式技术的人机交互界面设备一般包括绘图软件、组态和编程功能、通信接口以及开放的程序结构。绘图软件可以修改系统在 HMI 中的呈现方式，组态和编程可以对生产过程与设备调度进行设计与配置，利用大量通信接口和开放的程序结构连接到自动化环境，从而实现了对现场设备的监视与控制。

自 2010 年，伊朗布什尔核电站遭遇首例 ICS 网络攻击病毒——Stuxnet 以来，相继曝光了一系列 ICS 攻击事件。据权威工业安全时间信息库 RISI（Repository of Security Incidents）统计，截至 2011 年 10 月，全球针对 ICS 的攻击事件已发生超过 200 起。据美国国土安全部下属的工业控制系统应急响应小组（ICS-CERT）发布的统计，ICS 安全事件从 2010 年至 2013 年，逐年呈倍数上升，已大大超越 200 起，其中的安全事件主要集中在政府机构、水电、能源、化工以及核设施等国家关键基础设施领域。

6．地理信息服务 GIS

地理信息系统（Geographic Information System，GIS）是以地理空间数据库为基础，在计算机软硬件的支持下，运用系统工程和信息科学的理论，科学管理和综合分析具有空间内涵的地理数据，以提供管理决策等所需信息的技术系统。GIS 按其网络结构可分为单机、C/S、B/S 等类型。单机 GIS 由用户、GIS 软件、数据库系统、操作系统、硬件等部分组成；C/S 架构的 GIS 为两层结构，由应用客户端和服务端组成，其中服务端提供 GIS 应用服务、空间数据服务；B/S 架构的 GIS 为 3 层结构，由浏览器、应用服务器和空间数据库服务器组成。综合分析以上 3 种 GIS 类型，可将 GIS 安全归纳总结为硬件、操作系统、通信协议、数据库平台、GIS 平台、操作人员等 6 个层次。

《十三五规划》中将物联网的发展提到新的高度。物联网的建设为 GIS 技术提供了巨大的发展机遇。物联网是当前的互联网 30 倍规模的网络系统，GIS 技术应用的广度和深度将不可限量。同时，物联网需要 GIS 等关键性支持技术。物联网感知的物品信息也包括其位置存在信息等空间信息，借助地理信息系统这一处理地理信息的工业化标准平台，物联网对信息的处理能力将大大提高。

RS 技术即遥感技术（Remote Sensing，RS），指从高空或外层空间接收来自地球表层各类地理的电磁波信息，通过对这些信息进行扫描、摄影、传输和处理，从而对地表各类地物和现象进行远距离控测和识别的现代综合技术，包括传感器技术，信息传输技术，信息处理、提取和应用技术，目标信息特征的分析与测量技术等。

GPS 即全球卫星定位系统，是利用 GPS 定位卫星，在全球范围内实时进行定位与导航的系统。由美国国防部研制建立的一种具有全方位、全天候、全时段、高精度的卫星导航系统，能为全球用户提供高精度的三维位置、速度和精确定时等导航信息，是卫星通信技术在导航领域的应用典范。

智慧城市要与物联网和传感网紧密结合。智慧城市需要有智能分析和智能服务的功能，而要做到智能分析与智能服务，时空信息必须要参与其中，因此 GIS 在城市信息化起到了重要的基础性的支撑作用，是智慧城市的基础平台。

11.4.5 智慧城市中的新技术安全

越来越多网络新技术的出现，在开拓等级保护与等级测评应用领域的同时，也对传统等级测评技术带来了一定的挑战。本节主要介绍信息系统安全测评技术在云计算、物联网、大数据、移动互联网和工业控制系统方面的安全技术。

1. 云计算安全

云计算发展面临许多关键性问题，而安全问题首当其冲，并且随着云计算的不断普及，安全问题的重要性呈现逐步上升趋势，已成为制约其发展的重要因素。原因主要在于，一是在云平台中运行的各类云应用没有固定不变的基础设施，没有固定不变的安全边界，难以实现用户数据安全与隐私保护。二是云服务所涉及的资源由多个管理者所有，存在利益冲突，无法统一规划部署安全防护措施。三是云平台中数据与计算高度集中，安全措施必须满足海量信息处理需求。云计算给政府等有关部门带来的 7 类安全风险。风险如下：① 客户对数据和业务系统的控制能力减弱；② 客户与云服务商之间的责任难以界定；③ 可能产生司法管辖权问题；④ 数据所有权保障面临风险；⑤ 数据保护更加困难；⑥ 数据残留；⑦ 容易产生对云服务商的过度依赖。

云计算作为多种传统技术的综合应用与商业实现的结果，信息安全的基本属性与安全需求不变，涉及信息资产、安全威胁、保护措施等的信息保障安全观不变。因此云计算也应该遵循信息安全等级保护制度。

我国相关部门也高度重视云计算安全问题，目前全国信息安全标准化委员会（TC260）在开展云计算安全方面的研究，承担了多项云计算安全相关的项目，在信安标委内部立了专门对云计算及安全进行研究的课题，并于 2011 年 9 月完成《云计算安全及标准研究报告 V1.0》。目前正在研究的标准项目为《政府部门云计算安全》和《基于云计算的因特网数据中心安全指南》等。

从国内外已开展的云计算安全实践来看，组建由政府主管部门、云计算服务提供商、云计算用户、第三方测评机构等共同参与的云计算安全组织管理体系，组织制定相应的云计算安全标准规范，委托有资质的独立第三方测评机构按照相应的要求进行测评，验证安全防护措施是否到位，对通过测评的云计算服务提供商进行认证，用户从获得认证的名录中选择适合自己的服务提供商，是一种较为有效的云计算安全管理机制。而云计算安全测评标准的制定、测评的实施是其重要组成部分。

从美国启动的云计算联邦风险评估管理计划（FedRAMP）来看，其主要根据 NIST SP 800-53 定义的安全控制措施，加上解决云计算环境下独特风险的额外控制措施，从管理、操作、技术三个方面测评云计算安全防护的有效性。其中管理包括评估和授权、规划、风险评估、系统和服务采购 4 个测评大项；操作包括意识和培训、配置管理、应急计划、事件响应、维护、介质保护、物理和环境保护、人员安全、系统和信息完整性 9 个测评大项；技术包括访问控制、审计和问责、识别和验证、系统和通信保障 4 个测评大项。

我国尽管还没有正式开展云计算安全测评工作，但近年在传统信息系统中推行的信息安全风险评估、等级保护测评、分级保护测评工作为云计算安全测评相关标准规范的制定和测评工作的开展奠定了较好的基础。以等级保护测评为例，信息系统按其重要程度分为五级，每级都从技术和管理两方面进行测评，技术包括物理安全、网络安全、主机系统安全、应用安全和数据安全，安全技术机制主要涉及身份鉴别、访问控制、安全审计、加密和密钥安全等；管理包括安全管理机构、安全管理制度、人员安全管理、系统建设管理、系统运维管理。

云计算安全测评框架具体如图 11-4 所示。需要强调的是，与传统信息系统安全测评相比，云计算安全测评应特别关注以下几点。

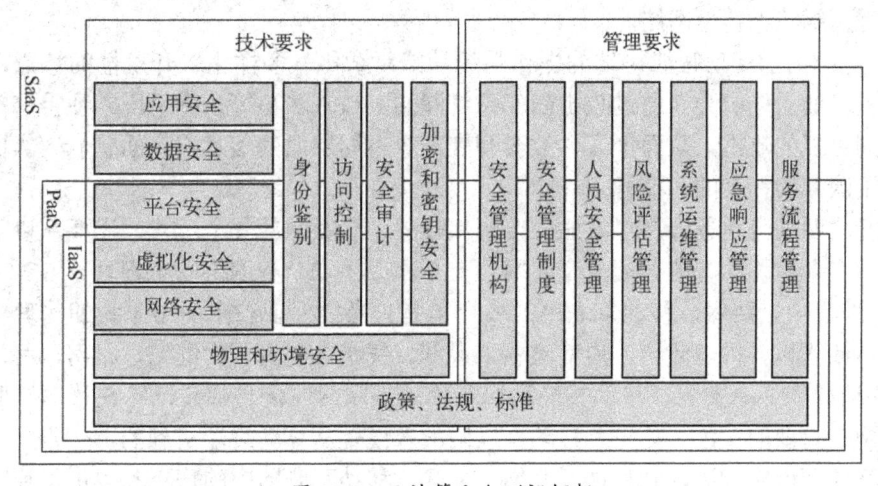

图 11-4　云计算安全测评框架

① 虚拟化安全要求：虚拟化为 IaaS 的核心技术，实现了服务器、存储等的虚拟化，是实现云计算架构的关键基础。

② 数据安全要求：云计算服务提供商应制定数据安全保护策略，定义对数据生命周期中的机密性、完整性、可用性的保护手段。应区分数据所有权和管理权，必须保证云计算服务提供商的系统管理员不得具有私自窃取用户数据的能力。

③ 应用安全要求：云计算服务提供商应制定应用安全开发程序来保证所交付或提供的云产品应用安全，该程序应包含安全需求分析、安全设计、安全编码、代码审计、应用渗透测试、量化改进等流程。

2．移动互联网安全

移动互联网融合了传统互联网的技术，移动智能终端操作系统多样化，应用软件市场开放等特点，使其安全问题较为复杂，具体如下。

① 操作系统安全漏洞：操作系统漏洞是指移动智能终端操作系统（如Android、iOS等）本身所存在的问题或技术缺陷，给黑客留下了攻击的机会。

② 恶意吸费：在移动智能终端出厂之前或者刷机的时候，尤其是一些山寨手机，会被植入很多用户并不知情的软件。

③ 信息窃取：通过植入木马软件，读取存储在移动智能终端的数据信息。

④ 垃圾信息：垃圾信息是指未经用户同意向用户发送的用户不愿意收到的短信息，或用户不能根据自己的意愿拒绝接收的短信息。

⑤ 钓鱼欺诈：不法分子通过搭建购物网站、或者假冒网站，使用户在不明实情的情况下输入网银账号及密码等机密信息，不法分子在获取个人账号密码之后，将用户的存款转走。

⑥ 位置信息窃取：移动智能终端中通常包含有全球定位系统（GPS）定位信息，或者通过周边网络接入点信息来获取移动智能终端的精确位置信息。

⑦ 通话窃听：通过安装木马程序在移动智能终端，在移动智能终端开机之后，它可以备份这个手机的所有的通话记录，并通过移动智能终端的移动网络或者Wi-Fi来上传到一个固定的位置，从而窃听到他人通话内容。

⑧ 后台拍摄：通过安装木马程序在移动智能终端，后台默默启动摄像模式，进行拍照，对照片进行压缩，上传至网络。

⑨ 其他：由于移动智能终端的操作系统功能复杂化、多样化、开发性的特点，使得不法分子有更多的入侵机会。通过攻击操作系统漏洞、植入木马等多种手段，使得移动互联网安全遭受到更多的攻击，从而个人、社会和国家等不同层面的信息安全面临着较大的威胁，严重影响了国家和社会的和谐稳定。

移动互联网安全问题涉及多方面，要想保障移动互联网的安全运营，需要从以下5方面考虑：物理安全、移动智能终端安全、网络安全、应用安全和网络安全管理。

① 物理安全。要保证移动互联网的安全，首先必须保证整个网络系统的物理安全。物理安全包括计算机、机房环境、通信设备、设施、线路、电源、中继站、机房、终端等。

② 移动智能终端安全。移动智能终端是移动互联网的核心部分，它在移动互联网安全中扮演着两个重要的角色。首先，移动互联网的入侵是从移动终端实施的，病毒、攻击等都可以通过移动智能终端进入到移动互联网；其次，移动互联网中的病毒和攻击又通过移动智能终端得以实现。移动智能终端的安全测评包括5部分：硬件安全能力、操作系统安全能力、应用层安全要求、外围接口安全能力和用户数据保护能力。

③ 网络安全。移动互联网网络包括两部分：接入网和IP承载网/互联网。接入网采用移动通信网时包含基站、基站控制器、无线路由控制器、交换中心、网关、无线业务支持节点等相关设备；采用Wi-Fi接入时涉及接入设备。IP承载网/互联网主要涉及路由器、交换机和接入服务器等设备及通信链路。移动互联网网络安全和互联网类似，主要存在非法访问、网络攻击、网络入侵、病毒传播、洪水攻击、猜测攻击等一些攻击手段。因此，需要对上述安全问题作出相应的检测。主要包括身份认证、监控审计、数据加密、异常监控、漏洞扫描、渗透测试、安全补丁、数据备份等。

④ 应用安全。移动互联网的应用来自多方面，可以是移动智能终端的业务，也可以是从互联网传输的数据，还包括这两个结合的一些新业务。这些应用包括即时通讯、网络浏览、

文件传输、地图应用、位置定位及网络银行等业务。对移动互联网的应用安全测评主要包括恶意代码查杀、访问控制、内容过滤。

⑤ 网络安全管理测评。除了在技术上需要对移动互联网进行安全管理，从行政及实体上也需要建立相应的安全管理制度，以完善移动互联网的安全运营。网络安全管理主要包括建立网络运营规范和标准、定期巡检机制、安全监管、应急响应制度等。

3．大数据安全

与当前其他的信息一样，大数据在存储、处理和传输等过程中面临安全风险，具有数据安全与隐私保护需求。而实现大数据安全与隐私保护，较以往其他安全问题更为棘手，因为在大数据背景下，这些大数据运营商既是数据的生产者，又是数据的存储、管理者和使用者，所以单纯通过技术手段限制商家对用户信息的使用，实现用户数据安全和隐私保护是极其困难的。大数据收集了各种来源、各种类型的数据，其中包含了很多和用户隐私相关的信息。大量事实表明，大数据未能妥善处理会对用户的隐私造成极大的侵害。很多时候人们有意识地将自己的行为隐藏起来，试图达到隐私保护的目的，但是，在大数据环境下，可以通过用户零散数据之间的关联属性，将某个人的很多行为数据聚集在一起时，他的隐私就很可能会暴露，因为有关他的信息已经足够多，这种隐性的数据暴露往往是个人无法预知和控制的。可以通过数据发布匿名保护技术、社交网络匿名保护技术、数据水印技术、数据溯源技术、风险自适应的访问控制进行加固。

大数据安全主要包括大数据隐私保护安全和大数据用于信息安全的服务。前者主要包括大数据的用户隐私、大数据的可信度、大数据访问控制。后者主要包括基于大数据的威胁发现技术、基于大数据的认证技术、基于大数据的数据真实性分析。

对于政府、重要行业，大数据时代下的安全问题也发生了变化。数据对于单位、企业来说并不是很重要，处理过的数据对企业来说可能是垃圾，可以扔掉。现在在建设大数据平台后，大数据挖掘价值巨大，其丢失、损坏等就有可能造成系统性破坏，如果有价值的数据被情报机构获取，后果很严重。除数据本身之外，在大数据采用数据挖掘、关联分析等技术手段对分布式存储异构海量数据进行处理的过程、方式中，所涉及的网络环境、计算平台、存储等载体，分属不同的信息系统，加剧了网络空间中防御与攻击的不对称性。面对这种新形势下的安全问题，传统的信息安全防护措施多集中在"封堵查杀"层面，难以应对大数据时代的信息安全挑战。因此，要坚持积极防范，构建基于等级保护的大数据纵深防御防护体系架构，加强可信免疫、主动防护确保大数据可信、可控、可管。

在构建基于等级保护的大数据纵深防御防护体系架构方面。一是要加强大数据资源、环境、系统整体防护，建设多重防护、多级互联体系结构，确保大数据处理环境可信；二是要加强处理流程控制，防止内部攻击，提高计算节点自我免疫能力；三是要加强全局层面安全机制，制定数据控制策略，梳理数据处理流程，建立安全的数据处理新模式；四是要加强技术平台支持下的安全管理，基于安全策略，与业务处理、监控及日常管理制度有机结合。

按我国现有的信息安全等级保护制度，加强大数据信息安全保障能力是解决大数据安全的唯一出路。在管理制度方面，制定环境保护大数据建设与应用工作机制，制定大数据建设管理办法，制定数据更新汇交制度和信息共享服务流程。在标准规范方面，梳理环境信息资源目录、元数据模型和标准、主数据模型和标准，构建数据接口规范、应用接入规范、数据管理规范、数据利用规范、数据备份规范、数据安全规范等，实现环境数据统一管控。在安全保障体系方面，根据国家信息系统安全等级保护相关要求，针对环境大数据内容，划分不同的安全域，实施等级保护，构建包括用户身份鉴别、信息传输的安全、信息存储的安全以及对网络传输信息内容的审计等的安全保障体系。在运维管理体系方面，制定环境大数据系统运行管理制度、运行维护流程，形成较为完善的运行维护规范体系，提高信息系统运行监控、预警能力。

在技术方面，加强访问控制技术、数据加密技术、网络隔离技术、入侵检测技术、病毒防治技术等安全。加强信息系统整体防护，建设管理中心支持下的计算环境、区域边界、通信网络三重防护体系结构，实施多层隔离和保护，以防止某薄弱环节影响整体安全；同时，建立有效的信息安全威胁共享机制，在政府部门、信息安全企业、重要信息系统运行单位等主体间共享威胁信息，做到提前防御。好操作人员使用的终端防护，把住攻击发起的源头关，进行强制访问控制。对重要信息采取加密等手段进行保护，非法用户只能拿到重要信息的密文，而无法看到文件内容。实行系统资源管理，对操作活动进行可信验证，强化信息防篡改和自动纠错功能，使木马种不上，病毒染不了。从网络通信、区域边界、计算环境，进行层层访问控制；有效分解攻击信息流，提高系统的强壮性和弹性。定期进行系统安全脆弱点评估，及时发现安全隐患；开发可恢复系统，实现系统自动恢复。在系统的重要环节设有审计点，结合电子签名技术及时记录违规操作信息，及时发现异常事件，并能跟踪追击。

4．物联网安全

物联网技术的推广和应用，一方面将显著提高经济和社会运行效率，另一方面也对国家、社会、企业、公民的信息安全和隐私保护问题提出了严峻的挑战，其开放性的特点与信息安全理念背道而驰，对信息安全产生了较大的影响。主要体现在如下3方面。

① 信号易被干扰：虽然物联网能够智能化的处理一些突发事件，不需要人为干涉，但传感设备都是安装在物品上的，且其信号很容易收到干扰，因此很可能导致物品的损失。此外，如果国家某些重要机构如金融机构依赖物联网，也存在信号被干扰导致重要信息丢失的隐患。这样如何评估物联网技术的安全性及稳定性成为等级测评中的难题。

② 针对性入侵技术：物联网与互联网的关系，使得互联网上的安全隐患同样也会对物联网造成危害。物联网上传播的黑客、病毒和恶意软件等进行的恶意操作会侵害物品，进一步侵犯用户的隐私权。尤其是对一些敏感物品如银行卡、身份证等物品的恶意掌控，将造成不堪设想的后果。因此，在对物联网进行安全保护以及等级测评过程中，不仅要考虑到物联网无线网络的防恶意入侵能力，更要考虑互联网传统的入侵技术。

③ 通信安全：物联网与智能手机的结合，在很大程度上方便了人们的生活。然而，移动通信设备本身存在的安全问题也会对物联网造成影响。移动通信设备存在许多安全漏洞，黑客很有可能通过移动设备的漏洞窃取物联网内部的各种信息，从而带来安全隐患。而且移动设备的便携性也使得其很容易丢失，若被不法分子获得，则很容易造成用户敏感信息的泄露。因此，在对物联网进行等级测评的过程中还要考虑到通信终端及通信过程的保密性。

物联网有三大支撑要素，分别是感知层、网络层、智能化处理应用层。感知层在物联网体系结构中处于底层，承担信息感知的重任。感知层的安全是物联网安全的重点。目前，物联网的安全威胁主要体现在本地安全、能量耗尽、跨网认证、隐私保护。针对物联网中节点能力较弱的无线网络安全，主要的安全技术有安全路由协议、入侵检测与防御技术、密钥管理等。网络层主要实现对感知层所采集的数据和控制信息进行路由和控制,是一个多网络叠加的开放性网络。物联网网络层面临的安全威胁主要有分布式拒绝服务攻击、伪造网络消息和中间人攻击、跨异构网络的攻击。针对物联网网络层的安全问题,主要的安全技术包括认证机制、访问控制机制、加密机制等。物联网应用层提供了最广泛的数据交换和共享的服务平台,物联网应用层的主要安全威胁为虚拟化带来的安全问题和数据的隐私问题。可以从数据的完整性和机密性防护、数据隔离技术、保证数据存储的安全等方面进行技术加固。

　　针对物联网的安全测评工作基本上还是处于起步阶段。物联网安全性是指在满足功能、性能要求的前提下,物联网系统保护硬件、软件及数据,防止其因偶然或恶意的原因使系统遭到破坏,数据遭到更改或泄露等的能力,分为技术安全性和管理安全性两大类。其中,技术安全性包括物理安全性(如电磁防护和能耗控制等)、网络安全性(如入侵防范与安全审计)和应用安全性(如数据安全与备份、隐私保护)。物联网安全测评技术需要通过建立完整的物联网安全评估标准体系,结合各种技术测试手段,用于对新建或已建的物联网的安全性进行全面科学评估,对保密性、完整性、可用性、可控性和不可否认性等安全指标进行系统级的评估。在得出测评结论后,提供符合要求的安全解决方案。

　　物联网安全测评标准确立的途径是应该在参考国内国际相关信息安全标准的基础上,结合物联网的特点,研制出可操作性强的物联网安全测评准则,并形成物联网安全测评标准体系。物联网安全测评标准技术要求大体应包括感知层安全要求、网络层安全要求和应用层安全要求。其中,感知层安全要求主要包括传感器设备安全、传感网络安全等,网络层安全要求主要包括核心网接入安全、移动通信接入安全、无线接入安全、边界安全防护等,应用层安全要求主要包括数据安全、云计算安全、中间件和服务安全等。

　　对物联网系统的安全测评是以保障系统的高效可用性为前提条件的,测评模型的输入为系统功能、系统性能、系统管理、感知层信息安全、网络层信息安全、应用层信息安全。以上输入因素在实际的应用及测评过程中都会互相影响,通过物联网安全检测系统模型的后台运算,输出被测物联网系统各层的安全性、功能、性能、管理方面的量化数据,同时输出目标系统这几方面目前的相互关系情况。可以帮助用户或企业更直接地找出系统的薄弱环节,并进行修改。物联网安全测评模型如图 11-5 所示。

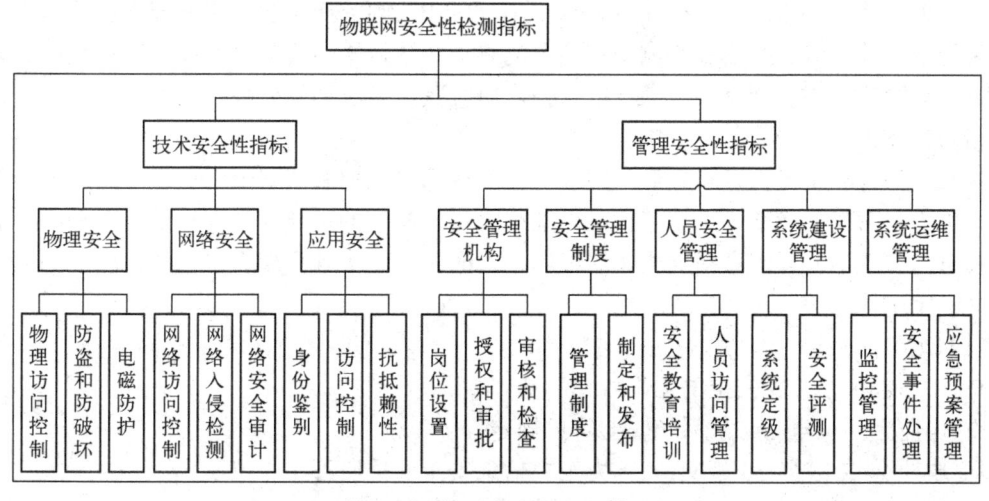

图 11-5　物联网安全测评模型

5. 工业控制系统安全

通过对 2015 年国家信息安全漏洞库（CNNVD）的数据进行分析，2015 年工控安全漏洞呈现以下特点。

① 工控安全漏洞披露数量居高不下，总体呈递增趋势。受 2010 年"震网病毒"事件影响，工控信息安全迅速成为安全领域的焦点。国内外掀起针对工控安全漏洞的研究热潮，因此自 2010 年以后工控漏洞披露数量激增，占全部数量的 96%以上。随着国内外对工控安全的研究逐渐深入，以及工控漏洞的公开披露开始逐渐制度化、规范化，近几年漏洞披露数量趋于稳定。

② 工控核心硬件漏洞数量增长明显。尽管在当前已披露的工控系统漏洞中软件漏洞数量仍高居首位，但近几年工控硬件漏洞数量增长明显，所占比例有显著提高。例如，2010 年工控硬件漏洞占比不足 10%，但是 2015 年其占比高达 37.5%。其中，工控硬件包括可编程逻辑控制器（PLC）、远程终端单元（RTU）、智能仪表设备（IED）及离散控制系统（DCS）等。

③ 漏洞已覆盖工控系统主要组件，主流工控厂商无一幸免。无论是国外工控厂商（如西门子、施耐德、罗克韦尔等）还是国内工控厂商（研华），其产品普遍存在安全漏洞，且许多漏洞很难修补。在 2015 年新披露的工控漏洞中，西门子、施耐德、罗克韦尔、霍尼韦尔产品的漏洞数量分列前 4 位。

自从 2010 年震网事件后，世界各国对工控系统的安全问题的关注被提升到一个新的高度。世界各国都在政策、标准、技术、方案等方面展开了积极应对。最近工业控制系统安全更成为备受工业和信息安全领域研究机构关注的研究热点。

美国很早就十分重视工控系统的安全。2003 年将其视为国家安全优先事项；2008 年则将其列入国家需重点保护的关键基础设施范畴。2009 年颁布《保护工业控制系统战略》，涵盖能源、电力、交通等 14 个行业工控系统的安全。同年，在 CERT 组织下面成立工业控制系统网络应急相应小组（ICS-CERT），专注于工业控制系统相关的安全事故监控、分析执行漏洞和恶意代码、为事故响应和取证分析提供现场支持；通过信息产品、安全通告以及漏洞及威胁信息的共享提供工业控制系统安全事件监控及行业安全态势分析，并以季度报告的方式公开发布。美国国土安全部（U.S. Department of Homeland Security，DHS）启动的控制系统安全计划（Control System Security Program，CSSP）则依托工业控制系统模拟仿真平台，综合采用现场检查测评与实验室测评相结合的测评方法，来实施针对工业控制系统产品的脆弱性分析与验证工作。而美国国家标准与技术研究院、能源局则分别发布了《工业控制系统安全指南》（SP800-82）。

自从工信部 451 号文发布之后，国内各行各业都对工控系统安全的认识达到了一个新的高度，电力、石化、制造、烟草等行业，陆续制定了相应的指导性文件，来指导相应行业的安全检查与整改活动。国家标准相关的组织 TC260、TC124 等标准组也已经启动了相应标准的研究制定工作。

（1）政策法规
- ❖ 工信部关于工控安全的 451 号文。
- ❖ 电监会的《电力二次系统安全防护规定》。
- ❖ 电监会 2013 年 50 号文，《电力工控信息安全专项监管工作方案》。
- ❖ 国家烟草局《烟草工业企业生产区与管理区网络互联安全规范》。

（2）标准草案

在信安标委的指导下，正在草拟的工控安全相关标准主要包括：
- ❖ 《信息安全技术 工业控制系统安全管理基本要求》。
- ❖ 《安全可控信息系统（电力系统）安全指标体系》。
- ❖ 《信息安全技术 工业控制系统信息安全检查指南》。
- ❖ 《信息安全技术 工业控制系统安全防护技术要求和测试评价方法》。
- ❖ 《信息安全技术 工业控制系统信息安全分级规范》。
- ❖ 《信息安全技术 工业控制系统测控终端安全要求》。

其他主管部门牵头制定的标准还有《工业控制系统信息安全等级保护设计技术指南》等。

6. 地理信息服务安全

地理信息服安全主要涉及地理信息系统中服务的可用性、地理信息的完整性及地理信息的保密性。其中，地理信息服务的可用性是指用户能够及时、正确、安全地得到地理信息服务；地理信息的完整性是指地理信息不被非法修改、破坏或丢失，并保证地理信息一致性；地理信息的保密性是指高安全级的地理信息不会非授权地流向低安全级的主体和客体。从保障内容上看，GIS 安全包括硬件、软件、数据及服务等内容的安全。

GIS 各层次存在的安全隐患主要包括：

① 硬件方面：单机架构的 GIS 硬件层安全隐患主要包括设备的稳定性、可用性；B/S 架构的 GIS 还需要考虑地理信息在网络传输中的硬件因素。

② 操作系统方面：操作系统自身的安全架构可能存在问题；操作系统中的核心应用程序亦可能对 GIS 安全形成较大威胁。

③ 通信协议层方面：现有的 GIS 应用系统网络服务大多构建在 TCP/IP 协议的基础上。TCP/IP 在制订时并没有着重考虑到通信路径的安全性，其安全体系结构比较薄弱。

④ 空间数据库平台方面：空间数据库是存储、保护空间信息的一道重要屏障，但目前国内大部分的数据库产品均存在着一定的安全隐患。

⑤ GIS 平台方面：GIS 平台自身的漏洞；GIS 与其他系统交互时所产生的漏洞；一些专门针对 GIS 的病毒攻击。

⑥ 操作人员方面：在安全技术上，系统软硬件环境的配置、使用不当，服务器系统设置差错，扩大普通用户使用权限等；在管理制度上，系统管理人员缺少安全意识。

为实现 GIS 安全，需要构建安全保障体系来确保 GIS 系统和数据的安全。通过建设 GIS 安全保障体系，提供鉴别、访问控制、抗抵赖和数据机密性、完整性、可用性、可控性等安全服务，形成集防护、检测、响应、恢复于一体的安全防护体系，实现实体安全、应用安全、系统安全、网络安全、管理安全，以满足 GIS 的安全需求。做好物理安全、网络安全和系统安全等基础安全设施；做好与应用系统安全相关的应用系统安全策略；与安全管理相关的安全管理保障措施。

11.4.6 智慧城市安全监管

1. 监管政策依据

（1）关于加强智慧城市网络安全管理工作的若干意见

《关于加强智慧城市网络安全管理工作的若干意见》（中网办发文〔2015〕9 号）指出党

委网信办会同公安机关、通信主管部门、工业和信息化主管部门等部门监督、检查、推动本地区智慧城市安全管理工作。要全面落实信息安全等级保护制度,严格全流程网络安全管理,实现网络安全与智慧城市建设深度融合。

(2)关于加强党政部门云计算服务网络安全管理的意见

2014年12月30日,中央网络安全和信息化领导小组办公室发布《关于加强党政部门云计算服务网络安全管理的意见》(中网办发文〔2014〕14号)规定:"承载党政部门数据和业务的云计算平台要参照党政信息系统进行网络安全管理,服务商应遵守党政信息系统的网络安全政策规定、信息安全等级保护要求、技术标准,落实安全管理和防护措施,接受党政部门和网络安全主管部门的网络安全监管。"进一步明确,云计算网络服务要接受网络安全主管部门的安全监管。

(3)中共中央国务院关于进一步加强城市规划建设管理工作的若干意见

《中共中央国务院关于进一步加强城市规划建设管理工作的若干意见》第27条指出:"推进城市智慧管理。加强城市管理和服务体系智能化建设,促进大数据、物联网、云计算等现代信息技术与城市管理服务融合,提升城市治理和服务水平。""推进城市宽带信息基础设施建设,强化网络安全保障。积极发展民生服务智慧应用。"

(4)关于促进智慧城市健康发展的指导意见

《关于促进智慧城市健康发展的指导意见》指出,到2020年,城市网络安全保障体系和管理制度基本建立,基础网络和要害信息系统安全可控,重要信息资源安全得到切实保障,居民、企业和政府的信息得到有效保护。

要严格全流程网络管理,意见指出城市人民政府在推进智慧城市建设中要同步加强网络安全保障工作。在重要信息系统设计阶段,要合理确定安全保护等级,同步设计 安全防护方案;在实施阶段,要加强对技术、设备和服务提供商的安全审查,同步建设安全防护手段;在运行阶段,要加强管理,定期开展检查、等级评测和风险评估,认真排查安全风险隐患,增强日常监测和应急响应处置恢复能力。

要加强要害信息设施和信息资源安全防护。加大对党政军、金融、能源、交通、电信、公共安全、公用事业等重要信息系统和涉密信息系统的安全防护,确保安全可控。完善网络安全设施,重点提高网络管理、态势预警、应急处理和信任服务能力。统筹建设容灾备份体系,推行联合灾备和异地灾备。建立重要信息使用管理和安全评价机制。严格落实国家有关法律法规及标准,加强行业和企业自律,切实加强个人信息保护。

要强化安全责任和安全意识。建立网络安全责任制,明确城市人民政府及有关部门负责人、要害信息系统运营单位负责人的网络信息安全责任,建立责任追究机制。加大宣传教育力度,提高智慧城市规划、建设、管理、维护等各环节工作人员的网络信息安全风险意识、责任意识、工作技能和管理水平。鼓励发展专业化、社会化的信息安全认证服务,为保障智慧城市网络信息安全提供支持。

2. 信息安全等级保护制度

沈昌祥院士说"大数据依托网络技术,采用数据挖掘、关联分析等技术手段对分布式存储的异构海量数据进行处理。无论是网络环境、计算平台、还是存储载体,都分属不同的信息系统,因此,按我国现有的信息安全等级保护制度加强大数据信息安全保障能力,是解决大数据安全的唯一出路。"智慧城市安全管理工作,要增强智慧城市基础设施、重要信息系统、关键数据资源及服务的安全保障能力，要全面落实信息安全等级保护制度，严格全流程网络安全管理。

在智慧城市重要信息系统规划设计、建设实施、运行管理的全流程中，重要信息系统的建设者、运维者和使用者，应当按照国家信息安全等级保护制度的政策和标准要求，同步规划、同步设计、同步实施网络安全防护措施。一是在规划设计阶段，应更加相关标准规范，合理确定信息系统安全保护等级，并制定信息系统安全防护方案。二是在建设实施阶段，应同步建设安全防护手段，确保实现的信息技术产品和服务安全可控。三是在验收阶段，应选择符合条件的测评机构开展等级保护测评和风险评估，测评和评估通过的，方可申请验收。四是在运维阶段，应加强安全管理，定期开展自查、安全检测、等级保护测评和风险评估，排查风险隐患并及时整改，确保网络基础设施、重要信息系统的安全稳定运行和关键数据资源安全。

3. 关键基础设施安全保障

党政部门、金融、交通、能源、电信、公共安全、公共事业等重点应用的网络基础设施、重要信息系统和关键数据资源的安全是智慧城市网络安全保障的重中之重。要统筹规划、针对评估中的网络安全隐患、威胁和薄弱环节，强化网络安全重点保护对象的安全防护和保障。主要从以下开展工作。

一是建立网络基础设施、重要信息系统和关键数据资源等重点保护目录，明确和落实其运营单位的网络安全责任。

二是加强对重点保护对象的网络安全监管和保障。公安机关按照"打防管控"一体化思路，建设网上网下密切配合的网络社会治安综合防控体系。通信主管部门加强对智慧城市电信网、互联网网络安全管理。

三是针对智慧城市建设中新技术新应用带来的风险和隐患，统筹规划建设智慧城市网络信任体系、容灾备份体系、监控审计体系、检测与防护体系、应急指挥体系等，建立重要数据信息使用和安全评价机制，着力解决云计算虚拟化与集约化、物联网感知与传输、智能位置服务、海量数据存储应用、移动互联网应用、安防视频监控等方面的突出安全问题，为网络基础设施、重要信息系统和关键数据资源的安全提供可靠保障。

11.4.7 公安机关要做好智慧城市网络安全监管工作

《关于加强智慧城市网络安全管理工作的若干意见》指出，要加强对党政部门、重点行业网络安全保障工作的指导、检查和推动工作，定期组织同级有关部门开展检查和风险评估，建立网络安全态势感知体系，对重要信息系统进行监测。

公安机关要做好智慧城市网络安全监管工作，严厉打击各种网络违法犯罪活动，具体工作要求如下：一是要摸清本地区网络安全重点保护对象底数，做到"底数清，情况明"，建立基本数据库台账并入库。二是定期对网络安全重点保护对象开展检查，督促指导有关单位落实安全防护措施和安全责任制。三是加强对电信网和互联网的安全监管，督促指导电信企业和互联网企业落实网络安全责任，完善安全保护措施。四是加强侦查打击，对攻击网络安全重点保护对象的违法犯罪行为，要及时开展侦查调查，严厉打击网络攻击、网络盗窃等违法犯罪活动，有效维护网络安全和网络秩序。

附录 A 中华人民共和国网络安全法

中华人民共和国网络安全法

(2016年11月7日第十二届全国人民代表大会常务委员会第二十四次会议通过)

目　　录

第一章　总　　则
第二章　网络安全支持与促进
第三章　网络运行安全
　　　　第一节　一般规定
　　　　第二节　关键信息基础设施的运行安全
第四章　网络信息安全
第五章　监测预警与应急处置
第六章　法律责任
第七章　附　　则

第一章　总　　则

第一条　为了保障网络安全，维护网络空间主权和国家安全、社会公共利益，保护公民、法人和其他组织的合法权益，促进经济社会信息化健康发展，制定本法。

第二条　在中华人民共和国境内建设、运营、维护和使用网络，以及网络安全的监督管理，适用本法。

第三条　国家坚持网络安全与信息化发展并重，遵循积极利用、科学发展、依法管理、确保安全的方针，推进网络基础设施建设和互联互通，鼓励网络技术创新和应用，支持培养网络安全人才，建立健全网络安全保障体系，提高网络安全保护能力。

第四条　国家制定并不断完善网络安全战略，明确保障网络安全的基本要求和主要目标，提出重点领域的网络安全政策、工作任务和措施。

第五条　国家采取措施，监测、防御、处置来源于中华人民共和国境内外的网络安全风险和威胁，保护关键信息基础设施免受攻击、侵入、干扰和破坏，依法惩治网络违法犯罪活动，维护网络空间安全和秩序。

第六条　国家倡导诚实守信、健康文明的网络行为，推动传播社会主义核心价值观，采取措施提高全社会的网络安全意识和水平，形成全社会共同参与促进网络安全的良好环境。

第七条　国家积极开展网络空间治理、网络技术研发和标准制定、打击网络违法犯罪等方面的国际交流与合作，推动构建和平、安全、开放、合作的网络空间，建立多边、民主、透明的网络治理体系。

第八条　国家网信部门负责统筹协调网络安全工作和相关监督管理工作。国务院电信主管部门、公安部门和其他有关机关依照本法和有关法律、行政法规的规定，在各自职责范围内负责网络安全保护和监督管理工作。

县级以上地方人民政府有关部门的网络安全保护和监督管理职责，按照国家有关规定确定。

第九条　网络运营者开展经营和服务活动，必须遵守法律、行政法规，尊重社会公德，遵守商业道德，诚实信用，履行网络安全保护义务，接受政府和社会的监督，承担社会责任。

第十条　建设、运营网络或者通过网络提供服务，应当依照法律、行政法规的规定和国家标准的强制性要求，采取技术措施和其他必要措施，保障网络安全、稳定运行，有效应对网络安全事件，防范网络违法犯罪活动，维护网络数据的完整性、保密性和可用性。

第十一条　网络相关行业组织按照章程，加强行业自律，制定网络安全行为规范，指导会员加强网络安全保护，提高网络安全保护水平，促进行业健康发展。

第十二条　国家保护公民、法人和其他组织依法使用网络的权利，促进网络接入普及，提升网络服务水平，为社会提供安全、便利的网络服务，保障网络信息依法有序自由流动。

任何个人和组织使用网络应当遵守宪法法律，遵守公共秩序，尊重社会公德，不得危害网络安全，不得利用网络从事危害国家安全、荣誉和利益，煽动颠覆国家政权、推翻社会主义制度，煽动分裂国家、破坏国家统一，宣扬恐怖主义、极端主义，宣扬民族仇恨、民族歧视，传播暴力、淫秽色情信息，编造、传播虚假信息扰乱经济秩序和社会秩序，以及侵害他人名誉、隐私、知识产权和其他合法权益等活动。

第十三条　国家支持研究开发有利于未成年人健康成长的网络产品和服务，依法惩治利用网络从事危害未成年人身心健康的活动，为未成年人提供安全、健康的网络环境。

第十四条　任何个人和组织有权对危害网络安全的行为向网信、电信、公安等部门举报。收到举报的部门应当及时依法作出处理；不属于本部门职责的，应当及时移送有权处理的部门。

有关部门应当对举报人的相关信息予以保密，保护举报人的合法权益。

第二章　网络安全支持与促进

第十五条　国家建立和完善网络安全标准体系。国务院标准化行政主管部门和国务院其他有关部门根据各自的职责，组织制定并适时修订有关网络安全管理以及网络产品、服务和运行安全的国家标准、行业标准。

国家支持企业、研究机构、高等学校、网络相关行业组织参与网络安全国家标准、行业标准的制定。

第十六条　国务院和省、自治区、直辖市人民政府应当统筹规划，加大投入，扶持重点网络安全技术产业和项目，支持网络安全技术的研究开发和应用，推广安全可信的网络产品和服务，保护网络技术知识产权，支持企业、研究机构和高等学校等参与国家网络安全技术创新项目。

第十七条 国家推进网络安全社会化服务体系建设，鼓励有关企业、机构开展网络安全认证、检测和风险评估等安全服务。

第十八条 国家鼓励开发网络数据安全保护和利用技术，促进公共数据资源开放，推动技术创新和经济社会发展。

国家支持创新网络安全管理方式，运用网络新技术，提升网络安全保护水平。

第十九条 各级人民政府及其有关部门应当组织开展经常性的网络安全宣传教育，并指导、督促有关单位做好网络安全宣传教育工作。

大众传播媒介应当有针对性地面向社会进行网络安全宣传教育。

第二十条 国家支持企业和高等学校、职业学校等教育培训机构开展网络安全相关教育与培训，采取多种方式培养网络安全人才，促进网络安全人才交流。

第三章 网络运行安全

第一节 一般规定

第二十一条 国家实行网络安全等级保护制度。网络运营者应当按照网络安全等级保护制度的要求，履行下列安全保护义务，保障网络免受干扰、破坏或者未经授权的访问，防止网络数据泄露或者被窃取、篡改：

（一）制定内部安全管理制度和操作规程，确定网络安全负责人，落实网络安全保护责任；

（二）采取防范计算机病毒和网络攻击、网络侵入等危害网络安全行为的技术措施；

（三）采取监测、记录网络运行状态、网络安全事件的技术措施，并按照规定留存相关的网络日志不少于六个月；

（四）采取数据分类、重要数据备份和加密等措施；

（五）法律、行政法规规定的其他义务。

第二十二条 网络产品、服务应当符合相关国家标准的强制性要求。网络产品、服务的提供者不得设置恶意程序；发现其网络产品、服务存在安全缺陷、漏洞等风险时，应当立即采取补救措施，按照规定及时告知用户并向有关主管部门报告。

网络产品、服务的提供者应当为其产品、服务持续提供安全维护；在规定或者当事人约定的期限内，不得终止提供安全维护。

网络产品、服务具有收集用户信息功能的，其提供者应当向用户明示并取得同意；涉及用户个人信息的，还应当遵守本法和有关法律、行政法规关于个人信息保护的规定。

第二十三条 网络关键设备和网络安全专用产品应当按照相关国家标准的强制性要求，由具备资格的机构安全认证合格或者安全检测符合要求后，方可销售或者提供。国家网信部门会同国务院有关部门制定、公布网络关键设备和网络安全专用产品目录，并推动安全认证和安全检测结果互认，避免重复认证、检测。

第二十四条 网络运营者为用户办理网络接入、域名注册服务，办理固定电话、移动电话等入网手续，或者为用户提供信息发布、即时通讯等服务，在与用户签订协议或者确认提供服务时，应当要求用户提供真实身份信息。用户不提供真实身份信息的，网络运营者不得为其提供相关服务。

国家实施网络可信身份战略，支持研究开发安全、方便的电子身份认证技术，推动不同电子身份认证之间的互认。

第二十五条 网络运营者应当制定网络安全事件应急预案，及时处置系统漏洞、计算机病毒、网络攻击、网络侵入等安全风险；在发生危害网络安全的事件时，立即启动应急预案，采取相应的补救措施，并按照规定向有关主管部门报告。

第二十六条 开展网络安全认证、检测、风险评估等活动，向社会发布系统漏洞、计算机病毒、网络攻击、网络侵入等网络安全信息，应当遵守国家有关规定。

第二十七条 任何个人和组织不得从事非法侵入他人网络、干扰他人网络正常功能、窃取网络数据等危害网络安全的活动；不得提供专门用于从事侵入网络、干扰网络正常功能及防护措施、窃取网络数据等危害网络安全活动的程序、工具；明知他人从事危害网络安全的活动的，不得为其提供技术支持、广告推广、支付结算等帮助。

第二十八条 网络运营者应当为公安机关、国家安全机关依法维护国家安全和侦查犯罪的活动提供技术支持和协助。

第二十九条 国家支持网络运营者之间在网络安全信息收集、分析、通报和应急处置等方面进行合作，提高网络运营者的安全保障能力。

有关行业组织建立健全本行业的网络安全保护规范和协作机制，加强对网络安全风险的分析评估，定期向会员进行风险警示，支持、协助会员应对网络安全风险。

第三十条 网信部门和有关部门在履行网络安全保护职责中获取的信息，只能用于维护网络安全的需要，不得用于其他用途。

第二节 关键信息基础设施的运行安全

第三十一条 国家对公共通信和信息服务、能源、交通、水利、金融、公共服务、电子政务等重要行业和领域，以及其他一旦遭到破坏、丧失功能或者数据泄露，可能严重危害国家安全、国计民生、公共利益的关键信息基础设施，在网络安全等级保护制度的基础上，实行重点保护。关键信息基础设施的具体范围和安全保护办法由国务院制定。

国家鼓励关键信息基础设施以外的网络运营者自愿参与关键信息基础设施保护体系。

第三十二条 按照国务院规定的职责分工，负责关键信息基础设施安全保护工作的部门分别编制并组织实施本行业、本领域的关键信息基础设施安全规划，指导和监督关键信息基础设施运行安全保护工作。

第三十三条 建设关键信息基础设施应当确保其具有支持业务稳定、持续运行的性能，并保证安全技术措施同步规划、同步建设、同步使用。

第三十四条 除本法第二十一条的规定外，关键信息基础设施的运营者还应当履行下列安全保护义务：

（一）设置专门安全管理机构和安全管理负责人，并对该负责人和关键岗位的人员进行安全背景审查；

（二）定期对从业人员进行网络安全教育、技术培训和技能考核；

（三）对重要系统和数据库进行容灾备份；

（四）制定网络安全事件应急预案，并定期进行演练；

（五）法律、行政法规规定的其他义务。

第三十五条　关键信息基础设施的运营者采购网络产品和服务，可能影响国家安全的，应当通过国家网信部门会同国务院有关部门组织的国家安全审查。

第三十六条　关键信息基础设施的运营者采购网络产品和服务，应当按照规定与提供者签订安全保密协议，明确安全和保密义务与责任。

第三十七条　关键信息基础设施的运营者在中华人民共和国境内运营中收集和产生的个人信息和重要数据应当在境内存储。因业务需要，确需向境外提供的，应当按照国家网信部门会同国务院有关部门制定的办法进行安全评估；法律、行政法规另有规定的，依照其规定。

第三十八条　关键信息基础设施的运营者应当自行或者委托网络安全服务机构对其网络的安全性和可能存在的风险每年至少进行一次检测评估，并将检测评估情况和改进措施报送相关负责关键信息基础设施安全保护工作的部门。

第三十九条　国家网信部门应当统筹协调有关部门对关键信息基础设施的安全保护采取下列措施：

（一）对关键信息基础设施的安全风险进行抽查检测，提出改进措施，必要时可以委托网络安全服务机构对网络存在的安全风险进行检测评估；

（二）定期组织关键信息基础设施的运营者进行网络安全应急演练，提高应对网络安全事件的水平和协同配合能力；

（三）促进有关部门、关键信息基础设施的运营者以及有关研究机构、网络安全服务机构等之间的网络安全信息共享；

（四）对网络安全事件的应急处置与网络功能的恢复等，提供技术支持和协助。

第四章　网络信息安全

第四十条　网络运营者应当对其收集的用户信息严格保密，并建立健全用户信息保护制度。

第四十一条　网络运营者收集、使用个人信息，应当遵循合法、正当、必要的原则，公开收集、使用规则，明示收集、使用信息的目的、方式和范围，并经被收集者同意。

网络运营者不得收集与其提供的服务无关的个人信息，不得违反法律、行政法规的规定和双方的约定收集、使用个人信息，并应当依照法律、行政法规的规定和与用户的约定，处理其保存的个人信息。

第四十二条　网络运营者不得泄露、篡改、毁损其收集的个人信息；未经被收集者同意，不得向他人提供个人信息。但是，经过处理无法识别特定个人且不能复原的除外。

网络运营者应当采取技术措施和其他必要措施，确保其收集的个人信息安全，防止信息泄露、毁损、丢失。在发生或者可能发生个人信息泄露、毁损、丢失的情况时，应当立即采取补救措施，按照规定及时告知用户并向有关主管部门报告。

第四十三条　个人发现网络运营者违反法律、行政法规的规定或者双方的约定收集、使用其个人信息的，有权要求网络运营者删除其个人信息；发现网络运营者收集、存储的其个人信息有错误的，有权要求网络运营者予以更正。网络运营者应当采取措施予以删除或者更正。

第四十四条　任何个人和组织不得窃取或者以其他非法方式获取个人信息，不得非法出售或者非法向他人提供个人信息。

第四十五条　依法负有网络安全监督管理职责的部门及其工作人员，必须对在履行职责中知悉的个人信息、隐私和商业秘密严格保密，不得泄露、出售或者非法向他人提供。

第四十六条　任何个人和组织应当对其使用网络的行为负责，不得设立用于实施诈骗，传授犯罪方法，制作或者销售违禁物品、管制物品等违法犯罪活动的网站、通讯群组，不得利用网络发布涉及实施诈骗，制作或者销售违禁物品、管制物品以及其他违法犯罪活动的信息。

第四十七条　网络运营者应当加强对其用户发布的信息的管理，发现法律、行政法规禁止发布或者传输的信息的，应当立即停止传输该信息，采取消除等处置措施，防止信息扩散，保存有关记录，并向有关主管部门报告。

第四十八条　任何个人和组织发送的电子信息、提供的应用软件，不得设置恶意程序，不得含有法律、行政法规禁止发布或者传输的信息。

电子信息发送服务提供者和应用软件下载服务提供者，应当履行安全管理义务，知道其用户有前款规定行为的，应当停止提供服务，采取消除等处置措施，保存有关记录，并向有关主管部门报告。

第四十九条　网络运营者应当建立网络信息安全投诉、举报制度，公布投诉、举报方式等信息，及时受理并处理有关网络信息安全的投诉和举报。

网络运营者对网信部门和有关部门依法实施的监督检查，应当予以配合。

第五十条　国家网信部门和有关部门依法履行网络信息安全监督管理职责，发现法律、行政法规禁止发布或者传输的信息的，应当要求网络运营者停止传输，采取消除等处置措施，保存有关记录；对来源于中华人民共和国境外的上述信息，应当通知有关机构采取技术措施和其他必要措施阻断传播。

第五章　监测预警与应急处置

第五十一条　国家建立网络安全监测预警和信息通报制度。国家网信部门应当统筹协调有关部门加强网络安全信息收集、分析和通报工作，按照规定统一发布网络安全监测预警信息。

第五十二条　负责关键信息基础设施安全保护工作的部门，应当建立健全本行业、本领域的网络安全监测预警和信息通报制度，并按照规定报送网络安全监测预警信息。

第五十三条　国家网信部门协调有关部门建立健全网络安全风险评估和应急工作机制，制定网络安全事件应急预案，并定期组织演练。

负责关键信息基础设施安全保护工作的部门应当制定本行业、本领域的网络安全事件应急预案，并定期组织演练。

网络安全事件应急预案应当按照事件发生后的危害程度、影响范围等因素对网络安全事件进行分级，并规定相应的应急处置措施。

第五十四条　网络安全事件发生的风险增大时，省级以上人民政府有关部门应当按照规定的权限和程序，并根据网络安全风险的特点和可能造成的危害，采取下列措施：

（一）要求有关部门、机构和人员及时收集、报告有关信息，加强对网络安全风险的监测；

（二）组织有关部门、机构和专业人员，对网络安全风险信息进行分析评估，预测事件发生的可能性、影响范围和危害程度；

（三）向社会发布网络安全风险预警，发布避免、减轻危害的措施。

第五十五条　发生网络安全事件，应当立即启动网络安全事件应急预案，对网络安全事件进行调查和评估,要求网络运营者采取技术措施和其他必要措施,消除安全隐患,防止危害扩大,并及时向社会发布与公众有关的警示信息。

第五十六条 省级以上人民政府有关部门在履行网络安全监督管理职责中,发现网络存在较大安全风险或者发生安全事件的,可以按照规定的权限和程序对该网络的运营者的法定代表人或者主要负责人进行约谈。网络运营者应当按照要求采取措施,进行整改,消除隐患。

第五十七条 因网络安全事件,发生突发事件或者生产安全事故的,应当依照《中华人民共和国突发事件应对法》、《中华人民共和国安全生产法》等有关法律、行政法规的规定处置。

第五十八条 因维护国家安全和社会公共秩序,处置重大突发社会安全事件的需要,经国务院决定或者批准,可以在特定区域对网络通信采取限制等临时措施。

第六章 法律责任

第五十九条 网络运营者不履行本法第二十一条、第二十五条规定的网络安全保护义务的,由有关主管部门责令改正,给予警告;拒不改正或者导致危害网络安全等后果的,处一万元以上十万元以下罚款,对直接负责的主管人员处五千元以上五万元以下罚款。

关键信息基础设施的运营者不履行本法第三十三条、第三十四条、第三十六条、第三十八条规定的网络安全保护义务的,由有关主管部门责令改正,给予警告;拒不改正或者导致危害网络安全等后果的,处十万元以上一百万元以下罚款,对直接负责的主管人员处一万元以上十万元以下罚款。

第六十条 违反本法第二十二条第一款、第二款和第四十八条第一款规定,有下列行为之一的,由有关主管部门责令改正,给予警告;拒不改正或者导致危害网络安全等后果的,处五万元以上五十万元以下罚款,对直接负责的主管人员处一万元以上十万元以下罚款:

(一)设置恶意程序的;

(二)对其产品、服务存在的安全缺陷、漏洞等风险未立即采取补救措施,或者未按照规定及时告知用户并向有关主管部门报告的;

(三)擅自终止为其产品、服务提供安全维护的。

第六十一条 网络运营者违反本法第二十四条第一款规定,未要求用户提供真实身份信息,或者对不提供真实身份信息的用户提供相关服务的,由有关主管部门责令改正;拒不改正或者情节严重的,处五万元以上五十万元以下罚款,并可以由有关主管部门责令暂停相关业务、停业整顿、关闭网站、吊销相关业务许可证或者吊销营业执照,对直接负责的主管人员和其他直接责任人员处一万元以上十万元以下罚款。

第六十二条 违反本法第二十六条规定,开展网络安全认证、检测、风险评估等活动,或者向社会发布系统漏洞、计算机病毒、网络攻击、网络侵入等网络安全信息的,由有关主管部门责令改正,给予警告;拒不改正或者情节严重的,处一万元以上十万元以下罚款,并可以由有关主管部门责令暂停相关业务、停业整顿、关闭网站、吊销相关业务许可证或者吊销营业执照,对直接负责的主管人员和其他直接责任人员处五千元以上五万元以下罚款。

第六十三条 违反本法第二十七条规定,从事危害网络安全的活动,或者提供专门用于从事危害网络安全活动的程序、工具,或者为他人从事危害网络安全的活动提供技术支持、广告推广、支付结算等帮助,尚不构成犯罪的,由公安机关没收违法所得,处五日以下拘留,可以并处五万元以上五十万元以下罚款;情节较重的,处五日以上十五日以下拘留,可以并处十万元以上一百万元以下罚款。

单位有前款行为的,由公安机关没收违法所得,处十万元以上一百万元以下罚款,并对直接负责的主管人员和其他直接责任人员依照前款规定处罚。

违反本法第二十七条规定,受到治安管理处罚的人员,五年内不得从事网络安全管理和网络运营关键岗位的工作;受到刑事处罚的人员,终身不得从事网络安全管理和网络运营关键岗位的工作。

第六十四条 网络运营者、网络产品或者服务的提供者违反本法第二十二条第三款、第四十一条至第四十三条规定,侵害个人信息依法得到保护的权利的,由有关主管部门责令改正,可以根据情节单处或者并处警告、没收违法所得、处违法所得一倍以上十倍以下罚款,没有违法所得的,处一百万元以下罚款,对直接负责的主管人员和其他直接责任人员处一万元以上十万元以下罚款;情节严重的,并可以责令暂停相关业务、停业整顿、关闭网站、吊销相关业务许可证或者吊销营业执照。

违反本法第四十四条规定,窃取或者以其他非法方式获取、非法出售或者非法向他人提供个人信息,尚不构成犯罪的,由公安机关没收违法所得,并处违法所得一倍以上十倍以下罚款,没有违法所得的,处一百万元以下罚款。

第六十五条 关键信息基础设施的运营者违反本法第三十五条规定,使用未经安全审查或者安全审查未通过的网络产品或者服务的,由有关主管部门责令停止使用,处采购金额一倍以上十倍以下罚款;对直接负责的主管人员和其他直接责任人员处一万元以上十万元以下罚款。

第六十六条 关键信息基础设施的运营者违反本法第三十七条规定,在境外存储网络数据,或者向境外提供网络数据的,由有关主管部门责令改正,给予警告,没收违法所得,处五万元以上五十万元以下罚款,并可以责令暂停相关业务、停业整顿、关闭网站、吊销相关业务许可证或者吊销营业执照;对直接负责的主管人员和其他直接责任人员处一万元以上十万元以下罚款。

第六十七条 违反本法第四十六条规定,设立用于实施违法犯罪活动的网站、通讯群组,或者利用网络发布涉及实施违法犯罪活动的信息,尚不构成犯罪的,由公安机关处五日以下拘留,可以并处一万元以上十万元以下罚款;情节较重的,处五日以上十五日以下拘留,可以并处五万元以上五十万元以下罚款。关闭用于实施违法犯罪活动的网站、通讯群组。

单位有前款行为的,由公安机关处十万元以上五十万元以下罚款,并对直接负责的主管人员和其他直接责任人员依照前款规定处罚。

第六十八条 网络运营者违反本法第四十七条规定,对法律、行政法规禁止发布或者传输的信息未停止传输、采取消除等处置措施、保存有关记录的,由有关主管部门责令改正,给予警告,没收违法所得;拒不改正或者情节严重的,处十万元以上五十万元以下罚款,并可以责令暂停相关业务、停业整顿、关闭网站、吊销相关业务许可证或者吊销营业执照,对直接负责的主管人员和其他直接责任人员处一万元以上十万元以下罚款。

电子信息发送服务提供者、应用软件下载服务提供者,不履行本法第四十八条第二款规定的安全管理义务的,依照前款规定处罚。

第六十九条 网络运营者违反本法规定,有下列行为之一的,由有关主管部门责令改正;拒不改正或者情节严重的,处五万元以上五十万元以下罚款,对直接负责的主管人员和其他直接责任人员，处一万元以上十万元以下罚款：

（一）不按照有关部门的要求对法律、行政法规禁止发布或者传输的信息，采取停止传输、消除等处置措施的；

（二）拒绝、阻碍有关部门依法实施的监督检查的；

（三）拒不向公安机关、国家安全机关提供技术支持和协助的。

第七十条　发布或者传输本法第十二条第二款和其他法律、行政法规禁止发布或者传输的信息的，依照有关法律、行政法规的规定处罚。

第七十一条　有本法规定的违法行为的，依照有关法律、行政法规的规定记入信用档案，并予以公示。

第七十二条　国家机关政务网络的运营者不履行本法规定的网络安全保护义务的，由其上级机关或者有关机关责令改正；对直接负责的主管人员和其他直接责任人员依法给予处分。

第七十三条　网信部门和有关部门违反本法第三十条规定，将在履行网络安全保护职责中获取的信息用于其他用途的，对直接负责的主管人员和其他直接责任人员依法给予处分。

网信部门和有关部门的工作人员玩忽职守、滥用职权、徇私舞弊，尚不构成犯罪的，依法给予处分。

第七十四条　违反本法规定，给他人造成损害的，依法承担民事责任。

违反本法规定，构成违反治安管理行为的，依法给予治安管理处罚；构成犯罪的，依法追究刑事责任。

第七十五条　境外的机构、组织、个人从事攻击、侵入、干扰、破坏等危害中华人民共和国的关键信息基础设施的活动，造成严重后果的，依法追究法律责任；国务院公安部门和有关部门并可以决定对该机构、组织、个人采取冻结财产或者其他必要的制裁措施。

第七章　附　　则

第七十六条　本法下列用语的含义：

（一）网络，是指由计算机或者其他信息终端及相关设备组成的按照一定的规则和程序对信息进行收集、存储、传输、交换、处理的系统。

（二）网络安全，是指通过采取必要措施，防范对网络的攻击、侵入、干扰、破坏和非法使用以及意外事故，使网络处于稳定可靠运行的状态，以及保障网络数据的完整性、保密性、可用性的能力。

（三）网络运营者，是指网络的所有者、管理者和网络服务提供者。

（四）网络数据，是指通过网络收集、存储、传输、处理和产生的各种电子数据。

（五）个人信息，是指以电子或者其他方式记录的能够单独或者与其他信息结合识别自然人个人身份的各种信息，包括但不限于自然人的姓名、出生日期、身份证件号码、个人生物识别信息、住址、电话号码等。

第七十七条　存储、处理涉及国家秘密信息的网络的运行安全保护，除应当遵守本法外，还应当遵守保密法律、行政法规的规定。

第七十八条　军事网络的安全保护，由中央军事委员会另行规定。

第七十九条　本法自2017年6月1日起施行。

附录 B　互联网论坛社区服务管理规定

第一条　为规范互联网论坛社区服务，促进互联网论坛社区行业健康有序发展，保护公民、法人和其他组织的合法权益，维护国家安全和公共利益，根据《中华人民共和国网络安全法》《国务院关于授权国家互联网信息办公室负责互联网信息内容管理工作的通知》，制定本规定。

第二条　在中华人民共和国境内从事互联网论坛社区服务，适用本规定。

本规定所称互联网论坛社区服务，是指在互联网上以论坛、贴吧、社区等形式，为用户提供互动式信息发布社区平台的服务。

第三条　国家互联网信息办公室负责全国互联网论坛社区服务的监督管理执法工作。地方互联网信息办公室依据职责负责本行政区域内互联网论坛社区服务的监督管理执法工作。

第四条　鼓励互联网论坛社区服务行业组织建立健全行业自律制度和行业准则，指导互联网论坛社区服务提供者建立健全服务规范，督促互联网论坛社区服务提供者依法提供服务、接受社会监督，提高互联网论坛社区服务从业人员的职业素养。

第五条　互联网论坛社区服务提供者应当落实主体责任，建立健全信息审核、公共信息实时巡查、应急处置及个人信息保护等信息安全管理制度，具有安全可控的防范措施，配备与服务规模相适应的专业人员，为有关部门依法履行职责提供必要的技术支持。

第六条　互联网论坛社区服务提供者不得利用互联网论坛社区服务发布、传播法律法规和国家有关规定禁止的信息。

互联网论坛社区服务提供者应当与用户签订协议，明确用户不得利用互联网论坛社区服务发布、传播法律法规和国家有关规定禁止的信息，情节严重的，服务提供者将封禁或者关闭有关账号、版块；明确论坛社区版块发起者、管理者应当履行与其权利相适应的义务，对违反法律规定和协议约定、履行责任义务不到位的，服务提供者应当依法依约限制或取消其管理权限，直至封禁或者关闭有关账号、版块。

第七条　互联网论坛社区服务提供者应当加强对其用户发布信息的管理，发现含有法律法规和国家有关规定禁止的信息的，应当立即停止传输该信息，采取消除等处置措施，保存有关记录，并及时向国家或者地方互联网信息办公室报告。

第八条　互联网论坛社区服务提供者应当按照"后台实名、前台自愿"的原则，要求用户通过真实身份信息认证后注册账号，并对版块发起者和管理者实施真实身份信息备案、定期核验等。用户不提供真实身份信息的，互联网论坛社区服务提供者不得为其提供信息发布服务。

互联网论坛社区服务提供者应当加强对注册用户虚拟身份信息、版块名称简介等的审核管理，不得出现法律法规和国家有关规定禁止的内容。

互联网论坛社区服务提供者应当保护用户身份信息，不得泄露、篡改、毁损，不得非法出售或者非法向他人提供。

第九条　互联网论坛社区服务提供者及其从业人员，不得通过发布、转载、删除信息或者干预呈现结果等手段，谋取不正当利益。

第十条　互联网论坛社区服务提供者开展经营和服务活动，必须遵守法律法规，尊重社会公德，遵守商业道德，诚实信用，承担社会责任。

第十一条　互联网论坛社区服务提供者应当建立健全公众投诉、举报制度，在显著位置公布投诉、举报方式，主动接受公众监督，及时处理公众投诉、举报。国家和地方互联网信息办公室依据职责，对举报受理落实情况进行监督检查。

第十二条　互联网论坛社区服务提供者违反本规定的，由有关部门依照相关法律法规处理。

第十三条　本规定自2017年10月1日起施行。

附录 C 关键信息基础设施安全保护条例

关键信息基础设施安全保护条例

（征求意见稿）

第一章 总 则

第一条 为了保障关键信息基础设施安全，根据《中华人民共和国网络安全法》，制定本条例。

第二条 在中华人民共和国境内规划、建设、运营、维护、使用关键信息基础设施，以及开展关键信息基础设施的安全保护，适用本条例。

第三条 关键信息基础设施安全保护坚持顶层设计、整体防护，统筹协调、分工负责的原则，充分发挥运营主体作用，社会各方积极参与，共同保护关键信息基础设施安全。

第四条 国家行业主管或监管部门按照国务院规定的职责分工，负责指导和监督本行业、本领域的关键信息基础设施安全保护工作。

国家网信部门负责统筹协调关键信息基础设施安全保护工作和相关监督管理工作。国务院公安、国家安全、国家保密行政管理、国家密码管理等部门在各自职责范围内负责相关网络安全保护和监督管理工作。

县级以上地方人民政府有关部门按照国家有关规定开展关键信息基础设施安全保护工作。

第五条 关键信息基础设施的运营者（以下称运营者）对本单位关键信息基础设施安全负主体责任，履行网络安全保护义务，接受政府和社会监督，承担社会责任。

国家鼓励关键信息基础设施以外的网络运营者自愿参与关键信息基础设施保护体系。

第六条 关键信息基础设施在网络安全等级保护制度基础上，实行重点保护。

第七条 任何个人和组织发现危害关键信息基础设施安全的行为，有权向网信、电信、公安等部门以及行业主管或监管部门举报。

收到举报的部门应当及时依法作出处理；不属于本部门职责的，应当及时移送有权处理的部门。

有关部门应当对举报人的相关信息予以保密，保护举报人的合法权益。

第二章　支持与保障

第八条　国家采取措施，监测、防御、处置来源于中华人民共和国境内外的网络安全风险和威胁，保护关键信息基础设施免受攻击、侵入、干扰和破坏，依法惩治网络违法犯罪活动。

第九条　国家制定产业、财税、金融、人才等政策，支持关键信息基础设施安全相关的技术、产品、服务创新，推广安全可信的网络产品和服务，培养和选拔网络安全人才，提高关键信息基础设施的安全水平。

第十条　国家建立和完善网络安全标准体系，利用标准指导、规范关键信息基础设施安全保护工作。

第十一条　地市级以上人民政府应当将关键信息基础设施安全保护工作纳入地区经济社会发展总体规划，加大投入，开展工作绩效考核评价。

第十二条　国家鼓励政府部门、运营者、科研机构、网络安全服务机构、行业组织、网络产品和服务提供者开展关键信息基础设施安全合作。

第十三条　国家行业主管或监管部门应当设立或明确专门负责本行业、本领域关键信息基础设施安全保护工作的机构和人员，编制并组织实施本行业、本领域的网络安全规划，建立健全工作经费保障机制并督促落实。

第十四条　能源、电信、交通等行业应当为关键信息基础设施网络安全事件应急处置与网络功能恢复提供电力供应、网络通信、交通运输等方面的重点保障和支持。

第十五条　公安机关等部门依法侦查打击针对和利用关键信息基础设施实施的违法犯罪活动。

第十六条　任何个人和组织不得从事下列危害关键信息基础设施的活动和行为：

（一）攻击、侵入、干扰、破坏关键信息基础设施；

（二）非法获取、出售或者未经授权向他人提供可能被专门用于危害关键信息基础设施安全的技术资料等信息；

（三）未经授权对关键信息基础设施开展渗透性、攻击性扫描探测；

（四）明知他人从事危害关键信息基础设施安全的活动，仍然为其提供互联网接入、服务器托管、网络存储、通讯传输、广告推广、支付结算等帮助；

（五）其他危害关键信息基础设施的活动和行为。

第十七条　国家立足开放环境维护网络安全，积极开展关键信息基础设施安全领域的国际交流与合作。

第三章　关键信息基础设施范围

第十八条　下列单位运行、管理的网络设施和信息系统，一旦遭到破坏、丧失功能或者数据泄露，可能严重危害国家安全、国计民生、公共利益的，应当纳入关键信息基础设施保护范围：

（一）政府机关和能源、金融、交通、水利、卫生医疗、教育、社保、环境保护、公用事业等行业领域的单位；

（二）电信网、广播电视网、互联网等信息网络，以及提供云计算、大数据和其他大型公共信息网络服务的单位；

（三）国防科工、大型装备、化工、食品药品等行业领域科研生产单位；

（四）广播电台、电视台、通讯社等新闻单位；

（五）其他重点单位。

第十九条　国家网信部门会同国务院电信主管部门、公安部门等部门制定关键信息基础设施识别指南。

国家行业主管或监管部门按照关键信息基础设施识别指南，组织识别本行业、本领域的关键信息基础设施，并按程序报送识别结果。

关键信息基础设施识别认定过程中，应当充分发挥有关专家作用，提高关键信息基础设施识别认定的准确性、合理性和科学性。

第二十条　新建、停运关键信息基础设施，或关键信息基础设施发生重大变化的，运营者应当及时将相关情况报告国家行业主管或监管部门。

国家行业主管或监管部门应当根据运营者报告的情况及时进行识别调整，并按程序报送调整情况。

第四章　运营者安全保护

第二十一条　建设关键信息基础设施应当确保其具有支持业务稳定、持续运行的性能，并保证安全技术措施同步规划、同步建设、同步使用。

第二十二条　运营者主要负责人是本单位关键信息基础设施安全保护工作第一责任人，负责建立健全网络安全责任制并组织落实，对本单位关键信息基础设施安全保护工作全面负责。

第二十三条　运营者应当按照网络安全等级保护制度的要求，履行下列安全保护义务，保障关键信息基础设施免受干扰、破坏或者未经授权的访问，防止网络数据泄漏或者被窃取、篡改：

（一）制定内部安全管理制度和操作规程，严格身份认证和权限管理；

（二）采取技术措施，防范计算机病毒和网络攻击、网络侵入等危害网络安全行为；

（三）采取技术措施，监测、记录网络运行状态、网络安全事件，并按照规定留存相关的网络日志不少于六个月；

（四）采取数据分类、重要数据备份和加密认证等措施。

第二十四条　除本条例第二十三条外，运营者还应当按照国家法律法规的规定和相关国家标准的强制性要求，履行下列安全保护义务：

（一）设置专门网络安全管理机构和网络安全管理负责人，并对该负责人和关键岗位人员进行安全背景审查；

（二）定期对从业人员进行网络安全教育、技术培训和技能考核；

（三）对重要系统和数据库进行容灾备份，及时对系统漏洞等安全风险采取补救措施；

（四）制定网络安全事件应急预案并定期进行演练；

（五）法律、行政法规规定的其他义务。

第二十五条　运营者网络安全管理负责人履行下列职责：

（一）组织制定网络安全规章制度、操作规程并监督执行；
（二）组织对关键岗位人员的技能考核；
（三）组织制定并实施本单位网络安全教育和培训计划；
（四）组织开展网络安全检查和应急演练，应对处置网络安全事件；
（五）按规定向国家有关部门报告网络安全重要事项、事件。

第二十六条　运营者网络安全关键岗位专业技术人员实行执证上岗制度。

执证上岗具体规定由国务院人力资源社会保障部门会同国家网信部门等部门制定。

第二十七条　运营者应当组织从业人员网络安全教育培训，每人每年教育培训时长不得少于1个工作日，关键岗位专业技术人员每人每年教育培训时长不得少于3个工作日。

第二十八条　运营者应当建立健全关键信息基础设施安全检测评估制度，关键信息基础设施上线运行前或者发生重大变化时应当进行安全检测评估。

运营者应当自行或委托网络安全服务机构对关键信息基础设施的安全性和可能存在的风险隐患每年至少进行一次检测评估，对发现的问题及时进行整改，并将有关情况报国家行业主管或监管部门。

第二十九条　运营者在中华人民共和国境内运营中收集和产生的个人信息和重要数据应当在境内存储。因业务需要，确需向境外提供的，应当按照个人信息和重要数据出境安全评估办法进行评估；法律、行政法规另有规定的，依照其规定。

第五章　产品和服务安全

第三十条　运营者采购、使用的网络关键设备、网络安全专用产品，应当符合法律、行政法规的规定和相关国家标准的强制性要求。

第三十一条　运营者采购网络产品和服务，可能影响国家安全的，应当按照网络产品和服务安全审查办法的要求，通过网络安全审查，并与提供者签订安全保密协议。

第三十二条　运营者应当对外包开发的系统、软件，接受捐赠的网络产品，在其上线应用前进行安全检测。

第三十三条　运营者发现使用的网络产品、服务存在安全缺陷、漏洞等风险的，应当及时采取措施消除风险隐患，涉及重大风险的应当按规定向有关部门报告。

第三十四条　关键信息基础设施的运行维护应当在境内实施。因业务需要，确需进行境外远程维护的，应事先报国家行业主管或监管部门和国务院公安部门。

第三十五条　面向关键信息基础设施开展安全检测评估，发布系统漏洞、计算机病毒、网络攻击等安全威胁信息，提供云计算、信息技术外包等服务的机构，应当符合有关要求。

具体要求由国家网信部门会同国务院有关部门制定。

第六章　监测预警、应急处置和检测评估

第三十六条　国家网信部门统筹建立关键信息基础设施网络安全监测预警体系和信息通报制度，组织指导有关机构开展网络安全信息汇总、分析研判和通报工作，按照规定统一发布网络安全监测预警信息。

第三十七条　国家行业主管或监管部门应当建立健全本行业、本领域的关键信息基础设

施网络安全监测预警和信息通报制度，及时掌握本行业、本领域关键信息基础设施运行状况和安全风险，向有关运营者通报安全风险和相关工作信息。

国家行业主管或监管部门应当组织对安全监测信息进行研判，认为需要立即采取防范应对措施的，应当及时向有关运营者发布预警信息和应急防范措施建议，并按照国家网络安全事件应急预案的要求向有关部门报告。

第三十八条 国家网信部门统筹协调有关部门、运营者以及有关研究机构、网络安全服务机构建立关键信息基础设施网络安全信息共享机制，促进网络安全信息共享。

第三十九条 国家网信部门按照国家网络安全事件应急预案的要求，统筹有关部门建立健全关键信息基础设施网络安全应急协作机制，加强网络安全应急力量建设，指导协调有关部门组织跨行业、跨地域网络安全应急演练。

国家行业主管或监管部门应当组织制定本行业、本领域的网络安全事件应急预案，并定期组织演练，提升网络安全事件应对和灾难恢复能力。发生重大网络安全事件或接到网信部门的预警信息后，应立即启动应急预案组织应对，并及时报告有关情况。

第四十条 国家行业主管或监管部门应当定期组织对本行业、本领域关键信息基础设施的安全风险以及运营者履行安全保护义务的情况进行抽查检测，提出改进措施，指导、督促运营者及时整改检测评估中发现的问题。

国家网信部门统筹协调有关部门开展的抽查检测工作，避免交叉重复检测评估。

第四十一条 有关部门组织开展关键信息基础设施安全检测评估，应坚持客观公正、高效透明的原则，采取科学的检测评估方法，规范检测评估流程，控制检测评估风险。

运营者应当对有关部门依法实施的检测评估予以配合，对检测评估发现的问题及时进行整改。

第四十二条 有关部门组织开展关键信息基础设施安全检测评估，可采取下列措施：

（一）要求运营者相关人员就检测评估事项作出说明；

（二）查阅、调取、复制与安全保护有关的文档、记录；

（三）查看网络安全管理制度制订、落实情况以及网络安全技术措施规划、建设、运行情况；

（四）利用检测工具或委托网络安全服务机构进行技术检测；

（五）经运营者同意的其他必要方式。

第四十三条 有关部门以及网络安全服务机构在关键信息基础设施安全检测评估中获取的信息，只能用于维护网络安全的需要，不得用于其他用途。

第四十四条 有关部门组织开展关键信息基础设施安全检测评估，不得向被检测评估单位收取费用，不得要求被检测评估单位购买指定品牌或者指定生产、销售单位的产品和服务。

第七章 法律责任

第四十五条 运营者不履行本条例第二十条第一款、第二十一条、第二十三条、第二十四条、第二十六条、第二十七条、第二十八条、第三十条、第三十二条、第三十三条、第三十四条规定的网络安全保护义务的，由有关主管部门依据职责责令改正，给予警告；拒不改正或者导致危害网络安全等后果的，处十万元以上一百万元以下罚款，对直接负责的主管人员处一万元以上十万元以下罚款。

第四十六条 运营者违反本条例第二十九条规定，在境外存储网络数据，或者向境外提供网络数据的，由国家有关主管部门依据职责责令改正，给予警告，没收违法所得，处五万元以上五十万元以下罚款，并可以责令暂停相关业务、停业整顿、关闭网站、吊销相关业务许可证；对直接负责的主管人员和其他直接责任人员处一万元以上十万元以下罚款。

第四十七条 运营者违反本条例第三十一条规定，使用未经安全审查或安全审查未通过的网络产品或者服务的，由国家有关主管部门依据职责责令停止使用，处采购金额一倍以上十倍以下罚款；对直接负责的主管人员和其他直接责任人员处一万元以上十万元以下罚款。

第四十八条 个人违反本条例第十六条规定，尚不构成犯罪的，由公安机关没收违法所得，处五日以下拘留，可以并处五万元以上五十万元以下罚款；情节较重的，处五日以上十五日以下拘留，可以并处十万元以上一百万元以下罚款；构成犯罪的，依法追究刑事责任。

单位有前款行为的，由公安机关没收违法所得，处十万元以上一百万元以下罚款，并对直接负责的主管人员和其他直接责任人员依照前款规定处罚。

违反本条例第十六条规定，受到刑事处罚的人员，终身不得从事关键信息基础设施安全管理和网络运营关键岗位的工作。

第四十九条 国家机关关键信息基础设施的运营者不履行本条例规定的网络安全保护义务的，由其上级机关或者有关机关责令改正；对直接负责的主管人员和其他直接负责人员依法给予处分。

第五十条 有关部门及其工作人员有下列行为之一的，对直接负责的主管人员和其他直接责任人员依法给予处分；构成犯罪的，依法追究刑事责任：

（一）在工作中利用职权索取、收受贿赂；
（二）玩忽职守、滥用职权；
（三）擅自泄露关键信息基础设施有关信息、资料及数据文件；
（四）其他违反法定职责的行为。

第五十一条 关键信息基础设施发生重大网络安全事件，经调查确定为责任事故的，除应当查明运营单位责任并依法予以追究外，还应查明相关网络安全服务机构及有关部门的责任，对有失职、渎职及其他违法行为的，依法追究责任。

第五十二条 境外的机构、组织、个人从事攻击、侵入、干扰、破坏等危害中华人民共和国的关键信息基础设施的活动，造成严重后果的，依法追究法律责任；国务院公安部门、国家安全机关和有关部门并可以决定对该机构、组织、个人采取冻结财产或者其他必要的制裁措施。

第八章 附 则

第五十三条 存储、处理涉及国家秘密信息的关键信息基础设施的安全保护，还应当遵守保密法律、行政法规的规定。

关键信息基础设施中的密码使用和管理，还应当遵守密码法律、行政法规的规定。

第五十四条 军事关键信息基础设施的安全保护，由中央军事委员会另行规定。

第五十五条 本条例自××××年××月××日起施行。

参考文献

[1] 关于信息安全等级保护工作的实施意见.
[2] 信息安全等级保护管理办法.
[3] 关于开展全国重要信息系统安全等级保护定级工作的通知.
[4] 信息安全等级保护备案实施细则.
[5] 公安机关信息安全等级保护检查工作规范.
[6] 关于加强国家电子政务工程建设项目信息安全风险评估工作的通知.
[7] 关于开展信息安全等级保护安全建设整改工作的指导意见.
[8] 信息系统安全等级测评报告模版.
[9] 关于推动信息安全等级保护测评体系建设和开展等级测评工作的通知.
[10] 信息安全等级保护测评工作管理规范.
[11] 信息安全等级保护测评机构管理办法.
[12] 关于开展信息安全等级保护专项监督检查工作的通知.
[13] 关于开展国家级重要信息系统和重点网站安全执法检查工作的通知.
[14] 关于加强政府网站安全监管工作的指导意见.
[15] 公安机关政府网站安全监管工作规范.
[16] 关于加快推进网络与信息安全信息通报机制建设的通知.
[17] http://wiki.mbalib.com/wiki.
[18] http://www.citygf.com/jdyw/201612/t20161229_57963.html.
[19] http://www.cac.gov.cn/2017-05/31/c_1121062481.htm.
[20] http://www.freebuf.com/news/144815.html.
[21] http://www.cac.gov.cn/2017-08/17/c_1121496864.htm.
[22] http://www.cac.gov.cn/2017-08/17/c_1121496646.htm.
[23] http://cn.chinadaily.com.cn/2016-11/28/content_27507135.htm.
[24] 国家网络空间安全战略.
[25] 中华人民共和国网络安全法.
[26] 个人信息和重要数据出境安全评估办法（征求意见稿）.
[27] 网络产品和服务安全审查办法（试行）.
[28] 互联网新闻信息服务管理规定.
[29] 最高人民法院、最高人民检察院关于办理侵犯公民个人信息刑事案件适用法律若干问题的解释.
[30] 关键信息基础设施安全保护条例（征求意见稿）.

[31] 互联网论坛社区服务管理规定.

[32] 信息安全风险评估规范.

[33] 中华人民共和国突发事件应对法.

[34] 国家突发公共事件总体应急预案.

[35] 国务院办公厅关于印发突发事件应急预案管理办法的通知.

[36] 信息安全技术信息安全事件分类分级指南.

[37] 国家网络安全事件应急预案.

[38] 关于加强社会治安防控体系建设的意见.

[39] 国家标准.《信息安全技术 网络安全等级保护测评要求 第1部分：安全通用要求》（征求意见稿）.

[40] 国家标准.《信息安全技术 网络安全等级保护测评要求 第2部分：云计算安全扩展要求》（征求意见稿）.

[41] 国家标准.《信息安全技术 网络安全等级保护测评要求 第3部分：移动互联安全扩展要求》（征求意见稿）.

[42] 国家标准.《信息安全技术 网络安全等级保护测评要求 第4部分：物联网安全扩展要求》（征求意见稿）.

[43] 国家标准.《信息安全技术 网络安全等级保护测评要求 第5部分：工业控制系统安全扩展要求》（征求意见稿）.

[44] 国家标准.《信息安全技术 网络安全等级保护基本要求 第1部分：安全通用要求》（征求意见稿）.

[45] 国家标准.《信息安全技术 网络安全等级保护基本要求 第2部分：云计算安全扩展要求》（征求意见稿）.

[46] 国家标准.《信息安全技术 网络安全等级保护基本要求 第3部分：移动互联安全扩展要求》（征求意见稿）.

[47] 国家标准.《信息安全技术 网络安全等级保护基本要求 第4部分：物联网安全扩展要求》（征求意见稿）.

[48] 国家标准.《信息安全技术 网络安全等级保护基本要求 第5部分：工业控制系统安全扩展要求》（征求意见稿）.

[49] 国家标准.《信息安全技术 网络安全等级保护实施指南》（征求意见稿）.